U0725062

全面效能

从个人发展到团队进化的
方法论与实践

李云　楼建芳　著

人民邮电出版社

北京

图书在版编目（CIP）数据

全面效能 / 李云，楼建芳著. -- 北京：人民邮电
出版社，2024.9
ISBN 978-7-115-63988-2

Ⅰ. ①全… Ⅱ. ①李… ②楼… Ⅲ. ①管理学 Ⅳ.
①C93

中国国家版本馆CIP数据核字(2024)第059579号

内 容 提 要

　　本书是一本为职场人提供职业发展指导的实用指南，旨在帮助读者在职场中实现个体、团队和组织的效能最大化。本书先是总结了职场中九个堪忧的现象和职业发展的八大定律，前者希望给读者带去警示，后者希望给读者引导和鼓励。然后，本书通过丰富又鲜活的案例，给出了职业发展的行动指引，着重阐述了由沟通机制、工作流程、文化氛围、绩效管理、目标管理和激励手段六大要素组成的集体环境效能，并从自我管理、知识管理、专业技能和业务技能四大维度讲述发展个体的职业素养。最后，本书提供了在实现个人的自我发展时如何平衡工作、生活和育儿的经验与建议。

　　本书适合所有想要在职场和生活中取得全面发展的读者阅读。无论读者是职场新人还是经验丰富的管理者，这本书都能提供实用的建议和策略。

◆ 著　　　　　李　云　楼建芳
　　责任编辑　李　莎
　　责任印制　王　郁　焦志炜
◆ 人民邮电出版社出版发行　　北京市丰台区成寿寺路 11 号
　　邮编　100164　电子邮件　315@ptpress.com.cn
　　网址　https://www.ptpress.com.cn
　　北京捷迅佳彩印刷有限公司印刷
◆ 开本：720×960　1/16
　　印张：30　　　　　　　　　2024 年 9 月第 1 版
　　字数：430 千字　　　　　　2025 年 11 月北京第 3 次印刷

定价：89.80 元

读者服务热线：(010)81055410　印装质量热线：(010)81055316
反盗版热线：(010)81055315

赋能个体职业发展和自我发展

揭示团队向高效能进化的方法论

来自一对夫妻档作者的工作、生活和育儿的成长之路

— 献 给 —

李云所带领过的团队中的每位成员

（因我们在一起而让本书真实又有力量）

— 感 谢 —

何小鹏

（您的认可、帮助与鞭策，让李云得以更好地成长并成就了本书）

我在阿里巴巴任职时，李云是我所带的团队的核心成员。在我的印象中，他特立独行，喜欢学习、总结和思考。当他邀请我为本书作推荐序时，对于这本书，我并不意外。在我看来，这本书是他对职场和生活的观察、思考与实践的结晶，也是他对自己成长经历的多维度的总结。

提升效能是任何个体、团队和组织都应重视且聚焦的课题。在当今社会普遍追求科技创新、绿色环保、高质量可持续发展的背景下，这显得尤为重要。然而，从个体效能到团队效能，再到组织效能，效能的规模越大，背后的复杂度也越高。如何通过有效的方法来解决不同复杂度的效能问题呢？本书所提出的团队效能动力模型，就是一个不错的选择。

在个体效能上，我认为个体在进入社会后，便踏上了提升效能的加速之路。主要的提升方式有 4 种：读万卷书、行万里路、聊万次天（60 分钟高质量沟通），以及在可迭代的工作平台上不断地思考和实践。提升个体效能的意义不仅在于能以更短的时间、更高质量地完成工作任务，也是应对他人及社会期望的关键策略。在本书所提出的团队效能动力模型中，个体效能的提升主要体现于个体职业素养这一关键变量，本书还指出职场人士应从自我管理、知识管理、专业技能和业务技能四大维度来提升自己的职业素养。

当谈及经营一家企业时，我认为最重要的三件事是：选择一个适合自己的未来业务方向；一开始就尽量搭建一个"全明星"的班子并确定好分工；充分利用复利能力不断地进行迭代和优化。复利能力的主要影响因素包括时间投入、资本投入，以及团队和组织的构成方式与运作方式。

对于几十人规模的小团队，只要小部分人充分发挥个体效能，就能让企业经营得不错。本书所提出的团队效能动力模型还包含了集体环境效能这一关键变量，指出提升团队效能的关键不仅在于个人的技能和经验的使用，更在于个人的技能与经验的沉淀、复用及迭代优化。只有将个人的技能和经验凝练，并转化为沟通机制、工作流程、企业文化等，才能从更宏观的顶层视角打造好团队和组织发展的根基，让企业更好地应对内外部环境的变化。

当企业的规模壮大到几百人、几千人、几万人甚至更多人时，团队和组织的效能的重要性就会呈指数级跃升。因此，如何通过搭建体系的管理方法论来提升团队和组织的效能并形成合力，是一个非常重要的课题。很多时候，团队规模越大带来的反而是效能越低，企业面临的竞争风险也越大。加之，如果缺失顶层效能视角，就会导致看似同一发展方向的背后有着多个不同的力量在博弈，出现部门"各自为政"、业务目标难以对齐等内耗现象。规避这些内耗乱象的关键在于，企业须上下同欲，重视集体环境效能的建设，通过完善细节和 PDCA 循环来确保落地，从人治向科学管理转型，向科学管理要效益。

所以，我推荐你阅读本书，相信书中的内容能够为你的日常工作、团队管理、创业，乃至生活带来意想不到的收获。

小鹏汽车董事长兼首席执行官　何小鹏

2024 年 5 月 27 日

收到李云夫妇的邀请，让我为其新书《全面效能》写推荐序，我的内心是有些忐忑的。因为教育才是我专注的领域。然而，盛情难却，恰是因为李云夫妇的精神召唤。2017 年，云谷学校创立，李云夫妇成为"创校届"新生的家长，随后李云又担任了校家委会的负责人。在过去的 7 年里，感动我的不仅仅是他们对云谷办学初心的守护，更是他们夫妻俩与孩子共同成长的精神样态——面对孩子所呈现的信任和内心的松弛，以及在自身成长道路上的不懈追求。

在阅读《全面效能》时，我常常被其所蕴含的对教育的思考所打动。本书以真实的场景与案例呈现出人的自我发展对职业发展、家庭生活，乃至亲子关系的影响。在阅读本书的过程中，我也感受到办学校与做企业在管理上的相通之处。

作为一名教育工作者，《全面效能》在我读来是一部关于人的自我发展的教育之书。多年的教育从业经历让我相信自我发展对人生的积极意义。人的自我发展始于对自我的探索，包括了解自我、规划自我、管理自我、发展自我和成就自我等。持续的自我探索，以及自我驱动下的自主发展，是每一个人成长道路上的内生"马达"，应该贯穿人的一生。

《全面效能》一书把自我发展与职业发展、家庭生活中的夫妻相处之道，以及亲子关系相结合，让每一个场域都成为自我发展的"修炼场"，这让我深有感触。比如，作者在云谷学校的课堂中接触到 PBL（项目式学习）的方法后，竟巧妙地将其迁移至孩子的教养中。孩子想要养宠物，他们就带着孩子就"如何养好宠物"展开探究。经历这个过程后，孩子不仅学会了如何判断是否要养宠物，而且增强了责任意识和时间观念。也就是说，孩子在探究的过程中认识到做决定时须全面考量。

在我看来，这是孩子在成长中的探索之旅，也是父母在教养方式上的进阶之旅。又如，作者以自身的职业发展为例，在书中提出"兴趣、热爱、擅长、机会"职业发展四部曲模型，始终知道自己要什么，坚定地朝着目标方向努力，并抓住甚至创造机会，从而顺利地避开职业迷茫期。在自我探索学习中达成高效能发展的类似案例在书中还有许多，这里不便展开。

作为一名教育管理者，我眼中的《全面效能》还是一部关于组织发展的通用版管理之书。在阐述团队进化的观点时，虽然本书是以作者过往所带领的技术团队为背景的，但是其所呈现的组织发展的理念与学校的管理文化存在异曲同工之妙，让我产生了强烈的共鸣。

本书提到，"人性化应是企业文化的重要组成部分""人性化管理的核心目标，在于将工作本身变成激发个体潜能的源泉，使个体在工作中建立我想、我要、我能的自我意识，进而促使个体能动思考和发挥创造力，不断改善个体和团队的效能"。学校的管理亦如此，"以人为本"是学校办学的核心理念，学校存在的意义就是发展人（包括学生和教师）。在任何一个组织里，人都应该是目的，不是工具。一个高效能的组织不应该简单地奔着效能而去，而应该由它的文化和方法激发人的潜能，使得在个体得到充分发展的同时也成就组织的高效能。因此，本书所阐述的自我发展与团队进化的关系不是割裂的，也不是在两条平行轨道上各自生长的，而是相互交织、相互促进的，以个体发展提升团队效能，团队的进化也给个体发展提供更多的可能，真正实现个体发展与团队进化的双赢。这是本书给管理者带来的一些启示。

此外，本书还提炼出许多方法论。作者将这些方法论转化为模型和工具，并以图表的形式进行可视化表达。将文字阐述与可视化表达相结合，也让内容更清晰直观，特别易于读者阅读和理解，也便于读者对工具的迁移和运用。这些模型和工具适用于企业、学校，乃至更多的组织。

阅读此书的过程，也是我与李云夫妇深度对话的过程。透过文字，我走进一个真实而鲜活的家庭，感受他们日常所经历的欢喜和烦恼，或许这也是千万个家庭的一个缩影。在本书的叙述中，他们夫妻俩没有遮掩，真实坦诚的表达、叩问内心的解说，以及反思中的自我进化，无一不让我感受到真实的力量、成长的力量！

这部定位于方法论的工具之书，带给我的不仅仅是方法和工具，还有更多的收获，特此推荐给大家！

杭州云谷学校小学与初中部校长　冯晨

2024 年 6 月 1 日

作者过去一直从事软件研发及相关的管理工作,对于如何达成研发目标有着丰富的实战经验,且乐于思考、总结和分享。

用一句话解释,提升效能的关键就在于围绕组织目标如何发挥组织里每个人的主观能动性。本书所强调的人性化管理和自组织管理两大理念的根本,正是为了激发和支持个人的主观能动性。

在我看来,发挥一个组织的效能,或者说发挥组织里人的主观能动性,关键的驱动要素有三个:目标、规则和文化。这里的规则指的是激励规则、协作规则。规则主要是为了防止内卷,防止出现对短期有利但对长期却会产生副作用的行为。规则是在实现目标的过程中,让组织里的每个人能获得相对公平与公正。不过,规则容易被忽视,也容易被误判为文化问题。因此,越大的组织越要重视规则。

对于小的组织而言,目标相对更加重要。因为小的组织一般人数不多,需要的协作较少,组织负责人一般清楚每个人在做什么,以及方向是否正确,所以只要目标正确,结合一些小工具,就能很好地发挥每个人的积极性。比如:业务架构师今年的目标是拜访 150 个客户,签单 10 个客户,去努力达成即可;工程师的目标是完成客户需求的开发,等等。

组织越大,规则和文化越重要。此时组织负责人已经不可能清楚每个人在干什么,而只知道组织的方向是什么,因此通常提出的不仅有短期的目标,也会有长期的使命级目标。使命级目标能很好地凝聚一批人一起做一件事情,但是在执行过程中一旦缺乏有效的规则,在考核目标的实现方式上存在漏洞,或存在内卷的机会,那么三五年后这个组织就会变得低效和"臃肿"。

组织在运作的过程中，要特别注意区分规则问题和文化问题。比如，一家大型研发公司的销售员曾经和我沟通，问我是否需要他们竞争对手的产品，他们可以售卖自己竞争对手的产品，在对相应的销售额进行包装之后，这些就可以成为他们个人业绩的一部分。这一现象的背后是"文化"不行吗？不是，是规则不行。

让我用一个简单的类比来说明这三个驱动要素之间的关系。就"一列从杭州开往北京的高铁"来说，目标就是从杭州开往北京，规则就是铁轨，文化就是润滑剂。提升效能的目的就是让每个轮子都高速地转起来（发挥组织里每个人的主观能动性），这样速度才能从 100km/h 提升到 350km/h，从而更快地到达目的地。

本书所提出的团队效能动力模型中的集体环境效能，很好地涵盖了这三个驱动要素。其中，目标管理和文化氛围这两个子变量直接对应目标和文化这两个要素，工作流程、沟通机制、激励手段等是服务于规则这个要素的。

本书除了关注团队和组织的效能，还花了很多笔墨聚焦个体的发展，从更宏观的、"全人"的视角帮助职场人士应对工作与生活的双重挑战。本书对个体、团队和组织的发展进行了整合，相信能更好地帮助到广大读者。

阿里巴巴高级研究员　蒋江伟（小邪）

2024 年 5 月 30 日

也许"效能"一词概括了人类社会不断向前发展的动力。让我们憧憬一下高效能的理想状态——从组织（含企业、学校等）和团队的视角，项目完成速度快、产出质量高、业务发展红火、客户反馈佳；从员工的视角，休假自由、被动加班少、个体持续收获成长、工作有幸福感。

然而据我观察，现实与理想的反差巨大。上述两个视角下的高效能俨然成了对立面，让人被困在看不到希望的零和博弈中。无力、无奈、受害者心态、冷漠、价值感不足、被裹挟、指责、推卸等负面情绪与行为充斥着职场，因为工作而影响生活的情况也屡见不鲜。

从组织和团队的视角，员工不思进取、没有发展业务的紧迫感、缺乏自主性，因而不得不采用压迫式的管理方式，亲手将员工推到了对立面。由于包含基层、中层和高层在内的管理者代表了组织或团队，因而这也代表了管理者视角下的员工画像及其所采取的管理风格。但是，大多数管理者没有意识到，团队是自己的，指责下属而非帮助他们成长，相当于明确地表达了自己的无能和没担当。

从员工的视角，管理者不作为、没担当、缺乏同理心，以充当传话筒等原始方式行使着管理职权，用特权代替了本应有的以身作则。再加上相当多的员工也没意识到，在组织和团队追求高效能的道路上，"四化"（流程化、工具化、自动化和文档化）建设是被反复证明有效的手段，因而忽视从这些方面去务实地提升自己的工作质效，最终因为本应该1年学到的技能用了5年，而渐渐陷入有工作没生活的困境。在这样的背景下，员工抱以受害者心态，认为是环境导致自己处于低效困境，无法跳出来进而发现自己既有能力也有选择去改变环境。

　　除了这些现象，我还发现：工作环境中虽然长期呈现出热火朝天的景象，但折射的却是低效而非高效；那些因为时代机遇而发展得好的组织，并非因为有良好的管理能力，相反，业务的快速发展掩盖了管理低效的问题；走过了初创期的组织，如果对员工仍过于强调价值观，意味着其管理能力不足；向员工提供（超）高额薪水的组织，更容易出现管理上的傲慢，对员工缺乏同理心，从而让员工感到冷漠；没有掌握向管理要效率的组织，中、基层管理者会因被夹在高层和基层员工之间而难受、无力。

　　自 1997 年大学毕业以来，我做过电气、电子和软件开发工程师，涉足了电力、通信、互联网和芯片（教育）四大行业，经历了从基层工程师到架构师，再到管理者的角色变迁，一路亲历并旁观而有了以上发现。不过，我是个不安分的人，无论以基层员工身份还是管理者身份，我都不愿接受那些低效且糟糕的工作环境；为了心中的诗和远方，我以自我成长的姿态和帮助他人成长的心态，改变着身边的工作环境。

　　在成为管理者之前，2007 年我作为摩托罗拉的员工到美国出差时，曾意外地发现国外工程师的工作和生活状态与我在国内看到的不同，直观的感受是他们能很好地平衡工作与生活。后来我在工作中观察发现，摩托罗拉这种成熟的企业正是通过"四化"建设去打造"营盘"的，从某种程度来说，摩托罗拉通过将员工螺丝钉化的方式去追求质效。进而我逐渐意识到，我们需要通过持续提高个人的工作质效去平衡工作与生活，具备用正确的方法做事的能力并实现专业化。当然，专业化的过程也实现了反螺丝钉化，即理解并内化了正确的方法背后的所以然。对专业化的理解，也促成了我于 2012 年出版《专业嵌入式软件开发：全面走向高质高效编程》一书。

　　成为管理者之后，面对管理压力，我以如何避免自己成为整个团队的瓶颈、怎么让集体成为真正的团队、我们需要怎样的工程师三个问题为牵引，以软件开发工程师查错那样的严谨去找门道，探索属于自己的团队管理方法论。后来我总结出了团队效能动力模型，并随着实践使之从第一版演进到了第三版，且在多个团队验证了该方法论的有效性——将作坊集体变成了有温度的专业化团队且能让个体更好地平衡工作与生活。

作为管理者,我先带领了拥有成熟业务的技术团队,而后带领了拥有创新技术的团队,从先前的守业心态变成了后来的创业心态,因而理解了职业化的内涵。

基于自己的经历,我非常肯定地说,开头所谈到的高效能的理想状态,对于组织、团队和员工来说是可以同时实现的。不过,这需要管理者和员工同时做出改变,以共赢思维替代零和博弈思维。

代表组织和团队的管理者在追求高效能的同时,需要重视并尊重员工个体的发展和平衡生活的诉求,通过创造条件,让高效能建立于员工的成长、自主性和工作幸福感之上,以人性化和自组织管理全面地激发员工、团队和组织的效能。这样的效能我称之为"全面效能"。这对管理者的管理能力要求之高是显而易见的,做不到是因为没有找到有效的方法论。

全面效能意味着员工需要承担起相应的责任。首先,对自己的职业发展负责,在职场中有专业化和职业化的意识与行动,并对自己的职业保持激情。毫无疑问,员工是自身成长的第一责任人,组织可以为员工创造更好的成长环境,但那只解决了外因问题。如果员工无法从内因层面解决自己的成长问题,依然以用 1 年学到的技能干 5 年、叫我干什么我就干什么的心态去应付工作,低效和被动无疑是最终的结果。其次,重视自我发展,将自我发展摆到与职业发展同等重要的地位,通过认真生活(含育儿)让自我发展更加充分。工作是职业发展的主阵地,而生活是自我发展的主阵地,两者协同并重才能建构出一个完整的人,让工作与生活成为彼此的动力而非阻力。

知晓全面效能这一概念容易,但想要实现全面效能对于个人和团队来说都不简单。本书基于作者近 10 年的管理实践,致力于成为全面效能的 X 光机,帮助读者看到蓝图,做到心中有数、有的放矢;也致力于成为全面效能的显微镜,让读者看清细节,能模仿、实操。与自上而下的效能变革不同,本书的效能进化之路是自下而上的，且同时聚焦于个体发展和团队进化，通过以小见大、由点到面、从量变到质变等循序渐进的方式展开。

本书具有如下 5 个特色。

第 1 个特色，是从工程师个人成长的视角总结了我的观察和感悟，还总结了职场中少有人关注到的规律。

第 2 个特色，是就如何促成团队效能的进化呈现了我的方法论和实践参考。书中给出的第三版团队效能动力模型，是我通过带领团队的实践不断总结得来的。通过这一方法论，我成功地让不够成熟的团队向高效能团队迈进。

第 3 个特色，是对如何提升个体效能给出了实践指导。本书指出需要从自我管理、知识管理、专业技能和业务技能四大维度去发展个体的职业素养。

第 4 个特色，是将个体自我发展分成了工作、生活与育儿三大场景。个体自我发展的不足影响着工作、生活和育儿等方方面面，但在其中任何一个场景遇到挑战，又都是发展自我的契机。鉴于个体在受教育阶段和工作场景中很少听闻"自我发展"一词，在实践时又将自我发展隐含于工作与生活场景中，我提出了个体发展双螺旋模型，倡导将自我发展与职业发展作为个人发展的两条线且并重，另外还指出了应将生活与育儿场景作为发展自我的主阵地，以实现更充分的自我发展。

第 5 个特色，是分享了工作中的失败以及生活和育儿中的不完美。作为一本旨在激发全面效能的书，如果只讲那些好的方面，多少会显得不真实和有所保留。通过这部分内容，我想告诉读者，那些失败和不完美是正常的，正如"失败是成功之母"和"完美是更好的敌人"所隐含的那样。理解这一点，个人才能更好地接纳自己，才能在困难与挫折中重拾好奇心和坚毅，这对于实践探索非常重要。

作为一本冠以方法论的书，书中不乏我自己的生动但有局限性的经历，且人是复杂的，团队层次是不同的，业务阶段是多样的，因而读者在运用书中方法论的过程中，需要持有试错、反思和调整的心态。

让我们一起谨记，无论是工作、生活还是育儿，都没有固定模式的成功路径。成功和幸福都不是追求而来的，而是珍惜当下过出来的，也许多年后我们才能收获成功和幸福，那时才会明白时间是放大器和蓄能池，只要行进在通向让人变得积极的目标的路上，便是成功。

在激发全面效能的道路上，我们难免因为没有目标而迷茫，因为目标明确而有压力，因为未来不确定而焦虑，因为不甘而委屈，因为守护边界而有冲突，所有这些都会带给我们痛苦或困扰。然而，这些正是人生的调味品，克服它们，穿越它们，这是每个人的人生课题，也是人生的精彩之处。

但穿越过后的终点在哪儿？人生的意义是什么？每个人应有怎样的人生？相信每个人都在寻找属于自己的答案。大概我们终将接受生活的平凡，但在心灵层面，我们每个人都可以不平凡。在穿越平凡的生活到达不平凡的生命的路途中，愿本书能带给你力量和帮助！

我的联系方式如下，欢迎大家与我交流。

微信公众号：至简李云

李云写于杭州

2023 年 11 月 7 日

作为本书的第二作者，我参与了生活与育儿两部分的编写，还作为第一读者与审校人员对全书内容进行了完善与优化。

我是一名有 20 多年从业经历的软件开发工程师，既就职过全球 500 强企业，也就职过只有几人组成的创业公司，还自己创过业。从岗位角色来说，我曾是开发工程师、架构师、团队负责人、项目负责人和创始人。所有职业经历让我对本书所描述的各类职场现象都有极强的共鸣。我不时感到书中所述的被动工作的工程师、不作为的管理者，以及无法平衡工作与生活的人，说的就是当时的我。

是的，书中说到的那些痛苦、冲突、迷茫、焦虑我都曾经历过，那些批判的言语很多都能指向曾经的我，只是彼时的我是不自知的。坦率地说，当时即便有那些令我不适的感受，我也从没觉得那样的生活和工作有什么不对劲，因为周围的人似乎都这样。对于彼时的我来说，工作感觉不对了，认为公司没有美好前景了，又或者想离家近点了，就换个工作呗。现在看来，那时其实是逃避的心态占了上风。

当然，我整个职业生涯的发展也没怎么不顺，我在工作中也时常能得到周围人的认可，总体而言也在一路往前走着。但我清楚，我并没有打心底里感到踏实，因为我没有找到工作带给我的幸福感。那种幸福感，并非是由同事关系融洽、工作压力小或其他外部因素带来的，而是源于工作对于自己的意义感。找到工作的意义感，是我现在认为走上高效能工作之路最重要的一步。少了这一步，就会像无数个 0 的最前面缺了个 1 那样。

那么，工作的意义感来自哪里？一说到意义，似乎就应该是宏大的、深远的，比如为社会创造大的价值、实现人生目标等。但以我现在的认知来看，并非如此。

这是我通过观察李云的工作状态，将其与当初自己的工作状态相比而得出的结论。

李云换工作到芯片行业的那家公司后的经历使我真切地看到了我与他的不同。他这次换工作后的状况与我当初从摩托罗拉跳槽到恒生电子后类似：习惯了弹性上下班，突然换到了一家工作时间是 8:30—17:30 且上下班打卡的公司；离家又远——单程近 1 小时的车程，早上得 6:30 起床，7:00 就出发。而且他相比我还多了一个不适——作为高管，周六得在公司工作。这是他参加工作以来，头一次经历作息时间上的大调整。

对于我来说，当初光通勤时间及打卡带来的不适，就让我耗费了非常大的心力去坚持那份工作。但是我看他的状态，每天都是激情满满地出门，下班回来虽有疲惫，也会有对工作不畅的倾诉，但我体会到更多的还是他的成就感和憧憬。他会喜形于色地告诉我同事们点滴向好的变化，问题在一个个解决，团队越来越正气。他始终坚信能把团队带上正轨，让大家体会到工作带来的幸福感。

这就是我与他之间的差距。在我看来，这是两种不同的工作状态：一种是为生存而工作，另一种是为意义而工作；一种是外部利益（收入）驱动的，另一种是内部价值（责任和信念）驱动的。我属于前者，他属于后者。因为我工作是外部驱动的，所以困难和不适统统变成了我的压力，让我内耗；而他工作是内部驱动的，所以对他来说，困难和不适就是挑战，是能被克服的，他能通过期待克服困难和不适后的成长去激励自己。

那怎么找到工作的意义呢？在我看来，并没有那么复杂，有时就是思维转变一下而已，找到一个超越个人物质利益的目标。在奔向这个目标的过程中，工作的幸福感自然就来了，事实上最终受益的依然是自己。

现在的我是大家眼中的全职妈妈，没有工作，也没有固定收入，也许是价值感不足的，更不能感受到幸福才对。但事实恰恰相反，在各种社交场合介绍自己时，我会说我没工作但有事业，因为我一直在做一件有意义的事：将我极力推崇的从项目式教学（Project-Based Learning，PBL）迁移而来的养育思想和方法传递出去，让更多的人能一起感受育儿的幸福。因为找到了意义，所以每一次分享、收获到的每一个认可，都让我感受着幸福。这就是我现在的状态。

曾经和几个朋友一起聊天时，我表达了"育儿是一件很幸福的事"这一观点，她们听了很是意外。对她们来说，育儿更多地源于责任，且充满了焦虑和无奈。当然，我的育儿幸福，并非因为我没有经历挑战，也不是因为我的孩子特别让人省心。在我看来，育儿的幸福并不是简单地以孩子的良好表现去定义的，更主要的是以自我成长去安顿好焦虑，学会看见孩子的成长，并从中收获定力。也就是说，养育孩子的意义在于整个过程中家长和孩子的共同成长。只要意义对了，挑战就不再是消极的，而会变成成长的契机，育儿的幸福感自然就有了。

再来说一说关系的意义。对我来说，关系的突破来自内省。只要有关系，就一定会有冲突，而且关系越密切，引发的冲突通常也越激烈。由此我认为夫妻关系是自我突破的最佳修炼场。从人性上来说，造成冲突最主要的原因是个体的防御机制。要真正解决冲突，就必须完成自我防御的打破，看见那颗掩藏在后面的脆弱的心，最后找到那个松弛而有力量的自我。所以关系的突破可以帮助我更好地认识自己，找到真正的自己。这就是我所找到的关系的意义。有了这个认识，再发生冲突时就少了对抗，因为冲突指向的不再是对方的问题，而是自我的问题了。

有了意义，就意味着明确了方向（或目标）。方向有了，再用对方法，就能带来效能。也就是说，无论职场、育儿还是关系处理，只要我们找到了效能目标并掌握效能方法，幸福感就来了。在我看来，在职场中掌握效能的过程，既是职业发展的过程，也是找到工作幸福感的过程；在育儿中掌握效能的过程，既是成就孩子的过程，也是成就自己的过程；在关系中掌握效能的过程，既是突破关系的过程，也是发现自我力量的过程。

效能始于意义，这是我在成长之路上不时用来修正自己的一句话，也是你在正式阅读本书前，我最想分享给你的。对意义的关注是 40 岁前后的我，在生活状态、思维模式上发生变化最关键的原因。40 岁之前的我是用直觉在生活和工作，而 40

岁之后的我开始有了主动追求、寻求内在成长的意识，由此收获了更多的幸福和力量。希望这个感悟能帮助你更好地理解和运用本书的内容。

我的联系方式如下，欢迎大家与我交流。

微信公众号：**PBL** 养育

楼建芳写于杭州

2023 年 11 月 22 日

第1章

只有看清那些让人担忧的现象，

才能在职业发展的道路上找准方向。

面对自我改变，看似动力不足，

实则方向不明。

第1章
那些堪忧的职场现象

1997 年毕业后，工作的前 3 年，我供职于一家电力设备制造企业，从事电力电气和电子方面的开发工作。在那家企业工作的后期，因兴趣使然我自学了编程，接下来便跳槽到一家红外成像设备生产企业，从事了 3 年的电力系统视频监控软件的开发工作。从 2003 年 6 月开始的近 10 年时间，我就职于通信行业，从 UT 斯达康（UTStarcom）到摩托罗拉（Motorola），再到诺基亚西门子网络（Nokia Siemens Networks），这 3 家不仅是大公司，还都是外企。2012 年 12 月，我离开通信行业加入阿里巴巴（Alibaba），又于 2022 年 4 月底离开。

我第一次出国工作是在 2007 年，目的地是摩托罗拉公司总部所在地美国芝加哥。那次经历让我发现，国外的软件开发工程师注重工作质量和效率。我也观察到似乎国外每一个工程师都具备做软件架构师的能力。这一经历让我开始特别重视并践行将工作质量和效率当作个人职业发展的关键内容，也使我特别重视观察任职公司是如何用机制去保证工作质量与效率的。可以说，这一意识和行为变化为我日后时刻重视保持工作与生活的平衡，打下了坚实的基础。

2012 年，我出版了《专业嵌入式软件开发：全面走向高质高效编程》一书，将自己高质效工作的方法和经验做了总结。从那以后的每一年，我都会以该书的内容为基础给企业做内部培训或到全国不同的城市开设公开课。这种"走出去"让我有更多的机会观察和了解当下工程师的工程能力，并间接感受中国软件在嵌入式领域的发展水平。

基于自己的观察与判断，在我出版那本书后的十多年里，嵌入式领域的软件开发质量与效率并没有质的进步，无论是工具运用、工程方法，还是意识、见识，仍有浓厚的"刀耕火种"气息。

2012 年 12 月 24 日（加入阿里巴巴）前，我的职业发展主要在于专业技术，我没有直接带过团队，没有直接的技术管理实践，因此也缺乏这方面的深度思考。

不过，在通信行业担任过系统架构师的经历，让我在半年后，在没有任何组织任命和直接上级授权的情形下，掌握了整个团队的技术决策权。这背后隐含了团队成员对我能力的认可。

两年后，因团队技术总监离职，我接棒了技术团队的管理工作。五十多号人的团队突然交给我带领，最直接的压力是如何承担起相应的责任，避免自己成为整个团队的瓶颈而影响业务与团队成员的发展。这一变化，让我开始将焦点从技术转移到了团队和技术管理上。基于这一时期的实践，我思考和总结出了第一版的团队效能动力模型（参见图 8.1）和几大管理原则（参见 7.2 节），展示了我如何将一个忙乱、不成熟的集体带成了从容稳健、富有质效的团队。

这一时期，我完成了从一名纯粹技术人向技术管理者的角色转变。2016 年 8 月 1 日，我通过内部转岗离开浏览器技术团队后，加入了阿里巴巴中间件技术部。从 2018 年 4 月开始，我作为新技术服务网格（Service Mesh）的技术一号位带领团队在阿里巴巴内部对其进行落地。

新技术想在阿里巴巴内部大规模落地是件非常具有挑战性的事，要做的不只是将技术从不成熟变得成熟，还得给业务团队讲清楚其价值，并妥善解决他们对于运用新技术的各种担忧，以及根据全球技术趋势和实际落地场景制定技术方案。新技术落地的难点不在于技术之新，而在于如何让旧技术平滑地过渡到新技术，包含淘宝、天猫、菜鸟等在内的庞大业务体量加剧了这一挑战。此外，我还得应对与蚂蚁金服兄弟团队的技术方案先进性竞争的挑战。

这一时期，我更多地体验到了创业的艰辛，自己的角色也从技术管理者调适成了业务负责人，除了技术管理还得考虑技术布道、业务合作、跟进前沿技术等。在技术管理方面，团队效能动力模型演进到了第二版，增加了环境效能这一关键要素。

那时服务网格是云原生新技术趋势中的一个重要组成部分，被纳入阿里巴巴2021 财年的首席技术官（Chief Technology Officer，CTO）云原生"战役"中。这使得我有机会从技术价值链的顶部参与技术的发展与演进工作，也需要不时参加面向 CTO 的月度汇报会。遗憾的是，由于各种原因，最终服务网格并没有在我手上完成在阿里巴巴内部的大规模落地。

这段近 3 年的经历很艰难，而正因为艰难，更让我真正体会到了使命感，打开了格局，所以这一时期也是我自我成长非常显著的时期，POG 个体成长模型（参见 3.2.1 节）的提出也得益于此。

2022 年 4 月 29 日，我离开了阿里巴巴。在阿里巴巴近 10 年的工作经历中，我也对谷歌这样的公司和多个全球著名开源组织开展大型和超大型软件研发展开了观察和实践。

基于我的观察，这 10 年中中国软件的工程能力并没有质的提高，即便在开源软件发展得欣欣向荣的大背景下，国内工程师和软件企业并没有形成关注工程能力背后所需工程师职业素养的培养这一文化氛围。这导致我们很难以低投入产出比原创性地做出像 Chromium、Fuchsia、Android 这样超大规模的软件，甚至基于这些超大规模软件做二次开发，也很难确保开发质量与效率。

2022 年 5 月 2 日，我入职了一家芯片行业拟上市的小公司（为了方便，本书接下来用"小公司"代指），以技术中心总经理的身份带领整个技术中心向前发展。与我过去二十多年供职的大公司不同的是，这是一家典型的小公司，内部没有完善的工作流程，也没有采用那些有助于提升协作效率的软件工具，人员的职业化程度和专业水平也低得多。

经过近一个月的观察，我梳理出了团队低效根因分析的鱼骨图。在接下来近一年的时间里，围绕这张鱼骨图，我通过组织架构调整、项目化管理、落实目标与关键结果（Objectives and Key Results，OKR）、制定新的考核制度、建立在线知识管理库，并以年度规划和战役牵引产品开发和业务发展等方法，让一个四分五裂的集体蜕变成了协同作战的团队，无论从工作质量、效率，还是士气和产出上都焕发出了生机。团队效能动力模型也进一步演进到了本书后面将介绍的第三版（参见图 4.3）。

这一时期的经历让我体验到了人际关系的复杂性对团队管理的影响，也见证了无效管理所带来的巨大内耗和低效结果。在这个过程中，我面临的挑战在于，在这样的复杂环境下，如何通过聚焦于正确的事让自己和团队停止内耗并获得成果，以及进一步检验在大公司积累的技能与经验是否适用于小公司。

在二十多年的工作中，我不断见证那些堪忧的职场现象在不同大小的公司上演。这些现象的背后，是人性的弱点，如害怕冲突、盲从、短视、不求上进、推诿、逃避、放弃等，这些人性的弱点对于个人职业发展和团队效能都具有不可估量的负面影响。

尽管这些堪忧的现象相当负面，但我坚信这些都是发展中的问题，是中国软件行业在走上高质量可持续发展的道路上必然要经历的、带着时代烙印的问题。同时，我也清楚地知道，每个时代都有需要解决的问题，但也正是这些问题不断推动着行业和社会的进步。

无论如何，世界在变化，时代在发展，人口红利、人力优势都将成为过去，这些都逼迫着我们正视并务实地面对这些堪忧的现象，通过现象去挖掘背后的根因，这样才有可能让各行各业迈过时代的卡点，进入新的发展阶段。

1.1 业务成了一切

有相当多的管理者认为发展业务是团队管理工作的一切内容，有些还会为自己的管理无能找到一个"良好"的借口：业务发展是对团队最好的管理。这类管理者除了表现出自己对管理价值的无知外，还表现出自身的短视和肤浅。

业务的重要性无须多言，因为它是团队的立命之本，然而将业务当作一切就是短视。确实，蒸蒸日上的业务将给团队带来莫大的激励，甚至足以掩盖日常工作中那些极为明显的不足。但是，业务当下发展得再好，也终将迎来触及天花板的那一天，到那时，之前因业务快速发展而掩盖的问题必将变得棘手，此时再去强调管理的价值很可能于事无补，团队的稳定性也一定会面临极大挑战。

业务发展往往涉及质量和效率，大家希望更快地将有质量的业务呈现给用户或交付给客户。管理者只关注业务，而不去探究如何让团队有质量、有效率地支撑业务发展就是短视。这类管理者很容易犯的毛病包含但不限于如下三个方面。

- 眼中只有项目且过于关注项目是否如期进行，不能很好地识别和应对项目的延期风险。
- 对于技术团队存在"铁打的营盘流水的兵"的观念，无法欣赏团队中个体的独特价值，忽视因人员流失而带来的巨额人员替换成本。持这一观念的管理者往往很难培育让人留下长期发展的土壤，也易因人员频繁流失而疲于应付人员招聘工作。
- 不能很好地理解项目中非业务相关内容的价值，对这些内容缺乏关注与投入。非业务相关内容包含但不限于代码审查、概要设计与审查、工作成果文档化、偿还技术债、采用更高效的工具和优化工作流程等。

管理者或许一厢情愿或肤浅地认为工程师只关心业务利益，而忽视了工程师还有自我成长的内在动机。外部激励、内在动机，两者缺一不可，而且从某种程度上来说，内在动机的影响远远大于外部激励。所以即便在业务发展良好的情况下，当工程师的成长诉求无法得到满足时，他们也会选择离开公司去寻求新的发展机会。

工程师千万不要被"业务发展是对团队最好的管理"这类论调蛊惑，与之相对应的还有"业务发展得不好，团队再强都没用"。同样，工程师也不用因为这样的论调而否定自己。**每个人都有两只眼睛，一只盯业务发展——外在机会，另一只盯个体成长——内在动力，无论身处怎样的环境，任何一只眼睛都不可丢。缺少增强**

内在动力的职业机会会让我们容易受外部因素的影响——变得浮躁、焦虑、爱抱怨、过度敏感。

然而，误以为业务发展是一切的不只是管理者，还有处于一线的大量员工。在业务快速发展时，他们一边不满于应对没完没了的项目压力，一边却逃避困难，放弃思考，忽视成长，被环境裹挟；一边不断抱怨，一边却没有勇气指出职场的各种不合理，更别说以身作则地克服。而当业务发展面临瓶颈时，这些人又会变得异常浮躁与焦虑，但依然沉不下心去钻研和积累。

业务发展大多能给团队与个体带来更多的职业和能力发展机会，能抓住这些机会提升个体能力并助力团队效能提升，实现多方共赢，这是大家都乐于看见的结果。但这样的机会可遇不可求，而且我们往往看到的是业务发展越如火如荼，工程师在工作中越水深火热。

业务能否发展好不仅与产品、技术、营销和渠道有关，还与市场的竞争程度、政策、时代背景、产业成熟度等紧密相关。何况业务的发展有周期性，对于那些没有走上风口或潜伏于风口之外的团队，难道就只能牺牲生活，疲于应对没完没了的项目，生存于看不到希望的职业环境中？另外，蓝海市场的开拓者与作为后来者进军红海市场所面临的竞争态势是截然不同的。

理想情况下，我们希望通过团队效能持续提升去助力业务发展，实现团队与业务的共同可持续发展。团队效能提升和发展业务两者对团队来说并不矛盾，而是相辅相成。一个真正高效能的团队即便业务发展遇到瓶颈，也不会因此沉沦，依然会有激情、有勇气去探寻另外的业务发展之路。

在不知道团队何时迎来业务成功的情形下，修炼内功，通过持续改善个体能力去提升团队效能，为将来业务成功时解决潜在的团队效能瓶颈，是管理者的职责和远见，也是工程师的责任。业务机会总是有的，但真正的高效能团队却罕见。

社会中普遍存在业务发展是一切的认识误区，导致许多从业者总是很浮躁和焦虑。这样的情绪会使个体难以沉下心去深耕细作并严重降低其能力发展的效率，使个体的职业化和专业化水平长期处于初级阶段。

浮躁往往来源于急功近利，但对于工程师来说，绝大部分需要经过长期、渐进的方式来积累财富。只要耐心等待，该有的时间都会给你，而耐心等待应建立在不断构建自己的能力而非浮躁之上。

在职场中保持适当的焦虑是有益的，但焦虑面向的应是个体技能能否得以持续提升，且个体应有意识地将焦虑转变成沉下心去学习的动力，而非让焦虑助长浮躁。

1.2 将勤劳当作效率

被动加班①在当下的职场很普遍，几乎成了软件行业的固有属性。出现这样的状况与我们误将勤劳当作效率有关。

勤劳是指努力，强调的是付出的量。效率指的是投入产出比，关注的是转化率。勤劳与效率实际并不矛盾，只是不注意方法的勤劳很难有效率，而不讲究效率的勤劳一定会让人陷入有工作没生活的困境。

个体在工作中要更富有效率离不开学习、思考与实践的良性循环，而这需要个体长期坚持与付出更多的精力。然而在学习层面，基于我面试应聘者及对外授课的经历来看，相当多的候选人一年难得读上一本技术书，其学习基本上是围绕工作中的项目被动进行的，属于"要时再学"的点状式学习而非体系式学习，即使学习也是被动学习。

另外，不少人选择在网上阅读博客等技术文章，而非系统性地读好书。然而，文章给予我们的知识或感悟往往是零散的，哪怕我们读了很多文章，也难以形成自己的思考结构。而书相较于文章更具系统性，只有在掌握系统性结构的情况下，我

---

① 被动加班不同于主动加班。主动加班是个体能动地根据工作进展或为了提升自身技能而加班，当事人在情绪上表现为积极和自愿。相反，被动加班的当事人在情绪上表现为消极，虽然大多数加班没有必要，但当事人会迫于外界压力而为之。

们才能做到活学活用，实现将别人的知识变成自己的智慧。

学习的另外一种途径是参与开源项目、订阅一些国外网站的技术时事简报和加入一些开源项目的邮件组。对于软件行业的从业者来说，良好的英文读写能力也不可忽视，这可以帮助个体拓展技术视野，了解国际同行的现状以避免"重复造轮子"，在碰上疑难技术问题时还可以向国际同行寻求帮助。英文阅读和书写能力的培养其实也依赖于持续学习。

学习后的实践缺失很容易让人停留在所学内容的表面，甚至变成盲从地炒作概念。而要收获有益的实践经验还需要个体进行独立的思考，因为实践是一个摸索、调优的过程。个体在利用他人的经验实践时不能停留于生搬硬套，要考量自己的真实现状，因为每种经验都是根植于特定场景的，而忽视经验背后的场景很容易让人走偏。此外，实践之前一定要想明白究竟要解决（正面临）什么问题，实践期间则须一直紧盯所需解决的问题以确保聚焦。

学习、思考、实践，三者是相辅相成、螺旋式循环上升的过程。只有持续地学习、思考、实践，我们才能在充满不确定性的过程中保持耐心并维持积极的心态。这并非一件易事。当把短期努力与长期效率放在一起时，大部分人会选择前者。而这一选择催生了当下软件行业中的一些怪象。

怪象一，疯狂鼓励加班却忽视加班成果。不少团队一方面强制加班，但另一方面对于加班成果全然不顾。这些团队的管理者在某种程度上只是想看到"热火朝天"的表象，这除了表明他们只是为了消除自己的焦虑情绪和排解压力外，还表明他们缺乏思考和不作为。

不少加班正是管理工作不到位导致的团队低效使然。本来 8 小时能干完的活，下属为了满足加班要求，便拉长时间去完成。因为对于管理者来说，强制加班与真正改善个体与团队的效能相比要容易得多。管理者的作为体现于清楚地知道团队效能低的原因和改善方法，但这些对于很多管理者来说却是个谜。

在造成过多加班的局面一事上，工程师也有责任。不少工程师加班完全是因为有"看到其他同事都还在，我也不好意思走"这样的想法。其实，确保工作时全身心投入，在没有加班的必要时果断且心安理得地下班，这是保持独立人格的一种体现。对于那些因能力不足而通过加班去掩盖的人来说，多花时间去学习、思考和实践其实更可取。

过多加班的后果除了将职业变成"青春饭"外，还让人无法平衡工作与生活，甚至将工作与生活对立化。大范围且长期如此必将最终影响整个职场的良性可持续发展。

怪象二，尽管工程师拼命干，但成长缓慢且成就感低。如果处在忽视工作效率的环境下，大家毫无意外地会比拼努力程度。收到产品需求后立即分工开干的软件工程师不在少数，他们由于忽视系统思考而低效地工作，乃至最后用自己的实际行动证明了自己的职业就是"青春饭"，工作七八年后对自己的职业前景仍感到迷茫的占大多数。

忽视学习、思考与实践导致成长慢的后果在情理之中，这使得鲜有人具备良好的职业素养也不令人意外，长此以往的恶果是整个职场环境难有质的飞跃，一直处于专业化和职业化的初级阶段，这反过来限制了每一位职场人士的成长质量与效率。

不少工程师因为兴趣选择了自己的职业，有工作没生活的境况使得他们难以体验到工作给自己带来的乐趣，最终变成因生活所迫而工作，并在自己的职业中难以获得成就感，进而丧失职业兴趣。

怪象三，很多软件开发工程师不被理解与尊重，这体现在多个方面，例如：

- 软件产品的无形性让软件产品的内在价值被低估，从而导致社会对软件开发工程师的忽视和不尊重；
- 软件产品的质量与生命周期无法被很好地度量，几乎总是以是否满足需求作为核心衡量指标；
- 软件开发工程师的成长价值不被重视、成长方向不清晰，这就很难长期调动工程师的学习能动性。

总而言之，**效率导向观的缺失导致本属脑力劳动的劳动变成了体力劳动，软件开发工程师所自嘲的"码农"，其实就是现实的真实写照。**在软件行业，人们对"天下武功，唯快不破"这一论调的理解，只停留在了表面的"快"，而非本质的效率高与技能水平高。

或许读者会想，追求效率需要花更多的时间，如果时间不足，那就只能先拼努力程度了。确实，时间总是不足的，事情也总是做不完的。**为了市场时间窗口短期比拼努力程度是可以接受的，怕就怕只盯着短期目标，一直麻木地努力下去。**

那些长时间受困于工作与生活失衡的人，需要将时间线拉长，以鸟瞰的方式去审视周边的工作环境和自己的成长，如此才能真正看清问题所在。**当人短视于只顾当下且不做改变时，也只能延续眼下的困境。**只是，小心时间这个放大器，眼下你就需要决定是让它放大积极的内容还是消极的内容。

1.3　服从代替责任

部分人在职场中将服从当作责任。这类人张口闭口听领导的，或者别人怎么说他们就怎么干，不思索背后的原因是他们最大的共同点。

表面上，个体在职场中不愿承担责任会让人工作起来更轻松，除省去思考之苦外，当出现问题时还能用"某某叫我这样做的"这类言语来推卸责任。然而，这种主动选择的轻松，是以被动失去对自己的工作的乐趣乃至对个人生活质量的掌控来换取的。

管理官僚化是这一糟糕境况的主要诱因，而工程师在职场中失去独立的人格则使这一境况变得更糟糕。

大多数工程师因工作绩效突出而走上了管理岗位，其在角色转变之际所掌握的技术并不一定更深更广，更别谈对职业的认识达到一定的高度。这一观点对于很多工作超过 10 年的人同样有效，因为在一个专业化和职业化程度低的大环境下，个体的成长相当缓慢。走上管理岗位后，这些人大多因不善于管理而无法腾出精力继续精进技术，而技术深度的不足和职业高度的缺失又进一步制约了他们在管理领域的成长。

这一两难的境况使得很多原本技术能力不错的工程师在走上管理岗位一两年后就变得彷徨甚至恐慌，他们一边忍受着自己技术优势的衰退，一边疲于应付各种毫无技术价值的、繁杂的日常琐事。更为糟糕的是，他们因无力摆脱这样的困境而深感前途渺茫，并由此产生了浮躁和焦虑情绪，挣扎于自身的精神内耗。

最终的结果是，大部分管理者的管理意识原始、技术深度与高度不够，导致他们变得焦虑，进而无法打开心胸而变得自闭和老于世故。再加上在过往的职场经历中，这些管理者没能真正体会开放、透明化管理的威力与价值，所以没能洞悉这两者的真正内涵，更别谈在自己所管理的团队中加以实践。在一个缺乏开放性与透明度的团队中，管理者往往因不作为而助长官僚行为，以及采用容易引发消极情绪的压迫式处事方法。比如：

- 制定规则却让自己游离于规则之外；
- 无法欣赏技术的价值，不能富有逻辑地看待软件开发工作，对工程师群体缺乏本应有的同理心；
- 出现技术故障时对个体加以指责，而非鼓励集体背书并将之沉淀为团队财富；
- 对于责任也往往采取甩锅而非承担的姿态。

官僚化和压迫式管理方法导致工程师群体更多选择被动式服从，而非大胆地公开表达自己的想法。

职场中的个体，如果失去了对自己、对家庭、对同事、对团队和对产品用户的责任心，那么谈工作乐趣和生活质量就是空谈。对自己，无论业务和公司发展得如何，一定要在工作中**不断提升自己的技能并挖掘自己的潜能，这是追求更美好生活的唯一零风险保障**；对家庭，要从经济上给予支撑，花更多时间与家人在一起并陪伴孩子成长；对同事，应成为值得他们信任的工作伙伴而非博弈者，发现他们的不足时要及时指出并帮助改善；对团队，制衡和约束管理者，迫使其在管理上有所作为；对产品用户，长期致力于为他们带去更好的产品，在工作中时刻关注他们使用产品的体验，并帮助他们创造价值。

工程师责任心的缺失，会导致失去用于制衡和约束管理者的关键力量，并放纵管理者的不作为，最终严重地制约团队效能的持续提升。

1.4　认为技术是万能的

很多工程师将技术与管理割裂开来，重技术轻管理，且错误地将自我管理纳入被轻视的管理范畴。这是导致个体与团队效能低的关键因素之一。

自我管理的缺失会使个体失去应有的自我约束能力，工作起来因忽视规章制度而毫无章法。尽管不少个体表现得干劲十足，却是作坊式地蛮干。从团队层面，自我管理缺失的后果是，同样的问题此起彼伏地在不同的人身上发生，返工成为常态。自我约束能力的不足使管理者需要花费不少精力去维持工作秩序，这是造成管理低效的重要因素之一。

自我管理的缺失会导致个体过于自我而忽视周边。良好的自我管理首先表现为律己，通过律己让个体的工作质量达到相应水准并能动地参与集体协作。个体参与集体协作的表现如下：

- 重视工作内容的上下游衔接，而非只盯着自己的“一亩三分地”；
- 对于各项需要参与的流程及时主动跟进，而非等人催促；
- 关注周边同事的工作进展，并及时主动汇报自己的工作状态。

像概要设计审查、代码审查、文档审查、软件发布流程等，都需要个体及时、主动地参与才能提高效率。主动汇报工作状态，而非等到他人问起才被动作答，这对项目的高效进行非常重要。忽视周边会使个体在工作中各自为政，让构建良性互动的团队协作文化氛围变得困难重重。

对于互联网行业的不少产品而言，由于产品离用户很近，因而非常适合快速迭代，这对团队的协作与协同水平要求更高。个体的自我管理能力最终决定了团队的协作力、执行力和创造力。"一个萝卜一个坑"的创业公司，尤其需要关注个体的自我管理能力。

自我管理的缺失会导致个体在职场中表现得不那么成熟，过于情绪化和忽视承诺。进行自我管理需要个体在工作中关注对自己、对同事和对团队的责任。个体只要关注这些责任就会趋于理性而非任性，也相对容易控制自己的情绪，在工作中关注共赢而不致过于自私。忽视承诺会使个体难以成为让人信任的工作伙伴，团队的内耗也会由此产生，并最终影响到团队的协作力和执行力。

除了自我管理缺失，轻视管理的另一种表现，是对团队管理动作背后的原因思考太少，导致因理解不了动作背后的价值而带来更高的管理成本。

只要对管理动作必要性的思考偏少，个体就很难锻炼出从比个体更宏观的团队层面去思考问题的能力，就容易陷入过于计较个人得失和太过自我的狭隘中。如此一来，面对绩效考核面谈这样的管理动作，当主管与自己沟通时，个体会因为跳不出个人的思考维度而无法接受主管从团队层面给出的对自己的建议，甚至可能产生与主管对抗的想法，最终造成更高的管理成本。

对于那些在大公司工作的人来说，需要特别注意观察和思考团队管理动作。大公司之于小公司，很大的一个差异点就在于其管理成熟度，而那是隐藏于日常管理动作中的。当你理解了管理动作背后的价值时，就意味着你的思考和管理能力会因为曾就职于大公司而潜移默化地增强。这种职业成熟度对于你所服务的下一家公司来说通常是默认的期待。

以为技术万能的另一种表现，是轻视掌握必要的写作工具与写作能力。如果让软件工程师在编一天程序和写一小时文档之间进行选择，绝大部分人会选择前者。

写作能力的不足本质上是不善思考与表达，不明白如何"自上而下表达，结论先行"和"自下而上思考，总结概括"①，缺乏一定的抽象和思维能力，而这些能力正是做好编程工作所特别需要的。写作与编程除了前者用自然语言、后者用编程语言这一显著区别外，在很多方面存在共性。

我个人认为那些写作能力差的人，编程能力也不一定会好到哪儿去。但之所以仍有不少人认为"我擅长编程但不善于写作"，那是因为他们只注重掌握编程语言和必要的算法及实现软件的功能，而没有将软件设计和代码可读性、可维护性等内容考虑在内。缺失这些方面考虑的软件，对于工程师群体来说基本上就是灾难，高额技术债的形成在所难免，规模越大的软件越是如此。

写作能力之所以重要的另一个原因是，这种能力是团队知识管理的基石。知识管理的落实使得个体掌握知识、收获经验后，能通过文档进行沉淀，让集体能以接力棒的形式持续、深入地掌握相关知识和积累经验，通过分享和整合去最大限度地挖掘知识的价值。团队知识管理一旦缺失，就会使个体的经验无法复用，出现不同个体重复从头学习、走同样的弯路、重复造轮子的现象。

说到知识管理很容易让人想到个人笔记，但两者对知识组织的要求有很大的不同。个人笔记是个人知识和经验的沉淀，语言组织上可以用自己的方言，甚至用暗语。团队知识管理可以理解成为团队做笔记，需要致力于将知识和经验结构化地组织，让大家都能读懂、传播和参与完善，否则知识管理的价值就无法体现。一份让人需要花脑力去猜本意和不停找人问才能理解的文档，也会让人迅速地否定其价值而心安理得地从头开始摸索。

团队知识管理需要不断维护才能持续发挥效能，其背后需要一套规则，并且要求每个人能够在执行时遵守。现实中有太多这样的例子：团队花了很多心血输出了各类文档，但因为缺少持续的维护和完善，最终这些文档成了过时的摆设，从而让

---

① 芭芭拉·明托. 金字塔原理：思考、表达和解决问题的逻辑[M].汪洱, 高愉, 译. 海口：南海出版公司, 2020.

大家得出文档无用的结论，又回到各自走弯路、重复造轮子的局面。

轻视写作能力的培养，导致很多工程师不情愿投入时间去准备产品宣传和技术布道方面的材料。他们的说辞是："术业有专攻"，开发人员就应当做开发的事，产品宣传与技术布道工作应当找产品经理这样的专人去做。乍一听似乎有道理，但就当下的时代发展而言，工程师只做代码相关的工作就会落伍，工程师需要建立起无营销不技术的认知，而营销正是靠宣传文章、技术布道去落实的，否则一个只会做而不会讲的工程师，其职业发展的天花板会低得多。要知道，随着年龄的增长，对工程师能说会道这一软技能的要求会更高，而相应的软技能是需要在日常工作中花时间去训练与实践才能掌握的。

给自己设限，其实是在限制自己的发展。对于任何人来说，每种技能从不擅长到擅长都是需要花时间去实践和思考的，当你投入了时间，相应的能力就会自然而然地增长，这是一个常识。投入时间做那些自己不擅长的事不应当是一个问题，有机会就试试看，试了或多或少都会有收获，试得多了，不仅会慢慢地形成相应的能力，自信心和处理不确定性问题的能力也会变强。

过于专注技术而忽视其他非技术技能的培养，导致工程师给外界普遍的印象是：单兵作战能力很强，合作能力不强；技术能力不错，开发能力不行；智商很高，情商不高。

1.5 严重忽视细节

只要是职场人士，谈及细节估计都会联想到"细节决定成败"这句话。这句话无人不晓，以至于我们容易将关注细节误以为是口号。就我在工作中的感受而言，确实有太多的人没有关注细节的习惯。

细节究竟是什么？

首先，细节代表态度——将工作做到位。做到位与做完是全然不同的工作水准，前者包含后者，但比后者有更深的内涵。

第一，将工作努力做到不会出错，并在出错时从根源上加以解决。比如，对于软件开发工程师来说，须将防范他人犯错当作一条软件设计和编码原则，在做设计和编码时，需要深入地思考如何让自己的代码不会被误解和误用。要做到这一点，离不开对代码中的命名咬文嚼字，还得在设计和编码过程中跳出自己的思维圈，去设想一下其他读者能否理解自己的本意。另外，简单、符合常识的设计不容易出错。当出现错误时，一定要找到错误的根源，从根源着手对错误加以根除，并在必要的情形下从软件设计和流程多个层面加以反思和调整，而不应"头痛医头，脚痛医脚"。

第二，将工作做到容易交接。工作是否做到位的一条很简单的检验标准，是工作是否容易交接。难以交接意味着工作没有做到位，在软件开发中可能是因为软件结构不良、代码晦涩难懂或文档缺失。值得强调的是，将工作做到容易交接并不会让人丢了饭碗。相反，这会使个体获得更多的职业发展机会，因为个体不会被迫绑定在一项事务上，并且也给团队的工作协调带来了更大的弹性。

从团队的角度来看，只有个体将工作做到容易交接，才有可能实现团队知识的沉淀，否则即便大谈知识管理，其实践方法也很可能不得要领。

我在带领团队时一定会告诉大家：**离职时的交接工作能很好地检验你平时的工作是否做到了位，从交接工作的流畅度、完整性也能看出你的人品。**

第三，将工作做到经得起他人的询问甚至质问。如果被人问起工作相关事宜时表现得无言以对或逻辑混乱，则表明个体做事时没用多少心。一个用心做事的人，一定会有不少自己的思考，这些思考有助于当被人问及时，能自如作答，也会让你在他人指出自己的不周全时报以感谢，而非变得像一个敏感的职场刺猬。

第四，工作过程与成果符合团队的制度要求。比如，如果团队要求有概要设计、概要设计审查、代码审查等阶段，且代码应遵守编码规范，则做到位的工作应当包含对这一切的遵守；如果团队存在发布流程，则每次做到位的软件发布工作都应包含每位参与者严格执行的每一个步骤。

其次，细节代表效率。直觉告诉我们，关注细节需要在短期内花费更多的时间，但从长远来看却相反。完成一项任务所要花费的时间，可以分解为思考时间和行动时间。关注细节需要在短期内花费更多的时间去思考，这有助于更快速和高效地行动，从而缩短整个任务的完成时间并保证任务完成的质量。如果行动时间因为关注细节而变长了，那只能说明行动本身就是不够到位的。

通过关注细节将工作做到位，可以让人内心踏实，不用担心哪里还有小问题存在，在工作中更容易静心和专注，而这正是做到高效工作必不可少的要素。

从团队层面看，如果大家都关注细节，则意味着管理成本更低。管理者不用花多少时间去管理那些可能做不到位的事，从而可以将更多精力放到更具价值的事务上。现实中，一位称职的管理者在团队成熟度不足时往往需要花大量的时间去关注那些不到位的细节。

再次，细节代表能力。我怀疑有不少人认为"细节只要去关注就能发现"，并误以为可以通过切换意识做到很好地关注细节。实则不然。原因在于，关注细节是一种能力，这种能力往往不是先天就有的，需要后天通过长期训练习得。这一误解的存在，相信很大程度上助长了一些人忽视细节的态度，他们想着以后再关注也不晚，却不知只有从现在开始关注，将来才能形成这种能力。**良好的关注细节的能力，最终体现为一种行事习惯和对细节的高敏感，折射出的是个人的工作效率和洞察力。**

最后，细节代表品质。关注细节的软件产品具有更好的品质。一个关注细节的人，其工作质量往往更高，在工作中很容易收获他人的认可与信任，进而树立个人品牌，这是职场上很稀缺的一种品格。

如何提升关注细节的能力？我有如下几点建议。

首先，信念先行。习得一种能力的关键首先在于相信——相信这种能力是稀缺的，相信它对自己、团队乃至社会是有价值的。基于这一相信，个体才会从态度上欣然接受工作中他人所指出的任何细节问题，而不会觉得人家是吃饱了撑的。

面对细节问题，我在工作中接触过大致两类人：一类人只要告诉他们某个细节问题，他们就会积极认可并立即改进，双方互动起来高效而愉悦；另一类人得知细节问题后，认为没有必要改进，得花一定的时间来说服他们，即便全团队（除了他们）都已认同的事，他们照样固执己见，与之互动的过程低效而无趣。后者事实上缺乏自信，这也限制了他们能力的发展，他们因为做不到而否定，且因否定而不愿意向前迈一小步。

如果关注某些细节并不会给个人带来繁重的额外工作，大可接受而不必"勿以善小而不为"。让人觉得繁重且多余的细节工作，往往是因为长久的忽视。人的行为习惯是在点滴中塑造的，拒绝关注细节其实是在阻碍自己更快地成长。

工作中千万不要将细节分成业务部分和非业务部分区别对待。业务部分是指产品、商务方面的细节；非业务部分是指日常工作中与最终产品无直接关联的细节，比如工作邮件、流程等。一旦将两者分割，就极易出现重业务细节而轻非业务细节的现象，这样的双重标准很不利于培养关注细节的习惯。

业务细节是永远关注不完的，很可能因为抱有"等业务细节关注完之后，再关注非业务细节"的想法，而使得非业务细节永远没有机会被关注。其实，业务细节与非业务细节并无矛盾，我们需要在工作中一并关注，其原因在于非业务细节将潜移默化地影响业务细节。当你认可关注细节是一种习惯、一种能力时，一定不会出现针对业务细节和非业务细节的双重处理标准。

其次，在关注细节的过程中，接受孤独。现实工作中，一些人对细节的忽视可以说是到了令人发指的地步。翻看文档时，会发现无论是格式还是行文都毫无细节可言，有的连文档模板中的指导性文字都懒得删除，甚至行文出现结构和逻辑混乱；阅读邮件时，会看到字体杂乱、标点随意使用，前后风格缺乏一致性等。面对这样的境况，如果你感到难过，则说明你是个关注细节的人，你具备这个能力和习惯，这是好事。但与此同时，你得接受大环境"不讲究"细节所带来的孤独感。

最后，身先士卒。如果你是一位注重细节之士，你一定希望整个团队都有关注细节的氛围，这样你工作时将更加愉悦且成长也会更快。关注细节既然是一种能力，那就表示对于没有这种能力的人来说，其根本不知道工作中哪些内容是细节。在团队没有形成关注细节的氛围之前，请一定以身作则，并随时指出他人在工作中所忽视的细节。关注细节的代码和文档会显得与众不同，甚至会有权威感，这正是细节的魅力所在。

任何事情，只要关注细节就会有技术含量。职场中的很多焦虑都是我们对细节掌握得太少导致的。天下大事必作于细，如果不注重细节，则没有多少事情值得去做。通过关注细节而让工作变得精致没什么不好，而持续忽视细节的团队一定不能长期维持高效的工作状态。

1.6 因较真而变成异类

制定制度（如流程、编码规范、文档模板等），开会讨论并达成共识，但最后却不落实，这是职场中十分普遍的一种现象。很有意思的是，一些团队对这种现象并不在意，大有事不关己之势。

在一个不成熟的职场环境中，较真之人很容易让人觉得死脑筋或给人带来压迫感而变成异类，因为我们不时听闻要圆滑处事，认为没有必要因为较真而伤和气，以免日后不利于开展工作。然而，也正因为不较真而难以将集体变成真正的团队，滋长了集体的无能。

一些人在工作中之所以不较真，多数情形下并非因为事情真的小，而是因为没有意识到其对自身利益的影响。我以软件开发工作中的编码规范为例来说一说。

不少软件开发团队都会有编码规范，但却很难将其真正落实，即便大家明确达成全面实施的共识，也依然如此。落实编码规范之所以难，很大原因在于其强迫个体改变习惯，这是一件让人不舒服且在短期内难以一步做到位的事。比如，假设编码规范中规定"//"注释符的后面一定要有一个空格，且当注释位于代码行的末尾时其前面至少需要两个空格①。如果某工程师的编码习惯是从来不加这些空格，那么当实施这样的编码规范时，短期内他将很难改正过来。如果既没有工具辅助②，身边也没有同事为其指出，想要养成遵守编码规范的习惯就会很难，除非个体具有很强的可塑性和自我约束力。

在之前工作过的团队中，我曾经因为较真地指出一位同事没有完全遵守编码规范，而被其指责"你污染我的想法"。这位同事当时对于自己没有遵守编码规范的理直气壮在现实中很典型，他们往往会以"这个规范不合理"加以辩驳。面对这一局面，我进一步较真地指出，规范不合理可以指出来讨论，但一定不能违反后再指出其不合理，并坚持要求这位同事修订不符合规范的代码。

工作中像我这样较真的人并不多见。那些不较真之人并非心态好，而是没有理解当集体没能完全遵守制度时，是在间接损害自己的利益——责任推脱、质效降低、互信缺失等。

编码规范全面实施有助于提高代码的质感和效率，这是业内共识。不仅如此，它也时刻强调着我们是有纪律、有规则的集体，这种积极的影响能潜移默化地渗透到工作的方方面面。反之，一个连编码规范都无法落实的集体也可以忽视工作中的其他任何制度，包括非常重要的概要设计和软件发布流程。

较真的着力点往往在于细节，这些细节可能会造就优秀与平庸之间的天壤之别。例如，文档因忽视细节，将 iPad 写成 ipad、Ipad、IPAD 中的一种，以及将中文句子的句号写成"."而非"。"，就会削弱文档的严谨性、规范性。在这些细节上较真并进行改善极有可能立刻影响到团队的精气神。

不用过于担心较真会伤了和气。一个真正成熟的团队经得起这样的冲突，况且大家共事的关键是将工作做到位。事情做好了，同事间的人际关系自然就简单了，

---

① *Google C++ Coding Style* 中包含这样的规定。
② 现在各种编程用的集成开发环境通过整合开源的 clang-format 工具能很好地自动解决这一问题。

和气便也水到渠成。较真是个体的责任感使然，便于激发集体的责任感而形成正向激励；反之，一味地追求和气可能助长团队的不良风气。

唯有较真才能形成集体约束个体的力量。较真可能一开始是一两个人的行为，一旦这种行为在团队站住了脚跟，就会演变成集体行为，那时就可以实现集体对个体行为的约束。比如，对上司较真有助于促使他在工作中有所作为，避免他沉迷于享受特权。

工作中应先对自己较真，这样才有资格和力量对别人较真。对自己较真会激发我们用心做事和持续钻研技术，这有利于自身技能的持续提升，让自己愈加自信而敢于较真。对别人较真，则利于确保周边环境不至于坏到成为自己职业发展的束缚，一个无法影响周边环境的人只能被环境裹挟。对他人的正确做法是，在指出问题时给出切实的解决方案，让人更容易接受自己所提的建议，以助力营造一个开放、互利的工作氛围。

对于个体，较真是一种态度，也是一种能力；对于团队，较真则意味着更强的执行力。

1.7 集体不是团队

估计没有人怀疑团队的重要性，这从绝大部分公司要求应聘者有良好的团队协作能力可以看出。然而，很多集体并非真正意义上的团队。看一个集体是不是真正的团队，可从团队文化去探个究竟。

我们对"团队文化"一词耳熟能详，但听到该词时脑海中所浮现的景象，却因个体经历的不同而迥异。在我看来，利用下面 6 点可以很明确地判断一个集体是不是真正的团队。

其一，是否存在管理制度且对之持续优化与完善。管理制度可能是流程、编码规范、定期例会、工作周报、项目周报、产品战略、目标管理、开发策略、技术管理原则、绩效考核标准等。这里所说的管理制度并不是公司层面的，而是团队层面的。每个团队会因业务的不同而有各自的特点，而这些特点应反映在管理制度上。每个团队的管理制度相较于公司的制度，往往会更具体、更有针对性，从而更有指导性且更易形成约束力。

听到"制度"这个词，很多人的第一感觉是约束，但一个好的制度恰恰相反，其具有科学性且不失人性化，目的在于帮助创造有序的工作环境，努力激发个体的善意。

对于一个真正的团队来说，制度不可能只停留于有，还得持续优化与完善，因为团队所面临的环境是在不断变化的。僵化的制度除了很容易导致团队低效并变成摆设外，还表明团队根本没有掌握采用制度去塑造个体行为，进而形成良性团队文化氛围这一切实有效的方法。

其二，制度是否得以全面执行。制度唯有得以执行才能体现团队的执行力，才能承载塑造团队的重要使命。制度也只有被执行才有可能迎来对之不断优化与完善的契机。

团队文化氛围包含制度在人身上实现的内化，这种内化使得团队中的个体在做事时具有相近的行为模式。或者说，团队文化氛围代表的是团队成员的言行举止。显然，我们希望不断地优化制度，以制度为抓手来持续改善个体的行为，从而渐进地提升团队效能。

制度得以落实，意味着技术事故责任将由团队共同承担。当出现技术事故时，除非是明显的个体不良行为导致的，否则不应对个体加以指责。原因在于，一个有制度的团队，一定存在各种流程和技术基础设施来保证工作质量，且流程一定会因为有多人参与而体现为集体行为。在这样的背景下如果出现技术事故，一定意味着流程和技术基础设施仍不够完善。团队承担责任，有助于团队在面对技术事故时采取更为积极的补救措施，反思并改善心态，形成更有担当、更愿意创新的团队氛围，而非消极地推卸责任或产生对抗情绪。

制度全面落地还意味着适当削减管理者的特权。真正的团队一定是极大程度地依赖制度去实现高效运作的。如果过于依赖管理者，则很可能出现"成也萧何，败也萧何"的局面，很难发挥集体的智慧与个体的能动性。如果一个团队中管理者具有举足轻重的地位，则意味着这个团队还不是一个真正成熟的团队。**管理者的价值在于帮助团队持续改善效能，而不在于证明和凸显其个人能力。**

其三，是否存在良性循环的知识管理。除了制度需要通过文档加以传承与演进，经验、教训、方法和大量的技术知识，也需要通过各种形式的文档进行沉淀，唯有这样，才能实现个体在团队中比各自单打独斗更快的成长。知识文档化也是提升团队高效沟通的方式之一。口口相传的方式不仅低效，且会造成信息失真或流失。

知识管理的缺失使得个体难以从集体中获得助力以更快地成长，并很可能助长个体单打独斗的糟糕工作习惯。

其四，是否持续、自发地存在团队对个体行为的约束现象。团队中，一定存在个体的多样性，有些多样性有助于形成创造力，而有些将导致无序进而造成低效，不少制度正是为了消除后者而存在的。然而，消除不良多样性需要时间，因为个体形成良好的行事模式是一个相对漫长的过程，在此过程中不要指望所有个体都具有严格的自我约束力。因此，个体行为在这个过程中需要借助团队的约束力加以完善。

团队的约束力表现为当某种行为不符合制度时，其他个体自发地指出并监督其改善。唯有存在这样的约束力，才可能通过持续塑造个体的行为而发挥集体的力量，并最终形成团队氛围不断改善的正向循环。

其五，个体间是否形成了相互感谢、认可和鼓励的氛围。工程师间似乎存在文人相轻的毛病，时常对于他人做出的成绩不以为然，不善于认可别人，又或者因内敛的性格，即便看到了别人的成绩，也会羞于开口认可。前者除了不利于个体间的协作外，还表明自己的心胸不够开阔，这种心态并不利于个体的职业发展；而后者则不利于团队间形成互助互进的成长氛围。

对于没有真正体会到这种氛围的人来说，一定会觉得这些是虚情假意，而不会感受到背后所蕴含的巨大能量——能有效应对团队所面临的各种挑战，帮助个体改掉各种毛病并培养好的工作习惯。如果团队存在个体间相互肯定的风气，这样的团队将更有面对挑战的勇气，也更有应对冲突的底气。真正的团队不仅存在集体对个体的约束，更有集体对个体的搀扶。

其六，脏活、累活是否共同分担，有趣的工作是否全体分享。职场中存在这么一种较为普遍的怪象：能力强的活儿最多，但最终干废了；能力不强的尽干脏活和累活，最终也干废了。这里的"废"是指在职场中失去了自信心和竞争力。这种怪象的背后，仍是个体责任的缺失。

能力强最终却干废的人，通常是工作中不敢说"不"的人。只要领导派活，这类人就照单全收，被"这是领导对我的信任"这一观念给"绑架"了。这类人得在工作中保持警觉。当工作量过载时说"不"不仅是对自己负责，也是对团队负责——因为"不"而让其他人获得了机会去磨炼，也因为"不"而帮助团队规避了潜在的人员培养不充分的风险。

能力不强的人干废了并不意外，但就怕这类人最后反过来说"杂事和烦事都让我干了，为了业务的发展我只能牺牲自己了"。职场中持这种观点的人除了对自己不负责任，也不自信。无论何人，除了自己，没有人会认为你注定只能干脏活、累活。面对大量的脏活、累活，总抱以牺牲自己的心态，而不为自己和团队寻找解决方案，在职场中被边缘化恐是早晚之事。这些人往往在职场中表现得自尊心过强，也容易变得思想陈旧和心胸狭隘。

真正的团队一定会关注个体的均衡发展，要做到这一点，一定需要让个体轮着做各种类型的工作，而这恰好可检验知识管理工作的水平与成效。有趣之事大家轮着做，成就感大家共同分享。那些脏活和累活，很可能由于轮着做而激发出集体智慧，促使大家设法将之变得有技术含量并做得精彩，这类鲜活的例子我经历不少。

读者或许会感到奇怪：为何不从愿景、价值观等方面去考量一个集体是不是真正的团队？并非因为愿景、价值观不重要，相反，愿景与价值观很重要，它们共同决定了一个团队在面对各种挫折时能否长期保持坚韧并紧盯目标。然而，这种意识领域的内容在实际的团队运作中因为难以检验而不具备良好的可操作性。有（口头上的）愿景和价值观的集体很多，但其中真正的团队却很少。一个真正的团队，对上述 6 个方面的回答一定都是肯定的。对于真正的团队而言，愿景和价值观更容易塑造，而且能做到个体对它们的真正内化。

一个集体只要不是真正的团队，便会不受控地内耗，本能地陷入体力上的比拼和压榨的境况，很难激发出个体提升效能的自驱力。长期待在这样的集体中，个体会感到无奈和无力，离工作幸福感也会越来越遥远。

1.8 对狼性文化存在误解

在 2000 年前后中国软件行业呈现规模增长之际，狼性文化便开始流行。狼性文化之所以被倡导，是因为狼的三大特性：敏锐的嗅觉，不屈不挠、奋不顾身的进攻精神，群体协作意识。这三大特性隐含了高敏捷、高抗压、高效率、高执行的团队精神，这些正是一个真正高效能团队所具备的特质，也是发展公司业务的利器。但时至今日，很多公司鼓吹的狼性文化只剩下了下面这些：

- 吃睡在公司的床垫文化；
- 准时下班会被领导约谈并指出工作量不饱和；
- “996”加班文化。

当观察一家公司是否具备真正的狼性文化时，我们可以先看看这家公司是否有合格的“头狼”。狼性文化要能践行，有一个不可或缺的条件——头狼效应。头狼是狼群的核心，进攻时它会身先士卒，它也是狼群规则的坚定捍卫者。但在现实中，狼性文化成了企业盘剥、压榨员工，让员工拼命的一种理由。而对很多管理者来说，传递和落实这种文化只是一种压力的转嫁、责任的推卸。

不少鼓吹狼性文化的公司在瞄准业务发展的同时，忽视了一个关键问题——如何让个体成为真正意义上的“狼”。显然这绝非拼命工作就能达成。对狼性文化存在误解，使得很多企业在运用的过程中忽视了人性，忘记了应致力于持续改善个体能力去激发效能，遗忘了人只有在自驱状态下，才更有可能激发潜能并能动地提高自己的工作效率。那些仍在为所谓的狼性文化站队的企业，不妨问一问自己的员工，是否真的在工作中自驱自发，充满激情和成就感。如果答案是否定的，则团队效能并没有被真正激发出来，或者说这样的企业永远看不到真正的团队效能。

狼性文化被人诟病，有一个很重要的原因——对人性的忽视。对人性的忽视使得狼性文化不仅在社会上导致引人注目的负能量，也给职场环境的良性发展带来阴霾。

在经济全球化的今天，要很好地参与全球竞争一定离不开高效能的团队，这需要我们通过到位的管理去践行人性化管理。但是，在当下的职场环境中，鲜有管理者真正理解何为到位并知晓如何到位。管理能力的缺失使得相当多探索人性化管理的企业以"散漫"的结论告终。我相信，管理离人性化越近，越有可能激发出团队的高效能。

开发新兴业务和身处蓝海的创业团队，唯有具备更强的拼搏精神才可能取得成功，这一点无可厚非。但问题在于，激励个体充满工作激情与斗志的方法是什么？那种不关注个体能力和团队效能提升的一刀切式的强制加班制度绝对是下策。

中华民族素有勤劳、隐忍的性格特点，付出更多的努力确实是必需的，但我们应当采取更为健康、科学的管理方法来提升个体的能力和激发团队的效能。简单地拼体力虽能让我们在短期内取得超越竞争对手的优势，但一群有工作没生活的人不可能让这种优势持续下去，而最终职场环境的破坏将极大地制约我们的全球竞争力。

无论狼性文化过去如何，面对未来我们都需要很好地反思并做出积极的调整，只有这样才有助于中国职业环境的可持续健康发展。

1.9 生活角色缺位

有工作没生活对于从事软件行业的人来说是一个相当普遍的真实写照。在软件行业，从管理者到基层员工，鲜有人能准确清晰地定义工作质量和效率，对于工作成果也缺乏判断，于是便都从众地选择了"表演"——忙于加班且连家都顾不上。对于这些人来说，生活变成了次要的，他们缺位于生活中自己应当扮演的角色。

首先，他们缺位于自己是工作与生活的主人，没能照顾好自己。他们在思想上不自由，抑制自己的表达欲，不正视自己的负面感受，长此以往形成受害者心态，将自己的不良感受错误地归因于他人和外部环境，且因为习惯于受害者角色，通常难以主动觉察自己的遭遇是否有所不妥，也会不自知地成为对他人的施害者，形成不担责、不作为、不讲理、自以为是的特点。

他们因为过度地将精力和焦点放在工作上，在生活中根本没有精力去追求品质、培养爱好、学习新知识和社交，生活质量随着时间的推移而持续下降。生活的贫瘠造成个体难以恢复心理能量，无法维持心理的健康水平，导致情感调节、行为控制、思维提升和意志增强的能力变弱乃至缺失。最终，个体身心俱疲成为常态，工作质量和效率大打折扣，工作时思想难以聚焦，失去求变的动力，更别说创新了。

其次，他们缺位于作为配偶的角色。大部分人会组建自己的家庭，而一个家庭的正常运作需要夫妻共同配合，各司其职，其中最宝贵的原料就是付出的时间。只有和谐的家庭才能使人身在其中实现心理能量的补充。那些认为家庭是负担的工作狂，正是因为没有投身于营造和谐的家庭氛围，才感受不到家庭给个人带来的放松感、疗愈、动力和希望。

最后，他们缺位于作为父母的角色。相当多的职场人士，工作忙到根本没有时间陪伴孩子。除了工作上的无奈使然，或许他们从思想上以为只要赚够多的钱并花到孩子身上，就尽到了自己作为父母的责任。持这个观点的人忽视了一点，钱带给孩子的更多是物质层面的东西，而现代社会的育儿，更重要且更难的是精神层面的引导。千万不要幻想给予孩子更丰富的物质就能弥补陪伴不足所带来的缺憾。

　　兼顾工作与生活是件相当具有挑战性的事，这迫使个体具备更强的时间管理能力与心理弹性和韧性，以更高质效地完成工作。而放弃扮演好生活中的某些角色，这其实是在放弃成长机会，会让个体的职业发展和自我发展都变慢。

个人的职业发展在某种程度上就是一个布朗运动，不是规划而是选择出来的。

基于规律、定律的职业发展虽然模糊，但模糊的正确好于精确的不正确，可以避免为了精确而导致精力浪费。

第2章
职业发展的定律

2006—2011 年，我经历了摩托罗拉公司从成熟期进入衰退期的巨大转变。我清楚地记得 2007 年年初作为员工第一次到位于芝加哥的公司总部出差时，开车上班在公司停车场找车位都有点困难。而 2011 年 8 月最后一次到那里出差时，在硕大的停车场很容易就找到了位置便利的车位。这是我第一次作为职场人士，真切地感受到公司的发展周期对个人职业发展的影响。

2012 年我加入阿里巴巴公司时，它已是一家大公司，在随后的近 10 年里，我见证了阿里巴巴公司从成长期进入成熟期，看到了人口红利见顶对公司发展的影响。个中的变化，相信不少人从当初每年"双 11"销售额巨幅增长，到后来停滞的事实中也感受到了。

在从事通信和互联网行业分别近 10 年的职业经历中，我见证了不同公司的不同发展阶段，有了全然不同的职场体验，分别在专业化和职业化上获得了重大发展。由此，我也意识到，不同的经历对个人职业发展的影响非常大。

基于自己在有限的职场经历中的观察，我想将一些关键的现象以定律的方式表达出来，希望读者能在自己的职场中引起重视。

2.1　经历密度决定成长速度

我发现，人在职场的经历密度决定了其成长速度。经历密度不是指一个人朝

图 2.1 经历密度

三暮四地干过多少事，而是指经历的多样性、挑战的程度、经历的质量和时间的利用效率，如图 2.1 所示。

经历的事件和活动越多样，经历密度就越大，获得的学习机会就越多。个体经历的挑战越大，经历密度就越高。深度参与，积极反思，从根源上解决问题，建立类似问题的处理新机制等，都代表了更高的经历质量。高密度的经历意味着个体需要掌握时间管理的方法和工具，以及重视做事的效率。

这个定律的存在使得那些沉迷于"熬资历"的人必须特别警觉。"熬"通常表示顺从于外部环境，即便难以作为也忍着。不排除在有些行业，"熬"这个方法可能管用，但对于代表时代发展前沿的行业来说，这就大概率不管用了。

这个定律能帮助解释为何一些人年纪轻轻经过一两年的发展，就具有大幅超越同龄人思辨的深度与广度，且技能水平也高出同龄人不少。如果一个人时常在思考，并致力于以更高质效、更低成本的方式完成同样的工作，甚至最终使工作任务消失了，那么他的经历密度就不会小。这里的工作任务消失了，不是指工作任务因外因而消失，而是转为采用无须关心和干预的更好方式来达成。但如果一个人用 1 年就能掌握的技能干了 5 年，则意味着他的经历密度很小。

当我还年轻时，我对"未来是属于年轻人的"这句话没多大感觉，认为这只是一种鼓励、一种现象。而如今，我对这句话有了不同的解读。

社会对年轻人是包容的，只要年轻，就算犯了什么错（不含犯罪），社会也依然会给年轻人机会。因为社会理解年轻人要在犯错中成长，社会也相信终有年轻人会成长为顶梁柱。换句话说，人在年轻时不用过于担心自己会犯错和失败，而应通过迎接挑战、求变去增加自己的经历密度。待在舒适区确实让人感到安逸，但也一定会限制经历密度的增加，成长也会变慢。

社会除了包容年轻人犯错，还会包容年轻人想怎样就怎样的任性。这背后隐含着社会对年轻人的支持，以及对年轻人能带来美好变化的期待。所以，如果你还年轻，就尽情地去折腾、去增加自己的经历密度吧！

然而，随着年轻人年龄的增长，社会对年轻人的要求会慢慢变成应该怎样。应该怎样的背后是社会对个体的技能和能力有了更高的要求，大家会本能地拿你和同龄人做横向比较。当社会认为你达不到所处年龄应当具备的要求时，就会认为你的成长偏慢，新机会也就很难落到你的头上。少了机会的刺激，你将越来越跟不上社会发展的步伐。因此，经历密度不仅决定了个体在职场上的成长速度，还决定了个体的人生厚度。

2.2　选择比努力更重要

选择与努力在个人的职业发展中扮演着非常重要的角色。每个人最开始都是因为选择而进到一个行业开启自己的职业生涯，也因为努力在所选择的行业里深耕细作。选择与努力的目的是相同的，即通过技能和素养的发展，提升工作质量与效率，借助成果最大化去完成个人价值的更好变现。

即便如此，我仍想强调在个人的职业发展中，不要只顾着努力而忘记了选择。选择可以认为是战略行为，是针对行业现状与趋势、个人意愿与特质进行宏观思考后做决定；努力是做完选择后的战术执行，更能聚焦、更具体。

在如何选择的问题上，我有如下几点建议。首先，在行业和岗位选择上，第一出发点应根植于个人的兴趣。做自己感兴趣的事通常效率更高、学得更快，工作起来也更充实、更具幸福感、更富激情。当然，做自己感兴趣的工作并不代表没有挑战。然而，正因为自己有兴趣，所以更能沉下心去应对挑战，这是扎实构建个体在职场中的核心竞争力的唯一道路。

选择行业和岗位时，如果兴趣和是否"高大上"无法兼得，则可能会给人带来一定的困扰。放弃自己的兴趣而选择"高大上"的工作并不是不可以。但是如果选择了"高大上"的工作，就需要在如下两点上多想一想：第一，是否做好了应对有可能更容易产生的职业倦怠感的准备；第二，实在觉得不适合自己时，是否有勇气再跟随自己的兴趣去发展。事实上，每一步我们都有选择，也都在选择，但选择是盲目的还是深思熟虑过的，会决定我们在应对挑战时是积极的还是消极的。

绝大部分人是普通人，确实有些人足够幸运能在"高大上"的工作中获得更好的发展。但于我来说，更看重在工作中能否乐此不疲、踏实地前行，以积极而非无奈的心态过好每一天。我认为只有这样，个人的职业发展才具有可持续性。

其次，当起意跳槽离开一家公司时，果断选择更具前途、更具时代气息的行业。通常个体在判断前途和时代气息上不会有多大的困难，让人犹豫的往往是新岗位的薪水和将要面临的挑战。

我在选择更具前途和时代气息的行业时，从没被新岗位的薪水问题困扰过。因为我做选择时的逻辑很简单：在新的岗位上，个体的能力将得到更好的锻炼，能力强了薪水自然会上去；行业前景更好，将来可以收获更大的经济利益，我看重的是薪水的潜在（巨大）增量。

在新岗位上有困难和挑战是正常的，一旦克服，就会获得技能与能力上的成长，这是一个内在的普遍规律。**站在经历密度的角度，如果换一个工作反而更轻松了，那代表的不是自己的职业发展得更好，而是暗示着在走下坡路。**

2003 年我离开浙江大立科技股份有限公司[①]，当时浙江省科学技术委员会（现为浙江省科学技术厅）已批复分配给我一套福利房，对于刚参加工作 6 年的我来说，这是非常大的一份福利。但我并没有因为这一福利而放弃去通信行业发展，因为那时通信行业走在时代的前沿，给我的挑战也更大。

2012 年，我起心动念离开通信行业有 4 个原因。第 1 个原因是，一眼能看到

———————
① 现在是一家上市公司，前身是浙江省测试技术研究所。

头的工作所带来的挑战和成就感不足。通信行业的系统规模大、稳定性要求高的特点，使我很少有机会去对遗留系统做大规模的改造，因此我很难进一步发挥和锻炼自己的技术能力。第 2 个原因是，彼时我觉得是互联网的时代，我应当在时代的浪潮中去感受时代的脉搏，免得日后自己因为经历时代的变迁，却没能身处其中而遗憾。第 3 个原因是，身边已加入阿里巴巴的好友不断打电话来动员我也加入。第 4 个原因是，新工作具有足够的技术挑战。

再次，当面临是迎接挑战还是回到舒适区时，选择前者。我们都知道温室里长不出栋梁、不经历风雨何以见彩虹这些道理，但人本能地会选择停留于自己的舒适区，抵触实践这些道理。

2012 年离开通信行业时，我清楚地知道，与成熟的通信行业相比，我在互联网行业将面临非常大的挑战，甚至有可能适应不了互联网行业的做事风格与节奏，但不挑战一下又怎么会知道自己有多优秀呢？

虽然我说选择比努力更重要，但不要忘了，选择是基于努力的。如果你不努力学习与成长，你自然不会有那么多的选择权。当你没有选择权或觉得没有足够的勇气去选择时，沉下心来努力才是最好的选择。那些容易焦虑和朝三暮四的人，往往想得多而做得少。

最后，无论怎样的选择都是人生的宝贵经历。每个人在任何时候都可以做选择或继续努力，这些都是人生常态。选择和努力的问题是个体的人生课题，无论如何，**接纳自己并活在当下，让自己充实，才是重中之重。**

2.3　专业化带来工作质效

在我进入通信行业之前，整个行业已经历 20 多年的高速发展并进入成熟期。体现通信行业成熟的一个点是，存在第三代合作伙伴计划（3rd Generation Partnership Project，3GPP）、国际电信联盟（International Telecommunications Union，

ITU）这样的国际标准化组织，电信运营商（比如中国移动）要求各通信系统设备制造商的产品（以下简称"通信产品"）必须遵守这些标准化组织所制定的标准，以保证从不同制造商采购的设备能互联互通。

这是向外看行业，专业化意味着行业的标准化，从而进一步意味着从业人员得基于行业标准去做事，甚至需要有建立行业标准的意识与行动。你可能不在通信行业工作，而是来自互联网行业或其他行业，没有看到过成千上万页的标准文档。像互联网行业，标准不一定是文档，而是开源项目的具体实现，业内称之为"事实标准"。

在我就职于通信行业的近 10 年中，对我职业发展影响最大的是任职于摩托罗拉杭州研发中心的那段时期。

摩托罗拉对员工的培养从入职之初就开始了。每一位新加入的员工会得到一张电子课程表，其中列出了 80 多门课程，还根据不同的岗位明确了哪些课程要学习，要学习的课程又进一步分成必修课程和选修课程两大类。公司要求员工在入职后的 3 个月内学完必修课程，选修课程则须在 6 个月内完成。这 80 多门课程中，绝大部分是线上课程，其余是线下课程。

课程内容包含员工在公司必须掌握的方方面面，比如所有员工都要学习的新员工入职培训、出口管制、环境安全、防静电意识、商业行为准则、信息安全等课程。作为软件开发工程师，则需要学习软件配置管理与相关工具、软件缺陷预防、同行审查流程与相关工具、质量管理流程、如何做工作量评估、问题解决流程、需求管理和相关工具、软件设计与实现流程、市场需求优先级排序流程等课程。

除了入职课程，我在摩托罗拉工作期间还参加过很多其他的培训，比如高效开会、高效跨文化沟通、项目管理、商务礼仪、数字化六西格玛、TL9000 质量管理等。

通过向外看企业，专业化意味着企业对员工做事方法的培训与要求，背后意味着企业沉甸甸的经验积累和血淋淋的教训。换句话说，企业需要基于经营经验，去沉淀自己的知识和方法，通过培训，让员工站在前人的肩膀上工作，实现工作质效的传承。**如果你入职一家企业，发现没有规范工作方面的要求，那基本上可以认为，在这家企业工作并不能提升你的做事专业度。**当然，除非你有能力在这家企业建立起那些规范化的内容。显然，那些培养内容和要求是企业的员工建立起来的，不是天上掉下来的。

在日常工作方面，各种技术文档非常完备，从市场需求到产品需求、从系统架构到特性架构、从概要设计到详细设计都有。完善的工作文档加上需求管理工具所提供的需求跟踪功能，使得员工对开发一个软件功能或特性的前因后果全都能掌握，并且可回溯。

在刚开始参与和组织 SECCB（System Engineering Change Control Board，系统工程变更控制委员会）会议时，我震撼于前人所留下来的文档之体系化和用心度，这让我作为新手能很快地扮演好系统工程师的角色。对于一个刚走上系统工程师岗位的人来说，那些文字所传递的不只是门道，更包含人文关怀。也许写下那些文档是前人的职业素养使然，但他们对后来人工作体验的贴心关怀值得我们传承。被如此善待过的我，在后来的职业生涯中一直秉持着这样的做事方式——通过文档让那些需要传承的工作随时可以无缝地交接给其他人。

进一步向外看日常工作，专业化意味着每个人做事得达到一定的要求，以便更好地与人协作和传承所学所做。换句话说，事不是做完为止，而是要做到位。

在摩托罗拉工作期间的第一次出国经历，给我留下了非常深刻的印象。出国之前，我对如何平衡工作与生活这个问题并没有多少思考，8 年软件行业的从业经验让我觉得自己总是很忙，虽说花了很大的精力去学习，但做事的方法并没有多少长进。当我在美国出差时，我发现同事们能很好地平衡工作与生活，而且整体水平确实比我高，让我感觉他们每个人都有做架构师的能力，这些观察给我带来非常大的触动。

后来我渐渐意识到，得想办法不断提高自己的工作质效才有可能平衡好工作与生活。也就是说，**在工作中要始终致力于提升自己的工作质效，这是我向内看，对专业化的进一步理解**。这个常识并不隐晦，如果工作质效上不去，那就一定是低水平重复，从而难免挤占投入生活的时间。看似努力不足，实则质效不高。

软件开发是一种知识创造活动，没有办法像工厂中的流水线那样，对工程师施加一整套的规范和流程来确保产出质效。换句话说，企业的规范、流程和提供的培训，只是一些非常基础的内容，个人还得承担起持续提升自己工作质效的责任才行。

我在摩托罗拉的工作经历让我对流程、规范化、知识管理、质量意识有了深入骨髓的认识，也让我全方位见识了专业做事应有的模样。后期成为系统工程师的经历更让我进一步理解了一家公司"铁打的营盘"靠的正是流程、规范化和知识管理。也正因为"营盘"的存在，绝大部分员工可以像螺丝钉那样好用和好换。打造"营盘"是一个系统工程，其背后依赖大量思考和长期基于实践调优的沉淀。

我于 2012 年出版的《专业嵌入式软件开发：全面走向高质高效编程》一书，可以说是我的职业发展专业化的标志性成果。该书从硬件、工具、编程语言、软件设计、操作系统和质量保证六大维度阐述了我对高质高效工作的理解与实践。

2.4　年龄焦虑源于成长慢

2012 年我前往阿里巴巴面试时，在最后一轮面试官问了我这么一个问题："你如何与那些年轻的工程师竞争呢？"我对这个问题的解读是："37 岁的我，精力不如那些更年轻的人，又对互联网行业没有经验，如何与他们竞争呢？"

我的回答是："首先，我会摆正心态向这些年轻人学习互联网相关的知识；其次，我所掌握的很多软件行业的专业知识和积累的经验是跨垂直行业的，我对软件开发的复杂性本质的认识，不是年轻人甚至一些工作年限比我长的人可以相比的，一旦我对相关技术知识的掌握达到一定的程度，我的长处就会在团队中发挥巨大的价值。"

面试通过后，阿里巴巴给了我 P7（技术专家）的职级。虽觉得职级偏低，但薪资与原来基本持平，又因为行业很有吸引力且有股票激励，我没怎么犹豫就去了。

入职一周后，所在团队负责人（技术总监）在一封回复给我的邮件中写道："其实，将你招聘进来是一次非常大的冒险。因为，一是你没有互联网行业的经验，二是担心你这次转行适应不了新环境。然而，从你的这封邮件内容来看，这种担心完全是多余的，你进入角色的速度远远超出我的预期。"接下来的一年时间里，我除了完成团队的融入，还以身作则，引领团队开始蜕变。

从我进入软件行业开始，就不时听到有人说"软件行业是吃青春饭的"，相信这句话让不少人产生了年龄焦虑。如今不少公司实行的队伍年轻化政策，更是将社会范围内的年龄焦虑推向了高潮。但在我的过往职业生涯中，年龄增长带给我的焦虑非常微弱。

年龄焦虑表面上是在看个人的生理年龄超过了多少岁，但实际上是在看个人的技能、能力和成熟度是否在随着年龄的增长而持续提升，关注的是个人的职业成长增量。

为此，应对年龄焦虑的最好办法是，将焦点和精力放在成长上。成长焦虑大多来自对自身能力的不自信和价值感不足，成长慢但想得多。

回想我自己的发展过程，年轻时因为兴趣通过自学进入了软件行业，又因为兴趣而花大量的时间不断学习，热衷于解决他人解决不了的难题，从中获得的成就感进一步增强了我学习的动力。只要个体持续地成长，当需要通过横向比较去争取机会时，结果就是水到渠成的，没什么好焦虑的。

随着年龄的增长和工作经验的积累，我意识到个体效能的提升并不单纯依赖于专业技能的精进，团队的整体效能极大地影响着个体效能的发挥。而团队效能的提升是一个系统工程，后来我在 2009 年考上了浙江大学的工商管理硕士（Master of Business Administration，MBA），开始系统地学习管理知识。

时代的发展包含了技术进步，也使许多行业发生了变革。这些变化都潜移默化地影响着不同行业的职业技能要求。个体要想不被时代抛弃，只能不断学习。当个体不将时间和精力用于应对成长压力时，就一定会产生更多的年龄焦虑。

对于现实中不少企业实行队伍年轻化政策，我有如下想法。首先，在立场上，企业应当宣扬的是强调个人成长，而非在公司甚至全社会范围内，引发更大的年龄焦虑。这是从舆论导向上，一个具有社会责任感的企业应有的姿态。

企业但凡出现立场问题，就会陷入负反馈的循环中。从员工的角度，企业实行队伍年轻化政策引发的年龄焦虑会让员工日常工作的动作变形，陷入低质量勤奋的"内卷"困境中，从而无法静下心来深度成长，随着年龄的增长及生活的牵绊，逐渐沦为管理层眼中没有成长动力和活力的中年人。而从企业的角度，这样的中年人似乎印证着团队应该年轻化。于是，企业陷入了死循环。

在这样的死循环中，没有任何一方受益。无论员工还是企业，在这样的死循环中都无法完成深度积累。作为员工，如果缺乏深度积累，便无法深度思考，那就只能当个执行者。作为企业，如果缺乏深度积累，就无法实现高效能和更多创新。整个社会的浮躁和焦虑就在这样的死循环中愈演愈烈。

其次，企业管理层应拓展技术和人才建设的视野和格局，打破唯快不破的思维方式。我认为只有在根基牢固的情况下，才能做到持续的、真正的"快"。对于软件行业，基础软件就是根基之一。要使根基牢固，就需要企业有广阔的视野和格局，能从人文关怀角度缓解员工的年龄焦虑，构建出一个共同成长的环境，让员工在一个有安全感的环境下沉着专注地成长。

再次，高调宣扬队伍年轻化其实是企业管理层无能的表现。管理层的无能体现在抓不住问题的核心。明明要解决的是团队的活力和效率问题，应沉下心来去提升团队的效能，却将其转换为年龄歧视问题，将队伍年轻化当作救命稻草。

管理层的无能也体现在局部问题放大化上。有人随着年龄的增长出现成长不足的问题，这属于局部问题，局部问题就应局部处理，而不应宣扬成群体性事件并引发社会层面的广泛焦虑。

管理层的无能还体现在团队的人员部署上。业务的发展需要拥有不同技能水平的人协作。当公司小、业务简单且范围窄时，可以全部用"造原子弹"的人。但是当公司大、业务复杂且范围广时，一个团队里不可能都是牛人，也不可能都是年轻人，参差不齐是常态，人员水平层次应呈现梯队化。但在现实中，我看到不少企业在招聘时对技能的要求是"造原子弹"，但将人员招聘进来后却使其长期干"拧螺丝"的活儿。如果企业提供的岗位并不能给员工创造利于其成长的环境，对于员工而言就是一种不负责任的行为。

最后，企业在积极承担促进大学生就业的社会责任时，也不能忽视社会迟早要面对的老龄化问题。无论哪个群体的就业率保障都是不小的社会课题，而且它们之间必然是相互关联和影响的，值得社会进行更多讨论甚至做专题研究。所以，对于企业来说，应避免高调地宣扬队伍的年轻化去制造社会焦虑。

总之，**企业制造年龄焦虑，无论对于员工、企业，还是社会来说，其影响都是负面的。**所以，当企业面临自身发展过程中的问题时，更需要静下心来抓住问题的核心以积极应对，而不应采取会引发群体性的社会负面情绪的做法。

值得强调的是，**无论环境如何，个人始终是自己成长的第一责任人。**

2.5　担当入局带来机会

在我就职于阿里巴巴浏览器技术团队的 3 年多时间里，团队和我发生如下两个大的变化。

第一个变化是，在我的引领下，整个团队从"作坊"变成了"正规军"，做事风格和精气神都发生了翻天覆地的变化。团队中的个体经历了观望、试探、体验、认同和自觉（律己与律他）5 个阶段，欣赏了截然不同的美好职场风景。

作坊时期的个体，确实能写代码并产出成果，但专业水准较低，整个团队低效且个体付出巨大。个体之间也少了搀扶、认可与鼓励，各自为政是常态。身处作坊的人，或多或少能感受到那些负面的内容并深受其害，只是苦于不知道怎么抽离。

正规军时期的个体，用独立思考、遵守规范和流程替代了过去的蛮干，变得从容、高效且多产。团队正规化的过程其实是个体做事专业化的过程。软件设计评审、代码走查这些流程的执行，不仅给集体创造了更多交流和共同学习的机会，结合规范的存在与执行，还克服了个体各自为政的陋习。当个体的工作在集体面前变得透明后，所带来的不只是工作质量的提高，更有好行为被模仿和不良行为被抑制的巨大益处。

在从作坊走向正规军的路上，最难的不是知道正规军的好和应向正规军看齐，而是让整个团队相当比例的人先体验到正规军的好。换句话说，成功的实践至关重要，而这需要团队中有专业水准过硬的领头羊，这类人非常稀缺。

加入阿里巴巴的人，不乏过去在全球知名外企工作超过 10 年的员工，但我观察到的现象是，这些人在进入阿里巴巴后绝大部分没能保持自己在外企工作时的专业水准，也没能够以身作则、有所担当地改变所在团队的工程文化。

我不仅在阿里巴巴工作的近 10 年里见证了领头羊的稀缺，从每年在全国多地开展的公开课和企业培训的专场中也确认了这一稀缺。可见这是整个软件行业现阶段发展中存在的问题。

第二个变化是，我经历了个人职业生涯从工程师向技术管理者的转变。在真正走上技术管理岗位之前，我思考过是否要成为团队的负责人，那时有两点说服我应当去担任这一角色：一、带了团队能做更大的事，对自己的锻炼也会更充分；二、如果我不做负责人，那么在面对整个团队最终要走向哪里、团队文化要建设成什么样这些问题时，我的想法将更难落地与起效。

在我任职于阿里巴巴浏览器技术团队期间，发生了阿里巴巴与 UC 优视成立合资公司的事。借着 UC 优视的创始人何小鹏第一次来杭州与团队见面的机会，我提前约了他单独交流。我的目的，一是汇报我加入团队后所带来的变化，二是申请成为整个团队的技术架构师。何小鹏听完我的表达后，除了肯定我的所作所为，还指出我要做的其实不是技术架构师。后来，何小鹏将整个技术团队交给我带领。

那次与何小鹏交流，他所问的一个问题让我至今印象深刻。他问我："未来 3 年你打算赚多少钱？"这个问题之所以让我印象如此深刻，是因为我之前没有思考过这一问题，而我对这一问题的反应，也体现了当初的我拥有的更多是技术思维，少了技术变现的业务思维。

当机会出现在眼前时，最好的方式是自己躬身入局去抓，除此之外，也得找机会表达自己的意愿，而不是停留于有组织任命后才行动。那些看似成就自己或给自己带来显著成长的机会，并非一开始就有谁承诺了会有那样的结果，而是自己做着做着才收获的。从更高管理者的角度，他们其实也很乐意听到和看到下属中有积极做事的人，你完全不用担心主动表达想承担更大的责任会带来什么非议或不良后果。

从通信行业跳槽到阿里巴巴之初，我也是憋着一口气，想尽快证明自己的价值并站稳脚跟。相信很多人入职新公司之初也会有这样的想法。无论自己之前的经历如何，或者有什么光环，都要保持空杯心态，这样才有利于在新的团队中形成自己的影响力并赢得大家的信任。

2.6　职业化让人走得更远

走上技术管理岗位与之前在通信行业作为架构师的感受有很大的不同。前者需要考虑的问题更加多样甚至繁杂；后者主要聚焦技术和项目管理，更单纯。这次角色变化让我逐渐意识到了个人发展需要从专业化迈向职业化。

提升职业素养的过程称为职业化，指个人在职场中不断适应职业角色和职业要求。职业素养是个人在职业领域展现的行为、态度和价值观的综合体现，包括专业知识、技能、责任感、使命感、沟通能力、团队合作、道德、质效导向等方面。显然，职业化包含了专业化，前者比后者对人的要求高得多。

与专业化强调的正确做事所不同的是，职业化强调的是做正确的事。

我在阿里巴巴时总结出来的团队效能动力模型，对个体的技能从自我管理、知识管理、专业技能和业务技能 4 个维度提出要求。这 4 个维度背后的核心思想是，避免个体只盯自己的一亩三分地，这在一定程度上正是要求个体从专业化向职业化发展。

那一时期我最大的体会是，一旦成为管理者，就不得不放弃只想钻研技术的想法。相比之下，如何让整个团队高效运作并产出成果更重要、更迫切。为此，作为管理者不得不做那些自己一开始并不想做和不擅长做的事，迫不得已的背后体现的正是对个体从专业化向职业化发展的要求。

对我职业化发展影响更大的，是后来转岗到阿里巴巴中间件技术部（后来归并到了阿里云）后作为技术一号位、负责云原生服务网格新技术落地的这段经历。这也是我职业生涯中面临挑战最大、突破性最大的一个时期。

首先，与之前在阿里巴巴浏览器技术团队只负责技术所不同的是，这次我还要负责业务与产品，这对个人能力的要求更全、更高。虽然团队和业务规模小，但能力要求一个都不少。

从业务角度，我需要考虑如何推广新技术产品，因而在公司内部就得与内部客户进行交流和技术布道。同时，我还得参加业内的技术大会，通过演讲在全国范围内做技术布道，以便从行业角度推动新技术的更快普及，以此反过来影响内部客户采纳新技术，加速新技术在公司内部的落地。此外，我还得考虑如何确保团队的存活与发展。这包含了公司内部的资源争夺，以及与蚂蚁金服兄弟团队在技术方案上的内部竞争等工作。

从产品角度，产品设计没有专职的产品经理负责，这些工作只能由开发团队自己搞定。如此一来，作为负责人的我，有时就不得不涉及产品设计方面的内容。到了后期，当需要负责阿里云服务网格专有云的产品化工作时，我还自学了 Axure 软件，承担了产品经理和交互设计师的职责。

其次，这项工作真正激发了我的使命感。由于新技术在公司内部落地的难度非常大，我曾被身边的一些同事劝退。面对那些提醒，我的想法是，难度再大也得有人去做，所以我坚持了下来。坚持的背后还有一种憧憬的力量，我憧憬着带领团队将阿里巴巴的基础技术演进到下一代。

对个体专业化和职业化的要求，会因为公司所处的发展阶段、个体的职位与年龄的不同而不同。人在职场，需要建立起这一意识并调适自己的工作思路与心态，否则会因公司期望与个体的愿望不匹配，而在工作中产生严重的精神内耗。

在发展顺序上，建议专业化先于职业化。参照职场生命周期（参见 3.3.1 节），专业化是黄金期的核心内容，从平缓期开始，个体可以在职业化上投入更多的精力。

我提出这一建议，有以下两个原因。

其一，当个体在黄金期没有形成足够的专业能力时，个体对于岗位的专业壁垒就会不清楚，随着越来越多的年轻人加入职场，就会逐渐找不到竞争优势，从而因为失去信心而引发焦虑。这一现象背后的逻辑是，当个体不知道自己"无知"的时候，学习动力就会不足、成长趋势就会不明显，自认为岗位专业技能很简单，最终也确实只掌握了简单的技能。而后面加入职场的年轻人是很容易掌握这些简单技能的，加上年轻人具有精力旺盛的优势，很容易替代年长的人。

其二，专业技能基础一旦在年轻时没有打牢，个体就没法抵御时代和行业的变迁所带来的职业发展风险。当这些风险出现时，换工作就是很多人不得不面临的事情，那时人才市场上对踏实干活的人的需求远比对管理者的需求大得多。

基于第二个原因，我认为在互联网行业蓬勃发展的近 20 年，有相当多的年轻人，因行业唯快不破和整个职场专业化水平低下，而没能形成足够强的专业能力。他们当中有人享受到了时代发展的红利，有很好的经济收益，但是当行业下行时，他们所面对的职业风险就会变得非常大，甚至是毁灭性的。

值得强调的是，专业化是职业化的一个组成部分。专业化的内容围绕的是专业技能，需要提升工作质量和效率，是个体职业技能的纵向发展。职业化更加强调围绕职位的需要横向发展。显然，专业化与职业化是可以同时发生的，只是基于个体在职场生命周期中所处的阶段不同而占不同的比例。

2.7 时代光环并非个人能力

人类社会发展的每个时代都会有相应的时代机遇。时代机遇的背后，通常包含技术或生产力的创新或革命，让一些企业、个人因为抓住了时代机遇而获得超越常规速度的发展。

我见证了外企在中国的吃香和大学毕业生都争相进入通信行业的时期，也亲历了互联网行业的蓬勃发展。基于观察，我发现身处享受到时代红利的公司的职场人士，容易将时代机遇和公司平台资源错误地等同于自己的能力。他们离开这些公司时，一开始因为对自己的能力认知不清而高举高打，随着后来的多次碰壁才慢慢明白，原来自己的能力并没有想象得那么强。

身处这些公司的职场人士，也需要警惕职级并不直接代表你的能力，而只代表你为公司做出的贡献。当然，你的贡献也可能因为时代机遇而被放大了。说得再直接一点，因为公司站到了时代的风口，盈利能力超强，所以你才从中获得了远高于其他行业的薪资福利。

身处这些公司的职场人士还是要时刻关注自己的技能发展，要看清公司的业务发展对自己的长远职业发展是否有帮助，因为公司业务的蒸蒸日上并不意味着一定对你的技能发展有益。更为妥当的方式是，在助力公司业务发展的同时，你需要考虑不断更新个人技能，而非"一招鲜，吃遍天"。

时代的红利总是会见顶的，当潮水退去时别让人发现你在"裸泳"。为此，**当你抓住了时代机遇时，应时刻记得，努力将机遇变成自己的技能和能力**。若这个转变没有发生，你就浪费了一次人生难得的职业机会。

2.8　突破需要自我发展

我在阿里巴巴中间件技术部的这段从专业化走向职业化的经历，是我职业生涯中最独特与宝贵的一次体验。在专业化阶段，我获得的更多是技术上的成长，面向的是一个非黑即白的机器世界，追求的是有章可循，学习的是如何驾驭和控制。而在职业化阶段，我面临的很多问题与人相关，所面临的情况十分复杂。那时我有了更多的身不由己、委屈和妥协，不得不学会允许和接纳。而这两者放到育儿场景下也是适用的，所以这一时期对我育儿观念的调整和自我发展有很大的帮助。

职业化更加强调基于职位角色做正确的事，其背后包含了在资源与时间有限的情形下，做一些不得不为之事，这些事有的自己之前从来没有做过，有的自己很不情愿做，有的做起来不得不面对人性的难处。有时还不得不为了达成关键目标而做出妥协，当然这并非贬义。职业化的突出特点是基于职位角色去开展工作，由不得个人只想做螺丝钉。

随着个体年龄的增长，职业化的要求也越来越高，因为那时社会对人的要求是应该怎样。那些没有意识到这一点的人，就会习惯性地停留于专业化阶段，片面地认为专业的人干专业的事，只想做螺丝钉。这实际是一种逃避，会限制自己的成长。

就我个人经历而言，我发现当面临的挑战足够大时，人的使命感就会被激发出来。一旦使命感被激发出来，所应对之事的挑战就越大。当个体战胜这些挑战时，就能生发出舍我其谁的勇气和霸气。所以，挑战在带来痛苦的同时，也给个体创造了克服内心冲突和突破自我的成长机会。那么，都有哪些挑战呢？

第 1 个挑战是应对不确定性的心力与能力。个体在职业化阶段将面临更多突如其来的事务，事情多了压力自然就大，对人的心力要求就特别高。提升心力的办法，一是聚焦，强化自己的时间管理能力；二是计划，建立起健康的工作意识。并非所有事情都需要立即解决，注意区分事情的重要性和紧急程度，有计划地一件一件来完成。

就应对不确定性的能力而言，我的法宝是用共赢思维替代零和思维。 很多问题具有不确定性是因为选择难，而选择难可能是零和思维导致的，认为非此即彼，无法两全，或想一步到位。但是当我们采用共赢思维中的"既要又要"去思考时，很多时候是可以找到两全方案的，此时不确定性自然就会消失了。此外，很多事情并非一定得一次性解决，而是可以选择在更长的时间内，以阶段性出成果的方式逐步完成，但要注意做好规划与向上汇报工作。

第 2 个挑战是平衡工作与生活。工作与生活出现阶段性失衡是难免的，也是正常的，但要避免长期、持续地失衡。实现工作与生活平衡的前提，是建立起平衡的意识。意识有了，平衡的能力才能通过个人的努力与探索形成。显然，平衡的能力一定包含专业化和职业化，需要个体基于具体的工作场景，去破解这个看似先有鸡还是先有蛋的问题。当然，破解时依然需要共赢思维而非零和思维。

第 3 个挑战是坚定方向。方向坚定，才有定力。在我看来，无论是专业化还是职业化，都应当建立在个人的兴趣之上，否则发展的道路上就会缺少持续的原动力，还会因为少了热爱而难以沉下心去学习、思考和学会与自己独处。兴趣的本质是愿意花时间、不轻易怀疑自己，兴趣给予你克服痛苦的力量和接受挑战的勇气。所以，要想检验自己对一个事物是否真正感兴趣，你可以从这几个方面去判断。另外，当你需要做出重大选择时，不妨多问问自己，这是遵循自己内心做出的选择吗？

第 4 个挑战是改变自我。个体在职业化阶段所面临问题的多样，需要个体快速学习并掌握相应的技能才能适应职位的需要，这也是最终实现工作与生活平衡的关键之一。自我改变能力所强调的，不只是所学知识的内化，更重要的是心态应该变得更加开放。年龄的增长和职位的提升对个体心态的开放度要求也更高。只有拥有开放的心态，才能包容更多的不可能、不应该和不可以，**心态开放是打开个体思想囚笼的钥匙。**

总的来说，随着职业发展的深化，我发现自我发展的内容变得特别突出和重要。好的自我发展可以让个体更好地与自己和世界相处，让人更有力量和勇气在挑战中找到方向。

个体发展 = 职业发展 + 自我发展

工作场所是职业发展的主阵地，

生活场景是自我发展的主阵地，

两个阵地都不能丢。

第**3**章
个体发展的模型

职场中，我曾碰到过这样的老板：一个多小时的会上只有他一个人发言，全程都在宣泄自己的情绪；开会时一言堂，无法聚焦于集思广益来解决问题，倾听的欲望弱；因为对人不信任，导致公司制定的制度以惩罚为主，让员工感受到强烈的不被信任和被控制；过于情绪化，在不同时间点所发表的观点自相矛盾，让员工做事缩手缩脚；不关注工作成果，一味强调加班；不愿意培养员工，理由是他们最终都会离开公司。

我还碰到过这样的高层管理者：不以达成目标和持续提升团队工作质量和效率为己任，唯老板命令是从，以服务好老板为核心任务；没担当，出问题后甩锅是常态；与下属争抢功劳；媚上欺下，把职位视为一种权力，坦然地吆喝下属为他服务。

我也碰到过这样的刚进团队的高级技术专家：做事时希望我配置好所有的资源并"扶"着他走；工作进展不顺利或目标达不成时，认为都是别人的问题；短时间内与团队其他多名核心成员发生矛盾，团队协作能力一塌糊涂。

生活中，我看到过不少这样的家长：以工作忙为由，在育儿方面做甩手掌柜，几乎不出席孩子学校组织的任何活动；以物质满足弥补陪伴不足；认为学校教育完全是学校的事，学校不应因为孩子的问题而给他带去麻烦；科学育儿方面的知识匮乏，也不学习；认为孩子无论有什么问题都是孩子自身的问题。

我也不时观察到一些社会现象。比如，一些专家所发表的关于生活方面的观点让人觉得他们很不成熟，与他们的专家身份不相称；在青春期自杀的孩子的父亲，在公开信中强调自己的沟通能力一定没有问题，因为作为管理者的他在公司会进行大量的沟通工作；父母在被告知自己的孩子在学校欺负同学时，第一反应不是道歉或了解情况，而是找借口帮孩子开脱；将车停在他人车库门前，被电话通知挪车时，第一反应不是道歉，而是找对方的碴儿，指出其语气不对，或者狡辩说之前停了都没事等。

以上现象也许你也曾遇到过，有可能有些还在你身边持续上演着。有些现象，从当事人的学识或事业成就来看，会让人本能地觉得不可思议，但是却发生了。于是让人不由得好奇，为什么他们会有这样的表现呢？

3.1　被忽视的自我发展

所有职场人士都知道职业发展的重要性，因为其成果关系个人的生计和为更高品质的生活提供经济保障。因此，高技能、高职位、高职级（高职称）、高声誉等标志性成果成为所有职场人士追求的目标，因为其背后隐含了更大的经济收益。

社会对职场人士的期望往往与职业成就紧密相连。人们潜移默化地认为，那些职业成就更高的人，其言行举止也应有更高的水准。由于职业成就更高的人薪水也更高，因此又带来了另一种认知——有钱人的言行举止应具有更高水准。

而前文提到的让人好奇的那些事实告诉我们，这些"认为"其实都是错觉。原因何在？

纵观我们的成长过程，无论在学校教育阶段还是家庭生活中，都很少有对自我发展重要性的传递与传授。这种忽视，使得个体进入职场后，认为职业发展是个人发展的全部。

自我发展的重要性无论是否被强调，在每个人的一生中都发挥着重要的作用。自**我发展水平决定了个人如何与世界相处，也极大地影响着一个人感受幸福的能力。**

因此，将职业发展理解为个人发展的全部的人，其实是将自我发展放到了职业发展中来完成。然而，如此隐蔽的自我发展所带来的问题，是个人会更关注提高职业技能，而忽视自我发展方面的内容，如心理弹性和韧性、情绪管理、心智模式、关系管理、兴趣爱好等。个体对自我发展的重视度不够而导致自我发展严重滞后，最直观的表现就是成了"成人巨婴"。

3.1.1　个体发展双螺旋模型

为了强调自我发展与职业发展的同等重要性，我提出了图 3.1 所示的个体发展双螺旋模型（后面简称"双螺旋模型"）。

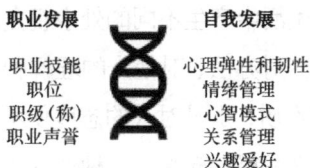

图 3.1　个体发展双螺旋模型

双螺旋模型包含职业发展和自我发展两大主线，前者是指个体对物质文明的追求，后者是指个体对精神文明的追求。

职业发展是指人们在职业技能、职位、职级（职称）和职业声誉等方面的追求，是个体发展的外在维度。追求更高职位、职级等是个体职业发展的目标。

自我发展是指人们在心理弹性和韧性、情绪管理、心智模式、关系管理和兴趣爱好等方面的发展，是个体发展的内在维度。实现内心和谐是个体自我发展的目标。

3.1.2　双螺旋模型的价值

双螺旋模型的价值表现在以下几点。

首先，提升个体乃至全社会对自我发展的重视度。通过双螺旋模型对职业发展和自我发展做明确的区分，避免将自我发展隐含在职业发展中，带来自我发展不充分的现象。

其次，表达了自我发展与职业发展相辅相成的关系。个体的自我发展水平会影响其职场表现，反之亦然。自我发展为职业发展提供基础，个体在心理、情感、关系、兴趣等方面的发展，有助于其在职场的发展；职业发展又反过来促进自我发展，职业发展可以提升个体的自信心、成就感等，从而促进其他方面的自我发展。

再次，有助于个体更好地理解一些社会现象。本章开头表述的那些现象发生的根本原因在于个体的自我发展远滞后于职业发展。当个体建立起基于双螺旋模型的思考框架时，就会在工作与生活中产生不同的处事视角。当你觉察到他人的自我发展不充分时，你可以想到的应对办法、对他人的理解和帮助就能更加有的放矢，你会更透彻地看到表象背后的本质，那时对人的态度便不再是愤慨，而是怜悯。善意一旦被激发，就更有可能带来积极的转变。这种处世心态的转变，会让个体的情绪变得更平和，而这恰恰也是充分的自我发展应有的状态之一。

最后，双螺旋模型隐式强调了个体应平衡工作与生活。职业发展和自我发展需要保持平衡。过分关注职业发展可能会导致忽视其他方面的成长，如心理健康、家庭生活和兴趣发展等。保持职业发展和自我发展的平衡，有助于实现个人的全面发展，增强人生幸福感。

然而，工作场所对于个人自我发展的锻炼十分有限，场景也相对单一。如果你仔细观察自己日常在工作与家庭环境中的言行举止，很可能会发现自己判若两人：职场中的你，稳定、友好、和善；而家庭中的你，随意、强势、焦躁。

生活技能与职场技能完全不同。生活中的家务、育儿、养老、夫妻相处等事项，每一项都得消耗相当多的时间与精力，虽然看似不像工作中的项目目标那样明确和有很强的计划性，但因为突发之事较多，对个人的时间管理能力的要求反而更高，如果处理不好就会给自己的生活带来连锁反应式的大麻烦，甚至会进一步影响个人的工作状态。

职场中的关系多以共同利益而存在（比如共享同一个项目目标），彼此之间有更强的约束力，也更容易妥协，相比之下是一种弱连接，所以对自我发展带来的挑战其实没有生活中的一些事带来的挑战大。在工作中合得来的人可以选择多交往，反之，交往可以只停留于完成工作的层面，点到为止，这样引发冲突的可能性可以降至最低。

与之不同的是，生活中的关系则是一种强连接，更易发生冲突，且通常无法逃避，只能直面解决。而解决冲突的这些场景都是在给自我发展提供新的刺激，倒逼个体静下心来面对自己的坏习惯或性格缺陷，学会更好地自我觉察和与自己相处。

3.2　痛苦是成长的起点

生活中的痛苦有大有小。小的痛苦，因为历时短暂，克服痛苦所收获的成长也不那么显著，甚至难以察觉，会让人忽视其所带来的价值。大的痛苦，或因为时间跨度长，或带来的冲击太大而让人惧怕，容易让个体产生放弃的念头以消除痛苦，但放弃（不同于放下）痛苦，往往也意味着放弃了一次突破自己的机会。

基于自己的经历，我发现痛苦越大越锻炼人的心性，人最终收获的成长也更具质量。以克服痛苦来收获成长的范式值得被总结出来，所以我提出了图 3.2 所示的POG 个体成长模型。

3.2.1　POG 个体成长模型

POG 分别代表了痛苦（Pain）、克服（Overcome）和成长（Growth）三大阶段。痛苦是起点，成长是终点；成长后又将面临新的痛苦，形成螺旋上升的趋势。

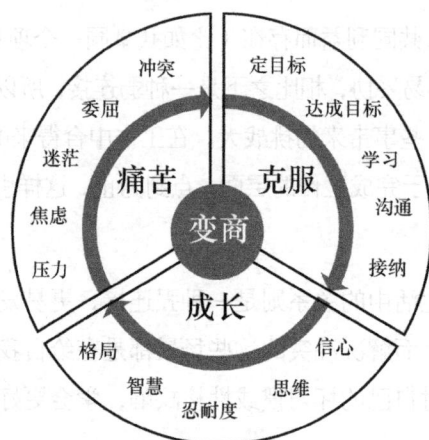

图 3.2 POG 个体成长模型

痛苦源于压力、焦虑、迷茫、委屈和冲突。压力往往源于确定性，比如项目必须在 3 月 31 日前完成；焦虑则源于不确定性，年终绩效好不好就是一个例子；目标缺失会带来迷茫；与压力和焦虑源于未发生之事所不同的是，委屈则是对已发生的事的结果不服气或心有不甘；而冲突是由于与他人有不同的观点、利益、目标、理念或价值观而引起的。之所以没有将恐惧、愤怒、悲伤等纳入 POG 个体成长模型，是因为这些痛苦往往是短暂的，在职场中也不占主流。

克服包含定目标、达成目标、学习、沟通和接纳。设定阶段性目标可以缓解迷茫；达成目标自然能解决压力问题；应对焦虑最好的办法是学习，通过学习转移注意力，让自己专注于当下之事，将未来的结果交给时间；当面临委屈和冲突的时候，一定不要忘了沟通，沟通之后尝试接纳，接纳无法改变的事实，放下委屈，允许冲突的存在。

成长体现于信心、思维、忍耐度、智慧和格局等方面。当我们成功克服痛苦时，将很自然地增强自己应对相似问题的信心，并丰富解决问题的思维方式。痛苦是一种让人不舒服的真实感受，每次克服痛苦都会锻炼我们对这种不良感受的忍耐度，让人能坚持走完克服的全过程，迎来成长而非中途放弃。成长的另一种方式是通过经历形成自己的智慧，切身体会到所学知识如何转变为应对现实的解决方案。成长的最高境界是提升格局，面对越大的痛苦我们越是需要成长，这样的成长不只包括实现知识到智慧的转化，还包括塑造更为宏大的心灵空间。

整个模型的核心是变商。我将变商定义为个体改变自己的能力，包括将学到的知识和道理转变成本能行为的能力。之所以提出变商这个概念，是因为我认为**变商比智商和情商更能真实反映一个人的成长性，它还能体现人的行动力**。从某种角度而言，变商隐含着一个人向内看的觉知。

自我改变有多难，很多时候不在于改变本身需要付出多大的努力，而在于"为什么要我改"。在面对是否要进行自我改变的选择时，一些人习惯于向外看，认为他人或环境应当先改变，否则自己的改变毫无意义，于是心安理得地停留于舒适圈。还有一些人发现原来自己有能力，并且只能依靠自己的能力才能走出困境，此时他们就会坦然地拥抱变化，完成自我改变。

3.2.2 POG 个体成长模型的价值

POG 个体成长模型的价值包含如下几点。

其一，强调痛苦是成长的必由之路。面对痛苦而产生应激反应是正常现象，人的本能会让我们想尽快摆脱痛苦。然而，能快速摆脱的痛苦并不能带来坚实的成长。没有痛苦的生活是不真实的，面对并承认那种不舒服的感受，个体才会对自己诚实，这是回归理性应对痛苦的关键一步。

其二，鼓励以成长型思维看待痛苦。应对痛苦只能从逃避和克服两种方式中二选一，选择克服就是选择成长。明白了痛苦背后蕴含着成长契机后，个体在克服痛苦的过程中将更具耐心并充满希望，而希望将给人以力量。**快乐的成长并不能体现一个人的成熟，但痛苦的成长却可以**。

其三，提醒人的一生就像这个模型一样螺旋式上升地持续展开。除非走到生命的尽头，否则没有最后一个痛苦之说。面对痛苦，每个人都可以自由地选择是否做一次模型展开，选择不同，会导致人的经历密度也不同。

其四，这是最重要的一个价值，即揭示行动起来是自我改变的核心。没有痛苦意味着什么都不用改变，而感到痛苦往往意味着需要自我改变。**书读得再多，经历再丰富，思考得再深，如果没有行动上的自我改变，则说明成长并不充分。**

3.2.3 POG 个体成长模型与家庭生活

虽说 POG 个体成长模型的提出源于我个人职业发展的一种经验总结，但这个模型同样适用于家庭生活。

生活中，对个人造成最大影响的莫过于关系中的痛苦。因为关系中的痛苦不是具体的一件事——事情过去了痛苦也就过去了，而是会长期不断地就某个相似的问题不停地困扰关系中的人。而且可以说，有关系就会有痛苦，比如家庭中的亲子关系、夫妻关系、原生家庭关系（与父母的关系），每一段关系在滋养个体的同时，也在不可避免地给个体带来痛苦。

亲子关系带来的痛苦，影响最为隐秘而深远。父母的科学育儿能力是通过学习与实践才可能形成的。当父母的科学育儿能力不足时，他们给孩子造成的痛苦会被他们忽视，父母常常感受不到问题的存在；但等孩子到青春期时，这些痛苦都将反噬父母。

夫妻关系带来的痛苦，影响最直接也最激烈。家庭关系中，夫妻关系是核心，因为夫妻之间最亲密，所以夫妻最容易成为对方情绪的宣泄对象，由此难免引发冲突、带来痛苦。当夫妻双方不能很好地解决出现的冲突时，就会产生怨念，怨念的存在使得冲突再次出现时极易升级，从而使痛苦更加强烈。

原生家庭关系的痛苦，影响容易被忽视但却是最深层的。原生家庭塑造了个体的价值体系、思维模式、人格特征等，影响着个体对自我的看法，也决定了个体在面对痛苦时的本能反应。**很多长期的关系中的痛苦，其实根源在原生家庭关系的问题上。**但麻烦的是，大部分人并不知道这一根本性问题，也就无法从深层次发现是原生家庭关系问题在作祟。

原生家庭关系问题所带来的影响之大，值得引起所有父母的警觉。作为孩子原生家庭的构建者，父母要特别重视亲子关系中出现的问题，重视应体现为学习、放下傲慢和自以为是，以及觉醒。

我认为所有父母都应当学习原生家庭关系方面的知识，通过自我觉察，去阻断父辈无意识遗留下来的伤害沿袭到下一代。推荐阅读《原生家庭：如何修补自己的性格缺陷》和《了不起的我：自我发展的心理学》两本书。后者特别强调自我发展道路上自我改变的系统性，相信对你探索家庭幸福将有所帮助。

痛苦是成长的起点，没有痛苦就没有成长，无论是职业发展还是自我发展都是这样。美好品格之所以宝贵，原因就在于是从痛苦中磨砺出来的。

3.3　职业发展是外在驱动

在职场中，我们探索着自身的潜能，追求着更高的技能、职位、职级（职称）或声誉，以及个人价值实现。在这个过程中，虽然有目标，但谁也无法确保这个目标是确定的、清晰的，所以难免会有问题让我们困扰和迷茫。比如，走技术路线还是管理路线，要积累哪些专业技能，选择大公司还是小公司，家庭与工作出现冲突时怎么办等。

这些问题并没有标准的答案，因为它们取决于个体的兴趣、专长、经历，以及个体当下所处的阶段等。虽然很多问题没有标准答案，但我认为职场中存在一定的普适性的规律、模型及指引，可以帮助个体去寻找自己的答案。为此，我根据自己的经历，梳理了职场生命周期、专业技能层次模型、职业发展四部曲及职业发展行动指引。

3.3.1　职场生命周期

每个人的职业生涯基本会经历探索、起步、发展、成熟、衰退和结束 6 个阶段。

当个体的职业就是根据自己的兴趣而选择的时候，他的职业探索很可能在参加工作之前就发生了，这些人在读大学时对专业的选择会更明确和容易。不过，大部分人是进入社会参加工作时，才开始真正探索自己的职业的。

个体一旦进入职场，也就开启了自己的职场生命周期，如图3.3所示。了解事物的发展周期很重要，因为这能帮助个体更加有的放矢，知道什么阶段该着重发展什么。当然，每个个体的成长都有其独特性，这个总结或许并不具有普适性，但无论如何，它一定能给你带来一些启发。

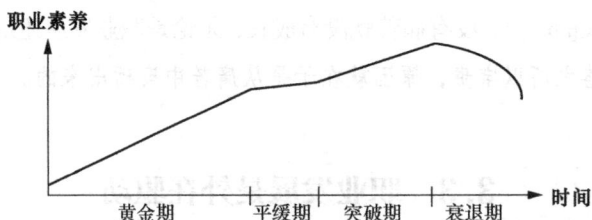

图 3.3 职场生命周期

黄金期从参加工作开始，到孩子出生结束。个体在这段时间因为几乎没有家庭负担，所以能完全集中精力于学习与工作。我把这段时间称为黄金期，是因为这期间的成长对于个体的职业发展至关重要。个体应该利用这一充满活力的时期全身心投入工作和学习，提升自己的职业技能。同时，个体也应该思考自己的职业发展，设定计划和目标，保持对职业发展的主动态度。如果个体没有充分利用这一时期，后续的挑战和压力会更大，而且随着年龄的增长，社会对个体的期望也会提高（参见 2.1 节）。

平缓期从孩子出生开始，到孩子入学结束。在孩子还小的时候，他们需要父母的照顾和陪伴。因此个体需要将更多精力放在家庭上，这会相应减缓自己在职业上的提升。这一时期也是学习如何平衡工作与生活的关键阶段，个人的时间管理能力需要显著提升。成为父母会让个体更具责任感，个体的思维也会更加成熟。

孩子入学后，个体对家庭投入的精力相对减少了一些。当然，这并不是因为孩子不需要陪伴了，而是个体适应了因孩子带来的节奏改变，其生活更有规律了。此时，个体的思维更加成熟，有了自己在职场多年的积累，对所掌握的知识也有了更好的概括和总结能力，能达到全新的认识高度。因此，个体会进入突破期。在这个阶段，个体需要考虑升职或寻求更高的职位，以充分利用个人的经验和知识。同时，个体也可以寻找机会发挥影响力，将个人的知识和经验分享给他人，比如写文章，在公司成为导师、讲师，做公众演讲等。

随着年龄的增长，个体会因为体力和精力下降步入衰退期。在这个阶段，个体可以考虑如何将自己的知识和经验传递给新人甚至下一代，比如写书就是一种很好的方式。

由于个体的差异，每个人经历以上各个阶段的时间长短会有所不同，甚至可能会跳过某个阶段。比如，有些人有了孩子后仍然全身心投入工作，很少关心家庭，他们的平缓期可能会缩短或消失。

针对工程师们经常关心的问题——是走技术路线还是技术管理路线，我想借职场生命周期来分享自己的看法。

我建议每个人将黄金期的主要精力放在专业化上（参见 2.3 节），而不必犹豫于是否要走技术管理路线。另外，自我管理、项目管理、时间管理这些技能也是在这一阶段需要特别重视的，因为这些能力跟不上，个人的技能发展就会受到限制。

我曾经看到一些人在黄金期同时学习技术和管理，这似乎有着前瞻性。但在我看来，在黄金期花时间学习管理知识在某种程度上是在预支未来。实际上，对技术掌握得越深，就越能更好地掌握技术管理所依赖的技术常识。我观察到一些走上技术管理岗位的同事，他们看到了团队中的问题，却找不到问题的根源，所以错误地使用管理方法去解决技术问题。

在我看来，技术管理与非技术管理最大的区别在于，前者必须基于技术常识。这一观点也能很好地解释为何不少技术管理者尽管接受了很多管理课程培训，但其管理能力仍旧不足，且他们容易成为上级的传话筒，其根源就在于他们的技术积累不足，无法基于技术常识开展管理工作。

我提出职场生命周期的目的，是想提醒每一位职场人士不同的生活阶段对职业发展的影响，避免大家因为某个阶段的功课落下而导致不断出现新的问题。

3.3.2 专业技能层次模型

图 3.4 是我针对软件开发岗位总结出的专业技能层次模型。需要强调的是，这个模型聚焦的是专业技能而非范围更广的职业素养。提出专业技能层次模型，是为了呼应个人的发展是从专业化走向职业化的，确保个体在专业化阶段能更好地聚焦于发展自己的专业技能。

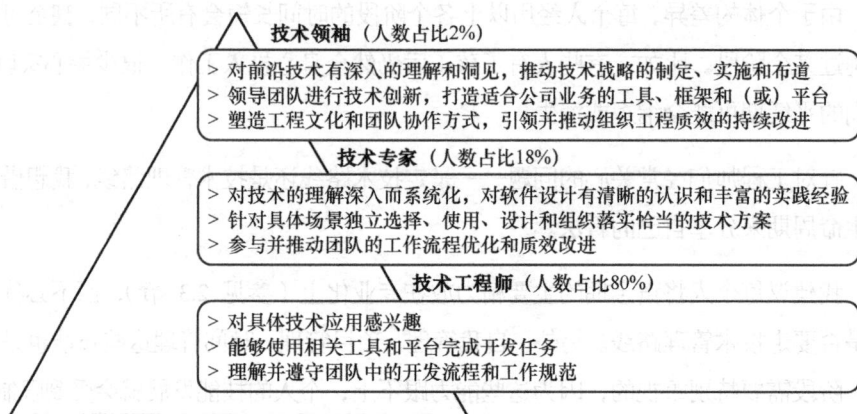

技术领袖（人数占比2%）
> 对前沿技术有深入的理解和洞见，推动技术战略的制定、实施和布道
> 领导团队进行技术创新，打造适合公司业务的工具、框架和（或）平台
> 塑造工程文化和团队协作方式，引领并推动组织工程质效的持续改进

技术专家（人数占比18%）
> 对技术的理解深入而系统化，对软件设计有清晰的认识和丰富的实践经验
> 针对具体场景独立选择、使用、设计和组织落实恰当的技术方案
> 参与并推动团队的工作流程优化和质效改进

技术工程师（人数占比80%）
> 对具体技术应用感兴趣
> 能够使用相关工具和平台完成开发任务
> 理解并遵守团队中的开发流程和工作规范

图 3.4 专业技能层次模型

你一定注意到了这个模型是金字塔形的，以及 3 个层次的人数占比，数字并非绝对的，只是大致传递了一个向上逐级降低的概念。通过这个形状，我想表达每个岗位都存在一个隐形的金字塔，而每个人的专业化过程其实是在爬这个金字塔。这个金字塔对所有人都是公平和开放的，个体可以选择爬或不爬。当然，它不会因为你不爬而不存在。

专业技能层次模型具有帮助个体定位自己当下的层次和明确下一阶段要发展哪些专业技能的作用。

技术深度和广度、软件设计能力和质效导向是整个专业化过程的三大关键要素。只有技术深度和广度是不够的，没有软件设计能力就无法利用自己的知识去有效解决现实问题，没有质效导向的意识与实践就会出现疲于奔命的现象。

软件设计能力在技术专家层次体现于技术方案的落地，在技术领袖层次体现于打造适合公司业务的软件平台。软件架构师之所以成为很多人憧憬的职位，就是因为其对软件设计能力具有相当高的要求，背后需要个体具备很好的领域概念抽象能力。

每一个岗位都应该有类似图 3.4 这样的专业技能层次模型，从而帮助个体清楚地知道专业化方向。有了专业技能层次模型后，个体就可以根据公司和团队的不同发展阶段做适应性调整，持续给个体的专业化注入新的动力。第 13 章将进一步探讨这里所呈现的专业技能层次模型。

如果你所在的岗位没有专业技能层次模型，你可以尝试设计一个，这是很好的锻炼思维、深入了解和总结自己岗位的机会。

3.3.3 职业发展四部曲

职业迷茫是大部分职场人士会遭遇的状态。职业迷茫通常出现在工作遇到瓶颈时，对当下工作产生不满时，理想与现实有冲突时，面临职业选择、职业转变或职业突破时，等等。它是个体对自己的职业方向和目标感到不确定或困惑的一种状态。短暂的职业迷茫不可怕，相反它可以帮助个体找到真正的目标和方向。

职业迷茫因大大降低个体的工作成就感和幸福感而不被人喜欢，但很多人又不知如何避免和突破。回顾我的职业生涯，几乎没有出现过职业迷茫期。与人说起时，大家都觉得这样的经历很难得，也很吸引人，同时也会好奇——这是怎么做到的呢？

1. 兴趣是起点

让我避开职业迷茫期的关键是我对职业的兴趣。兴趣会产生激情，而兴趣又始于憧憬。

大学毕业后，我的第一个职位是电气工程师，需要用 AutoCAD（到单位后学的）设计电气图纸，并指导工人最终完成电气设备的装配及调试。后来由于企业经营范围扩大，需要从事电子设备的开发与生产，因此我有机会接触电子技术方面的设计工作。那段时间，我对电子技术的兴趣使我学习起来远比别人快。

后来我对编程产生了兴趣而开始自学。两年后，我正式跳槽从事软件开发工作并一直在这个领域深耕。

在整个职业生涯中，不同时期的我会有不同的憧憬。一开始憧憬能胜任软件开发；进入 UT 斯达康时憧憬成为技术专家；在摩托罗拉时，不只憧憬成为领域内的专家，还开始有了对影响别人和成为软件架构师的憧憬；在阿里巴巴浏览器技术团队时憧憬着引领团队成为高质效组织，转岗到中间件技术部时憧憬着带领团队完成新技术在公司的落地；离开阿里巴巴进入小公司时，则憧憬着自己的高效能方法能在小公司落地，从而在更大的范围内验证和完善自己的方法论。

因为带着憧憬前行，所以我知道自己要什么，并全力朝着这个方向前进。在这个过程中，无论遭遇什么都不会怀疑自己，并坚信自己能做到。

2. 让热爱发生

当然，这样的坚信不是盲目的，憧憬只是大目标、大方向，所以我会给自己设定阶段性目标，用阶段性成果来激励自己，这会让兴趣变得持久。因此，我没有陷入职业迷茫的第二个原因是：全情投入，并用阶段性成果让热爱发生。

比如刚开始学习编程的时候，我自学完一本书后，在工作场景中并没有实践的机会。于是，我给自己设定了一个学习目标：用 C 语言做一个能在 DOS 操作系统（Windows 操作系统的前身）中以图形化的方式显示电站直流屏这一设备数据的软件。

我围绕达成这一目标所需掌握的编程知识，隔三岔五地去书店找书。1998 年

的时候还是纸质书时代，与计算机相关的书相当贵，有时一个月光买书的钱就超过
500 元（那时我一个月工资不到 1500 元）。有了学习目标后，投入金钱和时间在编
程这件事上是我那段时间的主旋律。慢慢地，编程这件事就成了我的热爱。

热爱比兴趣来得更加强烈。热爱代表你愿意花大量的时间和精力到一件事上，
也愿意为了克服困难与孤独相处。搞懂一个疑惑或解决一个具体问题带来的成就感
让人乐此不疲，我因此形成了学习知识与运用实践的正循环。

最终，我如愿做出了那个软件，并在单位里不时找机会给人演示成果，加持了
成就感。

3. 擅长生发影响力

在随后的近 10 年里，我在软件开发领域摸爬滚打，从 Windows 编程到嵌入式
开发，从驱动开发到操作系统移植，从文件系统移植到 IP 协议栈移植，从工具到
流程，就这样一步步走到了现在。

在通信行业的历练以及出国的所见所闻带来的触动，让我开始特别关注如何更
高质高效地完成工作，以及努力平衡工作与生活。平衡工作与生活的努力又倒逼我
想方设法提高工作质量和效率。最终我找到了自己的方法，也形成了自己的独特思
想和方法论。那时我对软件开发已不只是热爱，而是更加擅长——比很多人做得好、
做得快。擅长意味着我掌握了软件开发这一领域的高级技能。

从 2009 年开始，我通过写博客来输出自己的想法、方法和经验。再后来，我
花了两年的时间完成自己的第一本书《专业嵌入式软件开发：全面走向高质高效编
程》，并于 2012 年正式出版。此外，我多次在各类大会上发表专题演讲，以及到大
大小小的公司进行授课或分享。当然，读者眼前的这本书，也是因为我想发挥影响
力才撰写的。

4. 机会带来新兴趣

后来，我从通信行业的系统工程师变成了互联网行业的高级技术专家和技术经

理，离开互联网行业后又到小公司担任高管。我清楚地知道，机会在这一过程中起到至关重要的作用。当然，能抓住机会是因为我做着擅长的事，以及当我的角色发生改变时（比如成为技术经理），我又对新的领域产生了兴趣。图 3.5 说明了以兴趣为起点的职业发展四部曲是如何由内向外发展的，内圈的机会发展成外圈的兴趣就是专业化和职业化的深化。

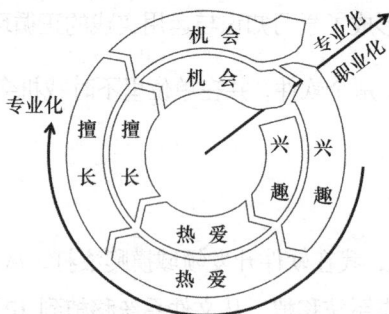

图 3.5　职业发展四部曲模型

在兴趣、热爱、擅长和机会这四部曲循环滚动向前的情形下，我顺其自然地避开了自己的职业迷茫期。知道自己要什么，方向明确，同时我坚信，只要有能力就一定能在职场中有自己的一席之地，所以我一直坚定而踏实地朝着既定方向努力，根本没有时间迷茫。

在职业发展四部曲模型中，我强调以兴趣为起点是因为：兴趣是内在动机的体现，可以激发个体投入时间和精力去学习和探索；对某个领域有兴趣的人更容易保持持久性，即使遇到困难和挫折，也会坚持去克服；研究表明，兴趣可以提升学习效果，使个体在学习过程中更容易吸收和掌握知识；兴趣可以激发个体的创造力，使其更容易产生新的想法和解决方案；从事自己感兴趣的活动可以带来更多的愉悦感和更强的满足感，有助于提升个人的生活质量和幸福感。

在职业发展四部曲模型中，机会带来新的兴趣，而兴趣是下一个循环的起始点，所以要抓住甚至创造机会，让循环发生。机会可能是新的项目、新的角色、新的公司，甚至是新的行业，机会也可能会因市场变化、技术进步或个人能力的提升而产生。有的机会还可能是时代使然且出人意料。要抓住机会意味着个体在职场中得积极主动，除了毛遂自荐去抓机会，有时还得自己从无到有地创造机会。**机会出现时，很多情形下个体能力并未完全准备就绪，这意味着个体得接受挑战、继续学习和承担风险，但这恰恰就是机会的魅力所在。**

机会所蕴含的风险通常与个人的绩效结果相关，成功了奖励更大，失败了损失也不小。成功了收获喜悦是好事，失败了也得心服口服，这是成熟职场人士应有的表现。而且无论成与败，个人一定能有所收获，至少经历密度变大了。

每个人的职业道路都是个性化的，每个人都需要找到适合自己的机会。无论如何，总存在那些因抓住机会而发展得更好的人，他们注定会成为社会关注和宣传的焦点，但那并不代表其他人就没有价值、不值得被看见和认可。当你深知这一点时，即便你身边有一堆牛人，你也依然能以自信、平等的心态与他们相处。

☆

应用职业发展四部曲模型会面临的第一个问题是：我对自己的职业（或岗位，下同）不感兴趣怎么办？这个问题确实特别重要，值得个体沉下心来好好思考与选择。

我认为个体可以通过回答以下几个问题去深化思考。第一个问题是：我眼下从事的职业能发挥自己的优势吗？比如，对于一名外科医生来说，如果他的动手能力强就意味着能发挥他的优势。优势的背后是天分，发挥优势意味着个体会有更好的职场表现。

这个问题的价值在于，不仅帮助个体更理性地看待眼前的职业，个体也可以将自己的优势作为选择其他职业的一个重要考量因素。大体上，找到能发挥自己优势的职业是核心择业原则。

第二个问题是：除了眼下的职业，其他哪个职业是我真正感兴趣的？真正感兴趣意味着你平时会关注相关领域，以及已经投入了不少精力去学习和提高。如果不是真正感兴趣，那有可能只是当下的逃避选项，即便你从事那个职业，也依然会面临当下所从事职业中正面临的问题。当然，真正的职业兴趣同样需要包含对第一个问题的积极答案——能很好地发挥个体优势。

第三个问题是：我是否足够努力以及能否沉下心来？如果你没有其他更有把握成功且让你笃定的职业选择，那就只能通过努力让自己擅长正从事的职业，很多时候兴趣来自努力后的成就感。卖油翁被人称道并非因为他对卖油感兴趣，他走的是熟能生巧的发展道路。别忘了，一时的兴趣无法实现擅长，无论从兴趣到热爱，还是从热爱到擅长，都离不开努力和坚持。当然，**缺乏职业兴趣的擅长会来得更枯燥和艰辛，但反过来想一想，与其被动应对，还不如主动面对，让这段旅程变得轻松。**

许多人是通过接受一定的专业教育才走上工作岗位的，选择专业时并没有考虑个人的优势是否与未来所要从事的职业匹配，而是从专业的就业前景做出的选择，走上工作岗位后才真正知道职业的特点，但那时很多人已经没有了更换职业的勇气，这意味着他们得在干一行爱一行上去做更多的努力。比如像医学这样的行业，其专业性决定了更换职业的难度会很大，所以相比时常纠结于自己对职业不感兴趣，努力培养自己的职业兴趣会显得更踏实。

职业发展四部曲模型也告诉我们，在我们成为父母后，对于孩子的兴趣培养，放眼于孩子未来的职业幸福，尊重孩子的选择，会显得更明智和更从容。16.2.2 节将进一步探讨孩子的兴趣培养这一话题。

3.3.4　职业发展行动指引

从踏入职场的那一刻起，前方的道路就已经充满了不确定性。每个人心中都有着对职业成功的渴望，希望在职业道路上不断突破和成长。要有目标，要专注，要坚持，要有选择，这些要求已耳熟能详，但在具体场景中，怎么做到这些"要"，也就是怎么将这些知转化为行，本节将尝试为大家解答。

1. 躬身入局

　　刚入职新公司后，个人通常会经历一段相当具有挑战性的时期。个人无论能力怎样、职位如何，都需要一边适应新环境，一边在新的工作环境中证明自己的能力，并站稳脚跟。

　　最近一次入职，我以技术中心总经理的身份加入了一家小公司，这是我从阿里巴巴离职后加入的第一家公司。加入公司后我发现所面临的局面相当混乱。首先，公司的中层管理者是公司发展最大的瓶颈。因为他们普遍采用的是控制式的管理模式：所有工作任务由他们派发，下属基于上级的安排开展工作，毫无能动性可言。基层员工的能动性没有被调动起来，中层管理者的自我管理、时间管理能力又不足，工作纰漏自然就多，结果日常工作总是在救火和赶最后期限。

　　当一家公司的运作常态是救火时，会议就成了救命稻草，但低效的会议不仅救不了火，反而是骆驼身上的稻草，整个团队虽没被压死，但已毫无生气可言。只要这般混乱的状况不扭转，我就不可能有更多的精力去推动产品研发、做技术规划和拜访客户，我会因为工作时间的碎片化而低效，出不了成果。而出不了成果对于一名新进入公司的高管来说，是非常糟糕的。

　　针对这种情况，我的解决办法是引入项目制（参见 6.2.2 节），对于关键事宜立项跟进，并从基层员工中挑选项目负责人，通过立项会议明确项目目标，授权项目负责人全权做决策，同时讲清楚项目成果，并将其与项目负责人的业绩绑定。

　　这样做有两大好处。其一，作为项目负责人的基层员工有了目标，他的能动性就会被激活，同时这很好地规避了中层管理者的管理瓶颈。要事一旦有专人跟进，就不容易出现纰漏，出现问题追责时也不会有推诿的现象。其二，中层管理者的控制力被削弱，可为后面组织架构调整做准备。当通过项目制削弱中层管理者的控制力时，他们的工作量会急剧下降，虽然他们仍承担管理责任，但他们已不是那些要事的第一责任人了。初期所立项目的周例会我都参加，以确保项目负责人对项目的控制力，避免因中层管理者的存在致使项目负责人在责任担当和推动事情向前发展方面成为摆设。

项目制只运作了一个多月，大家就能明显观察到各级管理者的工作量都降了下来，需要救火的事也减少了。管理层基于实践认识到，以前关于要事都得自己亲力亲为的想法是错误的，对一线员工没有能力将那些事做好的担心也是多余的。这一认知的形成是向管理要效率和走向正规化非常关键的一步——思维先行。

信任的属性是既宝贵又脆弱。你可能会有这个疑问：我所引入的项目制架空了中层管理者，他们的利益在一定程度上是受损的，那不会削弱他们对我的信任吗？

对我来说，带着他们做出成果、将事做好才是正确的事。引入项目制，每个中层管理者都更轻松了，说明他们是既得利益者，换句话说，公司和个人实现了共赢。这一点非常关键。

当然，他们难免因为控制力变弱而出现负面情绪，甚至引发安全感问题并削弱对我的信任。面对这种情况，我的办法有两个：第一，与他们单独进行充分的交流，告诉他们能从我身上学到什么，以及他们可以怎样成为更好的自己，这是他们的利益所在；第二，在双方认可着眼于公司大局做正确的事的前提下，需要他们调整自己去适应变化，那是他们自己的课题，我不强求他们一定要马上适应，他们需要时间来成长，同时把信任交给时间。

除了沟通，作为上级，一定要考虑如何帮助他们成长，以及将整个团队带到专业化和职业化的更高水平。在这条路上，包括我在内的每个人都会面临成长的痛苦。**在克服痛苦的过程中，每个人都需要守住自己的边界，各自面对自己的人生课题。**我认为自己需要有这样的认识和定力，否则就不称职。

再往前一次入职新公司，是我以技术专家的职级加入阿里巴巴，岗位是淘宝浏览器的软件开发工程师。刚入职淘宝浏览器技术团队的第一个月，我的精力全花在学习 Chromium 开源项目的软件架构上，因为淘宝浏览器是基于 Chromium 二次开发的。重视软件架构是为了更好地掌握这个恐龙级开源项目中数目众多的概念，并梳理各概念之间的关系。在通信行业做过软件架构师的我，清楚地知道驾驭软件架构的重要性，以及从架构上来鸟瞰和驾驭项目所能带来的巨大威力。

一个月之后，我开始正式从事简单的新功能开发工作，于是须花更多的精力了解团队中其他同事所写的代码。熟悉的过程让我清楚地看到整个团队完全忽视了 Chromium 的软件架构，大家编写的代码在结构上一片混乱。另外，由于没有需要共同遵守的编码规范，团队自有代码不仅混乱，还与 Chromium 的原生代码在风格上格格不入，毫无美感可言。

我一边从事新功能开发工作，一边学习 Chromium 的原生代码，在感受其细与精所带来的共鸣与震撼之时，不时在团队沟通群里指正同事们所写代码的不足。由于我是刚加入团队的新人，随时指正问题的习惯并没有得到大家的欣赏，技术总监看到这样的现象，曾担心我难以融入团队而提醒我注意方式。

我在职场中一直保持的一个工作习惯是，在指出别人的问题时，一定会告知他为什么，以及如何改，且自己一定会先以身作则地克服那些问题，己所不欲勿施于人。这一习惯被我运用于工作中的方方面面，无论大事还是小事，编代码、写文档等一概如此。

当时我作为新人融入团队的另一大痛点是，整个团队几乎没有任何文档沉淀下来，熟悉新工作完全靠口头交流和自学。虽然阿里巴巴是家大公司，但我所在的团队在我看来依然是作坊式集体，个体工作起来各自为政，没有了解他人工作内容的意愿，也不将自己的工作思路呈现出来。流程方面，既没有概要设计流程来把控软件的设计质量，代码走查流程也形同虚设。总而言之，除了代码，没有其他工作成果，局部与整体的工作质量完全没有把控。

为了改善团队文档缺乏的局面，我在工作中不时有意识地写一些技术分享的邮件，还给大家分享之前所写的一些博客文章，引导大家以开放的心态分享自己所学的知识。我心里一直明白，如果个体不乐于分享自己所学的知识，则无法打破个体各自为政的局面，也不可能形成团队知识沉淀，从而最大限度地发挥集体的力量。

同样，关于编码规范，在其落地之初，我时常走查每一位同事提交的代码，并且在发现不符合编码规范的代码时都会在团队沟通群里及时指出。我走查代码并非单从格式上关注代码是否符合编码规范，还会考查程序结构是否合理、与 Chromium 的软件架构是否契合，以及程序中的命名是否精确。如果有不合理的内容，我会事无巨细地指出并给出改进建议。

以教练的角色和帮助的心态做事，一方面让同事们知晓了我突出的软件设计能力，另一方面也让他们清楚地看到代码改进前后的区别，并信服于我的指正。后者其实代表了个体的成长。一年多后，已是整个技术团队负责人的我与另一名下属主管做绩效沟通时，他说："当时我觉得推行编码规范没有什么价值，但回头看过去的一年，我发现自己和团队发生的最大变化，正是从编码规范落地开始的。"

作为个体，无论加入公司时的身份是高管还是工程师，躬身入局既是一种心态，也是一种姿态。前者指空杯放下身段，后者指务实出成果。

入职新公司之初，最怕的是眼高手低——难的做不来，容易的又不想做。**作为新人，一定要眼低手高，不要小看那些小事，全情投入在小事上并做得精彩，那都是在积累同事对你的信任。**当信任建立起来后，大事交到你手上就是水到渠成的事情。总之，个体入职新公司时要做好先打杂的心理准备。

2. 见贤思齐

当我们开始关注个体的工作质量和效率时，通常无法立即看到显著的成效，而需要通过长期的小进步来逐渐达成。在这个过程中，如果个体具有见贤思齐的习惯，就可以让成长来得更快。

见贤思齐不仅是一种行为习惯，更是一种开放心态。在我的职业生涯中，我认为自己独特的优势就在于具备见贤思齐的习惯。无论是发现他人使用了更优秀的工具软件，还是看到别人编写的文档和代码有值得借鉴的地方，我都愿意花时间去理解和模仿，甚至阅读大量的图书去提升自我。

对于一个具有成长型思维的人来说，见贤并不会让人产生负面情绪，反而会激发思齐的心态，并采取实际行动。但职场中还是存在这样一部分人，看到别人做得好，他们的想法不是要学习，而有可能是"有什么了不起"，又或者给予肯定之后不忘踩上一脚"不过，他在……方面不行"。看到好的就学习，这对大多数人来说或许还不算很难，更难的是当被别人指出哪里不好时，是否能做到虚心接受并及时改正。

有相当一部分人，当听到别人说哪里做得不好时，就会自动对号入座，觉得对方是在针对自己，然后以负面情绪回应。又或者，别人在说事，他们却认为是在说人。比如，自己辛苦完成了一份资料，被人指出细节错误，就觉得对方是在否定自己的工作，是在说自己工作不够细致，于是以负面情绪对抗，或推脱，或强辩，又或者顾左右而言他，总之就是不认可。但事实上更好的回应是类似这样的：谢谢你这么细致。如果想避免别人觉得自己做事不够细致，就加上类似这样的表达：我花了很长时间准备这份资料，检查了几遍，都没注意到。

我坚信每个人都有向上发展的潜能，只是因为对自重自省的敏感度不同，导致个人的成长速度或快或慢。

见贤思齐的难点在于如何做到思齐，而重点在于见贤，即哪些贤需要被见，再被思齐。大的贤容易被看见，但细节上的贤则容易让大家不当回事。比如，通过工具化、自动化和文档化的方式来简化工作流程，用脑力替代体力，这点很值得大家重视，因为这可以帮助大家从枯燥乏味的工作中解脱出来。

俗话说"好记性不如烂笔头"，但哪怕从小被这样教育，在职场中我依然看到有太多的人根本没有这样的习惯，即没有形成用工具管理待办事项的习惯。就我个人而言，我非常重视用 Excel 表格来管理日常琐事，以减轻记忆负担，避免生活中的麻烦。例如，孩子们兴趣班的上课时间、我的网球课时间、授课企业的培训时间等，我都会用 Excel 表格详细记录。

通过笔记管理好生活和工作中的琐事，可以降低大脑的记忆负担，帮助我在处理事务时更加专注。我不用担心忘记需要定期做的事情，只需要打开相应的 Excel 表格即可轻松安排好。

对于工作质量和效率，我始终着眼于长期利益。为了追求长期的收益，我愿意在短期内付出更多的努力去学习和优化工作方式。这样的投入，从长期来看收益是显著的。否则，一个人能够处理的事情将很快达到极限而没有增长的空间，这显然与个体长久的发展不符。

3. 目标导向

社会上广为流传的是结果导向，随着 OKR 这样的目标管理方法论的普及，目标导向被广泛采纳。不过，这两者之间既有区别也有联系。

目标导向是关注目标设定和追求过程的方法。它关注的是设定明确、有挑战性的目标，并制定策略以达成这些目标。目标导向的人或组织将注意力集中在过程上，比如规划、组织和执行任务，以及调整策略以适应变化，其关注的是每一个步骤，以确保目标的实现。

结果导向更加注重最终的成果，而不是获得这些成果的具体步骤或过程。结果导向的人或组织将注意力集中在特定成果上，比如销售业绩、客户满意度或者项目是否完成，关注的是最后的成果，而不是获得这些成果的过程。

总的来说，目标导向更注重做什么以及如何达成目标，而结果导向更注重完成了什么。在实际应用中，这两种方法往往同时被使用，以确保目标设定和执行过程的有效性，并获得预期的成果。目标导向用于规划与执行，而结果导向用于考核。

图 3.6 说明了目标导向下目标与结果的关系。这里的目标是靶心（代表 10 环），要打中靶心对所有人来说都是有挑战性的事。结果有人只打中了 8 环，那是不是就代表失败了呢？不一定。

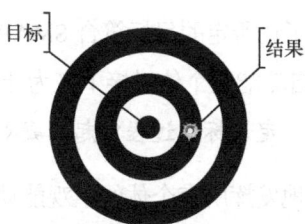

图 3.6 目标与结果的关系

如果我们知道再训练几个月才能打中靶心，基于以前的统计数据，现在能稳定地打中 7 环已经算很好了，那么打中 8 环的结果显然超出了预期，结果并非失败。

工作中，我观察到了目标管理落地时人们常犯的一个错误是，采用结果导向的思路去设定目标，即个体在设定目标时以结果能否达成为关键参考。换句话说，因为知道自己有把握打中 8 环，于是将目标定义为打中 8 环而非打中靶心。以这样的方式去工作的人，会带来两个问题。

- 目标设定得太保守，起不到激发个体潜能的作用。
- 因为采用的思路是目标一定要达成，所以大家会花很多的时间去争论到底怎样的目标才合适，而这种争论在某种程度上是浪费时间，毫无意义。与其争论什么目标合适，不如把时间花在面向具有挑战性的目标上，大家一起讨论如何才能达成这一目标。

建立起目标导向意识应是职场人士的基本职业素养之一，其价值体现于有目标、定目标和实现目标 3 个层面。

有目标意味着聚焦、方向明确和有动力。个体形成自驱力的第一要素就是有目标，目标指明努力的方向，从而使个体更容易取得更好的成果。关注成果对于职场人士来说应是本能，少了它对公司和个体的发展都不利。

定目标能很好地引发思考，帮助个体避免用战术式勤奋掩盖战略式懒惰这类问题。目标一定得是经过思考得来的。比如，这个目标是不是当下最迫切需要实现的，实现这个目标将给公司或客户带来什么价值，实现这个目标需要公司怎样的支持和其他团队怎样的配合等。为了让所定的目标符合 SMART 原则，需要对目标如何度量进行思考，一系列的动作自然能让个体对接下来为什么要做、做什么、做成怎样，考虑得清清楚楚。不难看出，**定目标的过程能起到凝心聚力的作用**。

实现目标的过程能很好地发挥所有个体的主观能动性和聪明才智。个体有了目标后，他对目标的达成会承担责任，目标如何拆解、分成哪些关键里程碑都是他的事。他可以向主管寻求帮助和支持，但一定不能向主管"等、靠、要"。在这个过程中，主管的职责是服务和配合下属，而非每天、每周、每月都派活。

对于团队来说，**落实目标管理才能打造高效的自组织团队，将做事的责任和动力还给个人，避免管理者成为整个团队的瓶颈**。

目标导向对于个人的价值还体现于绩效考核阶段。绩效考核通常需要个体通过述职讲清楚自己的目标、工作思路与成果。当个体完全以目标导向的方式盯目标、追过程、拿结果时，他的述职材料会非常好写，也一定言之有物。否则，在没有目标牵引的情形下，一年下来，年终整理材料得花大量的时间和精力回顾，还不一定写得好。

4. 聚焦于正确的事

无论是工作还是生活中，每个人都会经历承受压力、焦虑、纠结、犹豫等痛苦。引发痛苦的内容会积极地推动着个体的自我发展，而当个体不能很好地处理这些内容时就会产生精神内耗。精神内耗所消耗的心理能量会使人学习效率变低、难以专注和产出更少，让人一天忙下来特别累但成就感却不足。

个体精神内耗的源头通常来自个体自身的思维方式和潜意识。与拥有成长型思维方式的人相比，拥有固化型思维的人容易产生精神内耗，也容易陷入非对即错、两者只能取其一的零和博弈困境，面对建议、观点容易产生防御、抵触的心态。很多看似是零和博弈的困境，其实只要以既要 A 又要 B 的成长型思维去找平衡，是不难找到破解办法的。当用好奇代替自己的防御、抵触时，问题就已经解决了一半。

思想是人的沃土，而人也是自己思想的囚徒。很多个体都会陷入零和博弈的困境，而每一次成功走出都是在锻炼个体的成长型思维。偏爱舒适区的本性，让人喜欢确定性，想试图消灭（所有的）不确定性，表现出对周围的人和事物的强烈控制欲，而这极易引起周围人的反感，由此产生精神内耗。

容易精神内耗的人还会因为手上有多件事没有完成而无法专注。无论是工作还是生活中，个体都需要具备的一种能力，是从那些没有完成的事中找出关键的一两件并沉下心去做，通过聚焦和忍耐让自己有质效地出成果。

我在面对自身精神内耗时，有一个非常重要的应对方法，就是始终聚焦于正确的事。那时，确定什么是正确的事是需要进行理性思考的。正确的事不只是站在大局去思考，更要立足个体去权衡。后者涉及个体的边界问题，在这样的立场下，积极主张自己的观点，也是一件正确的事。

最后，**精神内耗大的人大多存在言行不一、思考左右互搏、能力与期望不匹配，以及在行动上优柔寡断的一个或多个问题。**克服这些问题除了需要时间，也需要个体有意识地去内观与调整，这些内容也是个体自我发展的一部分。

5. 守住边界

边界感在职场、家庭和生活的很多方面都非常重要。下面我想以自己的经历和见闻谈谈职场环境下的边界感，接下来的案例来自我服务过的小公司。

公司规定，高管周六要上班。某个周末我因为要到北京去开设公开课而无法去公司，所以提前向直接上级说明了情况并请了假。到了北京后，我在傍晚接到了好友章姐（也是推荐我进入这家公司的人）的电话，她问我为何没有去公司，我从她那儿得知是人力资源总监告诉了她这件事。

与章姐通完电话，我联系人力资源总监，问他为何不直接找我沟通，而是找章姐与我聊。人力资源总监给我的回复是"你不会听我的"。我生气地告诉他以后做事不要采用这样的方式。后来我又接到章姐的电话，她说人力资源总监向她表达了自己的委屈，认为他是为了我好，可是"好心却被当作驴肝肺"。

周一上班后，我第一时间找人力资源总监沟通，得知了更多的细节。周末开会时老板因为我没去而有情绪，会后人力资源总监找到我的直接上级，说我以后周六一定要到岗并告知了章姐，再后来就有了前面的事情。

在与人力资源总监的沟通中，我强调以后不要有"为了你好"的做事心态，因为"要我认为你为了我好"才是关键，有任何事直接找我沟通，没有必要绕来绕去，即便我不听他的建议也是我自己的事，有什么后果我自己承担。

我想提醒的第 1 个边界问题是，工作中需要特别警惕一些人的"为了你好"，他们其实只是为了解决自己的问题，而没有将你的问题放在心上，反映的是对你的不尊重，甚至是自以为是。在这个事件中，没有人真正关心我那周确实有安排，想到的解决方案是我周六一定要到岗。

"为了你好"这个现象，在育儿场景中非常常见。家长的"为了你好"，与前面的案例极为相似。"为了你好"的背后，实际是家长的傲慢、自以为是和自私，很少有家长在产生这个想法时会想到孩子真正需要什么。我曾经也是那样的家长。

后来我观察到，老板身边的人因为被老板的情绪化给折腾得不行，所以一出现老板情绪不好的情况，他们就会抱团想办法解决导致老板情绪不好的人与事，而不管老板情绪不好是否在理。这就带来了另一个边界问题。

当老板情绪不好时，他的下属是否应该帮助他解决情绪问题呢？基于我在这家公司的经历，我的答案是不应该。

想帮老板解决情绪问题，不外乎两种情况：同情老板压力大，或者害怕老板的情绪让自己的工作不好开展。如果是前者，我想说：是的，老板大多压力大，因为创业确实艰难，但那是老板自己的事，是他的选择和人生课题，没有人有义务因为这个原因而为他解决情绪问题，他也没有权利因为自己的压力大去折腾别人。真体谅老板，可以多想想怎样帮助老板提升业绩，找到情绪的真正源头，而不是"头痛医头，脚痛医脚"。

我想提醒的第 2 个边界问题是，那些守不住边界的人，实则缺乏职业能力，导致在工作中不作为或乱作为。就拿前面的例子来说，明明是老板的情绪管理有问题，但下属却错误地帮助老板以不合理的方式解决情绪问题，这其实不是在帮老板，而是在害他——老板因为下属的乱作为而被惯坏了。被惯坏的老板只会变本加厉地折腾员工。最终我们会发现，这些乱作为的人不仅是受害者，同时也是施害者和"帮凶"。

我想提醒的第 3 个边界问题是，牢记个人在公司和家庭中的不同身份。对于公司来说你是员工，对于家庭来说你是妻子或丈夫、妈妈或爸爸，你需要根据自己在不同场合的身份来承担相应的责任。最常见的问题是个人因为工作忙而忽视了家庭。作为普通人，我个人非常难理解一个人会因为工作而无法顾及自己的家庭成员身份。太多案例告诉我们，很多孩子出现问题正是缺少父母的陪伴所致，表现在孩子身上的问题其实是父母的问题。**每个人都应承担起平衡工作与生活的责任，否则就是对家庭的不负责任。**

我想提醒的第 4 个边界问题与关系有关，请分清同事关系和私人关系。职场就是职场，职场中人与人的第一关系就是同事关系。同事之间即便私人关系很好，在公司也一定要从同事关系的角度去考查个体是否作为。对于一家公司来说，**如果高管们是一个分不清边界的群体，那大概率整个公司会乌烟瘴气，公司整体内耗就会十分严重，工作效率不高和产出低也是意料之中的事。**当分不清边界时，责任自然不清晰，风气也就不正，想做事的人最终一定会选择离开。

守住边界可能还意味着必须直面冲突。边界清晰了，当事人的精神内耗也就小了。那些守不住边界的人，也可能是害怕冲突。无论是什么原因导致害怕冲突，作为成年人，都必须过这一关。

建立良好的职场边界感有助于个体在工作中保持专注和高效，同时也有利于维护个体的心理健康和生活质量。为了实现这一目标，个体需要学会明确自己的需求和底线，勇于表达和维护自己的边界，同时也要尊重他人的边界。

6. 成为自己

守住自己的边界，需要个体有认识自己、成为自己的认知和定力。越是在精神内耗严重的复杂环境下，越需要有这样的认知和定力。

在成为自己之前，首先需要认识自己。也就是说，我们需要清楚地知道自己独特的个性、价值观、兴趣和需求，并尝试根据这些内在的特质来工作与生活；我们还要清楚地知道自己在职场需要什么，想获得什么，而不是简单地满足他人的期望。这是一个自我认知和自我接纳的过程，能让个体更加真实地展现自我。只有认识了自己，我们才知道要成为一个怎样的自己。

成为自己是一个更深层次的过程，是基于对自己内心的理解并且采取行动，去实现自己的想法或理想，去发掘潜能，去追随激情的过程，这需要勇气、决心和时间，而最终的回报会是深层次的自我满足感和成就感。

认识自己和成为自己是两个相互关联、互相促进的过程，它们并非按照严格的顺序进行，而是在人的一生中相互交织在一起，让人不断发展出更好的自我。两者是一个相互交织的、连续的过程，一起构成了我们对自我成长和实现的理解。

就我而言，平衡工作与家庭是我的追求，我愿意花更多的时间和精力去通过学习来改善自己的工作质效，而不愿意被裹挟着被动加班去浪费时间和精力。后一种工作方式对我来说，不仅投入产出比低，甚至还会给我带来精神内耗。有了这一认识后，我便勇敢地做自己——在面对毫无道理的强制加班时选择不服从。**做出勇敢的行为就是成为自己的应有表现。**当公司不能接受我的这一行为时，选择离开那样的工作环境则体现了我能紧握选择权，而这又进一步使我成为自己。

7. 思维决定角色

我们大多知道角色决定思维这一说法，即一个人处在什么位置决定了他的思考角度与范围。然而，在职业发展的道路上，我们需要有思维决定角色的意识与勇气。

思维决定角色意味着即便自己不是那个更高层面的角色，但敢于为了团队而承担起该角色的责任并付出相应的努力，随着时间的推移就会自然而然地成为那个角色。忽视这一想法很容易陷入的境况是：在被正式任命为那个更高层面的角色之前，个体不会能动地思考与付出。正是这样的境况导致相当多的人在等待中度过职业生涯，他们也因为这样的等待而产生职业迷茫。

2015 年时，我的团队中就有这样一位小伙伴，认为职级不到位而影响了能力发挥，但好在他向我发了邮件诉说了自己的困扰，当时我是这样回复他的（节选）：

层级与职务在团队中总是有限的，我们一定不能只局限于让那些高层级和有职务的小伙伴在团队中好好发挥；相反，我们乐于看到每一位小伙伴能动地发挥，这样整个团队的效能才有可能更高，也只有这样的集体才能称为团队。

一个人究竟是先有层级与职务才有能力，还是反之呢？显然是先有能力在前，然后我们觉得有能力的人可以晋升到更高层级或给予职务让他更好发挥。你如果认真了解我在团队中走过的路，一定会得出我用行动证明了这一点的结论。

能力如何体现？通过个人在团队中基于自己的贡献，收获话语权和打造影响力。大多数人做事习惯于默默无闻，这种方式不好，我鼓励高调做事、低调做人。之前有些主管（包括你的主管在内）采取的就是默默无闻的做事方法。如果不去展示各自团队的成绩，别人就会将之当作一个黑箱，不明白这些人在想什么、打算怎么做、究竟作为了没有，进而很难对那个集体产生信任。个人的各种积极信号一定要展现出来。从这个角度来说，你上周五所发的邮件非常棒！

在职场中，支撑角色的关键是个人能力。有的人有角色之名，却没有角色之实，这样的人大多阻碍团队的发展。工程师是一个相当务实的群体，如果你有能力，其他人就会认可并尊重你，其他人对你的态度与你是否真的担任某一角色关系不大。从这点来看，**个人在职业发展中的关键任务是不断提高自己的能力，而不应过于在意自己的头衔。**

思维决定角色的另一种诠释是：在职场中得有向上的野心（褒义的）。野心会引导个体自发、能动地思考，激发个体产生我想、我要、我能的意愿，并坚持为之付出实际行动，驱使个体迎接更大的挑战并不断增强自身能力。

8. 紧握选择权

每个人无论是在职场还是在生活中都一直有选择权，但很多人并没有意识到这一点，无意间就选择了放弃。人无时无刻不在做选择，紧握选择权是指在那些关乎工作与生活的平衡、个人身心健康和承担家庭责任的事上，需要做可持续发展的选择。

2014 年年初，我加入阿里巴巴淘宝浏览器技术团队大约已有一年，为了使第一个 UC 浏览器产品版本尽早发布，技术总监要求全员"996"加班，而我是整个团队中唯一一个拒绝加班的人，因为那时我的小女儿刚出生，技术总监找我单独谈过两次，我还是坚持选择照顾家庭。

我在团队的这一特立独行并没有给自己带来任何的麻烦，因为那时我已在团队中证明了自己的能力与价值，我的工作成果和影响力全团队有目共睹，我在加入第一年就获得"优秀员工"称号便可以佐证。

在阿里巴巴工作的近 10 年中，我从来没有被迫加过班，当然也有因工作需要而主动加班的情况。绝大部分情况，傍晚 6 点多我就下班回家和家人一起吃饭，但这并不代表我对工作不投入，吃完饭我在家里为工作忙到半夜也是常有的事。我做这样的选择，是因为不想缺位于我的家庭，以及我认为加班不是加给别人看的。

加班是职场中不可避免的，加班有加班的理由，不加班也有不加班的理由，但关键是自己要想清楚，然后做出内心深处的选择。很多人做选择不是基于自己的真实感受，而是选择了服从或从众，他们甚至没有意识到自己有选择权，只因不愿意面对潜在的冲突，而放弃了选择内心向往的那个选项。但要想清楚，因为不想面对冲突而选择加班，那也是自己的选择，是自己的责任。千万不要选择了加班却又很不情愿，既耗时间，又耗心力。

第二个例子来自我在小公司的工作经历。我用一年时间，通过各种管理手段让整个技术中心的工作效率、士气和产出有了明显的改善。我的能力得到了公司管理层的一致认可。

但在这家公司工作整一年之际，我选择了离开。原因在于，整个技术中心经过一年的调整后，迎来了需要公司在制度上做松绑和优化的时间点，在我详尽地向公司总经理等高管做了汇报，且他们都认可的情况下，公司却没有选择落实，因为担心老板会反对。在我看来，公司制度除了守护边界，最重要的是激发员工的善意、潜力，体现人文关怀是不可或缺的。从这个事件，我看出了高管团队根本没有"抱团打仗"的能力，在公司制度的优化上他们没能放眼于让公司更好地发展，他们都只服务于老板而忘记了作为高管对下属员工的责任。

面对这样的境况，我有两个选择。其一，在公司制度不变的情形下，继续拉着团队跑。但我清楚地知道，公司制度不变，企业文化就不会变，激发个体潜能和夯实团队沉淀这些事就很难发生。换句话说，我很难再做出更好的成绩，只能跟着公司的发展熬下去，这会让想做事的我产生严重的精神内耗。其二，选择离开，去寻找和探索其他可能。

当这两个选择放到一起时，我选择了后者，因为前者不符合我的个性和诉求。公司处于那样的发展阶段，我不适合继续待下去。理解了这一点，大家就很容易好聚好散了，事实也确实如此。

我在工作中看到过一类人，他们总是抱怨公司这不行、那不好，负能量满满，自己却没有采取任何积极的行动去帮助改善，但又留在公司不离开。然后为了找存在感，体现自己的价值，这些人又极易发挥"八卦"的能力。这样的表现我非常不认可。

说起来，每个人都会有自己的无奈。但无奈之下是选择"躺平"、抱怨，还是选择用积极的行动去尝试改变，不同的选择会让我们拥有不同的人生。无论何时，请都不要忘记常常反思自己：我在进步吗？

9. 专业离职

我认为离职过程是最能体现个人人品的时候。个人离职一定要做好交接工作，确保自己的离开不会给团队带去负面的影响。交接有两大作用，一是检查你过去的工作是否做到位，二是检验你在这个特殊时期能否沉下心来总结和体现应有的责任担当。作为员工，将工作做到位是本分，因为那是我们领薪水的基础，在离职之际也不例外。

个人在正式离职前会相对浮躁，特别是个人因对公司有怨念而选择离开的更是如此，这是人之常情，可以理解。正因如此，在这样的心境下仍将交接工作做好，就特别能反映个人的成熟度和品格。

为了让自己在离职时轻松点，我选择在日常工作中将事情做到位，避免留下"小尾巴"而需要到离职之际去跟进，将工作成果用文档记录好并分享出来。有人认为离职时工作交接的事项多能体现自己的价值。在我看来，恰恰相反，那体现的是平时职业化水平不足。

10. 找到良师益友

在职场中，特别是职场新人，当你发现周边有下面这样的同事时，建议以他为榜样、向他学习，在碰到困难和感到困惑时多向他寻求建议或帮助。

首先，他在专业领域有深厚的知识和丰富的经验。与他交流的过程中，你能感受到他在专业领域有他的情怀或理想。这样的同事能在你的职业发展中，提供专业领域十分有价值的见解和建议，帮助你更好地发展专业技能。

其次，他乐于分享自己的知识、经验和智慧，愿意花精力和时间去指导你，帮助你成长，而且他这样做的目的，并非对你有所企图，纯粹是因为他觉得自己应当承担培养人的责任，希望自己一身的功夫能为他人所用。对你而言，最好的回报是好好学习与实践，而不要有其他的心理负担。

再次，与他沟通时，你能感受到力量。他从不失对你的尊重，理解你需要更多的时间去消化和调整。当你做得对、做得好时，他会及时肯定和鼓励你。当你面对挑战和压力时，他会开导你，并给予你力量。但要注意，不要将他变成你的情绪垃圾桶，别消耗他的精力、浪费他的时间。

此外，他有敏锐的洞察力。他的观点不时让你感到耳目一新，他看问题的独特视角能给予你不少启发。与他沟通时，你感到舒服的一个原因是，他能很快地理解你的问题，并站在你的角度解答你的问题。

最后也最重要的是，他有着良好的品格。除了诚实、正直外，他言行一致，不会说一套做一套。也正因为他的品格，他具有良好的独立人格，不会人云亦云，亦能如实表达和坚持自己的观点。当他看到你身上的问题时，他也会直接指出。

3.4　自我发展是内在成长

每个人的职业发展止于退休，自我发展则贯穿人的一生。基于对自己父母晚年生活状态的观察，我认为晚年生活的幸福感主要建立在个体充分的自我发展之上。**自我发展充分意味着有掌控自己心态的能力，能获得发自内心的幸福感。**

与职业发展因生计压力驱动着我们前进不同，自我发展在职场之外似乎让人产生了可有可无、可多可少的错觉。正因如此，当工作繁忙时，忽视家庭、忙于工作成为常态。殊不知，这是以透支家人与自己的幸福为代价的，特别是在育儿方面，因为早期的忽视，有可能会给孩子和家庭带来麻烦和痛苦。又因为这些麻烦和痛苦具有滞后性，所以更容易被人忽视。

自我发展是每个人的人生课题，其中涉及心理学方面的知识，具有一定的专业性，需要个体花相当多的时间去学习。最简单的学习，就是阅读相关的图书，比如，陈海贤老师的《了不起的我：自我发展的心理学》和《爱，需要学习：如何拥有高质量的亲密关系》对我的帮助就很大。

接下来将展开讨论几个我认为很重要的话题，并介绍一些我的个人经验。希望这些话题和经验能激起读者对自我发展的重视和好奇。

3.4.1　从原生家庭层面认识自己

在自我发展的道路上，我认为学会从原生家庭层面去审视自己和他人的行为与性格是一次质的飞跃。面对自身，当觉察到自己的情绪波动时，除了在当下问自己为什么这么想、引发情绪的根源是什么这样的问题，还得持续探究为何自己会有这样的本能情绪。面对他人，当观察到那些突出且不利于团队协作和出结果的个人特征时，也可以尝试从原生家庭层面去找解释、做总结和对人进行画像，并从原因层面给予对方建议或帮助，而不是标签化一个人。

2019 年年中，我读了《原生家庭：如何修补自己的性格缺陷》一书，那时我已 43 岁。之后我才有了原生家庭的概念，并开始探索自己如何从原生家庭层面觉察自己。

我读这本书完全是因为自己是两个孩子的父亲，希望了解育儿的科学知识，避免自己的无知给孩子带去麻烦。没想到这本书给我带来的好处远不止于此。我边读边回忆父母是如何养育我的。结论是：父母在养育我的方式上相当原始。

我家有三兄弟，我排行老二，4 到 8 岁时我和爷爷奶奶生活，后来因为上学回到父母身边。这一经历让我对父母有生疏感和畏惧感，我与他们一起生活不时会有缩手缩脚的感觉。我当时认为父母偏心，我是三兄弟里最不受待见的，这在我的心里留下了相当深的烙印。

读完上面所说的那本书后，我对父母产生了怨念，怨他们在我小的时候没有好好养育我。当然，我还没来得及从原生家庭层面，审视自己的某些不良行为与性格对自己小家庭的影响。不过我发现，书中所讲的一些父母在育儿中所犯的错，我或多或少地犯过。于是我告诉自己：我可以有所作为，让上一辈给我带来的那些不良性格和行为不再"毒害"自己的孩子，应该让孩子们早些知道原生家庭的概念，也应该告诉她们，作为父亲的我并不完美。

由于对父母有怨念，我后来在和母亲的一次通话中爆发了。已不记得当时是什么具体的事把我给惹怒了，我对我妈说："现在你们有这么多要求，那我小时候你们为什么不好好养我呢？"我妈沉默了一会儿，说："是的，我们确实在你小的时候没有带好你，但那时我们也只有那样的能力。"

在我妈说出那句话后的接下来一段时间，我开始想他们曾经的不容易。那个年代，奔波于解决温饱问题的他们，怎么可能顾及科学育儿这类精神文明层面的内容呢。

当我开始用这样的视角去看待我所受到的"不公"时，我对父母不再有怨念，而是产生了同情与怜悯。这一转变其实代表自己和父母在原生家庭问题上达成了和解，我放过了父母。而放过父母其实是接纳了自己。

《原生家庭：如何修补自己的性格缺陷》对我如何看待曾经的夫妻关系和婆媳关系也有很大的帮助。以前我认为妻子总让我在婆媳关系中处于为难的境地，不会站在我的角度去思考，而妻子却总是责备我没有处理好事情才导致婆媳问题。一开始我并不认可这个观点，直到我家大女儿亲口告诉我："回到爷爷奶奶家，我觉得你像变了一个人似的。"

对此，我自己的解释是，因为心里留下的烙印是父母对我不好，与他们相处时我没有安全感，所以才会变得特别"乖"。等我长大后，在涉及两个家庭的事上，我本能地会更顾及父母的感受，体现孝道，而非站在自己家庭的角度去处理，核心还是我没有划清两个家庭的边界。

在育儿方面，我也因为了解了原生家庭而有了更大的进步。在焦虑、着急的情况下与孩子们打交道时，我会更加注意倾听和讲话的语气，更加留心自己的"应该"思维。有时，大女儿会因为我的用词表达了"应该"而直接指正，而我也能冷静和友善地承认，甚至认错。

与同事相处时，也有相通之处。对于同事的一些行为或言语有些过分的表现，我会尝试从其原生家庭层面去解读，去理解他们，有时会借饭后散步的机会，给他们分享我自己的成长故事并向他们推荐《原生家庭：如何修补自己的性格缺陷》这本书。

尊重长辈在中国被当作重要的道德规范，而一些人狭隘地将尊重理解为顺从、听话，这容易导致个体在面对原生家庭问题时，由于这个道德的约束而选择忽视或回避。然而，我的经验告诉我，只有坦然地向父母说出他们曾经带给我们的困扰和痛苦，我们才能发自内心地去尊重他们。而且事实上，开明的父母并不会因此受到伤害，反而他们也能获得成长，会乐于接受我们的观点和建议。

同样，对于这样的认知，我们需要向下传递。从大女儿上初中开始我就特别重视提醒她，希望她能及时教导我。因为我知道自己不完美，哪怕不断学习，我也一定有不足之处，可能会给孩子带去困扰和痛苦。

很多人并未充分认识到原生家庭对个人心理、行为习惯和生活观的深远影响，他们可能会将自身的问题归咎于个人特质或其他外部因素，而忽视了家庭环境对于塑造个体潜意识、性格的影响。随着心理健康意识的提升，越来越多的人开始认识并重视原生家庭的影响。但对于成年人来说，原生家庭不应是自己不面对自身性格缺陷的借口。你可以选择面对，也可以选择不面对，但那与原生家庭没有关系。**作为成年人，即便自己的不得体行为是原生家庭导致的，也得通过成长跨过去才对。**

3.4.2　在生活中发展自我

我发现生活与育儿是自我发展的关键练兵场。但现实中，有太多的人放弃了这个场域的锻炼机会，这也导致很多人的自我发展偏慢。

生活中，自我发展最大的锻炼来自夫妻关系。结婚前个人做决策只需要考虑自己，而结婚后则需要考虑另一半的感受和需求，视角得从"我"向"我们"转变。结婚意味着承担更大的责任，包括对配偶、将来的孩子，甚至双方家庭的责任。新组建的家庭将两个个体放到了团队中，意味着有更多的合作，也在一定程度上给个体带去了冲突和压力。

结婚后的最大挑战，是两个人的生活习惯、思维方式、文化背景的不同所带来的行为冲突。结婚将两个完全不同的原生家庭的言行举止放到了新的家庭中。为此，结婚后，双方需要在这些方面找到平衡，这可能涉及从日常生活的小事（比如家务、饮食、度假等）到大事（比如买房、育儿、生活追求等）的方方面面。

夫妻双方实际也形成了一个团队，但这个团队对个体的要求与公司团队对个体的要求有非常大的不同。或者说，个体在这个团队中与在公司团队中需要的能力完全不一样。

家庭关系通常比工作关系更加亲密和复杂，因此在家庭团队中，对情感智慧的要求往往更高。这包括理解和管理自己的情绪，理解和应对家庭成员的情绪，以及在压力和冲突中保持冷静和理智。关系更加亲密会导致个体对这些能力的锻炼无法像在公司团队中那样采取回避的方式去处理。

在家庭环境中可能需要协调更为复杂的需求和期望，以及处理各种意见不合的情况。这些内容有时甚至会上升到两个家族的层面。这对个体沟通能力的要求更高。个体需要去适应育儿、生病或其他生活变化并妥善处理。总之，结婚给个体带来了很多改变和挑战，也带来了新的成长机会。

在育儿方面，孩子的出生需要父母变得更为成熟，并承担起责任。育儿是非常大的系统工程，不只需要投入时间和金钱，还得时刻关心孩子的健康、教育和幸福感，这需要投入大量的精力。时间跨度如此之大的工程，对个体的自我发展而言是非常好的锻炼机会与场景，特别是对个体尊重他人、耐心、韧性和同理心的锻炼。

孩子的发展有其自然规律，且孩子的行为模式与成年人有很大不同，这就需要父母学习相关的育儿知识，并调适自己去适应孩子发展的需要。

孩子在发展的过程中会经历几个敏感期，这是帮助孩子建立兴趣和培养相关能力的好时期。青春期的孩子有什么特点？父母在这个过程中要注意什么？所有这一切都有成熟的科学研究，需要父母通过学习去掌握。**学习育儿的过程，也是我们学会真正尊重和接纳别人的过程。**

3.4.3 关系改善需要双方成长

一次偶然的机会，我读到张德芬老师写的一句话："按自己希望的方式生活不叫自私，要求别人按照自己希望的方式生活才叫自私。"我停下来思考了片刻。这话乍一听是对的，因为我清楚地知道没有人可以改变别人，每个人都有选择自己生活方式的权利。但就我自己的经历来看，这话似乎又不怎么对。后来我以评论"取决于你想获得怎样的关系"对张德芬老师的这句话进行了转发。在我看来，对生活方式的博弈隐含着双方自我发展的成熟度，而**一段关系的质量不可能超越关系双方自我发展的成熟度**。

1. 每个人都曾经或仍然困在关系中

人是社会性动物，是活在关系当中的，自然免不了被关系所困。无论是工作中的同事关系，还是生活中的夫妻关系、亲子关系，都会给人带来麻烦甚至痛苦。尴尬的是，解决关系问题很容易陷入对错之争、你变还是我变的零和博弈困境，让人越想解决问题却越陷越深，乃至看不到希望。

工作中，同事间不融洽的关系会让人觉得累且效率低，个体因为没有充分发展自我，过于在意别人的感受而委屈了自己，甚至使自己成为受害方。当然，我也见过个别极端的例子，个体的自我认知出现了巨大偏差，使自己与团队中其他人的关系都很紧张。

生活中，夫妻最开始因为相爱而选择了与对方牵手相伴，但可能因为无法形成良性互动的关系而互相伤害。生活中的很多矛盾并不源于大是大非，而来自那些看似微不足道的小事，以及布朗运动式的沟通模式。后者典型的范式是：本来要讨论的是事情 A，但一方漂移到了事情 B，另一方又转移到了事情 C，最后结束于"我们不合适"或者"你不爱我"。

对于同事，可以选择不维系关系或疏远，以避免对方给自己带来不适，但夫妻关系没那么容易放弃。当夫妻双方无法相互滋养时，相互伤害很可能是主旋律，相对好的结局就是彼此保持冷漠，但如此这般的关系一定会令人心有不甘。

当受困于关系中时，我会通过阅读去寻找解药。一开始，我希望通过提升自己的沟通能力去改善关系。于是，我读了《非暴力沟通》《关键对话：如何高效能沟通》《沟通的方法》。然而，当我读完这 3 本书并加以实践后，发现希望改善的关系并没有产生质的变化。后来，在夫妻关系有了质的变化后，我和妻子一起总结了图 3.7 所示的∞关系改善模型。

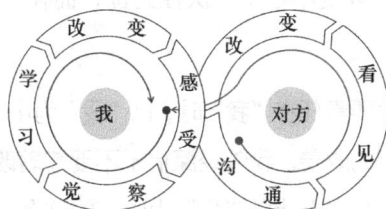

图 3.7　∞关系改善模型

2. ∞关系改善模型

这个模型由两个环组成，分别以关系中的"我"和"对方"加以展开。下面先从我的视角来看会经历哪些关键步骤，分列如下。

- 感受。对关系的不良感受是起点，引起了自己的持续关注则说明很在意这一关系。

- 觉察。一旦有了对关系的不良感受，就必须静下心来内观自己，思考这是自己单方面的情绪导致的，还是因为什么假设而带来的，或是自己的某种不恰当诉求导致的。**觉察考验的是个体对自己是否诚实、是否有正视自己不足的勇气，能很好地反映个体的自我发展是否相对成熟。**大部分人在这方面的能力一开始是不足的，我们应当有好奇心去了解这是为什么。

- 学习。学习的目的是打开自己的心灵空间，构建起自己的旁观者之眼，以便在各种场景下将自己抽离出来去观察和审视自我。学习体现了个体是否有良好的自我觉察能力。这话说得有点抽象，但正因为这事有点困难，所以需要个体去实践和领悟。个体可以通过阅读进行学习，提升自我觉察能力。

- 改变。这是所有步骤中最为关键的一步。让改变发生的唯一路径是实践。通过阅读可以收获知识，通过实践可以将知识转化为自己的智慧。智慧是个体在痛苦中运用所学知识找到解决方案、疗愈自己并持续探索和发展自我的产物。在自我发展这条路上，我不认为短时间内的大量阅读可以让人速成，没有时间的沉淀和一定的人生经历，是很难形成属于自己的智慧的。如果没有行动上的改变，无论有怎样的感受、觉察到了什么或是学习了哪些，我们都只会停留于原地。改变不在于一次性到位，而在于行动，哪怕只迈出了一小步。

当导致关系问题的主要责任在"我"时，以"我"为中心的环每完成一次迭代，理论上就会让关系有一定的改善。我曾经深信于不要想着改变别人，所以一味地将精力放在自我改变上，只关注于让以"我"为中心的这个环不断地转起来，但持续的自我发展并不能从本质上改善关系。显然，当关系问题的主要瓶颈在"对方"时，我再怎么努力也不会起到作用，因为良性的关系一定不能一味地让一方成长，另一方却泰然停留于原地，否则双方的差距只会越来越大。

让我们再从对方的视角来看会经历以下关键步骤，分列如下。

- 沟通。当我对关系感到不舒服且自我觉察到不是自我在作怪时，就需要通过沟通去告诉对方。这时前面提到的关于沟通的 3 本书中的内容就可以派上用场了。沟通的目的是基于事实展开讨论，明确告诉对方我的感受是什么，而不是指责对方。这一点在方式方法上要特别注意，即个体可以表达情绪，但要避免情绪化表达。

- 看见。沟通最主要的目的，一开始不是让对方改变，而是让对方看见。当对方真的看见时，很可能关系问题就已经解决了一半。看见有助于我放下委屈，而看见的过程其实就是共情的过程，是对方对我的情绪做出反应的过程。

- 改变。对方在看见之后，最终还需要做出改变。如果关系问题没有严重到需要对方做出改变，那其实也不用动用这个模型去分析，而一旦要用到这个模型，那么对方的改变就是一种必然。这里改变的目的是让我感受到并看到，这是从本质上改变关系的落脚点。如果这个改变不发生，我就很可能对对方形成固有成见（积怨），并最终因为成见而让未来的沟通出现障碍。

∞关系改善模型在改善关系方面能起作用的关键是，当我通过沟通去启动对方的环时，对方愿意看见我。

为此，我们需要在沟通中特别注意事实事件和关系事件的差别。事实事件是双方共同看见了什么，相对比较容易描述清楚和达成共识。然而，如果将事实事件放到关系事件层面，就会出现双方对事实事件的不同解读和感受，这些个性化的内容是沟通中很难达成共识的部分。

在我学习《爱，需要学习：如何拥有高质量的亲密关系》这本书并了解到存在事实事件和关系事件两个关系层次之前，我更多地基于事实事件与妻子沟通。当出现沟通失败的情况时，最直观的表象是双方不能基于事实去展开沟通。而我在知道了关系事件后，才认识到因为双方对于事实的解读和感受不同，所以才有无法尊重事实的表象。其实，沟通失败的真正根源，在于双方在关系事件层面没有达成共识并对准焦点。

只要双方在关系事件层面能达成共识，就意味着对方看见了我，这样的沟通通常不会以失败告终，或多或少能起到沟通的效果。否则，就是对方不愿意看见我而导致一次失败的沟通，这样的沟通不仅解决不了问题，还很可能形成积怨和对人的标签化。

只要双方在沟通中没能在关系事件层面达成共识并对准焦点，就会出现沟通非常辛苦的现象。双方的感受可能都是"这么简单的事为何这么难沟通清楚"。出现"跑焦"现象时，往往意味着沟通的主题会不断地漂移，从而使人产生沟通怎么这么难或者觉得对方不可理喻的感受。

这时就涉及一种"元沟通"的方式，也就是关于沟通本身的沟通。在这种情况下，可以尝试告诉对方自己的观察和困扰，例如："我注意到咱们在这个问题上可能存在一些沟通障碍，可能彼此关注的焦点不同。我想讨论的是从你的表达中得到的感受，而你似乎更多地在强调你的原意和感受，这让我有点困扰。我觉得咱们可能需要寻找一种新的沟通方式，以便我们能更好地理解和尊重对方。"

这种元沟通的方式可以帮助双方找出可能存在的沟通障碍，并在一定程度上解决焦点对不准的问题。不过，这仍然需要双方都有积极的意愿，以及双方各自都能够反思自己的沟通方式和与对方互动的模式。

所有沟通方法论都无法解决我没有被对方看见的问题，这也是沟通困难的关键卡点。面对这样的卡点，我会向 ChatGPT 这样的人工智能应用请教，听一下它作为"局外人"的洞察与建议，因为它并不存在人类的情绪化问题，通常给出的观点还是相对中立和中肯的，值得沟通双方基于这些观点反思和调整自己的沟通方式。

3. 运用∞关系改善模型的一点建议

∞关系改善模型足够简单，但我和妻子在一起 27 年了才领悟到。有些建议值得给出，它们有助于读者更好地运用这一模型。

- 关系中的双方都需要持续学习。就当下中国的育儿现状来看，我们仍存在很大的改善空间，很多成年人的自我发展谈不上充分。唯有不断学习才能完善自我，才能更好地发展自我觉察能力，进而让这一能力在关系中发挥作用。当然，不要执着于双方的学习同步发生，更可能的情形是一方在先，然后带动另一方。

- 学习的目的是改变。主动学习是为了改变自我，但不要排斥在被要求学习时做出改变。**每一个人都有权利不改变而停留于原地，如果是那样，就得坦然接受关系的质量也停留于原地。**通过学习，我们最终会在关系方面取得质的进步，即便面对有争议的内容，我们也能心平气和地讨论和相互看见。

- 小心原生家庭对沟通双方的潜在影响。原生家庭所塑造的潜意识会在个体与人沟通的过程中很本能地体现出来，让人不自觉地产生应激反应（比如，听到不同的声音就进入防御状态），导致理性的沟通无法展开。

- 保持耐心。年轻时彼此之间的一些矛盾因为激情而不会被放大，但它们随着夫妻双方年龄的增长很可能会变得突出，此时双方需要保持耐心、共同学习以找到属于两人的解决方案。

- 照顾好自己在先。从这个模型来看，关系的改善需要双方的互动与自我改变，当问题不在于自己时，需要先照顾好自己。

- 关系双方在生活中对一件事会有不同的要求很正常，但采纳更高的要求更好。采纳不代表一定要做到，哪怕在语言上认可也行，能有行动上的认可那就更好。最怕的是，以要求低的为底线，这不利于构建积极向上的关系。
- 沟通失败后，双方不应只独自处理好自己的情绪问题，否则，长此以往会导致夫妻关系冷漠。这就是为什么在夫妻关系中，持续的沟通和理解非常重要的原因。在处理情绪问题时，最重要的是找到一种既能让个体去处理自己的情绪，又能让双方保持紧密联系的方式。
- 存在一种情况：双方都在转环，都认为自己在成长，对方没有成长，关系的瓶颈在于对方。这是因为双方转的是两个独立的环，双方都没有基于感受去沟通，也没有将自己的环与对方的环建立起互动。
- 这个模型同样适用于同事关系。

回到张德芬老师说的话："按自己希望的方式生活不叫自私，要求别人按照自己希望的方式生活才叫自私。"其中的要求可以理解为别人的诉求或请求，自己的心灵空间和格局大小会决定对要求的诠释。那不一定代表自私。相反，很可能代表在意和爱。

变或者不变是每个人的权利，想清楚希望与对方建立什么样的关系是最为关键的一步。如果希望冲突能得到改善而非进一步恶化，那就一定会涉及双方为了对方而自我改变的问题。**在良性关系中，没有任何一方可以一直保持不变。**

3.4.4　以兴趣相伴

兴趣通常被定义为一种持久的倾向，使个体倾向于对特定领域或活动产生积极的情感反应。从科学的角度来看，参与兴趣活动可以释放内源性的欢愉激素，如多巴胺和内啡肽，这些激素能让我们感到快乐和满足。当然这里想强调的并非职业兴趣，而是生活兴趣。

当我面临职业生涯中最大的压力时，生活兴趣为我提供了缓解压力的机会。比如，我会骑上摩托车到几十公里外的山上去跑山，一路听着风声，专注于骑行，暂时卸下压力，给我的大脑提供休息和恢复的机会。这种体验带给我的是心理能量的补充。

生活中的兴趣多种多样，有时是无意中发现的，所以我们在生活中可以多多尝试各种活动。比如，因为女儿学声乐，我本着"我也学，这样可以和女儿多些共同语言"的想法也报了课，结果女儿才学了 2 年，而我一学就是 5 年。这不仅让我在繁忙的工作之余多了生活乐趣，还让我通过声乐的气息练习锻炼了身体。

同样是因为女儿学网球，我也跟着学，到现在坚持了 5 年多。打网球不仅能让人放松，也能让人保持身体健康，**保持自己身体健康是对家庭的一份责任**。

在我看来，培养兴趣的关键是投入时间并坚持下来。在培养兴趣的过程中，当还没有享受到乐趣时，容易产生"今天工作很累，课就不上了吧"的逃避心理。当克服了这种逃避心理，坚持下来并感受到其中的乐趣后，就会迫切地想在下班后吃完饭赶紧去上课，而且坚持能给人带来成就感。

3.5 在压力下激发潜能

我发现显著的能力成长都与长时间承受巨大压力有关，而背后是明确的目标和足够大的挑战。我有近两年的时间需要同时工作、写书和读在职 MBA，从没有带过团队的我突然需要管理几十号人，作为一号位负责新技术落地……这些事情都曾让我感到压力巨大。

接受挑战才有可能挖掘和激发自己的潜能，在舒适区是无法触碰到自己的潜能的。格局的提升、心灵空间的增大，在某种程度上与个体曾经扛过多大的事和面对过多大的不确定性是强相关的。

在职场中，我看到一些人很"聪明"，他们会以更换工作岗位的方式逃避挑战或绕开痛苦。但我想说，人在职场总得打几场"硬仗"。一个没有经受过巨大挑战的人，根本不可能知道自己有多优秀，这是我一路走下来很深的体会。POG 个体成长模型就是对这类体会的总结。

职业发展追求的是外在的更高，自我发展追求的是内在的和谐，二者共同让我们成为完整的人。

3.6　统整带来和谐

我们谈到平衡工作与生活，往往隐含了以下两层意思。

- 工作和生活是对立的：工作是公司的，是做自己不喜欢做的事，是在为别人做事；而生活是自己的，是做自己乐意做的事，是在为自己做事。
- 工作和生活是冲突的：重视工作就会忽视生活，重视生活就不得不放弃一部分工作。

而当我们谈统整工作与生活的时候，就意味着它们两者并不是对立的、冲突的。在人生道路上，每个人都同时扮演着不同的角色，从职场人士到家庭成员，从配偶到父母，每一个角色都需要我们全身心投入。而且对于每个人来说，每个角色都不是独立的或者可以割舍的，这些角色也不该是相互拉锯或对立的关系。所以对于每个人来说，与其说要在这些角色间寻找平衡，不如说要完成这些角色的统整。而**如何完成这些多元角色的统整，既是每个人都需要面对的挑战，也是每个人应负的责任。**

首先，我们不能因工作忽视或牺牲生活。相信每个人都希望自己在职场中有所作为，并希望通过更好的职业发展去过上更好的生活。然而，工作与生活之间并不是先后关系，而是并行关系。为此，努力工作的同时不应忽视生活，更不能因为工作而牺牲生活。

当然也不是说因为要重视生活，所以就应付工作。实现工作与生活统整的核心手段，是在职场中持续专业化和职业化，以持续学习与实践不断提升自己的工作质量和效率，不断适应职业角色和职业要求。**专业化与职业化不足的个体，很难有底气去重视自己的生活，最终也容易沦为工作的奴隶。**

其次，我们要认识到生活之于工作并非负担，而是"催化剂"和"充电器"。每个人的心理能量是有限的，只有维持一定的心理能量水平，个体才能很好地应对压力、解决问题、掌控情绪、保持自我意识以及进行创造性思考等。有了足够的心理能量，个体才能更好地专注于任务，更有决心和耐心去克服挑战，更积极地看待生活并更好地理解和接纳自己。过度工作、过度承受压力或过度精神内耗都会消耗心理能量，出现心力交瘁的现象。就我个人的经验而言，生活中的热爱和兴趣，以及温暖的家庭生活，可以帮助我们恢复心理能量。

还有，生活与育儿是自我发展的重要练兵场。家庭生活中的婚姻关系和亲子关系，能更有效地检验我们自我发展的充足程度。婚姻关系是两个独立个体深度结合形成的，是人生中最为紧密和深入的人际关系之一。通过婚姻，我们不仅在与另一半的互动中深化了对自我和他人的理解，也在面对冲突和差异时不断地磨合和调整中，增进了对人性、关系、接纳和包容等问题的深度理解。这是一场考验我们理解、尊重他人、沟通、忍耐和爱的能力的练习，而这些都是自我发展的重要内容。

父母的责任，不只是抚养孩子，更重要的是教育孩子，而教育的本质是一种精神的传递，除了言传，更要身教。就我个人经验而言，如何跟上孩子成长的步伐，是父母需要面对的重大挑战。也就是说，父母要跟着孩子一起成长，要时常反思自己的行为、观念，不断学习。孩子是父母的镜子，在和孩子的互动中，父母有机会观察和思考自我，这是一次深入理解人性和生命的机会，促进了父母的自我发展。

另外，我们要选择自己感兴趣的工作，工作能让我们获得价值感和成就感。兴趣激发动力，而动力的持续需要价值感和成就感的加持。得到更高的金钱收益固然是价值感和成就感的体现之一，但这些都属于外部激励，容易受外部因素的影响，且有极强的边际递减效应，即这类价值感和成就感并不容易持久。所以在工作中，我们需要找到自身内在的激励体系，即我们需要给自己设定内在的成长目标，这可以帮助我们在面对挑战和困难时，保持动力和激情。

最后，我们需要在人生道路上关注多个维度的均衡发展，包括工作与生活、个人与家庭、爱情与亲情、身心健康与兴趣等。只有这样，个体才能获得良好的工作与生活状态，进而探索和找到良好的生命状态，走一条和谐的人生之路。

在职业发展和自我发展的双螺旋个体发展之路上，挑战与机会共存，而这也正是人生的精彩之处。

个体与团队效能的提高，

既要有看清高效能蓝图的 X 光机，

又要有看清实操的显微镜。

改善效能的方法论，

既可避免盲目试错又能明确举措，

除了能有的放矢还可持续优化。

第**4**章
改善效能的方法论

与 20 年前相比，今天的工作与生活节奏都变快了许多，从科学与技术的发展来看，相信变快的趋势仍将继续。然而当下，不管是团队的低效，还是个体的工作低效，都像一个"黑洞"，不经意间吞噬着个体的生活时间与空间，使得平衡工作与生活一事，给人带来很大的挑战。而要战胜这一挑战的关键，是持续提高效能，让人在完成工作任务的同时，有时间去追求高品质生活。

团队的低效是一个系统性问题，需要我们从不同的维度去解决。有知才能行，当不了解低效来自哪里，也不清楚如何解决时，行就没有真正有意义的落脚点。在解决问题的过程中，也需要我们透过现象看本质，避免治标不治本。解决低效问题既涉及个体技能与能力的成长，也涉及团队管理能力的升级。前者是个体的自我改变和被改变，后者是管理者的自我改变。**当团队或组织达到一定规模时，一定是向管理要效率的，这也是专业化和职业化的必然归宿。**

提升团队效能之初，集体"攀爬"学习曲线使团队效能在短期内不仅不会提升，反而可能有所下降。为了对冲短期的效能下降，需要特别注意先消除那些大的、不经意的效能损耗。

工作中，高效能可以使人在提供高质量的工作成果的同时，避免过度劳累，维护个人的身心健康。生活上，高效能可以让人高效地完成各种任务，释放出更多的时间和精力去享受生活、提升自我。

4.1　何为效能

效能是一个广泛的概念，从本质上讲，效能是指一个人、团队、组织或系统对目标选择的正确性及能够实现预期目标的程度，可以理解为能力的一种体现。它包含了效率和效果两个方面的指标：效率是指用最少的资源（时间、人力、财力、物料）完成任务的能力，而效果是指完成任务的客户价值和质量。

影响个体效能的因素不仅包括个体完成工作所需的技能和知识，也包括个体的工作习惯，比如时间管理、任务优先级设定，以及解决问题的能力。影响团队效能的因素除了团队中每个成员的效能，还包括团队的协作能力、决策机制、领导风格、文化氛围和工作流程。

个体效能和团队效能相互关联、相互影响，但又不完全正相关。例如，由一群高效能个体组成的团队，如果个体间不能很好地协作与协同工作，那么团队效能并不一定就高。同样，即使团队中有些个体的效能较低，但如果团队的协同性强，则整个团队的效能可能依然很高。

本书中的效能既指个体效能，也指团队效能，因为在工作与生活中，每个人都离不开个人角色和团队成员角色，具体所指需要读者根据上下文进行判断。

4.2　为何要方法论

方法论也称方法学或方法理论，通常是指一组用于研究或解决问题的原则、理论和技术的系统性组合。方法论通常涵盖了思维方式和实践应用两个方面，指导着我们如何进行问题的研究与实践。

方法论是一种更高阶的思维模式，它通过用模型对思维进行抽象总结，从而方便思维的传播、理解和运用。方法论具有可复制性，它所具有的模式化和结构化特点，使得其他人可以在相似的问题上应用同样的方法并达到相近的效果。提炼方法论的过程能帮助我们更深入地理解问题，通过收敛问题表象而触达问题本质。坚持使用方法论可以培养个体的思维习惯，使个体的思维更具逻辑性、结构化和系统性，从而能更好地理解和应对复杂问题。

有了方法论，我们对其所针对问题的研究和思考就有了蓝图，不仅能有效地避免盲目试错，还能更快地明确举措，从而提高解决问题的效率。不过，方法论并不是一成不变的，它需要根据实际情况进行调整和改进，以适应不断变化的环境和挑战。方法论来自实践，又指导实践，在运用它的时候要重视对其进行迭代与完善。

4.5 节介绍的团队效能动力模型就是效能提升方法的思维呈现。

4.3 先相信再看见

先相信再看见和先看见再相信是两种不同的认知和理解世界的方式。

先相信再看见强调的是先有的信念可以塑造个体的视觉、认知和行为。信念往往决定了个体关注的焦点，以及如何解释其所看到的人、物、事，同时影响着个体的行为，由此才可能促使个体预见其最终所能成为的样子。正所谓相信什么就会成为什么。例如，如果我们相信一个人是善良的，就会更容易看到并强化其善行，其就有可能越来越善良。这一方式给人的感觉是务虚。

先看见再相信强调的是基于观察和经验来形成信念。例如，如果我们看到一个人在不断助人为乐，就会相信这个人是善良的。这一方式给人的感觉是务实。

先相信还是先看见并不是绝对的，这取决于我们面对的事或同一件事的不同阶段，以及我们的认知模式和经验。

当我们希望改善效能时，先相信再看见更适合提供初始的驱动力，即信念先行。信念的背后是理念，即个体的信念多来自其所认可的理念。

当我们说相信时，既可指信念，也可指理念，具体取决于上下文和语境。

在正式介绍团队效能动力模型之前，有必要明确该模型背后的理念，这一理念可以从 3 个维度进行解释——结果维度的共赢可实现、个体维度的潜能可激发、集体维度的团队可塑造。

效能改善之路一定是困难重重的，否则这个问题也不会困扰那么多人。为此，即便有了方法论之实，当运用方法论面临问题或需要更多的耐心时，就需要以理念之虚来帮助我们坚定前行。

4.3.1　共赢可实现

在效能改善之路上，最大的障碍来自思维模式——以零和博弈而非共赢思维去做决策和应对碰到的问题。其中危害最大的，是在公司与员工之间形成零和博弈的局面。这里的"公司"代指企业掌门人及高管们。

以下这些现象表明公司陷入了零和博弈的困境。

其一，认为员工迟早要离开公司，所以不愿意花时间、人力和财力去培养员工，而是采取直接招聘能用的人进来的方式去解决效能问题。

直接招聘能用的人进来这一策略具有一定的迷惑性，其本意是招聘能很快上手工作并发挥价值的人，但这并不代表招聘进来的人的个体效能高，也不代表这个人的到来能立即解决团队效能问题。等到本书后面介绍团队效能动力模型时，读者会清楚地看到，团队效能并不能通过招聘某个人得到改善，因为形成高效能文化、制度优化等一系列的动作需要一定的时间才能完成。

针对这一现象，公司应有的共赢思维是，如何既培养员工又让员工愿意留下来发展。若公司不具备培养员工的能力，那就意味着公司没有形成"铁打的营盘"，团队的执行力、凝聚力、纪律性等日常管理动作也就缺乏落脚点，这也就意味着该团队必定不是一个高效能的团队。

其二，不愿意将必要的加薪变成公司的主动与常规动作，等员工因薪水太低而提出离职时，才为其加薪进行挽留。

很多公司每年都会有个别成长性特别好的员工，他们或直接、或间接地给公司的发展做出了贡献。自然地，这些人对于实现加薪的愿望也更强烈。当公司不存在主动和常规的加薪动作时，这些人留下来发展的意愿就会变弱，其工作积极性也将受到打击。

只要公司不存在主动和常规的加薪动作，有能力的员工就不容易定下心来，会时不时在人才市场寻找新的工作机会，从而影响工作投入度。另外，这些有能力的员工只要开始关注外部的发展机会，大多情形下总能找到薪水更高的工作。对于公司来说，等到他们提出离职再通过加薪来挽留，显然被动多了。

针对这一现象，公司应有的共赢思维是，针对这些有能力且成长性好的员工，在给他们涨一定比例薪水的同时，创造舞台以便让他们发挥更大的价值。简单地算笔账：其他公司如果给这些员工提供 1.6 倍的当前薪水，公司主动加薪至 1.3 倍通常就能将他们留下来。而且，公司每年做出主动与常规的加薪动作，能有效阻断员工因为薪水太低而出去找工作的念头。另外，如果这些员工流失，公司要招到同样水平的人进来几乎也得给他们提供 1.6 倍的当前薪水，而且还得承担新员工入职头几个月因需要逐步成为熟手而产生的额外成本。

其三，不舍得在员工的工作资源配置上做投入。比如，在给计算机性能要求高的工作岗位上的员工采购计算机时，不舍得花钱，能省则省；对于提供双显示器能提高工作效率的岗位，也不舍得多配置一台显示器。性能差的计算机容易出现卡顿，单屏工作需要时常在软件间切换，这些都对工作效率影响极大。

让我们简单地算笔账：按现在的计算机市场行情，多花 1500 元就能采购到性能高得多的计算机。假设以上这些节省对工作效率的影响是 10%（这是非常保守的估计），那么对于月薪 1 万元的员工来说，一年就会浪费 1.2 万元，长期来看这笔费用远高于 1500 元。而这只是显性的效率损失，公司还没意识到工作中时常出现的这些卡顿非常消磨人的耐心，会极大影响员工的工作投入度和积极性，这种隐性的损失往往更大。

存在这一现象的公司，只关注了固定支出而没有关注到运营过程中的浪费等问题。针对这一现象，公司应有的共赢思维是，为了避免因计算机性能不足而带来的潜在损失，给员工配置性能更好的计算机。公司还需要建立起这样的观念：运营效率上去了，则意味着员工单位时间内的产出提升了，也意味着可以用更少的人完成同样的工作内容。

当公司无法激发员工和支持员工成长时，最终影响的还是公司利益。所以只要公司与员工之间出现零和博弈现象，就会从根源上制约各个层面效能的发挥，公司一定是最大的输家。

除了公司与员工之间可能形成零和博弈，员工和员工、管理者和员工之间也可能形成零和博弈。后两者集中体现于个人大局观不够，过于在意自身利益和不良感受，没能着眼于集体利益最大化而行事。

为了避免陷入零和博弈的困境，在面对分歧、冲突时，各方需要对对方的观点和诉求怀以好奇心，多问自己如何找到同时满足双方诉求的办法，而非持只有对错、非黑即白的二极化思维。在很多看似只能进行零和博弈的场景中，站到更高的层面后总会有更好的解决办法。

相信共赢可实现是从结果层面提出的理念。我坚信在任何情境下，只要充分沟通、方法得当，就能实现多方共赢。这个理念也隐性地强调了开放、包容和妥协的重要性，这些对于应对冲突和实现共同目标具有重要价值。

4.3.2 潜能可激发

每个人的潜能都超出自己的想象，只要有适当的环境和正确的方法，每个人的潜能就能被有效激发。那些怀疑个体潜能无法激发的人，我认为他们是不知道如何去激发。

从公司层面，深刻理解人性化是激发个体潜能的源泉，也是至关重要的一步。人性化应是企业文化的一个重要组成部分，也应是一种管理方法。

作为管理方法，人性化是指在管理实践中尊重和理解员工的需求和期望，以及创建一个能够支持员工发展的工作环境，通过激发员工的积极性和创造性，实现员工的个人价值和组织的目标。人性化管理意味着需要考虑到员工的需求，并做出适当的调整以适应这些需求。例如，提供灵活的工作时间，以适应员工的生活需求；提供持续的培训，以支持员工的职业发展和自我发展；创建一个安全、健康和能够提供支持的工作环境，以提高员工的满意度和忠诚度。

人性化管理的核心理念是视人为人、看见人，而不是仅仅把员工看作完成工作的工具。进一步地，人性化管理所看到的，除了员工的职业发展还有员工的自我发展，除了员工的工作还有员工的生活。进行人性化管理的团队在员工面临挑战时能给予相应的情感支持。**人性化管理的核心目标，在于将工作本身变成激发个体潜能的源泉**，使个体在工作中建立我想、我要、我能的自我意识，进而促使个体能动思考和发挥创造力，不断改善个体和团队的效能。

员工是个人成长的第一责任人。为了个人成长而必须付出的努力与遭受的成长痛苦，只能由员工个人承担，这些内容不是人性化管理所要致力于消除的（但可以帮助缓解）。**人性化管理的作用还可以理解为帮助员工减少工作中没有意义的精神内耗，从而使其对创造价值更投入。**

值得强调的是，散漫不是人性化。散漫通常用来形容一个人在生活或工作中缺乏组织性或条理性，指个人的行为特质。散漫的人可能不擅长规划，易于被各种事物分散注意力，难以安排工作任务的优先级，不能及时完成任务，从而导致一些不良的后果，比如延误、失误或者产出质量不高。

人性化管理需要建立在两大内容之上——个体的自我管理和管理制度化，以上任一内容的缺失都可能使人性化管理变成散漫。

人性化管理的反面是压迫式管理。压迫式管理之所以被采用，很大程度上是因为个体自我管理能力的普遍缺失。不过，我们必须警惕压迫式管理带来的负面效果，因为在被压迫和控制的情况下，员工的主动性和创造性都将受到限制。特别对于强调创新的企业，无论压迫式管理初期如何有效，如果放弃进一步探索人性化管理的价值，将永远无法突破压迫式管理存在的效能瓶颈。

综合以上内容，我总结出了图 4.1 所示的高效能冰山模型。

图 4.1　高效能冰山模型

休假有自由体现于，员工在安排好工作内容的情况下，只要有假想休就休，无须给出理由，休假申请更不会被拒绝。这体现了对员工的尊重和信任。

员工要实现休假有自由，意味着在日常工作中就需要特别注意，确保休假期间他人能接手自己的工作，尽量将休假期间对他人接手工作的影响降到最低。对于管理者来说，则需要从人员备份与轮岗、项目计划等多个维度去保障员工休假自由。

被动加班少体现于，团队应杜绝出现长期被动加班的现象。为了避免员工长期被动加班，管理者需要更好地落实目标管理，通过过程管理、人员培养、鼓励创新等手段提升工作质效。

个体成长性强体现于，无论团队业务发展得如何，个体能力都可以持续通过学习和克服挑战得到提升。个体通过专业化和职业化，让工作质量和效率不断提高以助力团队的业务发展。工作幸福感是一种综合性的良好工作体验，团队应致力于让个体热爱工作、愿意长期留在团队发展，以及能很好地平衡工作与生活。这是人性化管理才能结出的果实。

相比之下，团队氛围暖似乎是一个比较虚的主题。当然，用心的管理者无论是通过自己的观察与感受，还是通过与员工交谈，一定能把握住大概。管理者唯有关注团队氛围与员工幸福感，才能更好地落实人性化管理。

相信潜能可激发是从员工和管理者个体层面提出的理念。我坚信每个人的潜能在恰当的环境和方法指导下都能够被激发。作为管理者，应注重创造这样的环境，并给予员工恰当的方法指导，而员工则需要建立起我想、我要、我能的自我意识。

4.3.3　团队可塑造

相信团队可塑造是从团队层面提出的理念。我坚信通过正确的方法可以塑造出一个真正意义上的团队，也相信团队有着比个体更加强大的力量。这一理念背后强调的是个体间的协作、协同与约束，以及个体的成长，通过实现个体间的互信将所有个体凝聚在一起。

我因为亲身着力了多个团队的成型与个体的积极变化，所以对团队可塑造这一点深信不疑。接下来我以自身在阿里巴巴浏览器技术团队时的工作经历，与大家分享一下我是如何将一个作坊式集体塑造成真正意义上的团队的。

在我还只是浏览器客户端团队的一名技术专家时，我因为忍受不了客户端同事在软件开发工作中的各种乱象，主动担负起了带领大家以谷歌主导的 Chromium 开源项目的工程标准去开展工作的职责。这让客户端同事在软件设计、代码风格、开发流程等诸多方面的工作质量都有了质的提高，使大多数客户端同事的工作状态有了大幅改善，工作激情也有了大幅提升。

这一时期，我在团队（限于浏览器客户端团队）效能提升上着眼于规范和执行——制定团队规范并带领大家依照规范执行到位，形成从规范到执行，再到优化规范和再执行的良性循环。

规范落地带来有序，也让同事间的工作成果有了共同语言，潜移默化地让彼此更容易达成共识，进而将共识通过修订和完善规范进行沉淀。而坚定地执行则让个体在工作中更容易聚焦——是否遵守了规范很容易判定，打破个体在工作中各自为政的局面，并逐步建立起对规则的敬畏之心和同事间的互信。

看似耳熟能详的规范和执行两词，背后却饱含各种因为工作习惯和意识的改变给个体带去的不适与痛苦。集体能否建立起规范意识，直接决定了一个作坊式集体能否向团队蜕变迈出关键的一步。

后来，我被正式任命为团队管理者，负责包括测试、前端、服务端、客户端和项目管理五大岗位在内的 50 多人的团队。此时，之前我在浏览器客户端团队采用的模式已不再适合，否则我必将成为整个团队最大的瓶颈。

于是，我开始思考第一个问题：如何避免使自己成为整个团队最大的瓶颈？

回顾之前浏览器客户端团队在我的影响下所取得的进步，我首先想到了可以将自己平时的处事方法及这些处事方法隐含的逻辑总结成一些原则，再分享给整个集体，让所有个体在日常工作中以之为纲去开展工作。于是，我将之前自己的所思、所想、所得总结成了"基层技术管理原则"（参见 7.2 节）。这是我避免让自己成为团队的最大瓶颈的第一项举措。

接下来，我又想到了管理原则要转化成个体的切实行动，一定需要大量的实际事例来引导，不然会让人觉得空洞且难以落地，这就需要我在日常工作中不断地用自己的行为去诠释而使之有形。这也说明管理者首先得管理好自己才能管理好团队。但如何让我的那些行为影响到集体中的每个人呢？

于是有了第二项举措，下放决策权和人力资源管理权。我将大团队根据工作岗

位的不同划分成小团队并任命相应的主管去负责，然后所有主管直接向我汇报（6.1
节对这一问题的细节会有更多展开），通过分而治之的管理模式解决信息和行为辐
射的问题。具体的做法是，我将自己的工作思路和方法运用于对主管的管理，然后
引导和影响主管学习并掌握后，再运用到他们的小团队中，由主管承担传递信息与
行为的职责。

对于如何避免让自己成为整个团队的最大瓶颈这个问题的回答，我落实在了管
理制度化、组织设计和授权上——让个体基于制度行事而释放其主动性和自主性，
通过组织设计和授权，更好地支撑个体和小团队发挥主动性和自主性，从而向自组
织管理迈进。

成长为管理者后，我思考的第二个问题是：如何让集体成为真正的团队？

真正的团队，其深层次的内涵在于，发挥个体的特长并使其改善不足，通过协
作与协同实现一加一大于二的效果。发挥个体特长很容易让人在工作中感到愉悦，
但改善不足一定需要个体有所改变，这会让人感到不适。个体甚至会因为觉得痛苦
而消极地选择逃避。此时就需要利用团队约束力去堵上个体逃避的退路。

团队的约束力体现于，当出现质量欠佳的工作成果、个体行为偏离集体共识时，
有人公开指正并确保改正。因此，**一个集体是不是真正的团队，可以大致从其是否
存在有助于个体改善不足的团队约束力来加以判断。**

为了让个体能坦然地面对来自团队的约束力，我的策略是努力让个体对自身
的不足放下戒备之心，并在日常工作中不时宣扬没有人是完美的，改善不足是个
体成长的必由之路。基于此，我在工作中会对身边的同事说："我是个常人，一定
存在不足并会犯错，当你看到时请帮助指正并给我改善的机会。"当有人指正我的
不足时，我发自内心地感谢并公开致谢，以实际行动告诉更多的人：勇于指正、
允许不足。

然而，团队约束力的产生，一定不是仅依靠团队中固定的少数人，而应依靠团
队中的大多数人，为此需要积极的氛围的支撑。在积极的氛围中，个体能自然地"长

出"理性、主动、简单和愉悦的心态，从而更好地形成团队约束力，进一步释放个体的主动性，其潜能也能被激发。

对于如何让集体成为真正的团队这个问题的回答，我落实在了文化氛围和约束力上——通过营造文化氛围，让个体产生对他人的约束力，以及坦然面对来自团队的对自己行为的约束。

成长为管理者后，我思考的第三个问题是：我们需要怎样的工程师？

毋庸置疑，我们希望工程师具备良好的专业技能，这也是我们在招聘环节中重点考查的内容。但这还远远不够，我发现以下不足影响了个体和团队效能的发挥。

- 忽视工程质量和效率。明显的表现是：代码审查流程缺失，脏、乱、差的代码随处可见；过于关注软件算法效率，对产品竞争力的理解只看到了成本、性能和用户体验。因为对工程质量和效率的忽视，团队在业务发展的道路上负担越来越重，前进的步伐越来越慢。
- 自我管理意识薄弱。明显的表现是：不主动将自己的工作状态同步给直属主管或身边的同事；过度专注于自己手头的工作，对于周边发生的需要协同之事表现冷漠，对其他人的工作进展与状态不关心；当接收到需要及时采取行动的信息时不会主动参与互动；草率承诺，失诺后又无动于衷。
- 知识管理欠缺。明显的表现是：完成一项工作后没有通过文字进行沉淀，导致后面接手这一工作的人得从头开始；开发过程中因为忽视必要的概要设计，使得在联调阶段才发现不同人的理解出现了不小的偏差，导致无法继续下去。
- 业务技能单薄。明显的表现是：不能很好地厘清项目中的依赖关系并对之进行跟踪，项目风险控制意识弱；对业务价值缺乏思考，忽视技术与业务的闭环；放弃使用自己开发的产品，对用户痛点缺失体感。

总的来说，我们需要的工程师应当具备良好的职业素养。职业素养不仅仅指专业技能和业务技能，还应包含自我管理和知识管理。想明白了这一点，就意味着对个体的要求和如何帮助个体成长，有了更为清晰和具体的方向。这进一步意味着个体的绩效考核维度也得以明确。

对于我们需要怎样的工程师这个问题的回答，我主要落实在了制度化上——提出个体能力应包含自我管理、知识管理、专业技能和业务技能 4 个维度，明确了团队需要怎样的个体，以及个体如何基于团队的需要去学习与成长。

塑造团队的过程是一个不断发现问题、解决问题的过程。当然，因为每个团队的情况各不相同，所以在塑造团队的过程中先落实什么再抓什么，需要根据团队的实际情况而定。比如，在塑造小公司团队时，我观察到中层管理者的瓶颈问题是最紧迫的，因为它不仅影响了业务发展，还限制了个体的成长，以致整个团队士气低落，作风散漫。针对这种情况，我选择先通过落实项目制来进行团队的塑造。

4.4　六要素组织身份模型

在了解团队效能动力模型之前，我们先来了解一下组织身份（organizational identity），因为团队效能动力模型必须服务于组织，那么团队效能动力模型具体如何服务于组织呢？下面我通过组织身份来加以解释。

所谓组织身份，指的是一个组织在外部和内部表达的核心特征，也就是对"作为一个组织，我们是谁？我们是如何异于其他组织的？对于我们而言，最重要的是什么？"的集体构念。一个组织成立时，通常会通过组织使命、愿景、价值观来表达其组织身份。使命是组织存在的目的，即组织能为谁解决哪些问题；愿景是组织将来希望发展成什么样子，即组织未来希望在哪些领域有什么样的成就和地位；价值观则是组织需要遵守的、倡导的行为准则、底线和信条。

除了使命、愿景和价值观，文化也是一个组织的核心特征之一，比如狼性文化、床垫文化、共创文化、武侠文化。一个组织的文化由文化制度、管理理念、文化氛围三者共同作用而形成，其中文化制度和管理理念共同作用，形成了文化氛围。文化制度和管理理念是相对虚的内容，而文化氛围是实的内容，因为个体能真切感受到而更具行为导向性。由此，我定义了图 4.2 所示的六要素组织身份模型。

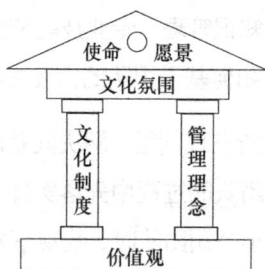

图 4.2　六要素组织身份模型

这是一个房屋形状的模型。其中使命和愿景是房顶——相当于方向和目标，愿景告诉我们做什么，使命则表达了为什么要做；价值观是房屋的地基——相当于要求，它告诉我们做事的时候要遵循什么要求。

我从组织的实际运作中观察到，**文化制度和管理理念只有相辅相成，才能形成真正符合组织价值观的文化氛围**。而只有落在实处的文化制度和管理理念（即文化氛围），才是组织方向和目标的战斗场，这是真正体现组织战斗力（即效能）的场域。将文化制度和管理理念以柱子表达也意味着，如果制度文化和管理理念发生冲突，文化氛围将变形，组织的愿景和使命的实现将更难。

这也是在接下来将要介绍的团队效能动力模型中，文化氛围是关键要素之一的原因。从六要素组织身份模型中我们可以看到，管理理念和文化氛围是相对软性的元素，其他的不易变动，是较硬的元素。因此接下来介绍的团队效能动力模型将围绕管理理念和文化氛围这两部分内容来定义。

需要提前说明的是，团队效能动力模型是基于两大管理理念来定义的：人性化和自组织。团队效能动力模型通过人性化激发个体活力，通过自组织减少组织内耗，以此增强组织生命力。人性化是指通过激发个体潜能，让个体实现专业和职业成长，与团队（或组织）实现共赢；自组织是指通过创造工作环境与氛围，激发个体的主观能动性，让个体生发出我想、我要、我能的意愿与行动，在降低管理成本的同时，提升团队运作的敏捷度和效能。

基于这个模型，我想提出自己的一个洞察——那些在员工层面过于强调价值观的大型组织，其管理能力较弱，尤其弱在中层和基层管理上。

价值观是组织发展的定海神针。在组织还小的初创时期，通过讲价值观的故事能很好地凝聚人，因为那些故事对于员工来说很近，能很好地发挥感染的作用。随着组织不断发展壮大，需要形成基于价值观的文化制度和管理理念并进一步形成文化氛围，从而以这样的形式凝聚员工奔向愿景。这一转变的背后，强调的是制度化管理和向管理要效率。

如果组织发展壮大了却仍停留于向员工讲价值观的故事，且员工也动不动就讲价值观，那么就得小心价值观会被人滥用于搪塞日常工作中那些本应由制度解决的问题，最终价值观就会因员工自由解读而混乱，这对团队效能的杀伤力是非常大的。最后可能出现成也价值观、败也价值观的现象。

价值观不应替代制度成为员工日常工作中的"裁判"，但价值观可以用于完善管理制度。在形成具体的管理制度前，让价值观发挥作用是对的，但这不应成为常态，否则对员工的要求太高了，员工之间形成内耗就是难免的。

4.5　团队效能动力模型

团队效能动力模型如图 4.3 所示。该模型全方位展示了团队效能从何而来，也道出了本书接下来 10 章的内容主题。图 4.3 中的箭头应理解为：通过改善箭头尾部的变量能带来箭头所指变量的提升；反之，如果箭头尾部的变量很薄弱，则会制约箭头所指变量。

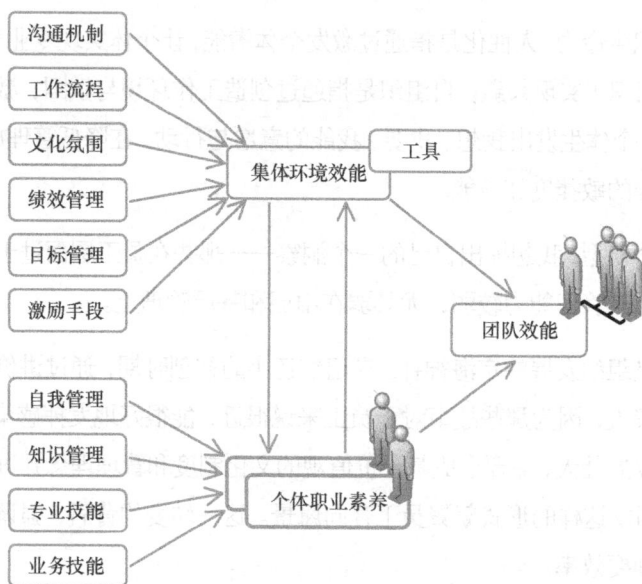

图 4.3　团队效能动力模型（v3.0，2022）

大体上，团队效能来自个体职业素养和集体环境效能。由于团队是由个体组成的，因此个体职业素养为团队效能提供动力。对于集体环境效能，大家也许知道它会影响团队效能，但对这个影响到底有多大却未必有正确的认识。现实中，我认为集体环境效能对团队效能的价值和重要性在大多数团队中是被忽视的。

集体环境效能除了直接影响团队效能外，对个体职业素养也将产生显著的影响。这一影响由图 4.3 中集体环境效能指向个体职业素养的箭头指代。换句话说，支撑集体环境效能的工具、方式和方法，其实也在塑造一个人的职业素养。你可以理解为，集体环境效能是个体职业素养的土壤。

集体环境效能低会抑制个体职业素养对团队效能的贡献。这种抑制也会给个人的工作感受带来显著的负面影响，让人有劲儿使不上、用力但不出成果、成长速度慢。集体环境效能长期处于低水平时，就会变成一种集体习惯，显著抑制个体的成长和自主性。

反之，集体环境效能处于高水平时，它会变成放大器，成倍放大个体职业素养对团队的贡献，同时显著激发个体潜能，让个体更好地平衡工作与生活，从而显著地提升个体的工作成就感和幸福感。

图 4.3 还表明了个体职业素养为集体环境效能提供动力。我们希望在个体职业素养和集体环境效能间形成相互促进的良性发展关系，否则便无法达成团队的高效能。

团队中的每个人都应该为集体环境效能的改善做出贡献，而非独善其身。集体环境效能是由不同的个体做出贡献而沉淀下来的，当然每个人也可以从集体环境效能中享受来自他人的贡献。

这个模型中并没有出现大家耳熟能详的"执行力"这一关键词，原因是这个模型的功能之一是解决团队的执行力问题，而效能就包含了执行力。由于执行力一词在沟通中被广泛采用，因此值得在此稍加解释。

4.5.1　集体环境效能

工具在集体环境效能中扮演的是脚手架的角色。个体间的协作、项目执行、文档、会议纪要、代码审查、软件配置等的管理，都离不开工具的承载。需要注意，采用工具时应考虑团队协作的需要，并跟上时代发展的步伐。

无论是国内还是国外，有不少现代化的团队协作工具可供选择，这些现代化的工具着眼于团队高效协作。用好这类协作工具，可以更大限度地发挥个体与团队的效能。这些工具不只聚焦于人与人之间的即时沟通，还基于典型的工作场景，对在线文档等功能进行了无缝整合，其流畅的产品交互体验能很好地改善个体的工作效率，帮助个体更好地做好时间管理等。

工具化的背后往往还隐含了自动化和流程化。自动化将人从那些重复性的工作中解放出来去做更有价值的事，从根本上解决了因为人的疏忽等原因带来的协作效率低的问题。流程化则在工具层面沉淀工作流程的优化成果，让个体能基于合理的流程自主地完成工作，并遵守一定的工作制度。

本书并没有就工具这部分内容进行专门介绍，这并非因为工具不重要，而是因为工具有很多，它们能形成各种不同的组合，且需要与公司整体的协作工具进行统一考量。这部分内容，未来我会在自己的微信公众号"至简李云"上逐步补充。

沟通机制在集体环境效能中扮演的是"润滑剂"的角色。沟通不只能传递信息，还是应对冲突、化解误会、集思广益、相互认可与鼓励的关键手段。当沟通顺畅时，很多问题都可以解决，否则小问题也会演变成大麻烦。

沟通方式包含面对面交流以及通过即时通信工具、电子邮件、会议和直播等进行交流。沟通方式的错用不仅会导致无法达成沟通目的，还会拉低集体的工作效率。

沟通频率可以是每周一次（比如团队周例会、项目周例会）、每月一次（比如大团队月会、工作月报），也可以是不定期的。确定问题频率时，除了需要考虑信息的及时、有效传递，还得考虑应对风险和确保产出的需要。

沟通内容则可以是项目进度更新与同步、决策讨论、头脑风暴、月度成果展示、制度宣传等。

此外，沟通对象可以是上级、其他团队或者团队内部其他成员。

工作流程在集体环境效能中扮演的是"章法"的角色。工作流程的建设与完善是团队制度建设的关键落脚点。如果没有工作流程，那么类似的事情交给不同的人做时，除了每个人都得自己摸索或向之前做过的人请教之外，也会因为没有一致的指导和约束而很难保证工作成果的一致性和质量。

由于工作流程体现了各岗位技能的所以然，因此遵守和理解工作流程就成了个人专业化和职业化道路上的标志性内容之一。职场人士需要特别重视这部分内容，因为这在一定程度上代表了个人的专业水平。大公司与小公司很大的区别就体现在工作流程的完善度上，身处大公司的职场人士，不能停留于对工作流程的遵守，更需要思考其背后的逻辑并真正掌握。这样当你进入小公司时，就可以借鉴同样的思路去改善团队的效能。换句话说，**你得好奇自己是如何被螺丝钉化的，从而实现反螺丝钉化**。

工作流程的规范化与标准化，除了可以减少工作中的失误，还可能对工作成果要达到什么水准进行约束，这样就能更好地确保工作的最终完成质量。当工作流程涉及跨岗位的协作时，这还能帮助所有参与者更好地理解自己的角色和责任，进而有助于提升协作和协同水平。

工作流程通常会通过文档和工具进行固化，这除了方便流程参与者学习和使用，还有利于工作流程的迭代与完善。工作流程无须从一开始就很完善，可以先确定，再通过持续迭代去完善，以适应环境的变化和团队发展的需要，即**工作流程应先固化再优化**。当体验到工作流程的无效或低效时，个体只停留于消极抱怨没有太大价值，更为积极的方式是思考如何改进并推动落实。从工作流程层面推动团队效能的提升，是一种比较高阶的职业行为，值得被肯定和鼓励。

文化氛围在集体环境效能中扮演的是"土壤"的角色。无论是希望个体"长出"什么行为与品格，还是希望集体有怎样的工作氛围，都需要从培育合适的"土壤"着手。

文化氛围最终会体现在个体的言行举止上，代表了组织的价值观、文化主张和管理理念，以及个体间的互动方式和管理者的领导风格。积极的文化氛围能很好地帮助团队形成凝聚力，使个体更愿意分享意见、表达想法和解决问题，促进个体之间的协作和协同，提高团队的工作效率和创造力，以团队的约束力去帮助个体更好地成长，有助于个体激发潜能、尝试新思路和迎接挑战。

营造团队的文化氛围最关键的不是将之形成文字写下来，而是用行动去诠释。这需要团队的领头羊和管理者承担起相应的责任，除了自身示范，还得敏锐地识别团队中其他个体所表现出来的积极行动。用行动去诠释不能只是默默地做，做完之后得通过一定的沟通机制进行宣传，并配合进行适当的激励。**在文化氛围的营造上，如果不宣传那些积极的内容，很可能消极的内容就会占据上风。**这是管理者需要特别注意的一个点。

绩效管理在集体环境效能中扮演的是"镜子"的角色。通过及时反馈和评估，个体可以了解自己的工作表现，发现改进的空间，并采取相应的措施来提升工作效能。绩效管理的要旨是支持个体发展而非惩罚。与目标管理强调目标导向所不同的是，绩效管理强调结果导向。

通过将绩效与奖励、晋升或其他激励手段相结合，绩效管理可以激发个体的积极性和动力。通过对个体进行绩效评估和反馈，绩效管理可以识别具有潜力且表现优秀的人才，并提供有针对性的培养和发展机会。这有助于团队建设和人才发展，以及提升团队的整体效能。

虽然绩效管理强调的是结果导向，但绩效管理的价值却是通过过程管理发挥的。过程管理一旦缺失，绩效管理就会变得只剩绩效考核，这是许多团队在绩效考核阶段出现各种困难的根本原因。过程管理意味着管理者需要及时了解每位下属的工作成果、工作质量、工作表现和发展方向，对每个人的长短板做到心中有数，且针对个人的情况适时地给出指导性建议和反馈。

值得强调的是，过程管理不是盯过程中的行为，而是盯过程中的输出。此外，过程管理还意味着个体的过程表现需要呈现给全团队，这样才能营造相对公平与公正的氛围。如果缺失这一动作，当绩效考核阶段出成果时，就容易给人带来思想冲击和暗箱操作的不良感受。

目标管理在集体环境效能中扮演的是"牵引力"的角色。团队在有了年度业务规划之后，就得将之翻译成目标，通过目标管理牵引整个团队聚焦、聚力，避免精力分散而影响全年的工作成果。

目标管理的要点，在于需要从业务发展、工作质量和效率、成本控制、个人成长、竞争力、影响力等多个维度综合考虑，通过设置多维度的目标，确保业务、个体和团队的可持续发展。目标管理需要避免掉入这样的陷阱：目标过于单一，一味紧盯业务发展，而没考虑到如何提升个体的能力和确保团队的可持续发展。**追求单一的目标很容易造成越做越累的不良后果。**

目标管理的一个难点，是如何通过抽象总结去设置关键但不会过窄的目标，以给团队留下发挥的空间去激发团队的主动性和潜能。目标过小、过于具体，就容易出现指派了什么就干什么，无法给团队留下发挥的余地。目标过多又会导致不聚焦，出现一年到头工作成果不显著的问题。好的目标，能起到"一石多鸟"的作用并具有延续性。

目标管理的另一个难点，是如何在设定目标的过程中，充分做好团队间目标上下左右的拉通与对齐。全局最优是团队管理的第一要务，为此需要特别注意跨团队目标的拉通与对齐，避免各团队各自为政，虽做到局部最优却丢失全局最优。解决这一难点的关键在于平衡与达成共识。

激励手段在集体环境效能中扮演的是"激发器"的角色。激励手段可以根据需要用于激发和促进个体的积极性、主动性、创造力、责任感等。激励从形式上来说，不仅包含奖金、加薪等物质激励，还包含公开表扬、晋升、培训、培养、提供更舒适的工作环境和更高品质的办公设施等精神激励。

激励的核心目的，是通过肯定和鼓励个体的积极行为，激发个体的内在动机和自驱力，提升个体的工作动力和投入度，以促进个体效能提升，同时帮助营造积极的文化氛围。激励旨在实现团队与个体的双向成长和发展，推动团队目标的达成，同时提升个体的工作幸福感和满意度，实现团队与个体的共赢。

用好激励手段需要管理者在日常工作中，善于发现个体的积极行为。对于积极行为，有的应及时肯定与表扬，有的应记录下来以便下次与其交流时共同回顾。霍桑效应表明，当个体知道自己正在被关注时，往往会表现出比平常更积极、更高效的行为，以符合观察者的期望或预期。

当然，类似公开表扬这样的激励手段并非只能来自管理者，还可以发生在个体之间。后者有助于更好地营造团队的积极文化氛围。或者反过来说，当个体间有相互激励的行为时，就表明团队的文化氛围是更积极的。

4.5.2 个体职业素养

自我管理在个体职业素养中扮演的是"舵手"的角色，引领和指导着个体的职业发展。

一个具有良好自我管理能力的人，其目标感、学习力、适应力、反思力、自律性、效能感、自驱力、心理弹性和韧性等都会表现得更好，通常容易做到在工作与生活中都保持激情与专注，个人发展差不到哪儿去。

个体有良好的自我管理能力，是团队实现自组织管理的先决条件。在目标管理的牵引下，自组织团队的优势在于能够充分发挥个体的创造力和潜力，减少多层级决策的瓶颈，提升团队的反应速度和灵活性。它还能够激发个体的自主性和积极性，增强团队的凝聚力和归属感，促进创新和持续学习。

工作中，我对一个自我管理能力水平高的人，会用靠谱和省心两个词来概括。靠谱体现于，只要是交代给他的事，他都一定能做好甚至做出彩，我对他的个人能力和责任心有信心。省心体现于，当我把一件事交代给他时，他会及时向我同步汇报进展，我无须一直盯、一直问；对于没有交代给他的事，他会主动地思考和应对，并找合适的时间与我讨论；而当出现情绪方面的问题时，他也能很好地处理与消化，体现了成年人应有的成熟度。

当个体的自我管理能力弱时，管理者就会特别心累，且团队很难持续地出阶段性成果。面对这一困境，管理者需要思考的是如何帮助个体提升自我管理能力，而非花更多的时间去盯、去问，否则只会越来越累。

对于个体来说，如果你的自我管理能力弱，你会发现自己总是被事推着走，很难有主动的机会，大概率会陷入身心俱疲的困境。当然，你的工作成果也不容易得到主管的认可，主管很难看见你的付出与成长。主管看不见并非有意为之，而是其花在你身上的精力太多。在自我管理能力弱的情况下，你产出的最终成果可能不错，但前提是主管必须耗费很大的心力对你进行指导，这便影响了主管对你的主观评价。

知识管理在个体职业素养中扮演的是"智库"的角色。知识管理帮助个体在职业生涯中积累和应用知识，为个体的职业发展提供智慧和指导，助力团队打造知识库和"铁打的营盘"。

知识管理是团队或个体针对知识的创建、捕获、整理、存储、共享和应用而采取的一种系统化的活动和方法，旨在有效地管理和利用知识资源，以提升团队或个体的绩效、创新能力和竞争力。

对于知识管理，我用透明和传承两个词加以概括。透明意味着：个体需要将自己所做之事通过文字、图片呈现出来，背后包含了其在获取知识与做事时的思考；个体对团队知识管理的贡献更方便量化，考核工作有了度量标准；个体间营造了相互学习的氛围。透明体现的是个体的产出，以及让他人了解自己的工作成果并从中学习，透明还进一步为你提供了让他人帮助你完善工作的机会。

传承的内涵是：知识只有被加工和整理，才能真正传承下去，也才能因为一个个体的付出而换来其他个体的付出；正因为受惠于前人留下的知识资产，所以理应给后来人做类似的贡献；真正形成团队层面"铁打的营盘"，从而在人员流动的情形下不会出现知识积累的断层，帮助个体更好地平衡工作与生活，实现团队的可持续发展。**知识传承强调的是知识的组织质量。**

专业技能在个体职业素养中起到的作用是价值创造。不同专业技能如同工具箱中的各种工具，被个体用于创造价值。专业技能发展的核心关键词是专业化。

为了避免将专业技能与业务技能混为一谈，需要明确水平行业和垂直行业两个概念。

水平行业指的是在不同行业中具有相似或相关的功能、技能和职能的组织或企业。这些行业在经济上可能没有直接的竞争关系，但它们在某些方面有着相似的特征和需求。例如，各种行业中的人力资源管理、市场营销、财务管理、软件产品开发等都属于水平行业。

垂直行业则指的是在某个特定行业中，从上游到下游涵盖整个供应链的各个环节和产业。垂直行业的企业或组织在同一个产业链中相互依存，彼此之间有着紧密的联系。例如，汽车行业中的汽车制造商、零部件供应商、经销商和售后服务提供商构成了一个垂直行业。在垂直行业中，企业之间的合作和协调对整个供应链的高效运作和保障产品或服务的质量非常重要。

强调水平行业的根本原因是，每个垂直行业的发展阶段和成熟度不一样，这就导致其使用和采纳的水平行业的技术、方法论、最佳实践也不一样。当采纳的是水平行业相对落后的技能时，如果身处垂直行业的职场人士不重视水平行业的整体发展水平，不跟进学习和掌握新趋势，就很可能导致自己一直被锁定在所处的垂直行业中，个人的职业发展空间就会受限。

业务技能在个体职业素养中起到的作用是价值变现。对于企业来说，员工的专业技能再好、创造的价值再多，最后都需要通过社会进行检验，这就要依赖业务技能去走完"最后一公里"，完成价值变现。价值变现使得工作成果与社会接轨而实现闭环，闭环带来的反馈有助于个体的工作产出更具质量和成效。

业务是指组织或个体在特定领域或行业所从事的具体经营活动，包括产品或服务的生产、销售、交付及相关的运营管理等方面的工作，是实现组织目标并兑现社会价值的核心活动。社会价值是指个人或组织通过提供产品、服务等形式，对社会的进步和人们生活的改善做出积极贡献的意义和影响。

业务技能对不同岗位、不同职级的人来说要求不一样。即便如此，业务技能强调的是个体需要思考自己所做的专业之事如何兑现价值，从而逼迫个体从价值维度去审视自己的工作。

当个体对自己的工作有价值维度的考量时，个体对工作事项的优先级的安排就会更全面和务实，对协同的紧迫感也会更强，最终的表现是工作成果更明显。有了业务思维的个体会体验到，那些能很好兑现成果的"胶水"工作，往往技术含量不高但又非做不可，这能有效纠正以为技能万能和唯技术含量论的错误观点。

个体的专业技能再强，也需要基于价值变现的视角去全盘看待自己的工作，关注从头到尾的每一个环节，将事情做彻底。**那些专业技能突出却感觉不得志的人，可以看看自己是否存在业务技能上的短板。**

随着年龄的增长，无论你扮演的角色是管理者还是一线员工，社会对你的业务技能的要求都会不断提高。当你走上高级岗位时，这个要求会变得更高。

4.6　运用团队效能动力模型的几个原则

第 5～14 章将指导读者从具体的操作层面去理解和运用团队效能动力模型。本节只是给出运用团队效能动力模型的几个建议，从原则层面为提升团队效能做铺垫。

4.6.1　全员参与

团队效能动力模型的提出，并非只是为了帮助管理者更好地理解团队效能从何而来。从这个模型的内容来看，打造高效能的团队，需要包含管理者和一线员工在内的每一个团队成员的理解和共同努力。当然，如果有来自高层管理者的理解、支持和参与，效果会更好。

即便你不是管理者，也需要知道团队效能动力模型的内涵。因为该模型不仅包含你特别关心的个体职业素养，还指出了你能为团队创造价值的新视角——致力于提升集体环境效能。相信集体环境效能的存在，能帮助你更好地理解为何主管对你会有没完没了的要求。**当你能站在管理者的角度鸟瞰团队时，你就可以在职场中建立全局观和提升格局，让个人的职业发展更有效率和更有阶段性成果。**

一名合格的管理者会乐于并期待看到自己的下属成功，帮助下属成功是他的主要工作之一。因为只有这样，管理者才能收获更好的团队成果，而那也代表了他的业绩。为此，作为下属，一定要以团队效能动力模型去指导自己的职业发展，通过多维度的技能发展去提升个体和团队的效能，帮助团队成功，让主管获得更好的业绩而实现共赢。

对于管理者，团队效能动力模型给了你一幅思考和实践的蓝图，希望这个模型能帮助你更好地理清思路和理解身上的责任。无论出于什么原因，**只要走上了管理岗位，就请务必认识到帮助下属成长和成功，才是你应对挑战和压力的唯一健康、可持续的路径。**成就下属与团队就是成就自己。另外，别忘了不断自我成长与改变，以防止自己成为整个团队的瓶颈。

4.6.2 由大到小

团队效能动力模型中有这么多的变量，应从哪个变量入手改善呢？何况每个团队都独一无二，所存在的问题也千差万别。显然，团队效能动力模型不可能事无巨细地罗列出所有团队在改善效能上所面临的独特挑战。我提出由大到小的原则，正是为了帮助大家更好地运用或扩展出属于自己团队的效能动力模型。

由大到小的第一层意思是，每次解决问题时，从最影响团队效能的那个问题下手。这意味着集体环境效能问题的优先级，通常来说会高于个体职业素养方面问题的优先级。

基于我的经验，**影响团队效能的三大问题是组织架构不清晰、低效会议、项目管理混乱或存在瓶颈。**当开始提升团队效能时，也许可以先审视团队是否存在这三大问题。

有一点要提醒，因为运用团队效能动力模型的并非只有管理者，还有团队成员，所以需要注意判定遵循由大到小原则时采用的视角。面向团队时，前面罗列的三大问题可能是一开始就要着手解决的；面向个人时，首先要解决的可能就是日常工作中的混乱等更为具体、范围更小的问题了。

值得一提的是，当因为视角不同而使得要解决多个不同的问题时，只要不会导致冲突或引起资源争夺，这些问题就可以并行地解决。否则，就得在集体层面达成共识，确定优先级，逐个推进。

由大到小的第二层意思是，在改善团队效能的过程中，当多个个体都需要调整时，先聚焦在引发问题最大的个体上。在提升团队效能的道路上，个体做出调整是必经之事，当多个个体都需要调整时，注意不要多点开花、用力过猛，避免这些个体结盟反对而影响整体进程。显然，这个建议是给管理者的。

给出这个建议的另一个原因是，当涉及个体的心态调整时，往往需要给他时间。缘于个体的可塑性和心态开放度，以及管理者和个体之间信任度的不同，这个时间的长短也有很大的不同。在这种情形下，往往需要管理者花相当多的精力去帮助他，多点开花则意味着消耗非常多的精力。

如果涉及的个体同时也是一名管理者，那么在帮助他调整心态的同时，你还得关注他是如何管理团队的，这意味着你得花更多的精力，甚至参与他所主持的团队周例会。当然，这样的付出是值得的，因为作为管理者的他如果调整好心态的话，他就能更好地带领自己的团队向前跑。他的心态一旦调整过来，他对你的信任也会随之增强，这是共同面临团队大挑战时，能否将管理层凝聚在一起的关键。

无论从哪一个视角去分析由大到小的问题，你都可以考虑使用鱼骨图将各种导致团队低效的因素及解决方案罗列出来，并基于这张图按问题的严重程度去处理。图 4.4 是我加入小公司一个月后梳理出来的低效根因与解决方案鱼骨图（从微信公众号“至简李云”的消息菜单中可获得在线原文件），在后来的工作中，我就是根据这张图去提升团队效能的。

梳理低效根因与解决方案鱼骨图的意义，首先是对看到的问题进行系统性记录和整理；其次是从面上来审视这些问题，找解决方案；最后是有助于后面不定期拿出来反思与优化，以及回顾整体进展。此外，这张图也可以作为向更高管理层汇报的素材。

做事方法　　管理与制度　　关系边界

关键路径
公司上下关注项目的执行情况
上级帮助下属一起推动项目
确保会议决策的质量和开会流程
梳理所有待办事项并确定项目负责人

解决办法
项目制
PDCA循环

现象
未能赋能下属，上级成了瓶颈
"最后一天"和"补救"成为常态
会议低效或无效

关键路径
给员工压辖
帮助员工成功
高层多思考与统筹

解决办法
基于岗位做合并形成专业职能部门
考虑岗位不同项目的岗位
制度要建立定义员工的薪酬与绩效规划
制定公司发展战略与发展规划
患所未决形成摆数分忧的负面影响
授权不充分导致动力不足
决策不果断

现象
门口过多种类人员职责
岗位边界人员发展空间受限
组织架构与发展机构不够
制度宣贯业务层面不够明晰
缺乏基业思考与探知

关键路径
直对现实
既助做自己成为自己

解决办法
分清张张、公私
每个人形独自目对自我成长的课题

现象
个体因守住自己的边界
独立人格缺失
无惧下不正常的关系

关键路径
任何人都应发自内心地尊重他人
管理者带头示范

解决办法
管理者要多沟通，鼓励下属多说
针对不足指改进建议所不是否定
鼓励开放沟通冲突

现象
不能真话
流于表面
事后冲突
缺乏主人翁精神

工作氛围

关键路径
引入书正述职卡位
人员优化建设

解决办法
招聘把握——提高招聘跟踪进
人才盘点
人才建设制度化（传帮带）

现象
职业化程度偏低
能力和发展缺失的
一号位和关键缺失
人才供失

人员素养

低效根因与解决方案

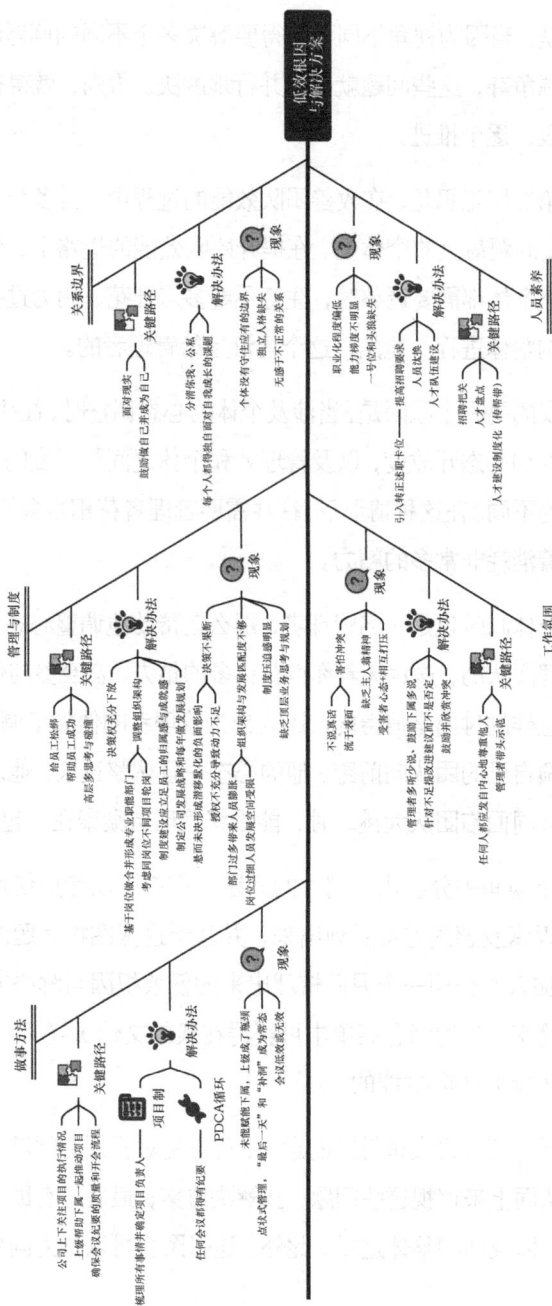

图4.4　小公司的低效根因与解决方案鱼骨图

4.6.3　以小拉大

提升团队效能是通过影响一群人的做事习惯和思维模式，最终实现每一个体的自我改变而达成的。影响一个人已很不易，更何况一个集体。你如果没有职位权力，但又想带动团队发生改变，不妨借鉴我这段以小拉大的经历。

在团队整体形成持续改善的习惯与风气之前，大多数个体面对小范围的改善，所持的是警觉或观望态度，而非立即跟进。可能这些人持有的想法是：再等等看，如果其他人跟进那我也跟进。要想以更快的速度使一个大团队发生变化，就需要借助由少数几个有共识之人组成的小集体，让这个小集体立即跟进改善，使那些观望的人产生"我不应掉队，得赶快跟进"的积极心理，进而采取跟进的行动。

当然，小集体中的人得精干，专业技能要互补且有一定的水平，即小集体在整个大团队中必须具有一定的权威性。只有这样的小集体发出的声音才会被重视，采取的行动才会被模仿，否则就起不到小集体拉着大团队向前跑的作用。

我加入阿里巴巴浏览器技术团队的初期，正是靠着 3 个人组成的小集体拉着整个客户端软件开发团队向前跑的。那时整个客户端软件开发团队的技术决策权几乎全掌握在我们 3 人手中。

有趣的是，我们 3 人从来没有一起交流并达成一起拉着大团队向前跑的共识，而是完全因技术共鸣和技术热情而形成了默契。我们 3 个人相互支持与认可，每个人都会及时跟进其他两个人提出的改进建议。

也许你不如我那么幸运，有这样一个靠默契自发形成的小集体。但你可以借鉴我的这段经历，花小力起大用。所以你有必要花点精力去交流、寻找并形成一个有专业权威的小集体，携手并进，拉着大团队更快地向前跑。

4.6.4　找准切入点

基于我的经验，对于拥有共同岗位的团队来说，提升个体的专业技能是提升团队效能的一个很好的切入点。原因在于，全团队对于专业技能的掌握应当有很多共识，也知道哪些问题目前制约着团队的产出效率与质量。换句话说，这些背景信息更容易让大家同频交流和产生共鸣，基于此所发现的问题能更好地促成个体的自我改变，甚至带来多个个体合力向前的局面。

在我刚加入阿里巴巴浏览器技术团队从事客户端软件开发时，整个团队编写代码的混乱和随意性，以及由此带来的不适，是每个人都能看到和感受到的。在这种情况下，选择落实编码规范就是一个很好的改善切入点。

所有人从意识层面都认可编码规范的重要性和价值，形成这一共识甚至都不用做任何说服工作。但此时整个团队存在意识层面认可、行动上却做不到的问题。而这一问题的解决也正体现了落实编码规范的价值，能让每一个体真切体会到行为上的自我改变和对团队带来的积极影响，这些积极的体验就可以推动团队效能提升的飞轮转动。**效能飞轮哪怕只转动一点点，也是从静止到运动的质变。**

由于落实编码规范这件事足够小，因此不会让个体产生严重的排斥和畏惧情绪，这对于推动效能飞轮的转动来说是利好。反过来，如果一个团队连这么小的事都做不到，那也别指望做更大的改变。

当决定改变一个团队时，还须重点关注其是否有着良好的专业激情。如果没有，则一定要找出根源并加以解决。没有激情的团队往往在工作中表现得死气沉沉，对各种改善契机无动于衷，这样的团队要获得很大的效能提升很难。**千万不能忽视激情这个天然的提升团队效能的催化剂，否则极易出现事倍功半的现象。**

4.6.5　警惕管理者瓶颈

如果是团队的管理者在引领团队效能的提升，那实施起来要轻松不少。但不少情形下并非如此，甚至管理者本身就是提升团队效能的关键瓶颈。不过，本书的目的是帮助整个团队提升效能，所以必须认真对待管理者的瓶颈问题。

成为瓶颈的管理者中，有相当多的人是因为自身能力不足，且不好学、不求变。这类管理者通常缺乏专业激情，也极易采用简单、粗暴的压迫式管理手法。当团队成员屈服于这样的管理模式时，就谈不上发挥个体的主观能动性，这就限制了发挥团队效能的空间。

而且，一些能力不足的管理者还喜欢特权化，制定规则却将自己排除在规则之外，话多但行动少，更别谈起表率作用了。他们还极少从事一线的具体工作，细节的缺失使得他们在工作中容易空谈且认为什么都很简单，对下属在工作中碰到的困难缺乏理解与共情，也很难欣赏下属的工作成果。

当提升团队效能没有得到管理者的支持时，所面临挑战之大将难以想象，除了内耗还可能内讧。为了避免出现这样的局面，一定要想方设法得到团队管理者的支持。

如果你所在的团队正好碰到了成为瓶颈的管理者，而你希望帮助团队更好地发展，那就整理好自己提升团队效能的思路和方法，准备好文档，然后向他做个正式汇报，争取得到他的支持。当然，送一本你手上的这本书给他，也是个不错的主意。

如果最终管理者不支持，但你又想追求心中的诗和远方，那么可以考虑运用前面提到的以小拉大原则。

如果你正好是那个成了团队瓶颈的管理者，读这本书就说明你已经有了改变的想法，但可能碍于面子而不知如何下手。我想说，**以前团队管理得如何不重要，面向未来出成效才是最大的面子**。衷心希望本书能帮到你，也愿你早日收获因团队效能提升而带来的喜悦。

4.6.6 寻求周边支持

在提升团队效能的路途中，一定离不开周边团队的理解与支持。否则，成果会来得慢很多，甚至严重到让付出的努力白费。原因在于，业务的发展通常是需要多个团队配合才能完成的，你的技术团队在提升效能时，可能会影响与其他团队的配合。

假设你的技术团队正走在提升团队效能的路上，此时就要特别获得产品团队的支持，因为技术团队与产品团队往往配合很紧密。

不少技术团队是被产品团队推着向前走的。产品团队为技术团队准备了大量的需求，技术团队满足了一批需求后，又紧接着需要满足产品团队的下一批需求，有的产品团队还不时指责技术团队太慢了，搞得技术团队压力很大。

当技术团队的效能不高时，产品团队所说的"太慢了"是实话。显然，如果技术团队不通过做事方式和方法的改变去提升效能，就永远不会有松口气的机会，更不可能实现团队的长期可持续发展。

在技术团队效能不高的情形下，产品团队与技术团队应当达成共识，放慢产品的迭代速度，让技术团队能腾出一部分精力用于提升效能。当然，达成这一共识的前提是，技术团队有提升效能的决心和能力。

不过，产品团队与技术团队要达成放缓产品迭代速度的共识并不容易。原因在于，产品团队的绩效依赖于技术团队，即产品团队普遍认为技术团队满足的需求越多，自己的绩效就越好（对这一观点的合理性我们这里不做探讨）。

但无论如何，作为技术团队的管理者，都需要与产品团队的管理者做好沟通，得到他们对效能提升一事的支持。除此之外，技术团队还得获得项目管理团队的项目经理的支持。

项目执行中经常出现的景象是：项目经理想方设法让技术团队在承诺的时间内完成项目，鼓励加班可以说是他们的绝活儿；技术团队则痛苦于因对工作量的评估过于乐观而总赶不上计划。大家对计划一词的默认理解似乎就是遵守，而非用敏捷软件开发的思想，将计划的目的理解为适应变化——计划应敏捷地改变，而非定了就不能变。

显然，在提升团队效能的道路上，技术团队需要得到项目经理的理解与支持。这有助于项目经理包容计划的宽松度与弹性，毕竟有些资源要投入到效能提升上，难免给项目的执行带来变数。

周边团队一开始不支持技术团队提升效能不足为奇，因为他们并不知道技术团队的真实效能瓶颈在哪儿，而帮助他们理解是技术团队的分内之事。为此，技术团队有必要就效能提升一事给周边团队做个正式的汇报，并在汇报中讲清楚技术团队当前存在的效能瓶颈是什么，打算如何改进，改进后的预期效果是什么，对眼前工作有什么影响，提升的整体规划与节奏是什么。只要积极主动沟通，周边团队大多会理解并给予支持。

获得周边团队的理解与支持后，还需要特别重视维护他们对技术团队的这份信任。务必记得及时、适时地将效能提升后的结果与效果同步给他们。千万不要闷声不响地进行，因为这种黑箱式的工作方式极易损耗这份来之不易的信任。

4.7　路走对了就不怕远

在效能提升的道路上需要有足够的耐心。想一两个月内看到些许成效不难，但想在半年内有翻天覆地的变化却不易。**提升之路永远没有终点，因此不在于何时能走完，而在于提升的良性循环能否建立起来。**好团队一定是耐心培养和磨合出来的，这需要时间。忍受不了等待的煎熬，就只能收获感慨——好团队是别人的。

请不要抱有通过招聘去快速组建高效能团队的幻想。从团队效能动力模型来看，招聘进来的拥有高个体职业素养的人才仍然需要改造集体环境效能，才能最终打造出高效能的团队，而那是无法速成的。

在效能提升的道路上不要害怕犯错。从几何学的角度，两点间直线最短；但从社会生态学的角度，两点间却是曲线最短。害怕犯错会让整个团队的思想和行为都变得僵化与保守。与担心害怕而停滞不前相比，勇敢实践一定会带来收获与成长。

即便最后发现确实错了那也是进步，采用小步快走的策略，错了也不会是大错。

　　当然，我并非鼓励大家蛮干。我想表达的是，碰到不确定或不知如何是好的问题时，应该将之抛到团队层面做决策，充分讨论后达成共识并坚定执行。**共识并非指所有人都满意的结论，而是权衡利弊或采取少数服从多数的办法而得出的。**共识一旦达成，就变成了整个团队共同对结果负责——是集体行为而非个人行为。走对了当然好，走错了我们集体对这个结果负责，修正后继续向前探索即可。

沟通的本质是为了改变，

是你变、我变，还是一起变的问题。

会议是低效沟通的重灾区。

沟通是人际关系的浓缩。

第**5**章

使沟通成为润滑剂

可以说，**沟通是管理工作的灵魂，是提高工作效率、实现共同目标、满足各种需要的重要工具。**良好的沟通能让员工感觉到企业对自己的尊重和信任，因而产生极强的责任感和归属感。此外，良好的沟通还能减少冲突、化解矛盾、澄清疑虑、消除误会、增强团队的凝聚力。

团队的沟通效率能真实地反映团队的效能。检验团队的沟通效率不能只看沟通本身，还要看最终执行，因为沟通的最终目的是行动（个体的自我改变也是行动）。当沟通与执行形成闭环时，沟通才是有效的。那些停留于形式的沟通，不仅没有价值，而且会拉低团队的整体效率。

所有低效的团队大多存在沟通上的结构性问题。结构性问题的表现可能是以下3种表现中的一种或多种。表现之一是，沟通工具或方式单一。不同的工具或方式适用的场合并不相同，需要根据场合进行选择。表现之二是，工具使用或方式运用不到位，存在流程不清晰、角色不明确等问题。表现之三是，消极的办公室政治破坏了团队的结构和协作机制。

5.1 "三不"带来的挑战

沟通是 3.4.3 节介绍的 ∞关系改善模型中改善"我"与"对方"关系的环节之一，当然，本节所讲的关系是同事关系。回顾该模型能更好地理解给沟通带来挑战的"三不"——不好奇、不看见和不改变。

无论学习了多少沟通技巧，沟通挑战依然很难避免，因为"三不"的背后是个人自我发展不成熟，以及人的情绪化本能而非技巧掌握与否的问题。所以，沟通中的"三不"也是每个人在面对任何一种关系时都会面临的。

5.1.1　不好奇

双方有不同意见、观点或想法时，要使沟通发挥作用，关键是找到双方未达成共识、不知道、不清楚的部分，以及去了解对方表达的深层次的内容。如果缺乏好奇心，就容易出现不耐烦的现象，进一步引发情绪问题而增加沟通的难度。

在沟通之前，不好奇表现为，预设了对方的观点、立场、感受、情绪等，同时又想以自己的想法和感受为主导，说服或否定对方。

在沟通过程中，不好奇表现为，当对方表达出自己的想法、观点时，简单地以对错加以判断并争论对错，而没有好奇为何对方会那样想、背后的原因或假设是什么，或对对方的话题不感兴趣，无法保持耐心。

沟通时个体不好奇往往是因为陷入了零和博弈的思维模式，过于关注自身的想法、需求和利益，总想证明自己是对的，而对能否找到兼顾双方需求的解决方案不好奇。

好奇心是可以培养和发展的。首先，你要认识到好奇心对于沟通的重要性，建立起共赢思维，不要让自己陷入我对你错的零和博弈思维，沟通前想清楚什么是最重要的。其次，在沟通过程中，不时去觉察自己的情绪，判断自己是否陷入了零和博弈的思维模式，有觉察就会有调整。最后，如此不断地训练和实践，个体便可以提高自己的好奇心水平，从而促进更有效的沟通和理解。

5.1.2　不看见

不看见通常发生在沟通的过程中。当对方表达出不同的观点、想法或感受后，个体无法切换自己的视角，去理解对方所说的并产生使关系向好的积极行动，使得双方信息无法同步、沟通无法同频，结果出现鸡同鸭讲的现象，让沟通过程充满泥泞而变得艰辛。

当沟通是为了解决双方的矛盾时，取得积极成果的关键因素之一是双方要能够彼此看见对方。**看见指的不是用眼睛看，而是用心听、用脑想，去理解对方所表达的内容，感受对方的情绪，洞察对方真正的需求等，并积极回应对方。**

沟通中无法看见对方的个体更关注自身的感受，缺乏对他人感受的理解和认同。这时的个体还容易进入情绪化状态，当个体被情绪控制时是极难看见对方的。个体在沟通中能否很好地看见对方，反映的是其自我发展成熟度。

那是否理性的沟通就是看见了对方的沟通呢？答案是未必。沟通中，相比看见对方表达的内容，看见对方的情绪及背后的需求更难，但是回应情绪比回应内容更重要。

一方处于理性状态，另一方处于感性状态时，怎么办呢？我的建议是：如果理性的一方能看见和回应对方的情绪，那么可以尝试通过情绪接纳等方式，帮助对方回归理性；如果理性的一方感觉无法接住对方的情绪，那么可以让沟通缓一缓，等对方回归理性状态后再沟通。只有在双方都能真正看见彼此时，双方才能真正理解对方的视角和内心需求。在这种相互理解和共情的状态下，沟通才是有效的。

理性体现在（不限于以下几条）：

- 尊重和接纳个体的独特性，比如不同的思维方式、文化背景、价值观和经历；
- 聚焦于本次沟通最重要的共同目标，关注问题的本质和解决方法；
- 积极倾听他人的观点和意见，愿意反思和调整自己的观点；
- 能够基于客观事实，运用逻辑推理和分析能力，提出合乎逻辑的观点；
- 听到对方合乎逻辑的观点时，能从对方视角对其观点表示理解；
- 分析多个相关事件的主次、因果关系时思路清晰，能正确归因；
- 当沟通不畅时，能更多地从自身找到可以调整的方式，尝试让沟通回归理性。

5.1.3　不改变

沟通的本质是为了改变，也就是说，沟通本身是一个不断改变的过程，或改变自己的观点，或改变他人的观点，又或者改变双方的关系。沟通中及时做出言行的改变，可以很好地达到看见或被看见的效果。这里的改变更强调自我改变，有一个事实我们需要谨记：试图改变别人的意图越强烈，对方就越难被改变；还有，改变不应只发生在沟通中，还应发生在沟通后。

每次沟通不是一锤子买卖，因为沟通是一种无限游戏而且具有连续性。即便某次沟通效果很好，但如果沟通中达成的共识无法通过个体的自我改变在接下来的行动中落实，就会造成：

- 针对同一个目标反复沟通，耗时耗力；
- 消耗个体间的相互信任，增加下次沟通的难度；
- 形成积怨，从最初的对事不对人变成最后的对人不对事。

个体不改变是个体的固定型思维模式使然。具有固定型思维模式的个体容易将自尊看得很重，害怕失败，抵触批评，这类人常有如下一种或多种思维惯性：

- 害怕改变自己，或认为自己没有能力改变；
- 较难接受他人的观点，面对不同的观点或消极退让，或冲动反驳；
- 遇到困难时认为自己没有把握去战胜它，总想逃避；
- 面对负面评价，习惯性防御，为自己辩解，忽视评价中对自己有用的信息。

固定型思维模式的硬币另一面是成长型思维模式，心理学家卡罗尔·德韦克的著作《终身成长：重新定义成功的思维模式》详细讲解了这两种思维模式，以及如何从固定型思维模式转变为成长型思维模式。该书讲到了大部分人并不是只拥有一种思维模式，而是在某些情况下处于固定型思维模式，在另一些情况下处于成长型思维模式，这是很正常的。但我们接受自身拥有固定型思维模式，并不代表我们容忍这种思维模式频繁出现和由此带来的危害。该书还告诉我们，思维模式的转变并不能在瞬间完成，我们需要一个训练和适应的过程；而且成功转变一次，也并不代表永远就能快速地从固定型思维模式转变为成长型思维模式，得持续练习才能保持这种转变能力。

☆

了解给沟通带来挑战的"三不"，一方面能让个体在沟通中特别警觉自己的行为，避免陷入三大挑战导致的困境；另一方面，当观察到对方的相关行为时，除了能更好地理解外，也许还能启发你就这些行为与对方做深层次的沟通。

"三不"并非孤立存在，它们彼此之间有一定的关联性。不好奇会让人难以看见他人，进而带来不改变；不改变除了会带来不看见，长此以往又会导致不好奇。

5.2　用好沟通方式

在选择沟通方式时，需要进行多个维度的思考，比如：

- 确定沟通的目的是什么，需要传递哪些信息或达到什么目标；
- 考虑参与者的数量和地理位置，以及信息的传递范围和复杂度；
- 评估沟通的紧急程度和时间要求，以及不同方式对时间和效率的影响；
- 考虑是否需要实时地交互和参与，以及不同方式对参与程度的影响；
- 确定是否需要保留记录和存档，以及不同方式对信息保存的便利性。

接下来将进一步介绍几种沟通方式，并给出大致的选择建议。关于每种沟通方式常见的疑问，如具体怎么执行、有哪些注意事项以及怎么组织更高效等，后面还会展开介绍。

- 会议：当交流事宜对时效性要求高、特别重大且需要现场互动或更好地集思广益时，考虑选择会议进行沟通。会议要求所有与会者到场或在线，因而会影响每一与会者的时间管理，这一点需要会议召开人特别关注。会议是一种同步的沟通方式，因而时间成本特别高。
- 邮件：邮件最大的特点是提供书面记录，方便回溯，是一种异步的沟通方式，但时效性不强。当需要传递具体信息、小范围讨论、参与者跨时区或为了记录共识和形成行动闭环时，选择邮件进行沟通更合适。邮件的接收者是被动的信息处理者，即只有接收者收到邮件才会引发关注，达到信息被告知的目的和提供参与互动的机会。

- 直播：直播触达面广，且提供的录制和视频下载功能可以方便他人后续观看，使得内容的传播面更广、传播时间更久。直播可以用于演讲、培训、公告等主要是宣讲人单向输出的场合。
- 文档：文档提供了集体协作和共同完善的机会，能够方便多人检阅和参考。文档适用于知识管理、工作流程、规章制度等场景。与邮件不同，阅读文档是读者的一种主动行为，文档的制作者和阅读者通常约定好了文档存放位置，由阅读者自己主动检阅。

现实中，存在一次沟通采用以上 4 种沟通方式中的不同组合的情况。比如，像组织架构调整这样的人事变动，除了会通过邮件通知大家，还会召开会议进行解读和解惑。再比如，完善过的制度文档会以邮件的形式及时进行通知。

作为职场人士，需要清楚地知道如何用好这 4 种常见的沟通方式。用好是指掌握相应的技能，以及清楚地知道每个使用场景中自己的角色与责任，最大限度地实现利己和利他。

5.2.1　会议

低效能的团队在会议召开上存在三大糟糕的突出现象。其一，主持意识的缺乏使得会议秩序混乱，大量的时间被浪费。其二，与会人员时间管理意识薄弱，频现迟到和拖堂。其三，会上达成的共识会后无法落实。

会议是每个职场人士都不可避免要参加的。为此，无论是作为会议被邀请人还是召集人，都需要掌握高效开会的技能。此时，可以将改善上面所列的三大突出现象作为重要的切入点。

一个高效能的团队，其效能会体现在各类细节中，包括召开会议的细节。召开会议的形式和过程、与会者的言行和处事方法，都能体现一个团队的专业度和职业化程度。

如果你想了解我曾用过的会议管理方法，请从微信公众号"至简李云"的消息菜单中获得在线文档。

1. 会是多好还是少好

职场中，不少人抱怨会太多。自然地，召开会议的数量是多好还是少好，成为大家关心的一个问题。我的实践经验表明，这个问题的答案不固定，与团队的状态有关。

对于一个低效能的团队来说：如果会议已经很多了，则说明会议的质量不高，需要提高会议质量并逐步减少会议数量；如果会议很少，则说明个体间或团队间存在协作不紧密的问题，为此应当在确保会议质量的情况下，适当增加会议数量。

对于后一种情况，如果会议数量的增加导致有人抱怨，请不要被这样的抱怨迷惑而放弃增加会议数量。因为一个本来就低效的团队，团队成员对协同价值的认识是不到位的，对协同带来的好处的体会也是不够的。这样的团队反而需要通过会议的刺激才能体会到协同的价值。

对于一个高效能的团队来说，通常关心的不是会议的数量，而是会议的质量，比如在会议前思考：这个会开了有没有价值？这个会一定需要召开吗？

2. 开必要的会

会多但低效，往往与管理者的管理水平不足有很大的关系。这类管理者喜欢开会的原因大体上有这么几点。其一，通过开会找存在感和价值感。其二，因为思考与掌握的细节信息不够，拿不定主意，所以只能通过开会，让团队的其他人一起讨论，本质是将管理者个人应承担的责任转嫁给集体。其三，没有掌握或用好开会的相关技能，导致会议开不出效果。其四，对会议成本没有概念，并且对低效甚至无效的会议的副作用缺乏认识。

关于第二点，这种会的不合理性具有一定的隐蔽性，因为表面看来，大家一起讨论可以更快定方案很合理，但背后很有可能存在个体的不作为现象：没有做深入思考，私下没有花时间与不同的人讨论，本应由个人负责的事，直接放到了集体层面来完成。

在打算召开会议之前，一定得先考虑其他可替代的沟通方式。只有当其他沟通方式的效果不好时，才选择召开会议。下面给出了一些需要召开会议的场景。

- 参与沟通的人数众多，且采用非会议的方式沟通时，存在不同观点来回穿插的现象。为了更高效地达成共识，应考虑采用会议方式做进一步沟通。
- 大主题的技术分享。对于小主题的分享，建议通过邮件、博客、内部文档等以文字的方式完成；但对于大主题的分享，因为时常需要问答环节来释疑，所以使用会议方式更好。主题是大还是小得根据团队的具体情况来定，对于技术类主题，深、广、新的内容会显得"大"。
- 周期性的例会。比如，管理团队周例会、项目周例会、部门全员月度交流会等，这些例会的主要目的是让小范围的信息在大范围内充分流动，以便有更多的人了解工作进展而能更好地协同。例会所讨论主题并非完全与具体工作相关，还可能有形而上的即兴交流，从而也起到团队建设的功效。但有一点需要提醒，要控制例会时间，如果有特殊情况，要在会前规划并通知与会者。
- 突发事件的应对。突发事件因为紧急，对交流的时效性要求高，所以选择召开会议商讨和决策更合适。

3. 将会开短

首先，不要在周期性的例会上让与会者逐位汇报自己的工作进展。原因有两点：一是浪费时间；二是与会者很难通过听而全面掌握会议内容。更好的办法是，个人将工作进展以邮件的形式在会前进行汇报与抄送；收件人有疑问的，直接回复邮件询问；通过邮件交流后仍有疑虑或异议的再拿到会议上讨论。采用这样的方式能显著地提高会议效率。

在例会上逐位汇报工作进展可能是希望通过这样一种形式，让与会者更全面地掌握整体的工作进展与情况。这个思路没有问题，但更好的方式是训练与会者形成会前认真阅读邮件的习惯。还是那句话，高效能体现于每个细节中，主持人（或管理者）应该花点心思让大家养成这个习惯。

其次，尽量压缩会议议题。压缩的原则是，如果只涉及小范围的人去处理的事，就不要将之扩大到会议上来，除非需要进行大范围的信息传递或需要集体决策。现实中，将小问题扩大处理也是低效的一大原因。

再次，采用分而治之的方式减少与会者数量。接下来，我分享自己的一个成功经历。

我曾在一段时期内参加了包含所有产品经理、技术主管以及项目经理在内的大部门周例会，会议的主要目的是协调项目计划。会议的进行方式是每位产品经理告知大家自己有哪些需求要做，然后与项目经理和技术主管讨论人员调配问题。由于全体产品经理的需求总和远大于技术团队的整体开发能力，因此在会上需要解决产品经理间的资源竞争问题。

值得一提的是，每位产品经理个人的全年绩效结果与技术团队投入的人力强相关，所以产品经理在资源调配环节会极力争取资源，竞争相当激烈。会议上时常出现的景象是，技术主管听产品经理们商量需求的优先级，产品经理们听技术主管讨论软件开发工程师的人员安排，会议时间就这样飞快地流逝了。

这样的会开了几次后，我终于受不了了，采用了分而治之的方式来进行改善，其背后的思路是：产品经理们讨论需求优先级方面的细节内容，技术主管不用知道；技术主管讨论的细节内容，产品经理们也不用知道。产品团队和技术团队各自所要讨论的内容，无须放到一个会议上讨论。

为此，我帮助产品团队梳理出了用于管理所有需求的 Excel 表格，要求所有的需求必须有优先级。技术团队则根据需求的优先级，按照从高到低的顺序，安排人员落实开发。这就要求产品团队内部在例会前先就所有需求的优先级进行讨论，并将结果体现在这张 Excel 表格中。

需求的优先级确定后，由项目经理与技术主管进行人员安排。这些工作同样可以在例会前完成。如果个别需求安排有问题，双方可以在会前通过即时通信工具讨论解决，后面在会议上再解决仍然存疑的那部分内容。

做了这些改变后，大多数情形下大部门周例会在 10 分钟内就可以结束。分而治之的目的，不是减少讨论的议题，而是通过分解，将议题的一部分内容放到会前更小的范围内去完成，从整体上缩小会议的涉及范围及缩短会议时长。

最后，养成准时散会的习惯。比准时开会更难的是准时散会。准时散会考验主持人对会议的计划能力及在会议中控场的能力，有一定难度。但即便一开始有困难，也要给自己设定这个要求，不能因为难以做到而放任自己破坏要求，带来最终对要求的麻木，养成会议拖延的习惯。

会议组织者也不能因为想要避免会议拖延就人为设定过长的会议计划时长。如果这样做了，只能说明会议组织者不专业。会议计划时长过长，其实无助于避免会议拖延，因为与会者如果发现时间充裕，反而容易发散议题。如果主持人也容易放任这样的行为，结果只会导致会议拖沓。

4. 邀约先行

会议管理是职场人士时间管理中的关键组成部分。为此，全公司召开任何会议都应养成事先发送会议邀约的习惯，帮助个体更好地管理自己的时间。当召开会议不采用提前发送邀约的形式时，就容易出现会议开始时间到了人却还没有来齐的现象。

使用会议邀约的好处有两个。

- 会议邀约可以设置会前提醒功能，像闹钟那样帮助提醒与会者准时出席会议。在发出会议邀约时，可以设置是否启用会前提醒功能和提前几分钟提醒。
- 会议邀约有助于与会者更好地进行时间管理。与会者收到会议邀约后，他的日历中将会出现一条记录，标识会议召开的具体时间段。对于一天需要参加多个会议的人来说，这能很好地帮助他安排一天的日程。

像微软 Outlook 这样的邮件收发软件和钉钉这样的即时通信软件，都有日历功能且支持会议管理，能方便地发会议邀约，具体使用方法可从互联网上搜索获得。

发会议邀约时，一定要记得给会议取一个让人一眼就能了解会议目的的标题，这有助于被邀约人在自己的日历中一看就知大概。

职级越高的人，越应该掌握采用日历管理自己的会议时间这样一项非常基础的技能。他们如果没有养成这一习惯，那大概率也是低效的管理者。

发会议邀约时，如何知道所有与会者在某天的某个时间段是空闲的呢？其实大多数能发会议邀约的软件有这样的功能：当创建会议邀约时，选择好了时间段和与会者后，软件会自动地显示每个与会者是否存在与该时间冲突的其他会议，如果没有，那就放心大胆地发出自己的邀约即可。

被邀约人在收到邀约时，有一点需要特别注意，即在会议提示框中确认自己是否参加这个会议。如果出于某种原因出席不了或认为这个会议没有参加的必要，那就应当拒绝并写明理由，会议召集人收到拒绝理由后，就可以根据具体情况做进一步的协调。当被邀约人收到邀约后没有做接受、待定或拒绝的确认动作时，便默认他会出席会议，届时准时到场就是应有的行为。

看似很小的发起会议邀约的动作，却体现了一个公司的运作效率，背后涉及统一的工具、一致的处理方法和不同角色到位的协同动作，整个链条上的每一个环节都做好才能收获高效。

5. 会前准备

缺乏会前准备是很多低效会议的通病，或许不少人以为召开会议就是发会议邀约、订会议室那么简单，实则不然。

会议召集人所需准备的内容有如下 5 点。

首先，明确会议议题，说明会议目标。议题可以有多个，但必须确保每个议题明确。比如，提高软件发布的成功率。会议目标应具体、清晰和可实现。比如，从当前的软件发布流程中找出改善点，并为每一个改善点制定优先级逐步改善，从而持续提高软件发布的成功率。如果目标能体现量化数据的变化，那就更好了。

其次，选择合适的与会者，将尽可能减少与会者的数量作为选择原则。在选择一名与会者时考虑：需要他在会上提供信息吗？需要将信息传达给他吗？需要他做决策吗？如果这 3 个问题的答案都是不需要，则说明他不应被邀出席。开会很忌讳不经思考地将大量的人邀请入席，不合适的人选不仅无助于会议进程的推进，还可能引发没有必要的噪声，进而导致跑题。

再次，为与会者提供所需背景资料，明确与会者需要做哪些额外准备工作。默认情形下，所有与会者都应消化会议召集人提供的背景资料，并提前做必要的思考。与会者的充分准备有助于提高会议效率与质量。会议召集人可能需要其他与会者的协助，这种情形应在会议邀约中明确，并与所需协作人做必要的确认。比如，张三应在会前准备好目前软件发布的流程图，以便会上讨论时参考。

另外，为每一项议题分配大致所需时间，并基于各议题估算出整个会议所需时间。评估各议题所需的时间时应考虑：越复杂的议题所需时间越长；与会者越多可能所需时间越长；与会者对议题的熟悉程度对会议时间有影响，熟悉则所需时间可能更短；会议是以讨论为主还是以分享为主，前者大多需要更长的时间。对于周期性的例会，通常安排固定的时长，实际召开时长根据具体会议内容进行调整。

最后，确定会议日期与具体时间段、预定会议室，并在发送的会议邀约中阐明这些信息。邀约发出时间应较会议的实际召开时间有一定的提前量，为与会者预留必要的准备时间。

对于讨论型会议，会议召集人应事先整理自己的大致思路和解决方案，这样在会议召开时，就能抛出自己的具体方案以更好地引导会议进程。切莫毫无准备。**任凭会议开到哪儿是哪儿，这样的行径其实是不负责任。**

6. 准时开会

要让会议准时召开，会议召集人应在会议开始前提前几分钟到达会场做准备。比如，检查会议所需用品是否到位、器材是否运作正常，以及根据需要调整桌椅布置会场等。

与会者要准时进入会场，进入会场后，还必须快速进入状态，避免人到心不到。进入状态意味着在会议召开之前，对会议主题和会议目标都做了充分了解和准备。为了确保在会议开始时能快速进入状态，建议提前几分钟进入会场。

与会者迟到，等人到齐再开始会议是会议的顽疾之一。就我的经验而言，对于迟到现象，"迟到基金"（迟到的人缴纳罚款，用于团建）是解决该问题非常有效的一种手段。针对等人到齐后再开始会议的问题，有以下 3 种处理方法：

- 对于确实不能缺席的与会者，会议召集人在会议开始前，再次发送消息提醒他务必准时参会，让他意识到自己的责任；
- 准时开始会议，错过的信息由迟到者自行了解，不在会议过程中专门补充；
- 用不允许迟到者进场的方式，制定会议不能迟到的规则。

对于与会者来说，难免会有意外，如果意识到即将迟到，请第一时间通知会议召集人，使其有心理准备。这是基本的职业素养，也是对所有与会者的尊重。

7. 会中主持

低效的会议在很大程度上是由于缺少主持人或主持人缺位。主持人很多时候由会议召集人担任，也可以在会议开始时，由会议召集人指定其他人担任。

主持人的主要职责之一是维持会议秩序。根据实际经验，主持人需要特别注意以下几点。

- 议题讨论时间的控制和提醒。
- 话题跑偏时，及时制止。
- 多人同时发言时，协调以串行的方式有序进行，避免出现谁声音大听谁的现象。

- 对强行打断他人发言的不礼貌行为（除非是为了让会议更高效）及时制止，促使会议有序进行。
- 出现大会中开小会的现象时，及时提醒并制止。
- 出现有人表达观点过于啰嗦时，提醒其发言简洁。
- 会议中出现情绪化发言时，能及时洞察、安抚并收场。
- 发现大家对会议的准备并不充分时，可采取立即终止、择日再议的方式。

控制会议节奏是主持人的另一个职责。节奏控制分前期、中期和后期 3 个阶段。会议前期须注意的事项如下。

- 如果有新面孔参加会议，则先介绍他们。对于跨部门的会议，应考虑让他们进行必要的相互介绍。
- 简要说明一下议程，包括各议题及估计时长，让大家对议程有个大概的了解。
- 阐明基本的会议规则。会议规则可以包括任何有助于保证会议效率的提议或方法。比如，会上的发言应做到言简意赅、先了解问题再给结论、尊重他人在会上的贡献（对事不对人）、对各议题守时讨论、不打断他人的发言、不做与会议无关的事、将手机调到静音状态等。
- 如果需要的话，扼要说明上次会议的结论以使多个相关会议有很好的衔接。

会议中期须注意的事项如下。

- 在各议题讨论结束时进行简单总结，以保证大家不存在理解偏差。
- 当有些议题无法在规定的时间内完成时，考虑重新安排一个会议继续。这是保证会议准时结束很有效的一种方法。
- 确保所有与会者专注。当出现与会者讨论与会议无关之事时应及时制止，为会议营造专注的氛围。专注不仅能提高会议质量，带来更多的思想碰撞与交流，还能提升会议效率，缩短会议时间。

会议后期须注意的事项如下。

- 在结束会议前共同回顾一下会议成果。比如,复述一下会议共识和会后行动。
- 感谢与会者。
- 如果存在遗留议题,则告知大家后面会重新安排别的会议,请大家耐心等待通知。
- 询问与会者是否存在可在会上快速解答的问题。

提高与会者参与度也是主持人需要关注的一个点。对于没有发过言的与会者,可以询问"不知你有何建议"引导其参与;对于欲言又止的与会者,可以通过"你好像有话要说"来鼓励其表达。提高与会者参与度能很好地规避"一言堂"现象,让各方在会议中充分地交流观点。

每个议题开始前,提醒议题提出者同步公开议题背景信息。针对与会者对议题背景信息了解参差不齐的情况,可通过询问"对于该议题的背景信息不知大家有哪些问题",然后借助议题提出者的回答让与会者对议题背景信息有一致的掌握,同时避免从头到尾介绍议题背景信息造成的时间浪费。

8. 会中记录

随着会议的进行,一定会产生各种不同的观点和达成阶段性的共识,这些信息必须记录下来,以方便将来参考。为此,会议需要一名记录员。记录员可由会议召集人担任,也可由会议召集人指定其他人担任。

记录员需要有良好的概括与总结能力,以便对会议中有价值的信息在不失真的情形下进行加工整理。在进行会议记录时,对于达成的共识一般不会忘记记录,但对于被否决的观点或解决方案,可能会疏于记录。事实上,这些信息也需要记录,且需要记录被否决的原因,以免将来在其他的场合提及这些观点或解决方案时,忘了曾经的讨论,又从头来一遍。如果这些信息被记录下来,后面的进一步讨论便可只针对差异化部分展开。

记录员还得将会议中的遗留问题和会后行动及时捕获并记录下来,这些信息是整理会议纪要时的关键内容。

9.　会后跟踪

会议结束后，记录员须将会议内容整理成会议纪要，以邮件的形式发送给每位与会者，并抄送给必要的其他关注会议结果的人，以便大家能持续跟踪，避免会议沦为走过场的"形式会议"。整理会议纪要须注意下面两点。

- 对各议题达成的共识进行总结。总结的言辞要简明，组织结构要清晰地与各议题保持对应。
- 对会后行动进行明确并指派责任人，如果有必要还得明确完成期限。会后行动可以包含会上遗留问题的处理。

会议纪要是召开会议的关键产物。与培训、技术型分享等会议不同，讨论型会议如果没有会议纪要，则如同会议未曾召开过。会议纪要的好处有以下 3 点。

- 将会议中达成的共识沉淀下来，以便在下次进行相同和相关议题的讨论时，拿出来参考，既避免"炒冷饭"，又有助于做差量式讨论来提高效率。
- 能帮助与会者检查各自对会议中达成的共识是否存在理解偏差，甚至作为"证据"。当发现存在理解偏差时，可以通过回复邮件进行确认并纠正。会议纪要相当于各与会者对自己的后续行动做出的承诺，便于各方照此检查承诺是否兑现，这样相互推诿之事自然容易避免。
- 会议纪要有助于会后行动的跟踪落实。完成会后行动的与会者，应该通过回复会议纪要邮件告知所有与会者，这样跟踪起来便很方便。

为了避免会议纪要成为摆设，会议召集人须持续跟踪会议纪要邮件中的共识与行动项是否落实。当存在没有落实的情形时，会议召集人应通过回复会议纪要邮件进行问询与提醒。同样，当相关责任人完成自己的行动时，也应及时主动回复会议纪要邮件同步信息。让会议纪要邮件流动起来，能有效地确保会议成果得以真正转化。

在当下钉钉这类即时通信软件被普遍采用的情形下，会议纪要也可以考虑采用这些工具所整合的在线文档去记录，而非一定要用邮件。将会议纪要文档的链接分享到群里供大家确认与跟踪，也是常用的工作模式。

5.2.2 邮件

邮件在现代职场中是非常重要的沟通工具之一，在与欧美人士交流时更是如此。是否及时处理邮件，是个体职业素养的部分反映。如果一个人经常不读或不及时回复邮件，则表明这个人的职业化水平有待提高，除非公司采用了其他的沟通软件，有意弱化邮件的作用。

1. 默认就是确认

只要你作为收件人收到了邮件，无论你是否读过邮件中的内容，职场中的潜规则是：默认就是确认。 针对此潜规则，有如下两个注意事项。

- 无须就收到的邮件回复"已收到"进行重复确认，避免浪费大家时间去处理一封无效的回复邮件。
- 如不认可邮件中的内容，就及时回复邮件加以指出。只要没有通过回复邮件提出异议，就表示认可。这与你是否读过邮件、是否忘了回复无关。如出现没按邮件内容执行而被问责的情况，这个责任只能你自己来担。

只有遵守默认就是确认的规则，才能让邮件发挥高效沟通的作用。正因为这条规则的存在，在使用邮件进行工作沟通的公司里，每个员工都应养成每天处理邮件的好习惯。

2. 保护自己

人在职场，不能有推诿的陋习，但一定要有保护自己的意识。**邮件就是一种很好的保护自己的"武器"。**

当与人协作时，特别是与你所在团队之外的人协作时，不可避免地要一起商量并达成共识，然后基于共识去协作。需要特别注意的是，在这种场景下不少人容易遇到麻烦。

这类麻烦在于，如果没有白纸黑字地将共识记录下来并得到双方的确认，就有可能出现双方因为理解不一致或一方反悔而相互推诿的现象。如果问题小，只是让人不愉快，也还好；但如果问题较大，比如导致商务问题甚至带来巨大的经济损失，那就是大事了。

为了避免这类麻烦，个体需要在工作中特别重视将双方达成的共识和会后行动，以邮件的形式记录下来发送给对方。如有需要，邮件还可以抄送给双方的直接主管。

当共识和会后行动以邮件的形式记录下来后，如果后续出现争议，则有邮件作为证据，而不是任人乱来。对方如果不认可邮件中的内容，但又没有提出异议，届时默认就是确认的规则就可以发挥作用了。

3. 防止遗忘

大多数邮件工具提供了跟进功能，用好跟进功能，可以避免因为忘记处理邮件而带来麻烦。下面以微软的邮件工具 Outlook 为例说明如何使用跟进功能。

因撰写此部分内容所需，我给自己的邮箱发了一封标题为"演示跟进功能"的邮件。当邮件被接收后，将鼠标指针移至邮件列表中的这封邮件上，邮件的右侧会出现图 5.1 右侧所示的小灰旗。

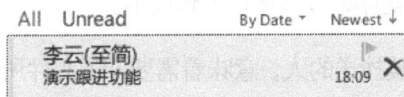

图 5.1　Outlook 中的小灰旗

如果希望对邮件进行跟进，就单击小灰旗，它的颜色将由灰色变成红色。邮件被设置为跟进状态后，可从 Outlook 的任务栏中找到，如图 5.2 所示。

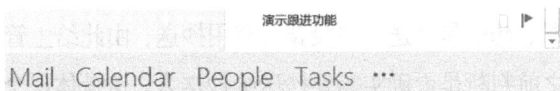

图 5.2　Outlook 的任务栏

就我个人的工作习惯而言，在以下情形下我会将邮件设置为跟进状态。

- 对于重要但没能立即处理的邮件，为了避免遗忘。
- 为了观察邮件中所提及的行动将来是否落实。这种情形是从主管的角度去考查邮件中的工作内容是否最终形成闭环，可帮助我考查相关个体的职业素养。
- 对于那些提供重要信息的邮件，为了将来某天需要用到时方便查阅。

要使邮件的跟进功能发挥效用，就必须养成时常回顾任务栏中的邮件列表的工作习惯。力争让那些需要跟进的邮件尽快从任务栏中消失，这也是个体工作执行力的体现。当邮件跟进落实后，单击小红旗，邮件就会从任务栏的邮件列表中消失，这表示邮件跟进事宜已结束。比如：

- 对于需要我落实行动的邮件，我会在行动结束后回复邮件通知大家；
- 当我发现有邮件长时间没人更新会后行动的进展时，我会择机回复邮件询问是否有进展。

4. 用好抄送

很多人在发送邮件的时候很喜欢抄送给一大堆人，而不管对方与此相干还是不相干，估计是抱着宁滥勿缺的态度，其中主管及上层领导是经常被抄送的人。也有人认为邮件抄送过了，就意味着信息同步到位了。

但事实上，邮件中被抄送的人，意味着需要知道邮件所述之事，但这件事与他并无直接责任关系，他可以回应或不回应。鉴于默认就是确认的规则，抄送邮件时，需要谨慎选择哪些是收件人，哪些是抄送人。如果是对方必须及时知晓或响应的邮件，就需要将对方的邮箱地址置于收件人列表而不是抄送人列表。

同时还要避免滥用抄送。比如，有些内容其实是无须发送给主管的，但现实中不少人会忽视判断，想的是抄送了总没错，滥用抄送，由此给主管的邮件处理工作带来负担。抄送之前判断是否确实需要抄送给抄送人，这是体现个体工作执行力和判断力的一个细节行为。

以下是抄送在工作中所起的作用及场景举例（非绝对同时也不限于）。

- 与同事交接项目或者交代任务给同事时，将邮件抄送给主管，让主管起到见证或监督作用。
- 抄送业务相关的邮件让主管了解当前的业务进度，除非主管表达过无须抄送给他。
- 因同事的不配合严重影响了工作，在沟通无效的情况下，写一封邮件阐述目前情况并附上改善建议，抄送给主管，起震慑作用。
- 取得成果时抄送给主管，起到表功、营销个人的作用。
- 将与其他部门相关的业务邮件抄送给自己的主管及其他部门的主管，表明这是部门之间的协作，是得到了各自主管的认可的。
- 假设你是主管，表扬下级时，可以抄送给上司，增加表扬力度，这也是展示你管理才能的一种方式。
- 假设你是主管，给下属分配任务时，如果需要得到其他部门的协作，就抄送给其他部门主管请求支持。
- 出于特殊原因需要越级发邮件时，视情况可抄送给直接主管，以免直接主管认为你在越级报告。
- 团队之间有矛盾时，比如有团队与你所在团队展开恶性竞争时，可选择在合适的时机将信息同步出来，并抄送给关键人物，起到施压或警告的作用。

邮件的书写与抄送，其实就是表达与沟通的艺术。对于邮件的解读和使用，你完全可以有自己独特的智慧。

5. 分门别类

邮件收发软件大多提供了如下功能：通过创建规则，基于发件人的邮箱名将邮件放到不同的目录中。当然，也可以根据自己的需要手动创建不同的目录，比如为不同的项目创建项目目录，或给不同的人创建不同的目录，例如为老板的邮件单独创建名为“老板”的目录。

我的工作习惯是，基于发件人的重要性、邮箱类别，分别创建不同的目录，然后通过邮箱规则，让软件对收到的邮件自动分类并放到对应目录中。这样做的好处是，可以基于目录的重要性或紧急程度处理邮件。对于那些不那么重要的邮件，则放到其他空闲或业余时间处理。

对邮件做好分类，也是个体进行时间管理时需要掌握的一个小技巧。管理时间，不只是掌握时间管理的方法论，利用好工具，让工具来帮助我们提升效率也很重要。

5.2.3 直播

类似钉钉这样的即时通信工具大多有直播的功能。直播适用于大规模的在线活动、宣讲会、培训等场景，比如产品发布和推广会、行业内的交流和分享、组织内部的培训等活动，以及公司内部的重要公告、大型会议、管理层宣讲等。

直播内容可以录制并保存，方便观众在需要时回放或分享给其他人。相较于线下会议或活动，直播可以节省大量的成本和时间，尤其适用于远程参与者。

我的经验是，将新员工入职导引、工具使用介绍与经验分享、流程引入宣讲、内部技术分享等内容都采用直播的形式完成。直播结束后，将回放视频下载到本地，再上传到钉钉的网盘或知识库中保存起来。这些视频可以作为必修课，要求新员工在入职之初完成学习。在这样的应用场景下，直播不只能通过首次宣讲发挥价值，更能在日后的员工培训体系中持续地将价值放大。

5.2.4 文档

文档不仅是实现沟通和传播的重要方式，更是整个公司灵魂的关键载体，体现了公司的文化、积累和传承。专利、制度、流程、规范、文化、规划、目标管理、计划等，都需要通过文档来承载。可以说，"无文档不公司"。

对于团队来说，文档还有着沉淀最佳实践、经验教训、技术实现框架演进等作用，可通过有效地构建团队的知识库，帮助打造"铁打的营盘"，实现团队的可持续发展和提升团队效能。可以说，"无文档不团队"。

掌握文档编写技能是职场人士的必修课。可以说，文档编写能力是衡量一个人综合素质的重要指标之一。但大家对文档的漠视，及文档编写能力之弱，也许比你想象的还要糟糕，这也极大地拖了团队效能的后腿。文档不仅要写得好，还要管得好。关于文档的编写和管理，第 12 章将做进一步的介绍。另外，要写好一封邮件，也需要用到写作技能。

5.3　虚实结合的沟通

要让集体发挥团队的效能，不能只关注技术与项目这些务实的内容，还得留意务虚的内容，后者在集体没有真正走上高效能之路前尤为重要。"实"指的是具体化、让人看得见的、具有可操作性的内容，比如制度、流程、规范、文档等。"虚"则强调文化、意识、理念、荣誉感等不可见，但最终会通过个体的行为反映出来，从而体现其价值的那部分内容。人不是工作机器，人需要被看见，需要有归属感和价值感，而这正可以依赖虚的这部分来达成。

我加入阿里巴巴浏览器技术团队的初期，团队并没有周例会和月度交流会，所有的会都是围绕技术、需求和项目召开的，显得极为实在。后来，我找机会引入了周例会和月度交流会，通过这两个会议和面对面恳谈来得到虚的这部分。虚实结合的沟通可以提升团队效能。

5.3.1　轮值周例会

技术团队的周例会分两种，除了横向的技术管理团队周例会，还有纵向的小组周例会。下面基于图 6.1 所示的组织架构图加以说明，该部分内容也指出了团队管理应具备清晰的组织架构。以梯度化管理的形式实现管理方法与理念从上至下地传播，周例会是最为重要的途径之一。

纵向的小组周例会由各技术主管组织召开。小组周例会将参考当周的技术管理团队周例会纪要，以明确当周技术管理团队讨论了什么、需要各小组跟进什么等。大体上，小组周例会的召开步骤与技术管理团队周例会的召开步骤是相似的，且各小组也有"周例会纪要"这样的文件用于会议管理。

采用以轮值主持的方式召开周例会的举措，其实是向全民管理迈出了非常重要的一步。全民管理这一形式让团队中的所有个体都有机会体验主管的思考模式。通过换位思考，他们能发现过去只专注于技术工作而发现不了的自身存在的问题，从而扩大工作视野、改善自我管理能力和锻炼团队管理能力，进而更大限度地发挥主观能动性，避免陷入"那是主管们的事"的狭隘思维。全民管理的模式有助于应对将来团队规模急速扩张可能面临的主管匮乏问题，让团队更稳健地向前发展。

轮值主持实现了主管轮流做的局面，让本来很正式的上下级缩小了权力距离，这对打造开放的团队氛围有非常大的帮助。全民管理能力的提升，不仅提升了组织管理效率，还降低了管理难度和成本，也使得主管可以释放更多的管理精力去专注于业务与技术的发展。

有了横向与纵向的周例会后，管理层就可以通过这一途径很好地传达管理理念和贯彻管理方法。这一途径能很好地将整个技术管理团队的理念与做事方法向下传播，完成以个人影响小集体，到最终影响全团队的不断递进。

以轮值主持的方式召开周例会一事绝非只关乎会议效率，因为会议效率在很大程度上反映了整个技术团队的管理水平，而会议效率一旦改善，就会潜移默化地影响团队运作的方方面面。

5.3.2　月度交流会

我第一次在整个大团队中引入月度交流会是为了大范围讨论一些话题及提出

改善建议。那次月度交流会基于"我们需要怎样的管理模式"这一话题，探讨了是需要家长式还是自主式、封闭式还是开放式、从上至下式（被动、控制）还是上下互动式（双赢）；并且基于"如何培育想要的管理模式"这一话题，探讨了应以开诚布公还是各自为政、主动汇报还是被动答复、积极互动还是消极应对的问题。改善建议则围绕"培养习惯、积极互动、注重沉淀、及时反馈、拥抱英语"这 20 字展开。

从那以后，月度交流会成为团队的常规月度例会，于每月的最后一个周四的下午 4 点至 5 点召开，由我负责制作所需材料。经过一年多的持续积累与完善，月度交流会的内容变得具有多样性，包含但不限于以下这些。

- 回顾一个月整个团队完成了哪些项目。回顾过程很简单，就是将所有正式发布上线的项目罗列出来，这样做有助于个体了解整个团队的所有项目的进展，也希望能在一定程度上鼓舞士气。

- 汇报团队中各岗位做了哪些技术改进与工程效率改善工作。这些汇报不但有助于将那些不为人知的进步展示给团队，还利于提醒团队在这些内容上始终保持关注与投入。

- 宣布流程与制度的调整与变更。即便各种调整与变更在会前已经通过邮件告知大家，我也仍会借大家聚在一起的机会，说明原因和指出期望达到的效果。这样也有效避免了因个体忽视邮件而未能及时了解的特例，同时表明了这些内容对于团队的重要性。

- 表扬当月在工作中存在闪光点的同事并陈述其事迹。向团队发出明确的信号，告诉大家哪些行为是团队认可的。希望通过公开肯定的形式，让更多的同事向这些同事看齐。为了进一步鼓励个体在工作中多一些闪光点，年末还会对个体每月的表扬次数进行累计，根据资金预算对表扬次数靠前的个体发放奖品。月度表扬是对良好文化氛围须具备的肯定这一元素（7.1.7 节将进一步讨论）的实践。

- 以建议的形式告诉团队哪些点有待改善。有时建议是一种委婉的批评。我会根据工作中出现的问题，以告知团队但不点名个体的形式，提醒团队如何规避与改善。

- 以具体事迹诠释基层技术管理原则（参见 7.2 节）。比如，对出现的个别重大技术事故，在月度交流会上根据实际情况向大家传达这并非简单的个体的工作疏忽所致，根源在于整个团队的技术基础设施没能完善到足以规避。我会告诉大家，只要技术基础设施不完善，这样的事将来就会发生在团队中的任何人身上。一方面鼓励团队，抓住技术事故这样的机会去改善；另一方面则强化大家对"务小事举轻若重，遇大事举重若轻"这一管理原则的认识（参见 7.2.4 节）。

- 自由话题环节。会议的最后阶段留给大家自由提问，有的问题现场就能解答并解决，有的则以会议行动项的形式在会后跟进，并在下次月度交流会上汇报结果。

月度交流会不只能让个体形成对团队的归属感，更能够塑造个体良好的工作意识。月度交流会是宣传团队文化的重要窗口。

5.3.3 面对面恳谈

团队成员之间出现冲突是不可避免的，也不用避免，因为大部分冲突只要能及时处理，就能成为个体间磨合和个体自我调整的契机。

一味回避冲突，会导致团队内部沟通不畅，员工的不同意见没有机会得到表达而被掩藏或压抑，表面上看起来团队一团和气，实际上团队中弥漫着冷漠和懈怠的氛围。这比冲突更可怕。

反过来，在一个高效透明的团队中，个体会坦诚、热烈、直率地说出自己的想法，这意味着冲突发生的可能性会变大。出现冲突，只要及时沟通处理就行。所以坦然地看待团队中的冲突即可，不用刻意避免。

对于个体间的冲突，我的处理原则是真诚开放，即安排双方坐到一起真诚开放地沟通，我以第三方的角色参与其中。一起沟通，可以避免信息不对称的问题，提高沟通效率。至于这会不会增加冲突升级的可能性，我认为大家有能力一起处理好。

通常，我会采取单独面谈和三方面谈两步走的方式来处理个体间的冲突。基于我的实践，这种方式对于处理个体间的冲突效果很好。

在三方面谈之前，我会先分别与冲突双方单独面谈，了解个体在冲突中所观察到的和感受到的，并在交流的最后与其确认是否接受接下来的三方面谈。在单独交流后，我会有自己的一些初步判断，但也依然保持好奇而不下定论。如果单独面谈时，一方并没有准备好面对接下来的三方面谈，要允许并等待。因为只要冲突没有解决，下次一定还会引发新的冲突，可在那时再来找三方面谈的机会。而且还有一种可能，就是双方在接下来的时间里自己解决了冲突。

在三方面谈开场时，我会鼓励双方就事论事，再次说出自己的真实感受，并告诉大家出现冲突是正常的，关键是如何在应对冲突的过程中共同成长。

在面谈的过程中，一方在直接面对另一方时，难免不能直接说出自己的感受或观点。此时，我会站出来，代他直接向对方说出那些话。这除了有助于提升沟通的深度，也能让双方更好地适应直面潜在冲突的场景。很多问题在面对面直接说出来时就已经解决了一半；当双方都准备好面对冲突时，冲突就不会是什么大问题了。

作为第三方，我不会采取和稀泥的方式去应对冲突双方的观点。除了发言关注沟通的建设性外，我会直接表达自己的观点。这么做是希望推动三方都去校准自己的言行，观点不同不要紧，将各自的观点表达出来才重要。

在三方面谈中，我之所以能发现他们存在知而不言、言而不尽的现象，正是因为我前期与冲突双方做了单独面谈。单独面谈时，他们在我面前因为没有太多的担心而更有安全感，所以会直接地说出他们想说的话。

再总结一下，我认为面对面恳谈成功的关键，首先是大家不回避冲突——直面问题；然后是冲突双方相互坦诚——相互尊重，共同成长；最后是我的开放公正——保持好奇，解决问题。

5.3.4　在对外互动中塑形

周例会与月度交流会是从团队内部去塑造团队之形。塑造团队之形还有另一途径，即与外部团队接触和协作。

我会鼓励团队成员在对外交流与学习中，勇于向他人宣传自己团队的理念与做事方法，让他人看见自己团队的积极变化与不同。勇气的背后最重要的是个体对自己团队的认同感。我也乐于听取团队成员回来后分享感悟，那能帮助自己的团队"照镜子"。掌握这些信息能为未来工作思路与方法的调整提供决策依据。

与其他团队协作时，我会要求并鼓励自己团队的参与者全方位展示做事的专业性，提醒他们那是对外展示团队形象的重要契机。

当其他业务团队前来借调人员时，我的态度非常明确，在能应对自身业务发展需要的情形下，鼓励团队成员走出去提供帮助。这样做不只因为不同业务团队间应互帮互助，更重要的是，这能为团队成员创造新的工作环境，让团队成员通过与其他团队的协作去感受自己团队与其他团队的不同。当然，其中也有我的一点"私心"——让他们走出去，影响别人。

5.4　站好沟通的立场

人在职场，打硬仗在所难免，那时压力一定很大。面对有挑战性的目标，如何与上级沟通是一件值得注意的事，我的建议是不要轻易挑战上层决策。

5.4.1　别轻易挑战决策链

一个团队一年中碰到一两个特别有挑战性的目标很正常。此类目标有可能一开始是上级与你一起商定的，但最终经过上层决策后目标变大了很多，让人一看就知道完不成，然后心里一急，你就与自己的上级"顶"上了，直接说目标一定完不成。这样的事我干过，当然，干过之后获得的是理解和成长，即明白了别轻易挑战上层决策。

你一开始从自己的视角制定的目标一般已经有挑战性了，但上层看到的不是可达成性，而是价值。你认为有挑战性的目标，很有可能从他们的角度来看，即使完成了价值也不大，那么他们在决策时就会设置更大的目标。

一旦上层做出了决策，他们希望看到的就是你能围绕那个目标想办法去达成。如果你在收到上层给出的更有挑战性的目标后，仍停留于争辩目标的合理性，就会导致上层怀疑你的执行力，并思考是不是用错了人。

你可能会想，这么有挑战性的目标，我完不成不是应该的吗？你感到很委屈，是的，基于你自己的立场，你是委屈，但如果基于公司的立场，你则应该理解。而且我想说，委屈也值得，谁叫你负责了这么重要的事呢！或者还可以反过来想，这么有挑战性的目标如果达成了，那么结果一定很出彩，因为产出了价值。

人难免进入一种摇摆的状态：希望承接公司重要的任务，但又怕压力太大；如果所承接的任务挑战性不够，又觉得没法体现自己的价值。是选择低压力、低价值，还是选择高压力、高价值，决定了个人的职业发展空间和经历密度。

5.4.2　必要的越级汇报

直接汇报是个体在日常工作中应采用的默认汇报方式，这样才能发挥组织架构的作用，否则会带来管理混乱而拉低团队效能。

越级汇报在某些情况下是必要的。比如，如果直接上级的行为或决策是问题产生的原因，在与他沟通未果的情形下，需要通过越级汇报进行确认或纠正。这种汇报直接上级可能不参与，也可能（不情愿地）参与。当你和直接上级商量好一起向他的直接上级汇报时，这种情形也就不算越级汇报了。

我以前带领团队时，如果有人单独向我越级汇报，我会第一时间确认他是否就所需汇报之事与他的直接上级有过沟通。如果没有沟通过，且汇报内容无关乎他与其直接上级的矛盾和意见分歧，我会直接终止他的汇报，让他与自己的直接上级沟通解决。这样做是为了维护他的直接上级的权威性，也是为了确保组织架构发挥作用。

我所接触的低效能团队的管理者常犯的一个错误，是不懂得为下属管理者立威而出现汇报混乱的现象，这类管理者错误地做了本不该由他们做的事，导致下属管理者失去权威性而不利于其开展工作。

我能接受的越级汇报的情况有以下三种。

其一，汇报人不理解工作方面的安排，他的直接上级与他沟通后，他仍存在困惑。我会基于自己的理解与汇报人交流，如果我也解决不了他的困惑，在征得汇报人同意的情况下，我会安排一次他的直接上级也参与的三方面对面恳谈。

其二，汇报人对直接上级不满。比如，汇报人认为自己的直接上级存在不当行为。这种情形我会报以好奇心小心应对，先单方面了解汇报人的感受与观点，再与他的直接上级单独沟通，了解情况，最后大概率会安排一次三方都参与的面对面恳谈。

其三，汇报人对自己的待遇有更高的诉求。针对这一情况，我会事后向其直接上级了解汇报人的薪资水平和工作表现，看是否需要在下一次调薪窗口到来时为他做适当的调整。

就我个人而言，我赞成并鼓励必要的越级汇报行为。首先，这是我了解基层工作的一个窗口，也是我了解下属管理者管理水平的好机会。只要处理得当，就可以做到让汇报人与他的直接上级不产生芥蒂。如果发现下属管理者水平不足，除了与下属管理者单方面交流，如果合适，我还会在管理周例会上就发生的案例分享我的思考和应对方法，起到借事修人的效果。其次，我认为整个组织需要越级汇报这一途径的存在，以约束管理者潜在的不作为，避免一手遮天、欺上瞒下等歪风邪气。这一途径的存在，会让一线员工更有安全感和参与感，其本质是我期待他们更加有所作为。

但是越级汇报得有前提。当你打算越级汇报时，下面这些点可以帮助你确定这一行为的必要性。

其一，确定立场。你越级汇报是为了事，为了团队，还是为了其他。这需要从立场上做充分的思考。

其二，就事，你是否与自己的直接上级进行过单独的沟通。如果没有，那么先沟通一定是必要的，这能很好地避免浪费更高级别管理者的时间，同时也能体现你的专业和成熟。

其三，就人，你是基于具体的事实，还是仅仅基于自己的感受、道听途说或臆想而得出的结论。在职场中与他人有冲突很正常，当面对人的问题时，需要特别小心，尽量从事实出发并展开汇报才合适。如果你确信存在人的问题，那就勇敢面对，这可能不只是为了自己，也有可能让整个团队更好。如果最终确认是误会，则要勇敢面对自己的失误，及时道歉。真实与真诚是处理这类问题的大原则。

5.4.3　发生冲突时立场为先

与人发生冲突时，特别需要注意的是站好立场，一定要从大局出发，而非只从自己（团队）的角度出发。

选择立场时，不应只考虑自己的主张或观点是否符合常识和合乎逻辑，还得考虑能否带来更大层面的价值。比如，如果你是一名工程师，那么在表达自己所面临的技术挑战时，就不能只站在技术的立场去提出主张或观点，你也要思考如果站在业务层面去阐述会给业务造成什么风险。进一步地，你还可以站在客户的角度，提醒会对客户造成什么影响。

当与人发生冲突时，不要只盯着对方的不足，而是要站在团队、业务层面或客户的角度，告诉大家不以你的方式行事会带来什么后果。

从管理者的角度，在面对下属间的冲突时，应首先关注立场问题。一个人的立场如果是对的，即便他在某些细节上并不完善，也会得到管理者的支持。因为从管理者的角度来看，立场是否合适是他首先要判断的，而细节可以集整个团队或跨团队的力量去完善。

5.5　以沟通促进关系

这里的关系指的是人际关系。沟通之于人际关系的重要性，不用多说。彼得·德鲁克曾指出，一切管理其实都和人的因素有关，而所谓的管理，必定是从管理人际关系开始的。因为不管是管理理念、方法，还是制度规范，都必须借助人际关系才能高效传播和运作，从而得到想要的结果。即使面对下属，职位上似乎天然地具有执行属性的人，要想其更高效、更能动地发挥价值，也必须依赖良好的人际关系。

建立良好的人际关系的最重要技巧就是沟通。当关系进展顺利时，恰当的沟通能让关系更加紧密；出现冲突时，充分的沟通则能克服和解决问题。当我们说人际关系良好时，并不是说要做到关系中没有冲突和摩擦，相反，良性的冲突和摩擦可以让关系变得更深入。出现冲突时积极沟通，这是让关系良性发展的正确途径。

沟通不仅仅是信息的传递方式，更是情感的交流途径。沟通的力量不仅在于解决问题，更在于建立联系，通过增强团队凝聚力去提高工作效率。通过有效的沟通，我们可以更好地理解他人，更好地表达自己，更好地协调团队工作，从而提升团队效能。

流程化是管理成熟度的首要标志。

高效能团队人人都是项目经理。

技术管理是技术的延伸而非换道。

工程方法论 = 流程 + 工具

第6章
打造流程化组织

流程定义了日常工作场景下完成具体任务的蓝图，通过对信息、资源、方法、测量、角色等要素的梳理，让个体能够依照蓝图自主地开展工作。流程体现了整个团队对于个体或团队的工作质量和效率所达成的共识和行为指导（也是要求）。流程背后蕴含的是科学方法、最佳实践，甚至是行业或企业所掌握的门道。

流程有简单与复杂之分，因公司的发展阶段、业务的复杂度和团队的成熟度不同而存在显著差别。简单的流程可以用一页 A4 纸表达清楚，复杂的流程则需要配合工具软件的运用来呈现。

需要注意，用流程来提升效率往往是从整个组织层面来考量的，如果从个体的角度来看，也许会觉得有些事情变烦琐了。这样的场景，需要个体以更为宏观的视角去理解。当然，不排除一些流程因为过时而带来低效，这时要否定的不是流程本身，而应思考如何改善流程，给流程升级。**流程也有生命周期，需要持续地迭代和演进。**

一个企业往往会有一套流程体系。一套完善的流程体系会涉及工作中的方方面面，比如组织架构、项目管理、工程方法，甚至是管理行为。

6.1 清晰的组织架构

组织架构决定了决策链路、信息传递、职责边界等工作流程的基本骨架。当团队达到一定规模但还没有清晰的组织架构时，低效就会成为必然。没有清晰的组织架构，意味着团队存在如下情况。

- 决策人模糊或一言堂。决策人模糊导致低效不用多说；一言堂看似高效，但是当所有需要决策的事情都只能找唯一的决策人时，他大概率会因为不清楚细节而需要再找人商量才能做决策，这唯一的决策人便很容易成为团队的瓶颈。
- 责任不清。因为没有通过组织架构细分并明确一部分人的责任，所以很难调动这些人的积极性，这不仅导致这些人效率低，还使他们做事不上心、纰漏太多，出现时不时要"救火"的情况。
- 沟通效率低。沟通时要么点对点范围太窄，要么人太多范围太宽，无论太窄还是太宽，都会造成沟通的质量和效率低。
- 无头或多头领导。这会导致无目标或目标不统一，让员工无所适从而影响工作积极性。
- 晋升通道不明确。这也将影响员工的工作积极性。

清晰的组织架构的关键是分而治之和明确职责。分而治之是指将一个大团队划分成不同的小团队进行管理；明确职责是指为每一个小团队指定管理者并由他承担起管理小团队的责任和义务，以及行使相应的权利。

只有分而治之和明确职责同时落实的组织架构才是清晰的。与明确职责相比，分而治之操作起来容易得多，因为团队从大到小的分隔很容易体现出来。大多数组织架构不清晰的团队，问题正是出在明确职责上。

6.1.1 分而治之的必要性

2014 年年底，我所在的阿里巴巴浏览器技术团队的人员规模是 50 人左右，整个技术团队分成客户端、前端、服务端以及测试四大部分，整体由一位总监（除技术团队外还负责产品团队）负责。技术团队根据地理位置划分成了 10 人左右的北京团队和 30 多人的杭州团队。北京团队由我负责管理（但我常驻杭州），杭州团队由另一名同事负责管理。那时整个团队所有的目标都是围绕完成项目制定的，人才建设、绩效管理等关键管理动作基本不见踪影。

2015 年 1 月 27 日，公司人力资源部发出邮件，宣布我正式成为整个技术团队的负责人。同日，我正式公布了提前准备好的如图 6.1 所示的组织架构图，将整个大团队按岗位职责分为 7 个小团队独立管理——北京的所有同事组成 1 个团队，杭州的同事分为 1 个测试团队、1 个前端团队、1 个服务端团队和 3 个客户端团队，并将各小团队成员的人力资源管理权和绩效考核权下放给团队主管，包括 7 位主管及项目经理和我本人在内的 9 人组成了技术管理团队。

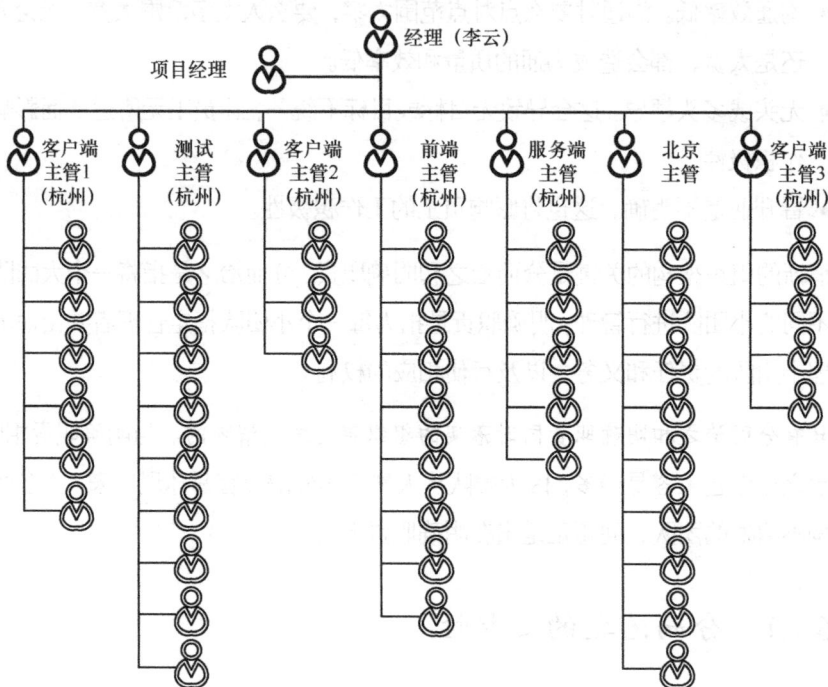

图 6.1　UC 浏览器电脑版技术团队的组织架构图

在成为整个浏览器技术团队的负责人之前，我只是一名客户端的技术专家。除客户端外，整个大团队还有前端、服务端、测试等岗位，而我并非这些领域的专家。

分而治之有如下几个好处。

其一，让专业的人负责专业领域的工作。各位主管可以很好地发挥其专业特长去处理专业领域的问题，并做决策。由此，绝大部分与专业领域相关的事宜不用我处理，这减轻了我的工作负担，避免我的工作时间过于碎片化。

其二，有助于激发主管们的工作责任心和积极性。官方的组织任命隐含了责任和义务，要求每位主管摆好姿态做事，处理好团队里的事，持续优化团队效能。责任明确能提升他们的工作积极性和自主性。成为主管也意味着他们有了新的发展和成长空间，这对他们而言是挑战也是机会。

其三，实现了整个大团队从松散管理到有序管理的转变。为了避免自己成为整个大团队的瓶颈，我除了分责放权外，还考虑让大家共同成长以管理整个大团队。这既是组织发展的需要，也体现了人才备份的思考。

其四，有了主管的就位，一线员工的目标管理、绩效管理、发展导引和工作指导等内容才能落地。这些内容的落实需要良好的过程管理，时间和精力的投入必不可少，只有让更多的人一起承担，才能做好。

分而治之让整个大团队的管理实现了梯度化。在调整后的组织架构下，我将自己的做事方法、思考与理念通过传帮带的形式影响技术管理团队中的每个人。然后由他们在各自的小团队中实践、传达，影响每一位员工，实现从上至下的影响。另一方面，由下而上，每位主管也能起到桥梁的作用，将一线员工的声音传递给技术管理团队，让日常管理工作更接地气、更有温度。

组织架构怎么设计才能让组织运作更高效呢？这是在进行组织架构设计时必须要考虑的问题。当时我是从以下 3 方面入手的。

- 先按职能（比如前端、服务端、客户端）和地域（北京和杭州）划分团队。
- 再根据每位主管的管理能力确定其管理的人数。对其管理能力不太了解的主管，先让其少带几个人。
- 任命主管时需要考虑团队将来的规模增长。图 6.1 所示的组织架构正是考虑了将来团队规模的增长而设置了 7 位主管。后来该组织架构确实很好地应对了人员转岗、异地调动和人员增长等变化，整个大团队没有出现主管"青黄不接"的问题。

6.1.2 "扶正"才能落实职责

不少人在成为主管后，很容易出现的一个问题就是自己拼命埋头干。基层技术主管还会认为自己的技术实力一定要突出，出现技术难题时，自己有责任冲在前面，由此让自己陷入疲于应付各类技术难题的困境。

所以任命主管后，要让主管真正发挥效能，最要紧的一件事，是尽快让他们建立起正确的主管意识，落实主管职责。**只要主管没有"坐正"，组织架构的威力就不能发挥。**

首先，在人力资源管理系统中调整汇报关系，将下属的请假申请批复权交给主管，这些看似很小的动作却是帮助主管建立身份认同的第一步。

然后，帮助主管尽快从姿态和心态上进行调整，让其更快地适应新角色。主管刚上任后，一开始的工作状态是事杂会又多，还要亲力亲为解决各类疑难杂症，他会觉得压力陡增、身不由己、力不从心。在这种情况下，一些主管难免会对一些挑战产生抵触的心理，还会觉得委屈。在主管经历这些过程时，我需要做到从姿态上引导，从心态上提醒。

1. 调整姿态

主管在姿态方面的调整包含但不限于以下几点。

第一，从大局出发，进行思考和表达。主管的身份决定了在很多情形下，他的观点不能只代表个人，而要代表一个小团队，甚至代表组织。主管扮演着承上启下的角色，在向下传达一些决策时，觉得尴尬、为难是人之常情，但有管理责任在身就不得不克服这种情绪，从大局出发，用理性说服自己做好执行工作。

主管在表达时需要注意下属会如何解读，避免被解读成站在组织的对立面而带来执行力不足的问题。当然，如果主管确实不认可组织的一些决定，应当在向下沟通前向上级提出，一旦达成不变的共识，就得认真服从与执行，这是立场问题——就是错了也得让错误犯得早一点，这样随后的纠正动作也会来得更早和更果断。

第二，切忌与下属争功或将责任全部推卸给下属。团队中每份功劳、苦劳、荣誉和委屈首先是主管的，这是组织层面默认的主管的责任和义务，所以主管根本没有与下属争的必要。下属的成功代表着主管的成功，主管要做的不是与下属争功，而是帮助下属成功。**将责任推卸给下属的主管，其实是在证明自己的不合格，不清楚自己作为主管的责任。**

第三，与其他主管或直接上级一起讨论时不能只是抛问题，更重要的是设法解决、形成共识和落实执行。组织对主管职业成熟度的要求一定更高，这体现在主管要承担组织层面的责任与挑战上。讨论时，不应只是抛问题等待别人解答，而需要自己主动思考，并提出解决方案，以这样的方式提升参与度，做出自己应有的贡献。

第四，除了盯绩效和目标，还得关注成本和投入产出比。主管需要站到组织的立场去考虑成本问题，这是管理责任使然，省下来的都是组织的利润，组织盈利才能保障员工的生计。另外，主管需要从人力、物力投入和产出去考虑投入产出比，选择投入产出比高的方案才能带领团队取得更大的成果。

第五，对于团队成员犯错多点耐心。人是在犯错中成长的，主管只有意识到这一点，才能更好地包容团队成员出现的错误，调高自己对错误的忍耐度。新任主管大多一开始会面临的一个问题是，不放心下属做事，觉得什么事都亲力亲为才行。主管一旦有了这样的思维，就将很难培养出下属的能力，最终会发现自己最累，甚至成为团队最大的瓶颈。

让下属更快地成长，这是主管首先需要建立起来的意识。为此，主管应给予下属必要的指导和做事空间，相信下属的成长性，让下属去试，为下属托好底，做好容错准备。这也是让团队尽快成长、发挥更大效能的正确途径。

2. 注意心态

主管在心态方面的调整包含但不限于如下几点。

第一，不必全能。主管的责任是带领团队达成目标，而非要求个人全能。当理解这一点后，主管在与下属沟通时就会更有底气，否则会因为自己在某些方面不如下属而犯怵，不能很好地行使管理职能。主管在追求让自己变得全能时，要特别小心自己会成为团队的瓶颈。

第二，遇事消极抱怨的心态解决不了问题。事情已经发生了，一起和身边的人解决才是更好的选择。担心、害怕、心烦意乱，出现短时负面情绪是难免的，但不应长期沉浸在这些情绪中，快速调整情绪，思考如何解决问题，才是主管所应具备的职业成熟度。身为主管，如果让自己消极抱怨的情绪蔓延到了团队中，就很可能会使管理工作节外生枝而带来更大的精力消耗。

第三，面对不确定性是常态。成为主管后的一个很大的变化是，主管的不少时间变成了他人的，日常工作也因为承担了管理责任而变得杂且散，不确定性事件明显增多。这个变化对于主管来说是突兀的，如果不理解这是一种常态，就可能总想着快速、一次性地完成手上的工作，而当发现新工作不断增加时，就不免会变得沮丧。

针对不确定性是常态这一问题，管理者需要调整自己的时间管理策略。比如：对于那些团队成员依赖自己的事，需要调高处理优先级，确保自己不会影响整个团队的产出；对手上工作延期可能带来的潜在影响进行评估，对影响大、范围广的事调高处理优先级；需要特别重视产品宣传相关的工作，因为主管之前只关注专业内容而可能不理解产品宣传的重要性，所以在此特别强调。这些变化都是角色改变所带来的，相比技术工作，管理工作会有更多的不确定性。

第四，增强心理承受力。当突发事件出现时，出现应激反应正常，但应让自己快速冷静，进入处理问题的状态。事实上，当你冷静下来后，你会发现境况并没有想象得那么糟糕。另外，如果感觉自己应激反应过度了，只要及时调整，就没什么好尴尬的，这就是成长，大家都会经历这个过程。

第五，只有先学会接纳自己，才能接纳他人。世上没有完人，每个人都有自己的短板，不管是专业上，还是做事风格上，甚至脾气上，主管自然也不例外。想清楚这一点是接纳自己的重要一步。那么，当感到与下属很难沟通与协作时，从成熟度来说，主管应是首先反思的那个人。主管反思自己的行为并接纳自己不那么成熟的表现，是让问题简单化处理的一个途径。

6.1.3 保持能上能下的弹性

在负责整个阿里巴巴浏览器技术团队之前，我没有带过团队，换句话说，我没有团队管理经验。团队里其他人同样没有这方面的经验，所以无论是从我选拔的角度，还是从他们被选拔的角度，都无法从管理经验这个维度来判断他们中的哪些人适合当主管。

针对这样的情况，我是这样做的。基于过去两年与大家相处的观察与感受，根据工作担当和成长性这两个维度，找到潜在候选人，然后与他们单独沟通，一方面了解他们是否有成为主管的意愿，另一方面明确告诉他们这是一种尝试，如果尝试后他们不想继续或觉得不适合，则还可以回到之前的工作岗位上。

做这样的沟通很有必要。一方面，对于我来说，我认为这是一件非常严肃的事情，我有责任对每一位主管负责，不能到时因为觉得不适合就随便换人。另一方面，这是为了对潜在候选人进行必要的心理预期管理，避免潜在候选人因不适应或不适合而产生心理落差，出现人员流失或工作积极性受挫的结果。

用错人或将人放错位置后及时调整，这不只是对当事人负责，也是对整个团队负责。将不合适的人放在主管位置上，不只会影响他的小团队，还会拖累整个大团队。当多方努力后确认某一潜在候选人不合适时，及时换人是非做不可的事，这是每一个管理者都应有的责任和担当。为了减轻更换不合适的主管给团队带去的影响，除了在主管们上任前与他们沟通外，在整个大团队的日常工作中，我也会不断找机会做这方面的宣导。

我们常说一个人需要有敢于试错的勇气，对于一个团队来说，也需要有这种勇气。一个成熟而健康的团队需要从文化氛围上最大限度地确保主管更替不会导致非战斗性减员。每个人都可以在团队中探索自己的可能，应鼓励个体去挑战，当个体发现自己确实不适合做主管时，退回到过去的角色并不丢人，我们应该为他的勇于尝试而鼓励他。

团队中好多看似让人无法承受的问题，反映的其实是管理者看问题的角度问题。当管理者的思路打开后，就能基于自己的洞察，针对问题找到合情合理的解释，让大家放下没有必要的心理包袱。当个人问题变成了集体问题，他人问题变成了自己的问题时，团队中的每一个体就能勇敢地面对那些问题。

新的组织架构落地后，我不仅花大量精力去培养主管们的管理能力，还在这个过程中不断甄别哪些人不适合做主管，我也确实干过让主管回到一线这事。当然，正如我所希望的，我的团队没有出现非战斗性减员的现象。

管理者只要时刻提醒自己"我也是常人，也是从犯错中学习与提高的"，就不会背上那些没有必要的思想包袱，这将使很多尝试变得简单很多，包括组织架构的设置与调整。面对错误，开诚布公地认错，从错误中学习，在错误中成长，及时调整，就能收获一个有足够韧性的团队。

6.2 敏捷的项目管理

项目是指在一定的限制条件下（包含但不限于时间、资源、财物等），具有明确目标的个体、团队或组织的活动。为了达成某一具体的目标，我们可以通过成立项目的方式确保落实。项目管理旨在将知识、技能、工具和技术运用于项目活动中，确保项目能够按照预定的时间、预算和质量标准达成目标。

虽然项目管理已被企业广泛地运用于达成各种目标，但项目管理本身带来的低效并没得到足够的重视。体现之一，项目经理人数少、能力不足，使得项目经理本身成为瓶颈；体现之二，对项目管理的本质缺乏认识，以致在项目的规划和执行阶段都存在低效问题。

6.2.1　项目管理的本质

项目管理的本质是什么？这难倒了很多人，不少人会给出"如期达成目标"这类想当然的回答。之所以给出这样的回答，是因为在实操层面，项目经理对项目的控制力体现在，他们尤为关注在计划的时间节点是否达成所规划的任务，从而强化了完成时间的准确度。

众所周知，项目管理一定存在评估工作量和预估完成时间的动作。当以"如期达成目标"为宗旨去评估工作量时，评估者往往会因为追求完成时间的准确度选择留置足够的缓冲时间。当项目足够大、参与人数足够多时，最终得到的整体评估时间大多难以让人接受，这就会带来直接将项目时间砍半的现象。当然，评估者因为"聪明"地考虑到了这一现象，在给出评估时间时留足了缓冲时间，即便评估时间砍半仍能"按时完成"，或者在没能按时完成的情况下，给了自己足够的底气来面对这样的情况，"按我的评估，这么短时间本来就不可能完成"。这样的"游戏"，大家虽然心知肚明，却没有意识到其带来的低效。

对于软件开发这类脑力工作来说，准确评估工作量是一件非常困难的事。日常所看到的准确，都是增加了相当多的缓冲时间而达成的。当业务处于快速发展期或公司制度化管理不健全时，由于要应对相对较多的突发事件，项目会经常性地受到干扰。换句话说，即便开始时工作量评估得很准，到了项目执行阶段，也仍会面临调整项目计划的情况。

无论从公司还是项目组层面，更希望看到的是：项目成员在计划阶段评估工作量时尽量如实而不夸大，确定完成时间时给自己定一个有一定挑战性的时间；在项目执行阶段，根据真实情况对项目计划进行修正。以上两点中，第二点在实际项目管理工作中大家基本在做，所以如何达成第一点是关键。第一点的背后是如何打造一定的文化氛围和项目管理理念,去帮助项目成员以积极开放的心态做计划。于是还得回到"项目管理的本质是什么"这一话题上。

项目管理的本质是适应变化,原来人们在做项目管理时其实是在控制变化,但真正要做的是,通过适应变化去控制风险。**只有适应变化,才能让组织因拥抱变化而变得敏捷**。其实,所有的项目管理工作都离不开适应变化,适应变化表达了我们对项目中的变化及风险并非排斥和恐惧,而是持欢迎的态度。

拥抱变化的项目管理,我称之为"敏捷项目管理"(这与我们常常听到的敏捷开发有相通之处,但并不完全一样)。这可以鼓励人们在做项目计划时,评估工作量等内容时要务实,甚至给出有一定挑战性的安排;以及真实和及时呈现项目管理中的每个风险,无须因任何顾虑而刻意隐瞒。是项目就会有风险,从一定程度上来说,**正是项目风险的存在体现了团队协作的意义与价值**。

6.2.2 自组织项目管理法

自组织项目管理(Self-organizing Project Management,SPM)法最早是我在阿里巴巴浏览器技术团队工作期间提出来的,后来我又在自己带领过的团队中对其进行了迭代与完善。自组织项目管理法是我带领团队的默认项目管理方法,该方法取得了十分显著的效果。

我提出这一方法的背景是,那时整个技术团队只有一名专职的项目经理,这使项目管理出现了瓶颈,制约了整个团队的运作效率。当时,团队唯一的项目经理工作相当繁重,他需要用心盯各种产品的开发进展与发布进度。当我知道他因为忙而不敢请假时,我认为自己作为他的直接上级必须做点什么了。无论对项目经理个体而言,还是对整个团队的项目运作来说,我都有责任帮项目经理脱离这个困境。

"头痛医头,脚痛医脚"的办法是增加项目经理岗位人员数量。这一办法的目的如此显而易见,很多管理者会直接采用。但基于我在日常工作中的观察,以及从整个团队的成本控制的角度，这是错误的方法。在我看来，项目管理中项目经理的很多职责其实是项目成员应承担的分内之事，只是因为错位才带来了低效。如果项目成员没有承担起应有的责任，增加项目经理只能非常有限地提升项目运作的效率，整个团队的投入产出比反而更低。

基于此，我提出了 SPM 法。该方法的关键，是让一名项目成员担任项目负责人，由项目经理去指导他负责完成项目。图 6.2 说明了两个项目的人员安排（虚线框内）和项目负责人。从中不难发现，SPM 法是矩阵管理方法在团队项目管理方面的应用。

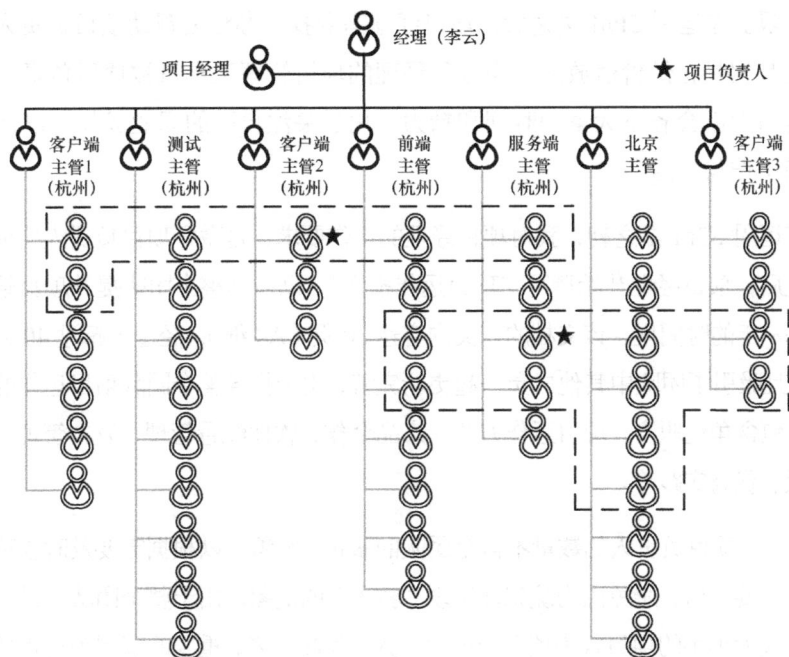

图 6.2 SPM 法下的项目人员安排和项目负责人

SPM 法有三大好处。

其一，让项目成员掌握高效运作项目所需的技能和培养相应的工作习惯。之前项目经理辛苦的根源在于项目成员的技能和意识都没跟上，采用的是消极的等、靠、要，而非主动推动与落实。采用 SPM 法后，项目负责人有机会从项目经理的视角去审视自己以前的工作方法与习惯，从而发现需要改善的地方。由于他自己是项目负责人，为了确保项目进展顺利，他不得不做出改变。

当项目负责人是从整个大团队层面通过有意识地轮岗来选择时，就会让团队中的每个人都掌握项目管理所需的技能并养成更好的工作习惯。

其二，能更好地让项目经理发挥价值，帮助项目经理在岗位上有更好的发展。在运用 SPM 法之前，项目经理的价值体现于各项目的流畅执行和完成方面，但因为其工作内容主要是催、盯、问，没有技术含量，导致其收获的职业成长非常有限。在运用 SPM 法之后，项目经理需要找到办法去帮助项目负责人，这个过程其实是在做价值放大。当项目经理的项目管理工作量被项目负责人分担后，他自然就会省下大量的时间和精力，用于关注自己的职业成长，以及更好地平衡工作与生活。

在运用 SPM 法之初，我对项目经理的工作要求，是做好项目负责人的赋能工作。之后，项目经理开始撰写"项目运作指南"，以帮助整个团队提升项目管理能力。在一年的时间里，该文档的正文内容达 30 页（A4 纸），经过了超过 40 人次的修订，且吸引了团队中其他成员一起更新完善，用于指导整个团队项目运作的方方面面，包含角色职责、项目运作方式、产品合作、软件配置管理、发布管理、工具及模板、优秀实践等。

其三，项目负责人的数量不再是团队的瓶颈，组织可以根据需要及时立项以跟进处理重要之事，避免因为疏忽而出现"救火"的乱象。由于整个团队可以根据需要设立大大小小的项目且为项目指派负责人，如此一来，重要的事因为有责任人负责，自然就不容易出现纰漏。

1. 运作流程

图 6.3 说明了 SPM 法的运作流程。整个流程包含了 3 种角色、4 个阶段和 9 个动作。

项目发起人	项目负责人	项目成员

发起

发起项目

确定
项目负责人

启动

确定项目
成员与目标

建立项目
即时通信群

准备项目
启动会

参加项目
启动会

循环
执行
与
跟踪

参加
项目周例会

否

更新项目
会议纪要

是

项目目标是否达成?

关闭

召开验收与
复盘总结会

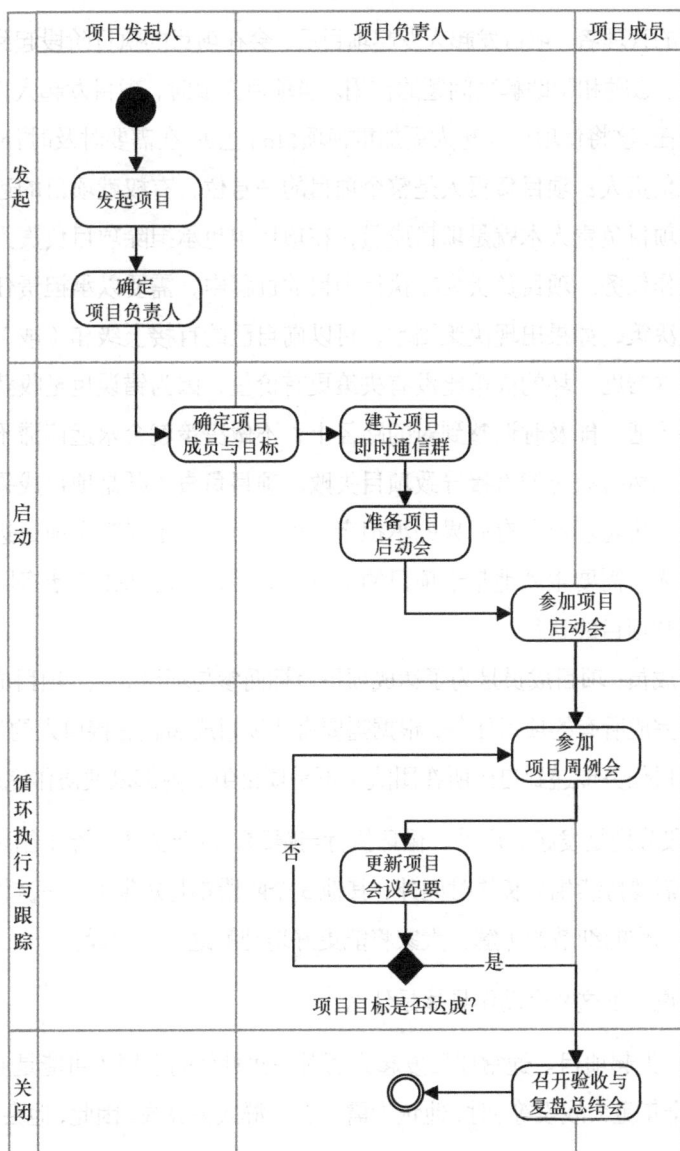

图 6.3　SPM 法的运作流程

3 种角色如下。

- 项目发起人：项目发起人是指提出立项的人，项目发起人通常是主管或级别更高的管理者。项目发起人发起项目后，会在项目的执行阶段起到给项目组支持、激励和帮助解决问题的作用。当项目失败时，项目发起人也应一并承担责任，这将使项目发起人更加重视项目的进展，在需要时及时补位和助力。

- 项目负责人：项目负责人是整个项目的一号位，有权就项目的运作进行决策。项目负责人本就是项目成员，在项目中也承担除项目负责人之外的具体工作任务。项目负责人在执行项目的过程中，需要以承担责任的态度果断做决策，如果出现决策困难，可以向自己的直接上级和（或）项目发起人寻求帮助。坏的决策比没有决策更有价值，因为错误也是收获，验证了此路不通，能及时调整到对的路径上；不做决策就会永远停滞不前，带来的延期风险有可能直接导致项目失败。项目负责人既是项目成果的最大受益人，也是项目所有后果的承担者。项目负责人是对整个项目进展最为清楚的人，需要主动地基于项目的情景、关键路径的变化等诸多因素，动态地调整项目的执行。

- 项目成员：项目成员是为了达成项目目标而参与项目的人。项目成员并非要亲自完成所有的项目任务，根据需要有些项目成员起着接口人的作用，负责将项目任务传递到自己所在团队（不是项目组）内部以便协作完成。

4 个阶段分别是发起、启动、循环执行与跟踪，以及关闭。除了循环执行与跟踪这个阶段需要持续相当长的时间外，其他 3 个阶段都是短期的、一次性的。通过对后面 9 个动作的细节的了解，大家将能更好地理解这 4 个阶段。

接下来说一下这 9 个动作具体是什么。

动作 1，发起项目。通常项目发起人面对一件具体的事情（可能是业务冲刺、技术攻坚、全年重大战役等）时，他认为需要有一群人去完成。因此，他会发起项目。

动作 2，确定项目负责人。项目发起人接下来需要考虑谁适合担任项目负责人，可以从技能匹配度、个人责任心、人员培养等维度考虑。项目发起人在确定人选时，需要与相应的管理者进行交流与商讨。

动作 3，确定项目成员与目标。这个动作由项目发起人和项目负责人一起完成。项目发起人确定项目负责人人选后，需要组织一次小范围的沟通，找到项目负责人和干系人，向项目负责人传递将由他来负责项目的决定。随后，项目发起人与项目负责人需要一起讨论具体的项目成员名单，为接下来召开项目启动会做准备。

确定项目成员名单时，并非与项目相关的人都应直接放到项目组中。如果其中几人来自同一个团队，可以考虑只安排一人进入项目组，由这个人作为项目与他所在团队的接口人。

这一做法背后的假设是，接口人会将项目任务带到其所在团队内部去协作完成，协作的过程不会干扰项目组的工作，进而提升项目组的运作效率，比如缩短会上讨论时间、减少工作安排时间等。当然，具体是否采用分而治之的方式，需要项目负责人视情况决定。如果团队内部的协同对于整个项目非常重要，那么将团队成员全都放到项目组中就是合适的。

每个项目都是有目标的。为此，在项目成立之初，一定要认真思考项目目标是什么，并基于项目目标去确定量化数据。

动作 4，建立项目即时通信群。项目负责人确定了项目成员名单后，需要先建立一个即时通信群，将项目发起人、项目成员全部拉到群中。即时通信群建立后，项目负责人需要在群里同步项目信息，帮助项目成员了解项目目标。

有了即时通信群后，后面项目执行时的非会议沟通都应放到这个群中，避免再拉小群交流（交流对象不在即时通信群中的除外）。原因是，小范围沟通会给其他人了解项目的具体进展带来困扰。基于我的经验，在项目执行过程中，通常不是信息泛滥带来麻烦，而是信息孤岛带来不安和信息不对称，从而影响项目执行透明度和效率。

拉小群沟通，如果是为了不想让当事人难堪或压力太大，则在我看来大可不必。**因为你所认为的难堪或压力，或许正是促使对方作为的关键力量**。我的观点是，大家就事论事，以开放的心态来面对各种冲突和压力。将信息分享出来，帮助旁观者形成自己的判断，除了能强化项目组层面潜在的补位动作发生外，当与对方在协作上出现问题时，也能更容易快速分清责任，帮助自己省去没必要的麻烦。

除了建立即时通信群，项目负责人还可以考虑建立邮件组。项目组不可避免地需要用邮件进行通信，邮件组的建立能方便项目成员处理邮件。比如，发送邮件时，发件人可以方便地使用邮件组，而不用一个个添加项目成员的邮箱。

动作 5，准备项目启动会。项目启动会对于整个项目组来说是强化仪式感的一个关键动作，由项目负责人负责召开。

邀请哪些人参加会议，是项目负责人需要特别思考的。比如，将项目成员的直接上级邀请过来，一方面可以在会上感谢他的支持，另一方面也可以通过这个会议提升直接上级的重视度。别小看这个动作，它能给项目流畅运作带来不少助力。

通常项目负责人需要准备一份 PPT，在会上就项目的目标、成员、分工、关键里程碑等信息进行同步。

动作 6，参加项目启动会。项目负责人负责召开项目启动会，邀请所有项目成员和干系人参加。项目启动会通常包含如下关键环节，相关环节所需的信息都得由项目负责人在召开会议之前安排妥当。

- 项目发起人发言。通常项目发起人会分享发起项目背后的思考，让大家清楚成立项目的意义，让项目成员统一认识，以便大家在项目执行过程中有更好的能动性。如果项目发起人在会上能分享自己对项目的希望和期待，则也是对项目组的一种鼓励和激励。
- 公布项目目标和量化指标。项目目标和量化指标应当能高度浓缩立项的目的，作为最终判断项目成功与否的标准。
- 明确项目参与者的工作分工。参与项目启动会的人，通常其直接上级事先就与他沟通了他为何会加入项目组，在会上进行信息同步的目的，是让其他项目成员也清楚这一点，从而便于项目成员间更好地协作。

- 强调关键时间节点或里程碑。有的项目在成立之时就明确了最后期限，需要项目组以倒推的方式达成目标。对于这种项目，通常项目负责人在项目启动会之前就思考清楚了如何执行。还有另一种项目，其时间节点并非在项目启动会之际就已完全清楚，而是需要项目全员通过协作去确定。对于这样的项目，在项目启动会上就无法公布这些时间节点。就后一种情形，项目负责人在会上可以用"在几月几日确定整个项目的关键里程碑"这样的表达，让与会者知道何时会有更为具体的时间安排，这样的沟通能给与会者带去更为全面的信息。
- 告知项目在整个公司年度规划中的位置。对于公司的战略级项目，需要在项目启动会上让大家理解其重要性。这类项目我通常会升级为"战役"。
- 拍照记录。形式不限，拍照后将照片发到项目即时通信群中。另外，类似的照片可以在项目执行过程中不时抓取并留存，从而记录大家一起奋斗的过程，这也是将大家凝聚在一起的好办法。将来公司层面有奖项评比、团队风貌展现的机会时，这些照片都是潜在的素材。项目负责人用心做这些事，会让项目成员感受到他的用心，有利于项目成员形成归属感并促进他们将来在其他项目上的合作。

动作 7，参加项目周例会。项目负责人负责召开项目周例会，全体项目成员都出席。在项目周例会上，整个项目组需要关注上次会后行动的执行情况、过去一周的进展、眼前风险等内容，那些需要商量的议题也适合在会上进行讨论。项目周例会的时长建议在一小时以内，如果需要讨论的议题太多，可以安排其他会议进一步落实。

项目负责人可以根据需要，在项目推进的过程中，适当地邀请项目发起人等干系人一同参加，以使他们了解项目进展，或者借机提出需要的支持与帮助。

动作 8，更新项目会议纪要。项目负责人需要建立一个文档，以时间逆序的形式记录每次开会的纪要，其中包含共识、备忘和会后行动。

每次项目周例会都应当关注项目目标是否完成。完成则意味着项目将进入关闭阶段，后面需要安排验收与复盘总结会。

动作9，召开验收与复盘总结会。这个会是项目组的最后一次正式会议，由项目负责人负责召开。会上可以给与会者演示一下项目成果。当然，最后可以就项目执行过程中做得好的和需要改进的地方进行复盘，这也是大家一起学习和反思的一次好机会。

当项目对于整个公司来说足够重要时，可以考虑将验收会与复盘会分开召开。前者可以考虑改成庆功会，项目负责人可以与直接上级讨论，建议使用预算采购一些食物，比如水果、饮料、蛋糕，给庆功会渲染一下气氛。当然，既然是庆功会，就一定要邀请项目发起人和（或）更高的管理层出席，让他们分别发言，相信他们也一定不会吝啬自己的祝贺与鼓励。

2. 克服落地挑战

一个习惯了任务驱动的团队一旦开始落地 SPM 法，通常就会面临一些挑战。其中最突出的是，大家会抱怨事太多，还得做自己不感兴趣的事，减少了做擅长之事的时间，分散了精力。

面对这类抱怨，无论是管理者还是基层员工，都需要调整思路，将焦点聚焦于实施 SPM 法后，整个团队的产出是否更好、运作是否更平稳。要知道，个体花再多的精力去做自己擅长的事，但如果团队没有成果，以及做事总是在"救火"，那么个体做擅长之事根本就没有意义，甚至是在堂而皇之地浪费时间。

引入 SPM 法，从长远来看是为了让团队中的每个人更轻松，以及整个团队有更好的产出。但从短期来看，SPM 法的真正作用是促使整个团队的个体成长，所以引起某些个体不适和抱怨是正常的。

能力总是在克服痛苦后形成的，停留于舒适区是很难形成高效能团队所需要的技能的。想明白了这一点，就能很坚定地走落实 SPM 法之路。即便一开始感觉其拉低了团队的效能，也不应直接放弃，而应着力于找到根源并加以改善。

有一点需要注意，SPM 法有可能导致一个人身处多个项目，因此需要管理者特别注意工作的安排和处理员工的压力与情绪问题。

6.3　制度化管理者

我所管理的团队会召开技术管理团队周例会、各小团队周例会，通过这些例会实现管理实践与方法的从上到下的影响。但要确保团队的强执行力与持续高效，只靠每周一次的例会是不够的，还需要管理者每天关注团队运作的方方面面。为此，我曾思考如何让所有技术主管能像我管理整个大团队那样，去管理自己的小团队，思考的结果是撰写"基层技术管理引导"。

"基层技术管理引导"的撰写，是团队知识管理的需要，旨在通过文档化的方式让所有技术主管的日常技术管理工作有一个指导基准。该文档帮助我省下了不少本该用于"传"的精力。另外，从绩效考核的角度，年终对技术主管的团队管理考核也需要一个参照标准，"基层技术管理引导"就承担了这样的角色。

"基层技术管理引导"的出现并非为了使技术管理教条化，而是为了确保管理行为的一致性和团队发展的可持续性。正因为如此，我在工作中鼓励每位技术主管勇于承担对它的完善和修订责任。

本节的后续内容可当作"基层技术管理引导"的一个样本。这个样本的作用是启发，但存在一定的局限性，读者须基于自己所在团队的真实情况进行完善。

6.3.1　技术管理的价值

一群技术人员简单地聚在一起并不能组成一个团队。要组成一个团队，除了个体需要为共同目标和自己的行为负责，还得有团队管理者进行管理，让集体凝心聚力且有成效地创造价值。对于技术团队来说，管理指的是技术管理，团队的管理者就是技术管理者。

技术管理如果不到位，就很容易出现技术发展停滞、团队发展不具可持续性等问题，结果就是团队收获的成果（包括业务、产品、技术）与付出不成正比，团队成员容易陷入疲于奔命的境况。

实施有效的技术管理的先决条件，是管理者掌握良好的技术常识。技术常识能帮助管理者避免在工作中采用反技术常识的方法，进而避免出现南辕北辙的尴尬。这一先决条件也意味着一名技术专家加一名管理专家，并不能保证做好技术管理工作，技术管理者必须集技术和管理技能于一身才行。当集这两种技能于一身时，技术管理者才能基于具体场景综合判断使用哪一种技能去进行有效的管理。换句话说，**技术管理是技术的延伸而非换道。**

长期的工作有助于积累经验，但技术经验不等于技术常识，这一点需要特别注意。技术常识是指体现个体良好专业化的那些技能，这些技能使个体能用正确的方法做事。如果一个人工作经验丰富，但专业化水平偏低，那么可以直接得出的结论是，这个人掌握的技术常识一定不深入。

另一个值得管理者重视的点是，人的经验是会过时的。曾在一个项目上有效的方法，放到另一个项目上可能不起作用。意识到了这一点，就不容易犯经验主义的错误，要特别重视在管理工作中以实践的方式去寻找解决方案。

有效实施技术管理一定包含一些具体方法，这些方法的根本作用不在于管理动作之"形"，而在于背后的原理之"核"。但无论如何，管理者都可以先将这些"形"塑造为自己的行为习惯，然后领悟其背后的原理，之后就能将其举一反三地运用于管理工作中的多个方面。

技术管理的价值，在于持续确保团队用专业的做事方法，通过服务好客户去创造价值，以及保障团队的可持续发展。这样简单的一句话，内涵却非常丰富，需要管理者通过学习、思考、观察、调整去持续探索与挖掘，这也是技术管理工作的精彩之处。

接下来从管理指导和管理制度两大维度帮助与引导基层技术管理落地。两者的区别在于：管理指导告诉管理者应该做哪些事，由于这类事难以量化和显现，因此体现的是技术管理活动中的弹性成分；相反，管理制度体现的是技术管理活动中的刚性成分，刚性成分是可以进一步检查和直接落实的。

6.3.2　管理指导

为了更好地实施技术管理，下面给出管什么（知）和怎么管（行）。这两部分内容又分别涉及人与事。

1. 管什么

人在所有脑力工作中承担最为核心的角色。人所具备的心理活动能力使得要做好人的管理并没有想象的那么简单。

一旦有新同事加入团队，就意味着其在面试阶段表现出来的能力达到了我们的要求。按照团队效能动力模型，评价个体能力的公式如下。

个体能力=自我管理×知识管理×专业技能×业务技能

对于这个公式中的内容，面试环节只能考核专业技能和业务技能，自我管理和知识管理能力只能在以后的工作中加以检验和培养。为此，在技术管理活动中，需要就个体的工作习惯和意识进行关注和培养。

针对软件开发岗位，所需关注与培养的工作习惯包含但不限于以下内容。

- 良好的编程习惯。每一位工程师都应严格遵守各种编程语言的编码规范。显然，良好的编程习惯不应只包含代码格式这一硬性内容，还得包含命名、软件架构、模块化等软性内容。相比之下，做好软性内容更难，但价值更大。
- 做事承前启后、善始善终的习惯。简单来说，具有这一工作习惯的工程师让人觉得靠谱。具有这一工作习惯的个体越多，就越能让团队具有执行力并最大限度地发挥团队的效能。

- 承认不足和及时改善的习惯。毫无疑问，每个人都有需要改进的地方，也都可以通过持续改善不断提高自己。为此，个体在职场中需要清楚地认识到自己的不足。只有承认自己存在不足，才有可能以积极的心态去接受别人的意见，乃至最终付出改善的行动。与代码相关的改善我们希望及时进行，因为前期不改善，后期再改善时成本更高。

- 参与日常管理的习惯。对于工程师来说，不应完全割裂技术与管理，这种割裂带来的恶果是，个体的自我管理能力弱，有的甚至弱到必须有人专门盯着才行。

针对软件开发岗位，所需关注与培养的意识包含但不限于以下内容。

- 全局意识。产品不少功能的实现都需要多岗位的协作与协同，甚至还包含第三方的参与。如果没有良好的全局意识，很容易就会出现各岗位人员各自为政的现象，这不仅不利于团队内部的协作、协同与交流，也一定会导致更高的开发成本，还很可能不利于给产品用户带去更好的体验。另外，全局意识也有助于我们找到系统最优的解决方案，而非各自寻求自己的最优方案。一定要认识到，**单点最优并非全局最优，高效能团队应致力于实现全局最优。**

- 较真意识。事要么不做，要做就一定做好。不能别人说怎么做就怎么做，而要想清楚为什么要这么做，主动思考有没有更好的方法。较真意识的缺乏，意味着做事缺乏责任感，这很容易造就个体的不作为，甚至引发团队层面的大问题。较真会使事情更加明朗，不会使关系紧张。对于后者，**我们应秉持事做好了、关系自然就简单了的理念。**

- 帮助他人的意识。帮助并非只体现于代替别人完成任务，更体现于指正他人的不足并提供如何改善的指导。

在人的管理上，需要区分包容和纵容。大多涉及人的问题多少与人的习惯有关，而习惯的改善需要时间。在这个过程中，我们需要保持耐心和包容偶尔的失误，因为在习惯形成前行为确实存在不稳定的现象。然而，包容是有限度的，当某人对他人的多次提醒和指正视而不见时，一味地包容就变成了纵容，而纵容不是我们所倡导的。对于究竟是在包容还是纵容，可从被指正人是否致力于改善加以判断。

在人的管理上一定要牢记，我们的目的是确保大家在工作中有所作为，用责任取代面子。只要我们不带有私心，以集体的成长为出发点，去指出他人的不足并帮助其改善，就不会伤害对方，这种处事态度理应得到所有团队成员的认可。只要一视同仁，就一定会得到大家的理解与支持。

2. 怎么管

要做好人的管理，管理者首先得问一问：我能管好自己吗？**一个不具备良好自我管理能力的管理者，不可能管理好一个团队。**原因在于，不能管好自己的管理者，很难察觉下属哪些地方没有做到位，也就没有办法落实技术管理工作。因此，在了解怎么管下属之前，请先管好自己。

前面就人的方面介绍了管人的什么，针对那些内容行动一定会有成效，但怎么行动也有讲究。要有效实施人的管理，就一定要明白员工的诉求是什么。

人是复杂的，一不小心，我们就会被卷入让人身心疲惫的漩涡中。规避这类情况的最好方式是打造开放、相互欣赏的团队氛围，实现这一目标的核心是实现各种信息的透明化。作为管理者，请一定**放弃在团队管理事务中通过信息不透明去寻求管理特权的冲动。**

愿接下来的每一条指导建议能帮助你更好地进行人的管理。

指导 1.1　"专家计划"的目的就是培养技术专家，让个体有专精的技能，确保整个团队的技术能力更强。管理者应该通过"专家计划"落实工程师的技能发展。

"专家计划"的贯彻实施有助于让工程师持续地处于一定的技术成长压力之下。另外，整个团队的技能发展，也可以通过"专家计划"去落实。为此，需要管理者在日常管理事务时重视"专家计划"中的技术内容是否在一定时期内符合业务与团队整体技能发展的需要，并确保工程师能基于"专家计划"不断取得进步。

需要注意的是，"专家计划"的实施是需要时间的，管理者需要与工程师一起商量，在安排项目时为此预留一定的时间。

指导 1.2 管理者应该关注和引导工程师，将工作成果文档化。

工作成果包含但不限于：

- "专家计划"所取得的进展；
- 解决问题的方法；
- 开展工作的步骤。

关注工作成果文档化是为了强化团队知识管理，将个体的工作成果转化为团队的财富。文档化的产物包含但不限于：

- 各种技术实现文档和工作指南；
- 总结性文档或分享会资料。

以邮件的形式分享解决问题的思路与过程，是一种比较常用的知识分享手法，但新加入的同事无法看到过去发的邮件。为此，管理者需要在工作中时刻关注是否将邮件内容转换为更方便传播的文档，以使后来人也能查阅。

指导 1.3 管理者应该确保工程师遵守团队内部现已养成的那些好习惯。

除了遵照公司制定的工作章程开展工作，工程师还得遵守团队内部现已养成的好习惯。

- 新员工在入职时应以"新员工入职引导"为指导，完成其中定义的各项任务和课程的学习。
- 软件开发需要严格按照概要设计、设计审查、编码、代码走查四大步骤进行。当然，对于复杂度低的项目可以省略概要设计和设计审查。
- 针对各类请假要及时更新"休假记录"。当下属来不及更新时，应由其直接主管代为更新。

指导 1.4　管理者应该关注和培养工程师的良好工作意识。

我们鼓励那些有助于团队协作和发展的积极工作意识，比如全局意识、较真意识和乐于指正他人并帮助其改善的意识。

指导 1.5　管理者应该及时表扬与鼓励好人好事。

请不要让下属误以为你对他的工作从来都不满意，规避这种误解最好的方式就是及时肯定。我们应当致力于打造相互欣赏、相互认可的文化氛围。

肯定他人时，对象不应只局限于自己的小团队，而是可以放眼于全团队中的每个人。

指导 1.6　管理者应该通过日报、周报等途径了解下属乃至整个大团队的工作状态。

对大团队进行分而治之带来的潜在问题是，各小团队的视角变小，容易引发闭门造车和孤立无援的问题。为此，管理者需要在日常工作中关注整个大团队的工作状态以规避这类问题。

管理者在阅读工作日报、周报等内容时，请做好以下 3 点。

- 担任"鼓励师"角色。对于内容中的好人好事，在即时通信群里公开，使当事人接受大家的表扬与肯定。对于正在解决的疑难问题也应加以鼓励，以给当事人输送动力。
- 担任"问题媒婆"角色。对于某些同事提出的问题，如果知道另外的同事能提供帮助，这时可在即时通信群中"撮合"他们，提醒他们通过协作共同解决问题。
- 自我学习。这些内容中有很多东西是有价值的，采取学习的心态去阅读，就会将之当作一种乐趣并培养起认真阅读的好习惯，而不会将之变成管理负担。

3. 管哪些事

团队在运作过程中一定有许多事需要处理。其中不乏具有一定时效性的内容，如果及时处理并形成规章制度，就很容易形成良性循环。相反，如果没有及时处理，则可能产生更高的成本，甚至助长团队执行力不足的风气。

需要管的事包含但不限于如下内容。

- 项目出现异常。当项目出现异常时，我们需要从深层次了解其根源是什么。是人的问题？比如，对各项目的优先级理解有误，或没有明确的项目优先级。还是技术上碰到了难题？清楚地了解这些有助于理解困境和协调资源去解决。
- 各种技术改进点。在我们的各种即时通信群里，每天都会有大量的信息，其中很多内容与技术改进相关。为此需要通过一定的管理确保技术改进点不会在讨论之后就转瞬即逝，这就需要大家及时将之录入用于记录改进点的工具或文档中。
- 行业技术的发展动向。行业趋势、开源社区动向等信息能帮助我们很好地跟进时代发展的步伐，给团队的技术发展注入新的动力，实现产品与服务的更好发展。
- 通过专利申请保护技术成果。在深挖各种技术的同时，我们需要对潜在的技术专利保持敏感，尽可能通过申请专利去保护技术成果。

4. 怎么管事

愿接下来的每一条指导建议能帮助你更好地进行事的管理。

指导 2.1 管理者应该对项目异常保持警觉，并每天关注大团队所有项目的执行情况。

项目出现异常并不是什么大事，出现异常之后了解具体原因是首先要做的，这是寻找对策的先决条件。当出现的状况在小团队内无法解决时，须通过技术管理即时通信群或周例会将其传递到技术管理团队，以便在更大范围内协调应对。

阅读项目日报或周报时须重点关注以下要点。

- 项目进度是否正常。如果不正常，请仔细了解情况并跟进。
- 紧盯重点项目的进展。
- 对于执行方案与自己的设想存在差异的项目，留意其具体进展，并在必要的时刻通过一定的沟通方式发表自己的看法。

指导 2.2　管理者应该关注在团队运作过程中，自己发现、听到的各种改善建议。

产品的不断完善不能完全依赖于大的功能开发，而应时刻关注日常工作中的点滴改善。对于技术改善建议，请将之录入软件缺陷跟踪系统，以便进行项目规划时安排时间落实。

指导 2.3　管理者应该关注通过专利去保护技术成果。

请时刻关注是否可以通过申请专利保护团队的技术成果，并及时更新专利跟踪表以落实专利管理工作。

指导 2.4　管理者应该仿效技术管理团队的周例会纪要去管理小团队的周例会。

相信诸位管理者通过技术管理团队周例会很好地见证与体会到了周例会纪要的用途与效果。周例会纪要可以用于任何形式与规模的团队日常事务管理，通过持续跟踪，确保所有事宜落实到位，从而显著提升团队的执行力。

指导 2.5　管理者应该养成通过添加软件缺陷跟踪记录跟进相关技术问题的工作习惯。

对于那些需要多个岗位协作与协同的技术问题，并不适合采用周例会纪要进行跟踪。更好的方法是，在软件缺陷管理系统中添加新记录去跟踪落实。

指导 2.6　管理者应该不时关注下属手上软件的缺陷的修复进展。

管理者应关注下属手上软件的缺陷的修复进展，并观察下属对项目与软件缺陷的优先级处理是否得当，并在必要的时候进行干预。

指导 2.7　管理者应该每天关注产品的线上稳定性统计报表。

产品的线上稳定性统计报表有助于我们及时了解线上产品的质量状况，管理者需要在每天上班的第一时间确认线上产品是否存在质量问题。一旦发现存在软件缺陷，管理者就必须在第一时间做如下事情。

- 通过即时通信群知会整个技术团队，以便有更多的人关注。

- 检查与分析所采集的产品运行数据,了解软件缺陷根源并组织相关人员进行修复。

6.3.3 管理制度

管理制度是刚性内容,在每次的年度绩效考核之际,需要管理者呈现管理制度中所要求的产出物,以证明自己确实在遵照执行。

1. 做好沟通并产出报告

管理者需要不定期了解员工的状况,通过听取员工的反馈去调整管理工作。倾听员工的心声有助于:

- 及时纠正不适宜的制度;
- 了解员工的职业技能兴趣点,并因人制宜地制订合适的发展计划(落实到"专家计划"中);
- 迫使管理者自己有所作为;
- 了解员工需要什么帮助,通过及时的帮助去体现人文关怀。

请与员工做面对面的单独交流。交流可以考虑围绕如下问题展开。

- 工作感受如何?
- 团队有哪些值得改善的地方?
- 个人有什么值得改进的地方?
- 对工作内容和个人发展有什么想法?
- 需要什么帮助?
- 有什么想让管理者知道的吗?

请管理者通过"团队沟通总结报告"总结与每位员工的交流情况。建议一个季度至少与每位员工进行一次面对面的交流。

2. 每月总结与规划

管理者可以在每月的月底,以 PPT 的形式(请采用团队统一制定的模板),向直接上级汇报当月的总结和下月规划。内容可能包含以下几点。

- 工程方法与技术改进。总结当月采用的工程方法与获得的技术改进成果。
- 技术事务与团队管理。汇报自己从事了哪些具体技术工作,在团队管理方面又做了哪些事。后者应当体现管理思路与效果。
- 知识管理。总结当月团队完成了除项目之外的哪些知识沉淀工作(包含但不限于专利申请和各种技术相关文档的撰写)。
- 表扬。表扬当月表现突出的同事,并阐明其事迹。
- 项目实施状况。汇报当月完成了项目的哪些内容(包含但不限于概要设计、代码走查、项目总结三者在项目中的落实情况)。
- 软件缺陷趋势。以走势图的形式列出团队所有成员手上未解决的软件缺陷总数。
- 下月工作重点。列出下个月需要重点完成的事项,规划这些事项时,须考虑与大团队的规划保持一致。

6.4 落实工程方法论

进行大规模软件开发,必须以工程化的原则和方法来组织和规范软件开发过程。工程是一个广泛的概念,在各个领域都有所涉及,如土木工程、机械工程、电气工程、软件工程、农业工程、建筑工程等。任何工程都存在一个从策划到设计、实施、运行、维护,直至退役的过程,即所有工程项目都会经历这一程序化的过程。工程方法是指普遍适用于一切工程活动,贯穿工程活动过程的一般性方法。将工程方法理论化,就形成了工程方法论。

工程文化是指一个组织或团队,在工程实践、问题解决和工程工作等方面共有的价值观、信念和行为方式。工程文化不只影响工程决策的制定、工程流程的设计、工程团队的协作方式，还影响组织或团队的效能。

一个高效能团队的工程文化须考虑如下 6 个方面。

其一，对质量的追求。一个强调效能的团队，一定会对产品和服务质量有追求。对于软件工程来说，这意味着对代码质量的关注，对测试的重视，以及对持续改进的坚持。

其二，对技术的积极态度。一些团队更倾向于尝试和采用新的技术，另一些团队则坚持使用自己已经熟悉和被验证过的技术。而一个重视持续发展的组织，对于新技术，一定会积极跟进，择机采用，向技术要红利以提升工程的质量和效率。

其三，拥抱失败。一个强调效能的团队，往往也是一个重视和鼓励创新的团队，这样的团队通常将失败视为学习和改进的机会，而不是对个体实施惩罚的理由。拥抱失败不是为了鼓励失败，而是为了在追求质量的前提下，包容新技术、探索新方法。

其四，有自己的工程方法论。工程方法论是团队对工程质量与效率的沉淀，体现了一个团队对工程的认知与落地能力。

其五，对学习和发展的重视。一个强调效能的团队通常十分重视员工的学习和发展，可能表现为提供学习资源，支持员工参加培训和会议，以及鼓励员工分享个人的知识和经验。

其六，良好的协作氛围。组织文化会影响团队成员之间的协作和沟通方式。一个重视效能的团队，通常会鼓励开放和透明的沟通文化，为团队成员创造有安全感、认同感的协作氛围。本书将在第 7 章进一步探讨这一话题。

6.4.1 工程方法论 = 流程 + 工具

图 6.4 说明了一个互联网行业技术团队的工程流程。为了完整地表达这一流程，图 6.4 中省略了很多流程上的反复。比如，需求、设计、用例和代码的评审工作，都隐含了评审不通过时，需要回到前一道工序去完善，直到评审通过再进入下一道工序的流程。另外，图 6.4 中并没有表达出流程所使用的工具。

产品经理	开发工程师	测试工程师	发布工程师

需求

- 准备特性需求
- 需求评审 ★

实现

- 完成概要设计
- 概要设计评审 ★
- 创建特性分支
- 编码 ★
- 单元测试 ★
- 代码评审 ★
- 特性自测
- 代码合入发布分支

- 设计测试用例
- 测试用例评审 ★

- 创建发布分支

测试

- 软件打包
- 测试
- 修复缺陷
- 通过？ 否 / 是

发布

- 发布

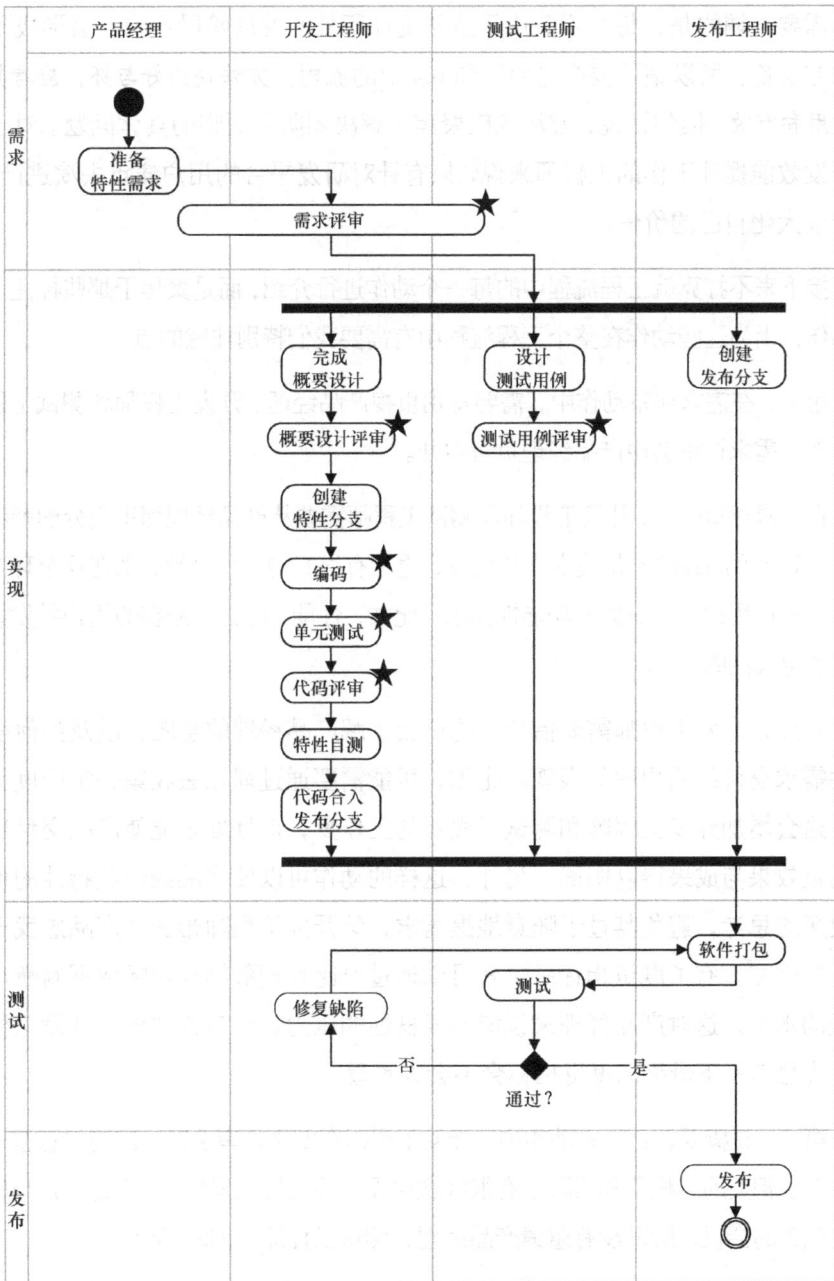

图 6.4　一个互联网行业技术团队的工程流程

需要强调的是，每个团队由于成熟度和所处的发展阶段不同，会形成不一样的方法论，所以请不要全盘照抄图 6.4 中的流程。**方法论的好与坏，应看其是否适用和有效。**换句话说，方法论应聚焦于解决团队所面临的具体问题。对于从事研发效能提升工作的工程师来说，只有针对研发平台的用户痛点去演进产品，才能最大化自己的价值。

接下来不打算就工程流程中的每一个动作进行介绍，而是聚焦于那些标注了★的动作，因为这些动作在整个工程流程中有需要我们特别注意的点。

第一，在需求评审动作中，需要特别重视产品经理、开发工程师和测试工程师的合作，需求评审会由产品经理负责召开。

在需求评审会上，开发工程师和测试工程师需要从产品经理那里充分理解特性需求。如果产品经理不是技术人员出身，也没有很好的工程经验，则在这个环节需要特别重视用户不可见的非功能性需求。比如，性能、时延、潜在的用户并发量等都是值得关注的。

此外，开发工程师需要借评审的机会了解产品经理的意图，以及如何度量特性需求交付给用户后的表现。比如，可能需要通过埋点去收集一定的度量指标，这会增加开发工程师和测试工程师的工作量，但好处是能使产品交付后如何衡量效果与成果得以明确。另外，这样的动作可以使产品经理就特性的价值做更多的思考，避免其过于随意地提需求，给开发工程师带去"产品虐我千百遍"的委屈。有了度量指标后，就可以通过对比预期数据与实际数据判断产品经理的水平，这对产品经理来说能形成良性的压力，让其在"虐"开发工程师前，先思考一下最终的度量指标会不会太难看。

第二，在概要设计评审动作中，开发工程师在安排评审会时，需要注意邀请与特性需求相关的工程师和团队中有很好软件设计经验的工程师。因为这只是与软件开发相关的会议，所以没有邀请产品经理、测试工程师参加的必要。

在召开评审会之前，开发工程师应当提前将概要设计文档发送给被邀请人，与会者可以在会前阅读与思考，这样会上大家就能更快地进入讨论环节，从而提高会议的质量和效率。

概要设计评审环节的缺失是很多低效开发团队的典型特征之一，其背后所反映的正是个体各自为政的工作状态。此外，这还可能意味着另外两个问题的存在。其一，开发工程师甚至整个团队不知道如何写概要设计，更不知道如何进行概要设计评审。其二，个体或团队的心态不开放，害怕他人指出自己的问题。

第三，在编码动作中，最重要的是开发工程师需要遵守编码规范。我在 4.6.4 节曾经谈到，我正是以编码规范的落实为切入点，去改善我在阿里巴巴工作时所在的浏览器技术团队的。**编码规范如同制服，它让开发工程师群体对所热爱的代码形成了认同，不分你我。**那些视如己出的代码能让开发工程师的工作效率更高，工作感受更好。

第四，在单元测试动作中，最重要的是开发工程师能将单元测试落实。不少开发工程师一看到单元测试中的"测试"两个字，就认为那是测试工程师该干的事。

第五，在代码评审动作中，开发工程师需要有将自己的代码呈现出来的勇气。在这个环节，我们要用集体的力量去规避错误，这是发现不良软件设计的一次重要机会。

一个高效能的团队会采用类似 Gerrit 的代码评审软件，让代码评审工作通过线下的方式完成。受邀的评审人也会积极参与，并在评审软件中留下自己对代码的修改建议。

代码评审的缺失是很多低效团队的又一个典型特征。它使得开发工程师群体难以相互学习，因而也就无法发挥团队的力量去学习与提升自己的编程技能。

第六，在测试用例评审动作中，测试工程师需要邀请产品经理和开发工程师一起参加（图 6.4 中因为绘制麻烦没有表达出这一含义）。测试用例评审可以让整个项目组的人就需求的理解做进一步的确认，帮助大家发现理解不一致和之前没有考虑到的细节。测试工程师的测试用例能很好地帮助开发工程师发现那些其没有意识到的问题；而开发工程师基于自己所开发的需求，也可以帮助测试工程师完善测试用例。总之，这一环节旨在通过集体的力量来最大限度地保证产品质量。

千万别以为测试用例评审是在浪费时间，它能让测试工程师在验证开发成果时更顺畅，也能很好地帮助减少不同岗位间因为理解不同而造成的返工现象。测试用例评审是质量保证工作的前置行为。

产品发布后并不意味着开发工作就完成了，这一点在图 6.4 中并没有表达出来。产品发布后，开发工程师需要积极地关注用户的使用情况。如果存在度量指标，则需要提醒产品经理做分析并呈现最终报告，以及关注结果并进行必要的优化。

最后，这里不考虑对工具的使用专门进行讲解。其一，有相似功能的工具不少，需要根据团队的综合需求来选择；其二，软件行业的从业者对于工具使用的学习不在话下，所以没有特别介绍的必要。有些特定的工具，本书后面当介绍到相关内容时会有相应的说明。

工程文化的建立除了要有工程方法论，最重要的是个体要在实践过程中养成工作习惯，严格依照流程去执行每一个动作的要求。培养工作习惯的过程也是专业化的过程，这一点很多人可能没有意识到。

6.4.2　打造工程方法论的手段

有了工具和流程并不表示工程方法论就一定有效，还需要注意它们的可操作性和易用性。有效的工程方法论源于构建理念。

1. 关键要素有形化

影响工程质量和效率的关键要素，大体上可以分为有形的和无形的两大类。是否有形是指能否通过一定的具体方法施加影响，通过约束来实现保障的目的。比如，软件设计能力和编程的好习惯一开始就不是一种有形的要素，而工具、文档却是有形的。

将无形要素有形化是打造工程方法论的核心手段之一。对于好的设计思想这一无形要素，可以通过抽取设计原则，以文档化的方式使其有形化；对于编程的好习惯，也可以通过文档化的方式使其有形化。有形的要素容易在团队中被学习和模仿，并最终内化为人的行为。

一个好的工程方法论应尽可能将无形的要素转换成有形的，以便减少其中难以控制的"艺术"成分，从而获得良好的可操作性。

2. 无缝整合

对于工程方法论中的工具和流程，应尽可能将它们与开发环境进行无缝整合，以保证易用性。工具和流程只有易用才能在团队中最大限度地发挥价值。另外，将一些重复性的工作自动化，也是提升易用性的一种手段。

无缝整合的结果是，工程师能轻松地使用工具和运用流程，低成本甚至零成本地体会到其所带来的益处。不少工具和流程之所以不能被持久地运用，大多因为其使用起来太麻烦，乃至工程师还没尝到甜头就放弃了。图 6.5 说明了应与开发环境无缝整合的多个工作流程。

无缝整合并非只是从使用步骤上进行，还得特别注意概念的无缝整合。概念的无缝整合意味着工程师在运用工程方法论时，能基于行业的共识和常识很好地理解它，无须在大脑中做概念转换。对于那些开发自有软件研发效能平台的公司来说，需要特别注意这一点。

3. 以单元测试为中心

为了获得更好的易用性和效果，在构建质量保证方法论时应做到以单元测试为中心。请不要将以单元测试为中心理解为只要做好单元测试就能保证软件质量。图 6.6 说明了哪些流程应以单元测试为中心。

图 6.5　无缝整合多个工作流程　　　　图 6.6　以单元测试为中心

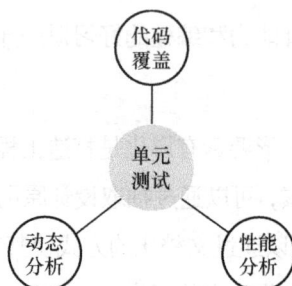

软件产品的质量保证，在很大程度上需要通过代码质量保证加以落实，而单元测试能做到最小粒度的代码功能验证。单元测试需要通过设计测试用例来保证代码尽可能多地被执行，这也正是代码覆盖、动态分析和性能分析所需要的。将代码覆盖、动态分析和性能分析以单元测试为中心进行整合，能实现进行单元测试时，顺便完成以单元测试为中心的其他质量保证工作。

6.5　流程带来质效

在任何行业或职业中，流程都是至关重要的。流程不仅能为工作提供明确的指导，还能帮助提高工作效率和保证工作质量，从而使个体和团队都有更好的产出。

流程的建设离不开清晰且与之匹配的组织架构。可以说，清晰的组织架构是流程的重要组成部分。通过明确责任边界去减少冲突、强化个体责任感、提升决策效率和推动协作，是团队高效协作的底盘。清晰的组织架构不仅指组织的结构形式，还必须确保关键角色的责任得到明确并落实到位。

流程是组织内部各项工作顺利进行的指南针。它规定了任务的执行顺序，明确了流程参与者的职责和角色，确保了工作的连贯性和一致性。在这个过程中，需要发挥各种工具的作用，通过工具与流程的无缝整合，实现在提升流程效率的同时，改善流程的使用体验，从而增强使用者使用流程的意愿。

要让流程高效运作、发挥价值，离不开制度化管理。制度化管理是一种通过制定和执行规章制度来管理组织的方法，它可以确保所有的工作都按照既定的规则和流程进行，提高工作效率和质量。制度化管理也可以帮助我们更好地管理和控制项目，并提供一个清晰的框架，让项目的参与者清楚关键动作以及每个动作的具体内容。

流程是一套科学的、专业的工作方法，其抓住了事物的规律，通过步骤的分解，让不同岗位上的个体有序地开展工作。团队中的个体按流程开展工作，让流程真正发挥价值，这是个体职业化水平的重要体现。

文化可以挂在墙上、飘在空中，但文化氛围一定是落地的、让人可以感受到的。

每个人都是良好文化氛围的受益者和塑造者。

良好的文化氛围能带给个体安全感和松弛感，并激发个体敢想、敢说、敢当、敢干的内驱力。

第7章
培育文化氛围的土壤

企业有企业文化，团队有团队文化，团队文化无法脱离于企业文化而单独存在。同一个企业中，不同类型的团队都会有自己的团队文化。这些不同类型的团队，会在企业文化的大框架下，根据团队的特质和管理者的风格，塑造出独特的团队文化。

相比团队文化，真正影响大家感受的是团队的文化氛围。可以这样说，团队文化是要求、标准和共识，是飘在空中的口号；而**团队的文化氛围是团队文化在落地和实践后形成的气氛，由所有团队成员共同创造和塑造，且可以真真切切地感受到。**

为此，在提升团队效能的道路上，我会更关注如何塑造团队的文化氛围。文化的提出不难，难的是文化的落地实践及形成氛围，这需要所有团队成员的共同努力，更需要管理者的垂范与引导。类似地，也可以用同样的视角去看待企业文化和企业文化氛围。

从企业层面来说，企业文化的落地最终必然体现于团队的文化氛围中。这就需要企业具备很好的培养腿部管理者的能力。

我把文化氛围比作土壤，有两层意思。

第一，文化氛围对团队以及团队中个体的成长和发展都非常重要，就好比土壤之于植物的重要性。换句话说，**想要团队成员形成怎样的言行，就需要营造出相应的适合这些言行"生长"的文化氛围。**团队中个体的多样性就好比自然界生物的多样性，所以文化氛围应能兼收并蓄。

第二，文化氛围的营造需要耐心和努力。就像培育植物一样，要不断添加有机物、保持土壤湿润和酸碱平衡、维持生物的多样性，以及适当翻耕。总之，需要不断劳作，也需要时间。如果想速成，就容易出现不当的行为而使得文化氛围变差，如同拔苗助长或过度使用化肥农药导致禾苗枯死或破坏土壤。

7.1 良好文化氛围须具备的元素

从长远来看，团队的高效能不能建立于少数个体的长期苦心经营之上，否则高效能一定不具可持续性。长期的高效能必须建立于团队所有个体都全情参与之上，这就需要存在能培育出高效能的土壤，个体在这样的土壤中，自然能"长出"理性、能动、简单和愉悦。

高效能土壤需要有必要的元素存在才能变得肥沃。虽然这些元素从字面上看普通得让很多人都习以为常，但鲜有人在工作中能真正体会到其美妙及背后深刻的价值。下面我通过自己的一些经历和感悟，来帮助大家逐一了解这些元素的内涵。

7.1.1 共情

2015 年年初，我正式成为阿里巴巴浏览器技术团队的负责人，在第一次技术团队的全员大会上，我正式宣布以后团队成员可以自由地休年假。听闻这一消息，大家自发地以掌声表示支持。也从那天开始，我的团队成员休假根本无须编理由，也没有技术主管可以否决下属的休假计划。

我宣布这一决定有两个原因。

其一，休年假是个人的权利，行使这一权利本无须他人同意。此前，员工为了休年假得当面与上司交流并给出充分的理由才能获批。我每次看到这样的场面就觉得不可思议。首先，员工要休年假一定是因为有自己的安排与需要。其次，这样的交流会让人感受到满满的不信任。明明是合法权利，行使起来却似乎"名不正言不顺"。

其二，让员工自由地休假，所带来的不只是表面上的自由，还有隐含的要求。从员工的工作层面来说，为了休假自由且在休假期间不被打扰，员工必须在平时将工作做到位——保证自己休假不会给项目执行带去麻烦，或者至少要做好工作交接。哪怕有的员工有做事不牢靠的毛病，他们休假时项目出了状况，也是在给他们创造反思和改进的机会，倒逼他们成长。从管理层面来说，管理者得时刻确保下属休假不会影响团队的工作，这对其日常管理工作也提出了更高的要求——得时刻关注人员备份，甚至在下属休假时自己顶上。

如果有员工只享受自由却不在乎要求，使工作安排出了问题怎么办？很简单，将信息向全团队公开，以个人"事迹"去教育整个团队，借集体的力量去约束个体的行为。如果这样也无效，那还有绩效考核这一杠杆。根据我的经验，大部分人不乐意在这种事上体现自己的与众不同，因而不会给管理带来什么麻烦。

这是我践行人性化管理的第 1 个例子。人性化管理的基石是人的同理心，管理者要基于同理心以"己所不欲，勿施于人"和"急他人所急，想他人所想"的心态，去制定管理制度和做管理决策。与控制式管理基于不信任，采用命令、施压等消极管理手段所不同的是，**人性化管理则基于信任，采取的是理解、减压等积极的管理手段，以此激发个体的主观能动性**。

对被动加班的处理是我践行人性化管理的第 2 个例子。加班有主动加班和被动加班之分。主动加班由于是个体自愿的，因此不会产生什么问题；但对于市场时间窗等原因导致的被动加班，则需要做恰当处理，处理好了就能将被动加班变为主动加班。阿里巴巴浏览器技术团队的所有被动加班都会以调休的形式补偿，且与年假一样，员工可以自由安排调休时间。另外，在我担任负责人期间，全团队没有采取过全员强制加班的一刀切做法。

与许多管理者希望下属长期被动加班所不同的是，我力图让所有人避免长期被动加班，同时鼓励个体努力确保在 8 小时工作时间内高质效地开展工作。一个人长期被动加班，会因为忙而忽视学习，甚至因此为止步不前找到借口。反之，如果强调 8 小时的高质效工作，则会逼迫个体通过学习去提升工作质效，这样的逼迫并未违背人性化管理的初衷，而是职场人士始终应当面对的一种积极压力。

但无论我对被动加班的态度多么理性，仍有一些同事曾因为产品经理施压而被动加班并产生了负面情绪。产品经理以各种形式施压可以理解，因为他们希望功能快速上线，那么这些同事是如何应对这种压力的呢？

这些同事首先向我寻求帮助，希望从管理层面去直接解决这类问题，我并未答应，但我与他们深入交流了自己的看法。第一，审视被动加班是长期的还是短期的。如果是短期的，且从市场竞争的角度来看，也确实没有其他选择，则这样的被动加班是不可避免的，在任何一个团队都可能会存在。第二，产品经理施压的依据是否站得住脚。如果站不住脚，则可以不理睬，个体在面对这样的压力时要敢于说"不"，这是负责与成熟的表现。第三，要与产品经理在工作节奏上形成默契，这需要双方相互建立信任，这样的过程只能由个体自己完成。即便遇到冲突，那也是正常的，完全没有刻意消除的必要。

导致被动加班的情形还有另一种，即个体发现周边的同事到了下班时间仍不回家，因此不好意思先走。一个团队只要有多人存在这样的想法，最后就会变成个体间接地被逼加班。

要规避不好意思先走这一思想导致的被动加班，只能靠个体自己去克服。个体如果能保证项目如期完成，高效利用 8 小时工作时间，觉得没有必要加班，则应果断下班，这同样是负责与成熟的表现。一个容易被周边环境裹挟之人，很可能少了些自信或不够独立。

当然，我并非认为下班时间到了，所有员工就得回家。每个员工所处的人生阶段和职场生命时期不同，具体什么时候下班应当由个体自行决定。我之所以会过问这些事，是因为我作为管理者，需要了解员工的真实情况，看是否有需要我特别重视的事，这是人性化管理带来的必然行为。

努力减少被动加班对团队的管理水平提出了更高的要求。团队如果不采取开放与透明的管理方式，就会造成个体的工作成果与效率难以被他人感知，这样的环境容易让个体非理性地以比拼工作努力程度，甚至有时是假努力，去体现自己的敬业和绩效。

不鼓励被动加班其实是在倡导个体应不断提升自己的效能，鼓励个体以"10个方法只做一遍"替代"一个方法做10遍"。

管理制度有弹性是我体现人性化管理的第3个例子。比如，实行弹性上下班时间，对员工因处理家事晚到表示理解。

在我看来，有担当的管理者会紧盯最重要的工作目标，让公司规章制度变得富有弹性，以服务于这些目标。对于打破制度的行为，只要不违背职业操守，根本无须大惊小怪。至于打破制度的行为是否恰当，则要看其是否有利于达成最重要的工作目标。公司的不少规章制度的目标在于规范那些不作为的管理者的管理行为，而非抑制管理者将团队效能提升到更高的水准。管理者是要带领一个团队去业务前线打仗的，他得承担起现场指挥官的责任，而不是完全依照指挥部的命令行事。

我的弹性管理仍是从同理心角度出发的，我希望个体能在照顾好自己与家庭的情况下更好地工作，并且希望个体能因为喜欢自己所在的团队而沉下心去好好积累。这对于我来说不仅能取得更好的结果，还能很好地降低管理成本。

对脏活累活的处理是我体现人性化管理的第4个例子。我在1.7节曾经讲过，脏活累活是否由大家共同分担是体现一个集体是不是团队的一个关键特征。这里值得再强调一下，脏活累活共同分担的管理方法依然体现了同理心——没有人愿意只干脏活累活。当然，这个同理心不只是管理者对员工的，更包含员工与员工之间的。

以人性化管理所创造的文化氛围，还包含员工与员工之间的，以及员工对管理者的。之所以强调也包含员工对管理者的，是因为管理者与员工的角色不同，容易让人误认为文化氛围的传递和塑造只着重存在于管理者对员工的单向通道中。管理者对整个团队负责，这一点确实决定了他是营造文化氛围的关键人物。但我们也要认识到，管理者也是普通人，也是在犯错和学习中成长的。员工对管理者的支持、认可、包容，也在帮助管理者找到营造良好文化氛围的感觉。员工多带一些同理心与理性去看待一些看似不合理的管理方法，也是对营造良好文化氛围的有力支持。

前面之所以一直在强调同理心，是因为在阿里巴巴工作的前 8 年，我一直认为同理心是人性化管理的核心驱动力。直到后来负责云原生服务网格新技术在集团的落地工作时，我才意识到只有同理心还不够。

负责这一工作的挑战和压力之大，对我来说是前所未有的。作为技术一号位，承担那些挑战与压力是我的分内之事，但那一时期我有一种很不好的感受——冷漠，我感受不到组织的温度。这缘于所有人都认为，那是我要去独自面对的，因而少了组织层面的"我们一起共同承担"和兄弟团队相互助力的氛围。

这不是简单的团队管理问题，而是整个公司文化的建设落地问题。我的直接上级，其实也与我一样在冷漠的环境中苦苦坚持着，如果没有理想和使命感，大家可能都没法坚持下去。但大家在一起真的只能这样吗？有理想和使命感的人在社会上是孤独的，但是当这些人走到一起时，不能更有温度吗？

那一时期我压力大到身体出现了问题，HR 的关心又让我体会到了组织的温暖。在事没有做成之际，个别同事的共情安慰让我永生难忘。也是从那时开始，我意识到包含共情这一元素的文化氛围才能真正体现人性化管理。

同理心是指换位思考，进而理解和感受他人的情感和经历。这是一种认知过程，旨在通过想象自己处于他人的位置去理解其感受和想法。同理心非常重要，但要小心同理心在很多情形下是个伪命题。有些同理心的建立需要双方都有同样的经历。当同理心建立不起来时，共情也就很难实现。提醒同理心的这一局限性，也许能让我们多一分好奇，多一点耐心，当我们突然经历不曾经历过的事时，就会生出之前所不具备的同理心。

共情是指与他人建立情感共鸣和情感联系。这是一种情感过程，旨在通过感受和体验的情感与其产生情感共鸣，进而做出表达关心和支持的行为。同理心让人能够理解他人，共情则让对方确认了自己被真正"看见"，后者所塑造的工作环境更能触动人、感化人和滋养人。

7.1.2 透明

团队持续的高效能，一定是建立在团队所有个体能动的协作与协同之上的（请务必注意"能动"这个关键词）。个体能动性的发挥又是建立在信息对称之上的，只有接收到充分的信息，才有发挥能动性的机会。在信息流动不充分的团队中，个体被动地接受任务的情况会多得多。

信息对称意味着同一信息辐射到的人更广，因为不同个体对同一信息的敏感度和解读视角存在差异，所以能最大限度地挖掘信息的价值，让个体在工作中通过建议、监督甚至补位，实现工作质量和团队协作与协同的改善。

透明是指尽可能将各种信息在团队中公开，我在工作中经常称之为信息透明。高效能团队需要从工作内容和管理信息两方面去做好透明工作。

1. 使工作内容透明

使工作内容透明是指，包含管理者在内的每个人，将自己干了什么、学了什么、碰到了什么问题等内容定时向团队所有成员公开。使工作内容透明的价值在于，每个人都可以了解其他人在干什么、碰到了什么问题等等。这有助于个体间相互学习，将来碰到问题时知晓谁是潜在的帮助者，及时向他人提供帮助或获得他人的帮助。这一切对于发挥个体与团队的效能都是利好。

2013 年我所在的团队刚着手开发 UC 浏览器电脑版软件时（那时我还是一线员工），整个技术团队被要求写工作日报。坦率地说，一开始我对这一要求持抵触态度，觉得管理没有细到这种程度的必要。写工作日报让我感觉好像有双无形的眼睛无时无刻不在盯着自己，很不舒服。

但既然有要求那就执行吧。写了一段时间后，我发现这种方式真好，除了能真实地记录自己每天干了什么，需要时能用于回顾，读他人的工作日报还能很好地了解他们的工作内容与工作状态。另外，工作日报需要将自己的工作内容呈现于集体面前，这会迫使我每天认真思考和调整一天的工作内容，以免无法在工作日报上对大家有所交代。

即便我很快体会到了工作日报的好处，但这一制度一开始在团队层面执行得并不好，经常出现有同事不写的情况，无论当时的项目经理与管理者如何提醒，这个制度就是没能全面落地。当然，那时的工作日报即便写了也没人真正关注，只输出但不使用的信息其实没有什么价值，大家自然没有动力去写。

2014 年 5 月，我作为北京团队的负责人（还不是整个技术团队的负责人）开始组建北京团队。从那时开始，我将原本全部放在技术上的精力分了一部分到管理上。我每天早上都会阅读经过汇总的工作日报邮件，该邮件中记载了前一天所有开发同事的工作内容。值得一提的是，那时的测试同事并没有被要求写工作日报。

那时我已成功地引导所有客户端开发同事遵守谷歌的 C++编码规范，我相信自己一定能引导所有的开发同事养成每天写工作日报，并重视阅读与使用工作日报的习惯。于是我开始思考如何落实工作日报制度。

工作中有很多方法与制度在理论上是有效的，但实践起来却无效，其中最大的问题并不在于方法与制度本身，而在于方法与制度所产生的结果不被人关注。以工作日报为例，虽然工作日报每天以邮件的形式发出，但因为没人关注其内容，所以大家没能体会到其价值。推行让人觉得没有价值的方法与制度，不仅无法让方法与制度被人接受，还可能引发负面情绪，或使人对方法与制度的推行者产生成见。

基于此，我引导工作日报制度落地的第一步，是带头关注工作日报中的内容。因此，我每天上班的第一件事就是通读所有开发同事的工作日报，并在即时通信群里分享自己读到的关键进展和给他人的建议。

看到我以这样的方式处理工作日报后，那些看齐意识强的同事写工作日报的热情也被激发了，他们除了每天写，还乐于将内容组织得更好。此外，更多的同事乐于通过工作日报对其他同事所给予的帮助表达谢意，这些行为增强了工作日报的可读性与趣味性。

但即便如此，每天写工作日报的仍然只有那几个人。我进一步分析认为，因为并非所有同事都像我那样每天关注工作日报中的内容，所以无从知道哪些人昨天是否存在缺填问题。一言以蔽之，工作日报的缺填率其实是一笔糊涂账，因为没有显式地进行量化，所以无法以集体的力量去约束个体的缺填行为。明白了这一点后，我想到了用 Excel 表格统计缺填次数，并将数据以图形化的形式向团队展示。

从 2014 年 7 月 3 日开始，我每天读完工作日报后，会先更新用于统计缺填次数的 Excel 表，然后回复全体同事一封邮件。如果有人缺填，我回复的内容就是像图 7.1 那样的统计图，用于表明哪些同事昨日缺填，并展示所有同事的累计缺填次数；如果无人缺填，则邮件内容只有简单的"坚持"两字。为了避免大家对这一突兀的表达方式感到不适，我告知"这样做是为了帮助你们养成良好的工作习惯而非惩罚，更不会将之当作绩效考核的一部分"。

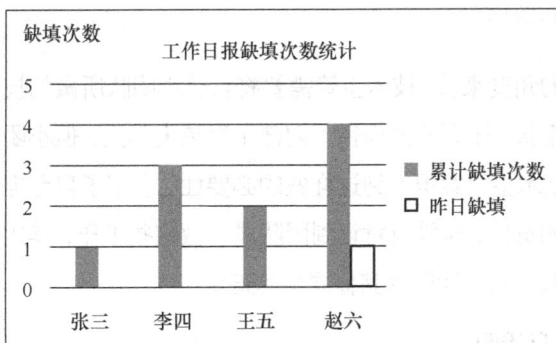

图 7.1　工作日报缺填次数统计图

我还给全体开发同事发送了一个周期性会议邀约，用于在每个工作日的下午 5

点提醒他们写工作日报，从而帮助他们更好地养成每日写工作日报的好习惯。

9个多月下来，我坚持每天通读与点评工作日报、统计缺填次数，直到2015年4月11日，这项工作在开发同事轮岗时才被移交出去。轮岗是为了进一步帮助每一位同事养成通读工作日报的习惯，我希望以此拓宽个体的工作视野。

使工作内容透明能有效地约束个体的不作为。个体的工作状态如何，从他的工作日报中就能相对轻松地看出，这使得个体想要在整个团队面前混日子简直没有可能。在任何场景下，如果想了解某位同事最近在忙什么、工作进展如何，完全可以通过查阅他过去几天的工作日报来了解。

工作内容的透明使得每个人在干什么、是否干得出彩，完全展现在团队面前，这为实现相对公平的绩效考核打下了良好的基础。

工作日报制度起到的作用与敏捷开发中的每日站会是相似的，但前者的效果远好于后者。在工作日报制度没有完全落地之前，团队曾执行过每日站会，但会上很少有人用心听他人讲（更别说做笔记了）。出现这一状况的根本原因在于，个体的工作视野并没有宽到能关心他人的工作，对于这一问题，其实工作日报制度也不能解决。然而，工作日报是书面化的，不存在每日站会所存在的即时回忆困难，也省去了统一开会的时间，这些优点都是很明显的。另外，书面化的工作日报有助于培养个体拥有更宽的视野。

从信息透明的角度来看，技术主管需要将自己小团队所做的技术改进等工作对大团队进行总结汇报，千万不能停留于内部干得热火朝天，但小团队之外的人却全然不知。大多数技术主管意识不到这样做的必要性，忘记了自己担负着让他人了解自己团队的工作的责任，也没有意识到团队成员做这些工作，其实是希望被更多的人了解，以此收获来自小团队外其他同事的肯定。

2. 使管理信息透明

有太多的管理者在处理管理信息时普遍选择对下属进行屏蔽。原因通常是为了保密或为了团队好。但实践表明，这样做是错的。管理者如果想打造一支真正高效能的团队，就必须将大量的管理信息透露给团队成员。当然，确实需要保密的信息除外，如商业秘密、敏感数据等。

一些管理者担心团队成员接触到那些管理信息时无法理解，由此不利于团队稳定。我认为团队成员无法理解存在两种可能。其一，确实是管理者处置不当。显然，这一情形下做出的信息屏蔽其实是害怕别人发现管理者也会犯错，管理者害怕自己下不了台。其二，有些管理决策是不得已而为之，没有其他的选择，管理者担心公开这些信息会带来消极影响。

管理者进行信息屏蔽可能会带来巨大危害。

危害一，助长自己的不作为。因为信息被屏蔽，所以其他人无法检验管理决策的正确性，从而无法判断管理者是否作为，这样便缺失了迫使管理者作为的监督力量。掩盖不作为的信息屏蔽行为，是在通过制造信息不对称谋求特权。

危害二，导致团队成员失去各种信息的刺激而无法很好地成长。使人适应环境的方法并非制造一个纯净的环境，否则就不存在适应一说了。适应是指个体用理性去克服自己的不适，这是需要不断训练才能达成的。很多职场人士在工作中表现得不成熟，这在某种程度上与管理者大量采用信息屏蔽的管理手法有很大的关系。

危害三，导致毫无价值的猜疑和怀疑。猜疑将引发一些流言蜚语，怀疑则让人做事迟疑。这些都无助于打造简单、高效的工作氛围，使人在工作中无时无刻不保持警觉并害怕犯错——因为不清楚管理者决策的依据。

害怕别人发现自己犯错的管理者需要知道自己是普通人，也需要从犯错中学习与成长。管理者如果害怕面对错误，在要求下属"积极面对自己的错误"时就会缺乏底气。

对于因现实所迫而做出的无奈决策，管理者更应将之公布给全团队。一方面让团队成员了解自己的处境和做出的努力，另一方面训练团队理性处事。许多人都有同理心，在面对无奈决策时最终也都能理性地看待并接受，只是从不接受到理解所花费的时间长短不同而已。

从我在团队中承担部分管理职责开始，我的工作重点之一正是让我的工作内容透明，这是借助工作日报制度的落实完成的。思路很简单，要让团队成员养成写工作日报的习惯，管理者带头做是最好的方法。我一直很明确的一种工作思路是，**影响他人从改变自己开始，以实际行动告诉他人如何做，既要说也要练。**

改善管理信息透明度的最大障碍通常来自管理者。在管理者没有意愿的情形下，下属很难迫使其将管理信息透明化。在我看来，**没有信息透明化的管理，容易管理者特权化。**

我对于管理信息的透明化处理不只局限于团队内部，还包含我的上司，即涵盖了向下与向上两个方向。我与上司之间存在周报制度，在周报中我会将团队发生的重要信息传递给上司，无论好坏，任何时候都不会向上司刻意隐瞒。这样做不仅在犯错时能得到上司的点拨，还有利于构建上司对自己的信任。信息透明了，与上司打交道就变得简单了，就事论事就行了。

类似的管理信息透明化，也包括面向人力资源等周边部门或兄弟部门。当信息在团队之外实现透明时，难免会收获一些与自身管理理念不一致的观点。对于这些观点，我始终保持欢迎的态度，因为这能反映他人的管理水平并提供向他人学习的机会。面对这些观点我一定会冷静思考，看这些观点与我的管理理念是互补的还是冲突的，是互补的就汲取他人的优点和建议，但对于自己所坚持的则应当坚持并进行必要的说服[①]。

我带领团队一直秉持两种态度：面向团队内部时，"这是我们的团队"，所以我会基于自己的理念和认知，致力于让大家达成共识，逐步影响大家；面向团队外部时，"这是我的团队"，是否采纳各种外来观点的最终决策权一定在我

[①] 千万不要以为说服他人的这个动作是多余的，便用沉默取而代之。如果真有好的管理理念，说服他人就是将其传播出去的一次良机。这样的说服行为不仅不会带来麻烦，反而有助于构建他人对自己的信任。想一想，有多少人会信任一个让人感觉没有想法的人呢？

手上。这两种态度，一方面避免了管理思维的僵化，另一方面能确保自己的管理理念在团队中的延续性和一致性。**没有下属乐意看到自己的上级是个会被人左右、经常摇摆的人。**

管理信息透明的度是什么？显然不可能百分百透明，因为每个公司都会有一些信息是不能公开的，比如薪资、商业机密等。那么这个度要如何把控呢？我的经验是，在遵循公司信息保密政策或制度的情况下，从以下方面来把控：

- 是否能尽早消除猜疑；
- 是否在维护相对公平与公正；
- 是否有利于团队成员自发地做决策或更好地协作与协同；
- 是否有助于他人学习从而提升管理能力；
- 是否能让管理者有所作为。

当然，对以上所有方面进行把控的终极目标都是提升团队效能。我在 7.2 节还会讲到如何通过原则化管理来提升管理透明度。

7.1.3　开放

开放是职场中的高频用词，大家也都清楚其价值，但在职场中，不开放导致的问题比比皆是。

说一个人开放，意味着他：第一，具有对未知事物的好奇心和求知欲；第二，乐于向别人分享自己的所知所得；第三，有承认自己的不足、接受批评和建议的勇气。开放做起来难，是因为个体需要克服人天性中的一些短板。比如，对于第一点，如果是自己感兴趣的或认为自己感兴趣的未知事物，我们往往能保持好奇心和求知欲，难的是对有挑战和有偏见的事物依然持有好奇心和求知欲，此时就需要我们克服挑战带来的恐惧，或消除刻板印象带来的偏见。再比如，对于第三点，人天性中的防御机制（当然，每个人的防御机制的强度是不一样的）会让我们在受到批评时产生不良情绪，从而无法理性思考。

　　无论做起来多难，只要有价值就不应放弃，努力在实际场景中有意识地观察自己，看是否有新发现，以便更好地了解自己的潜意识。接下来我们从"听""说"和"做"分别讲一讲。

　　"听"是指当听到建议甚至批评时，仍能理性思考"他的建议和批评是否合理"。在听到他人的建议和批评时，告诉自己"他是在帮助我成长而非为难我"，这有助于我们保持理性。当然，我们难免遇到确实不合理的建议或批评，此时可以想一想"他为什么会这么认为"，以保持开放的心态。

　　"说"是指除了乐于分享自己的所知所得外，还敢说并且能及时说。敢说是因为动机纯粹，不是为了个人私利或发泄情绪，而是为了维护职场秩序，确保集体作为或帮助他人成长。职场中，人与人之间相处难免因信息不对称、思维方式不同而产生误会，及时指出就能就事论事地立即消除这些误会。对于确实不妥之事的及时指出，有助于尽早纠正，防止蔓延并引发更大的问题。

　　"做"代表以具体行动积极学习新知识、新事物，或用具体行动积极回应他人提出的建议、批评。比如，对于建议和批评，相比默默接受，我更推荐以具体的行动让对方感知你的接受。具体行动视情况可以是口头的肯定，也可以是具体的纠错行为。

　　开放的个体不仅更能发挥个体效能，还能通过影响周边的人来帮助打造开放的集体。**开放的集体能有效地消除个体间的猜疑和行事之时的多虑，让个体之间的关系变得简单，也能及时纠正不合理之事，发挥集体对个体的约束力。**简单的人际关系和集体约束力作用的发挥，能带来更高的团队效能。

　　与我刚加入时相比，2016 年年初的阿里巴巴浏览器技术团队在开放度上有了显著提升。这种提升并非一蹴而就，而是通过逐步影响慢慢实现的。

　　我刚加入阿里巴巴浏览器技术团队时，团队中的个体几乎各自为政。无人乐于邀请他人检查自己的工作质量，当然也没有人乐意去主动关注别人的工作质量，因为"大家都很忙，根本没有多余的时间"。不关注工作质量的必然结果就是工作质量差。一旦有人突然关注工作质量，无论是检查者还是被检查者，一定会被那惨不忍睹的结果吓一大跳。这一不适带来的结果是，大家集体选择远离这种让人尴尬的情况——大家默契地更加不关注彼此的工作质量，久而久之团队中就形成了自我封闭的氛围。

如何才能让团队变得开放？我是从提高大家的工作质量着手的。对于软件开发工程师来说，首要的工作质量是代码质量，包含代码的格式、命名和结构等。我加入团队后，一直保持的一个工作习惯是，只要发现质量不佳的代码，就直接在团队的即时通信群里告知代码的作者，并指明如何改善。

刚开始公开个体不良工作质量的做法时，不少人感到很不适。有人曾私下建议我"以后这样的问题能不能私下单独告知，不要在即时通信群里公开"，但我并没有采纳，理由是：如果有 10 个人犯了同样的错误，那单独通知就得累计做 10 次，这样的沟通成本对我来说是不可接受的。

在即时通信群里公开指出工作质量问题有两大好处。其一，周知。将问题直接指出，其实不只针对被点名的人，还针对那些也在犯着同样错误但没有被发现的人，我希望他们有机会就我指出的问题对号入座并自觉纠正。其二，约束。对不良工作质量曝光的做法，能形成对个体行为的约束，毕竟没有人希望自己是那个被经常指出工作质量欠佳的人。有人建议我私下告知，正体现了不良工作质量信息透明化所具有的约束力。

我持续采用这样的方式指出工作质量问题后，慢慢地，其他同事也跟着做了起来。对于他们的跟进行为，我都会及时在即时通信群里公开表扬和致谢。后来还出现了有同事在即时通信群里指正我的工作质量问题的情况，我除了在即时通信群里当即致谢，还在当月的全技术团队月度交流会上对这位同事进行了口头表扬。这些行为的目的只有一个——让更多的人敢于和乐于及时指出其发现的工作质量问题，哪怕被指正的人是团队管理者。

随着时间的推移，相互公开指正问题蔚然成风，这也意味着团队的开放度实现了较大的提升。将个体的工作质量问题暴露出来，收到的效果是不只改善了工作质量——事的层面；还有助于实现另外一大进步，即大家能坦然地以及时改善的态度去面对他人指出的问题，团队从心态封闭逐步走向了心态开放——人的层面。

技术层面的开放度实现了较大的提升，但这还不够。让个体变得更加开放还需要确保管理层面各种信息的透明化，传递管理者是开放的这一积极信号，只有这样，下属才愿意更大限度地开放自己，以敢说和敢做的风貌主动地参与团队事务。否则，**让人在"黑箱"面前开放，就是在强人所难。**

很多工程师的性格特点是不敢说，而打造开放的团队氛围能有效改善这种情况。善听、敢说，都能让协作更加简单和高效。

在走向开放的道路上，总有人存在这样或那样的顾虑，担心因为开放而引发矛盾。即便是作为整个技术团队负责人的我，在以开放的姿态引导整个团队发展时，也同样感受到了周围同事对开放程度与步伐的犹豫。对于这样的境况，我认为只要以坚定的信念、言行一致的原则、坦诚的态度去应对，总有一天能使他人打开开放这扇窗。

在引导团队走向开放的道路上，管理者需要对各种试错行为更加包容，避免开放的萌芽被遏制。值得强调的是，包容不是不说，而是用积极开放的态度一起面对，不指责、不抱怨。

7.1.4 互信

当我还是摩托罗拉公司的员工时，在一次出差到美国期间，我去沃尔玛超市购买了一把瑞士军刀。回到公寓后同事发现，收银员收了我两把瑞士军刀的钱，于是我返回沃尔玛超市告知店员这一情况，店员什么都没有问就直接退了多收的钱。我当时就被基于信任带来的高效震撼到了，原本我还在被"如何证明自己确实只取了一把瑞士军刀"这一问题困扰，但在基于信任的处事方法前，这一担忧实在多余。

工作中相当多的不良现象是信任缺失导致的。比如，项目经理不信任开发工程师评估的工作量，总是希望压缩项目工期；产品经理因为不信任开发工程师，总是抱怨项目进展太慢；开发工程师因为对产品经理不信任，认为做了很多没有价值的功能；管理者对员工不信任，对技术改善工作持保守而非鼓励态度。可以理解的是，因为整体专业化和职业化不足，所以互信很难。

信任的建立并非简单鼓吹"信任别人"就能达成，而是先要解决"值得信任"的问题，走"因为我值得信任，所以别人信任我"的途径。

如何改善阿里巴巴浏览器技术团队内部成员间的信任关系？我是从改善个体的自我管理着手的。从宣传层面，我不时公开强调，个体应努力成为他人可信赖的工作伙伴，勿轻易承诺，但一旦做出承诺就得努力兑现；从行动层面，我在工作中一直向整个团队展示如何以良好的自我管理去赢得他人的信任，并在工作中帮助同事找到被人信任的感觉；从管理层面，我努力为团队构建透明、开放、友善的工作环境，致力于让工作环境变得简单和轻松，以更好地承载信任。

在构建产品团队对技术团队的信任上，我除了在公开场合呼吁需要彼此相互信任，还不时将关于技术团队的有助于构建信任的信息及时传递给产品团队，以开放和透明去赢得他们的理解与信任。当了解到产品经理对技术团队有不良反馈时，我会及时了解细节。对于产品经理因为不理解技术而产生的抱怨，我会耐心解释，而只要是技术团队的问题，我就一定会及时改进。我很清楚一点，整个产品团队对技术团队的信任，首先是建立在信任我这位整个技术团队的负责人身上的，产品团队会因为更加信任我而信任整个技术团队，所以我从来不敢忽视任何有可能影响产品团队对我信任的小事。

信任是脆弱的，因为它只代表"多了一次机会"——他人信任你而愿意再给你一次机会。如果你面对机会又获得了他人的信任，就又能赢得下一次机会，否则就得付出不小的努力，去重新构建他人对你的信任才能获得机会。让自己成为值得信任的人需要持续地付出努力，而破坏信任可能就在一瞬间。

7.1.5 有序

有序才能高效。团队层面一般通过流程来确保协作有序；个体层面的有序可以通过规范来达成。

有序带来的效能，正是个体通过培养良好工作习惯收获的，但不少人对一些习惯的培养不以为然，认为培养习惯是一种控制，是在压抑人性，成本太高。但我想说，对于习惯的培养，我们不能因为会经历痛苦的阶段就否定其价值。

在形成一个习惯的过程中，我们一般会经历如下痛苦：走出舒适区的痛苦，刻意练习的枯燥所带来的痛苦，看不到价值而否定努力的痛苦。作为父母，当我们希望孩子养成一个好习惯时，总是头头是道，而当自己去实践时，就不自觉地被痛苦打败了。

工作中，**那些看上去热火朝天的景象，只要背后没有流程、制度、规范的支撑，大概率是被事情推着往前走的，是一种被动的忙**。这样的忙，哪怕忙得"一塌糊涂"，也是一笔糊涂账。而且无序造成的"手忙脚乱"让人感觉更忙，不只会分散人的精力和专注力，也会导致拖延症、遗忘症。无序地忙一定是低效的。

真正的有序，是每个人都清楚什么时候要做什么，要怎么做，要做到什么样，让人有掌控感和目标感，这是激发个体主动性和行动力的必要因素。

7.1.6 批评

是人就会犯错。个体在职场中所犯的错可分为两大类。第一类，为了学习而犯的错，即因能力与经验不足、考虑不周全或一时疏忽而犯错。只要能从错误中有所收获并努力避免再犯，这样的错其实是你人生中的财富。成长就是在犯错中实现的。第二类，个体的不良习惯导致的错。比如，不遵守编码规范导致的错，应允会完成某些事却没有完成导致的错，没有时间观念导致的错，等等。

第一类错只是单纯的做事问题，而第二类错则几乎是做人的问题。也可以说前者是无心之过，而后者是有心之失。对待前者不仅无须回避，反而得鼓励；对于后者则必须极力根除，否则就会像传染病那样吞噬团队的效能。然而，要让个体改掉这些不良习惯，根据我的经验，一般很难通过提醒或说教来达成。当提醒与说教不起作用的时候，我们无须回避运用批评的力量。

说到批评，容易让人想到戴尔·卡耐基在《人性的弱点》中倡导的"委婉地指出他人的错误"这一观点，也容易让人联想到说话的艺术。但根据我的经验，工程师的职业特性决定了他们整体上偏向于理性，所以与他们交流时还是直接为好，如果太委婉，他们不一定能听出其中的意思。一般来说，看到这些不良习惯，我会私下提醒两次，还有第三次的话，我就会公开批评了。

公开批评确实会让人难堪，但这样才能借助集体的力量约束个体的不良行为，帮助被批评的人更好地成长。个体面对批评的敏感度还是调低一点为好，不要一被批评就什么话都听不进，甚至逻辑混乱地狡辩。

在一个真正讲究高效能的团队中，大家一定能理性地看待批评。要将作坊式集体打造成一个职业化的团队，就一定要训练大家理性地对待批评，这也是让个体与团队变得开放的一部分内容。回避批评，大多因为顾及个体的面子，但相比团队的良性运作，孰轻孰重还是容易判断的。工程师是一个很单纯的群体，只要批评得在理，他们通常能坦然面对，也会理解。

我在带领团队时，很重视运用批评的力量。在批评他人时，我会告知原因及如何改正。而在进行公开批评时，我会向集体传达自己的原则或底线是什么。对批评的运用并不应受职位变迁的影响，因为敢于批评他人需要的是道理、追求、实力和品行，而不是职权。当然，发现批评错了也要及时道歉。

批评场合下的一种常见的非理性表现是：被批评的是事，却指责他人批评自己时的态度或语气不对。其实只要对方批评得对，我们完全可以理解对方的心情；或者选择先就事论事，回头再向对方提出其批评时的情绪问题（如果对方情绪确实过激，也可以实施反向批评）。应避免明明要解决的是事，最后却陷入双方情绪的旋涡之中。

7.1.7 肯定

与敢于批评相比，运用致谢、表扬和鼓励去公开地肯定他人，更是我的习惯。当他人帮助了自己时，公开向他表达谢意；当他人主动承担了分外之事时，公开表扬他；当他人事情做得出彩时，公开为他喝彩；当他人正面临困难或取得进步时，公开鼓励他。

有许多工程师比较内敛，并不善于肯定他人。早期的阿里巴巴浏览器技术团队中的不少工程师就是这样。加入团队初期，我发现有些同事能顺利完成一项任务的主要原因在于得到了他人的帮助，但他们对此只字未提。换位思考一下：当你努力帮助他人完成了一项任务时，你难道不希望得到来自他人的公开肯定吗？

我们从小接受的教育是"做好事要默默无闻"，但这一点在职场并不适用。个体间的高效协作是发挥团队效能的基石，高水准的协作需要多方信息去刺激才能实现，而对他人的公开肯定就是很重要的一种刺激源。不公开肯定他人如同不公开批评他人，也是不作为的一种表现，形成这样的风气并不利于打造开放的团队氛围。

一个高效能的团队，需要形成公开肯定的氛围。这对于团队成员而言，是一种看见和激励，能让大家感受到团队的温暖。我很早就意识到公开肯定他人对团队高效协作的价值。加入阿里巴巴浏览器技术团队之初，如果没有周围同事的帮助，我根本不可能快速上手，所以每逢他人向我伸出援手时，我一定会公开致谢；在面对面的咨询中，我习惯用"请教"开头。当然，在请教他人问题时，我从来不会觉得有何不妥，因为我坚信自己将来有机会和能力回馈对方。估计那时我公开肯定他人的行为让不少人感到意外，因为这在当时的环境下多少显得有点突兀。

在团队采纳工作日报制度后，我有了更多肯定他人的机会。每天阅读工作日报时，我只要发现值得表扬与鼓励的内容，就会在即时通信群里发出来。我坚持这样做的结果是，团队中有更多的人开始公开肯定他人，以至于在后来的工作日报中，我经常能读到个体对他人的致谢内容。最后，整个技术团队形成了肯定他人的氛围。

公开肯定他人有时是技术活，需要从个体的技术成果中发现个体付出的巨大努力，以及洞察该成果对团队的重要价值。这类公开肯定总是更能打动人，因为能让个体感受到"原来你真的懂技术、懂我"。

高效能团队离不开批评，更离不开肯定。 在团队中形成公开肯定的风气，能让个体产生归属感和价值感。

7.1.8　冲突

如果想打造一个开放透明的团队，就一定不能害怕冲突。可控的冲突不但无害反而有益——有利于个体间更快地达成共识和建立信任。

职场中可能会引发冲突的场景主要来自以下 4 个方面。

第一，个体不成熟导致的单纯的情绪宣泄。这类状况更多出现在刚工作的年轻人身上（这可以理解，谁都年轻过）。与主张规避这类冲突不同的是，我认为那是个体职业成长过程中的插曲，没有必要放大看待，集体应当给予包容，并对个体的成长保持耐心。

第二，意见分歧所致。当做一件事存在多种选择时，通常会引发争辩。争辩不同于狡辩，两者最大的区别在于，前者依据客观事实或基于常理并保持理性，后者则相反。争辩的人要形成自己的观点，就得对相关主题做深入的了解和思考，这是争辩背后最有价值的内容。争辩对于团队来说是非常积极的信号，代表做事较真，代表为了更有质效地开展工作而努力，因此没有规避这类争辩的必要。

争辩不是为了说服，而是为了获得更优选择。避免争辩升级为冲突的有效方法是，个体抱以同理心去听取对方的观点，并及时肯定自己认同的部分，以共赢、共建的心态，快速地聚焦于分歧部分并达成共识。

当分歧带来的工作成本与收益相差不大时，应以开放的态度放下自己的好胜心，让对方做做看。多做一些实践性的探索，有时比停留于口头上的争辩更加有效，也让人体会更深。

第三，信任缺失使然。这往往伴随着质疑。质疑对于提升工作效能具有非常积极的作用。通过质疑，可以看出被质疑人在工作中是否深思熟虑，帮助被质疑人发现其没有考虑到的因素，有时也可以让误会得以及时消除。被质疑人应深刻地认识到，如果自己的工作经不起他人的质疑，则表明自己确实还有没考虑到的地方。当个体能很好地通过解释打消来自他人的疑虑时，也就意味着积攒了一点他人对自己的信任。

个体在工作中应当勇于质疑他人。如果发现质疑得不对，那就修正自己的观点；如果质疑得对，则能起到帮助他人的作用，这显然有助于更好地发挥团队效能。总之，没有必要因为质疑发生冲突。

第四，寻求集体改善使然。对于一个作坊式集体，不良工作习惯具有相当大的行为惯性，这种惯性在我们致力于改善集体时并不容易抑制，此时必要的冲突能起到猛然一击并使不良工作习惯戛然而止的作用。但凡个体希望在改善团队效能上有所行动，就一定要做好面对冲突的思想准备。而让自己在冲突中站稳脚跟的关键，就在于出发点一定得是为了帮助他人或团队。对于这样的冲突，他人可能一时不理解，但只要你坚持下去，他人总有一天会理解。真到了那一天，你所收获的，很可能是他人发自肺腑的认可或佩服。

在改善团队效能的道路上，面对潜在冲突时更安全的一种做事方法是，尽可能使信息透明。例如将自己的想法以邮件、文章等形式告知大家，以消除他人的怀疑和不理解。使信息透明有助于发现改善道路上的同盟者，显著降低发生冲突的可能性并提高改善的成功率。

总之，个体一定不能因害怕潜在的冲突而放弃争辩、质疑和寻求集体改善，一个健全的组织不在于表面上的人际关系和谐，而在于能最大限度地发挥个体与团队的效能。面对可能引发的冲突，我们需要有"对事不对人"的处事态度，你在担心冲突给他人带去不悦时，其实已经是在"对人不对事"了。

毫不夸张地说，我带领阿里巴巴浏览器技术团队蜕变的道路上是充满了冲突的：从刚加入团队时，对他人代码质量的"指手画脚"而引发的不服，到他人最后信服于我写的代码的质量与我的软件设计能力；从推进编码规范落地时他人的不理解，到最终编码规范全面落地时让人看到它的价值；从我追求工作细节却被别人不断质疑，到关注细节成为整个团队的工作习惯；从怀疑我的管理理念到认可，等等。

我所经历的大大小小的冲突并没有让我在职场中"粉身碎骨"，反而让我因为帮助他人做出了那些带来进步的转变，赢得了他人对我的佩服与尊敬。我敢于面对冲突，并在冲突中存活下来的原因很简单——我的出发点很纯粹，就是每时每刻都希望通过帮助个体改善以提升团队效能，让个体能在这样的团队中更好地工作。

3.2.1 节的 POG 个体成长模型显示，冲突是成长的起点之一，所以**刻意消除冲突实际是在阻碍个体成长**。冲突是职场中不可消除的固有属性，刻意消除冲突会让团队累积更多怨念，滋长不作为，最终导致团队深陷积重难返的糟糕境地。

7.1.9 闭环

闭环是指任何工作只要存在须跟进落实的情况，就得持续地对之进行跟踪，直到结束为止。事事形成闭环体现的是执行力。**执行力差的根源是个体没有养成形成闭环的工作习惯。**

我在加入阿里巴巴浏览器技术团队的初期，发现对于大多数邮件中提及的行动或改善建议，无人关心是否落地。这样的团队没有执行力一点都不令人意外。

为了帮助团队改善，我开始在工作中有意识地展示如何通过邮件形成闭环以提升执行力。邮件中只要包含由我负责落实的行动项，在完成后我一定会及时回复邮件告知大家。对于邮件中需要由其他人跟进落实的行动项，一段时间内我如果没有看到同事同步进展，我会通过追加邮件的形式询问，而无论这个行动项跟我是否有关。

那时的技术团队并没有意识到我这样做的原因，但一定或多或少感受到了我对待邮件的认真态度。在 2014 年 12 月的全技术团队月度交流会上，我介绍了微软 Outlook 的跟进功能，希望个体能用好这个功能去提升执行力——让邮件中的行动项形成闭环。我坚持落实和跟进邮件中提到的行动项，慢慢地，全团队养成了让邮件实现闭环的良好工作习惯。

另一个特别值得重视的点是，召开会议后通过落实会后行动来实现闭环。

闭环还强调做任何事都必须关注结果并确保其符合预期，当结果与预期存在差异时应持续深入研究，直到掌握所有未知因素。对于这一点，我更愿意当作追求工作细节的态度，不能停留于将事做完，还得将事做好。

技术工作中存在很多需要深耕细作的内容，需要个体通过闭环思维去探索，否则在技术的深度与广度上很难有建树。

本书除了这部分所讲的我使行动项形成闭环的方法外，其他章节或多或少也有所涉及。正是因为我在工作中特别关注闭环，所以我在很多方面能带动团队改善，也正是在这些改善的道路上，更多的个体潜移默化地养成了关注闭环的良好工作习惯，进而让团队的效能得以提升。

☆

以上 9 个元素与人性化管理有着密切的关系。共情让个体感受到归属感，在面对挑战时更有力量；当信息足够透明时，人能聚焦在事上，猜忌和是非自然就少了，也容易做到相对公平与公正；开放让团队中的个体敢说敢做，即便说错了、做错了，也能及时道歉或改正，对于他人的质疑能坦然应对；互信能减少没必要的团队内耗，使个体重视通过良好的自我管理去珍惜他人给予的"多一次机会"，让人与人之间的关系变得简单；有序让人获得掌控感和目标感，工作时节奏清晰，从而更容易出成果；批评使得个体能借助集体的力量去完善自己的不足；肯定让个体的闪光点被人看见，使人与人之间有更多的认可与欣赏，能增强人的价值感；冲突能让人看见自己的不足，要成长就得有坦然面对冲突的勇气；形成闭环后，在确保执行力的同时，也能让大家更加务实地出成果。

读者可能会问为何没有包含尊重、包容、简单、诚实、正直等元素。确实，这些内容同样重要，你甚至还可以列出其他更多的元素。但在元素的选择上，我遵循了两大原则。其一，所选的元素需要具有良好的实操性，以便大家在工作中很好地实践。其二，尽量控制元素的数量。我希望所选的元素具有很好的互补性，避免出现重叠，这同样是为了让大家更好地实操。元素少，在打造团队文化氛围时便更能聚焦。当然，不应为了控制元素数量而使最终确定的元素不足以打造良好的团队文化氛围。事实上，如果前面介绍的这些元素有了，尊重、包容、简单、诚实、正直等元素自然也就有了。

读者可能会有的另一个顾虑是，良好文化氛围中的元素非得包含批评和冲突这些负面内容吗？

将这两个元素当作负面内容的个体没有开放的心态，因为一个心态开放的人，从中看到的将是改变和成长的机会。工作中的个体不可能不面对负面的内容，否则一定不真实，也是对自己的不诚实。

7.2　提升管理透明度

前面我们谈到了管理信息的透明，接下来聊一聊如何通过原则化管理提升管理透明度。原则化管理是指针对团队的运作建立一些原则，让这些原则在管理中发挥作用。整个团队遵守这些原则，就可以提升管理透明度。

基于管理原则的透明化管理能收获以下好处。

其一，提升员工自主性和管理效率。由于全团队共同遵守管理原则，当个体在工作中面临选择问题时，就可以按照管理原则自主做选择，减少向上请示的动作，进而提升管理效率。员工自主做选择意味着员工会有更强的参与感。向上请求的动作少了，意味着能一定程度降低管理者的管理负担，换句话说，管理成本更低。

其二，提升管理行为的一致性和公平性。当团队没有清晰的管理原则时，就容易出现人治的现象。有了明确的管理原则后，无论是谁做决策，大方向一定能保证，这就体现了管理行为的一致性。由于管理原则是公开的，个体短期内对于管理原则的运用与解读可能会有差异，但从长远来看，大家会形成共识，公平性自然也就更强。

其三，抑制管理不作为的现象。当管理原则透明化后，管理者暗箱操作的可能性就降低了，管理行为会进一步得到全体员工的监督，不作为的现象自然容易被发现与纠正。

相较于精细化管理和粗放式管理，原则化管理是一种折中方案。精细化管理可能缺乏弹性；粗放式管理在个体自我管理能力不足的情形下，容易沦为没有管理。**原则化管理更能发挥个体的主观能动性，从而更好地落实自组织管理。**

管理原则的实操性是需要特别重视的。管理原则太多，个体可能记不住，太少又过于抽象，以上都不利于管理原则的运用。我的处理办法是，对管理原则做抽象提炼，然后针对每条原则给出指导性的解读，从而实现数量与抽象性之间的平衡。管理原则的设计要着眼于大方向，指明团队需要怎样的人，以及哪些行为是团队倡导的。

管理者需要重视形成和实践管理原则。下属无时无刻不在观察管理者的管理行为背后的原则是什么。他们在能清楚地看到管理者的管理行为背后清晰、稳定的原则时，就能基于原则去更快地塑造自己的行为。

管理原则需要根据团队所处的发展阶段不断地修订，你需要考虑与年度发展规划和绩效管理工作的配合。

7.2.1 定义个体能力

原则化管理的首要原则是定义个体能力，回答"团队究竟需要怎样的人"这一问题。有了团队效能动力模型做铺垫，相信读者不会意外于第一条管理原则是以下这样的。

原则一：个体能力 = 自我管理 × 知识管理 × 专业技能 × 业务技能

- 这是核心原则，表明并非技术越好能力越强。
- 自我管理、知识管理、专业技能和业务技能的详情参见第 11 ~ 14 章。

原则一是所有技术管理原则中的核心原则，将个体能力解构为从自我管理、知识管理、专业技能和业务技能 4 个维度做要求，很好地规避了"技术越好，能力越强"这一片面认识。

个体能力等于 4 个维度的乘积，表明了个体在能力发展上须 4 个维度并重。特别值得指出的是，将知识管理作为一个维度，有效地将个人与团队的发展连接在了一起。个体发展自身能力的同时，需要通过知识管理去助力团队进行知识沉淀。

为了确保能力公式起到指引个体职业发展的作用，在进行绩效考核时需要从自我管理、知识管理、专业技能和业务技能 4 个维度展开，让个体绩效的评估更加全面与科学。

7.2.2　确立发展观

"结果导向"是很多企业的管理座右铭，可惜不少人将其理解得过于狭隘了，因为这个词没有限定以怎样的过程去达成结果。以不利于可持续发展的过程达成的结果，从长远来看必定低效。

何为可持续发展？打个比方，一个项目如果这个月完成了 10%，下个月再完成 10%，则项目完成的总进度是 20%。非可持续发展意味着虽然项目以同样的速度开展，但两个月下来项目完成的总进度远低于 20%。出现这样的状况，是因为尽管第一个月的完成项目 10% 的目标达成了，但由于过程质量欠佳，需要重做或返工而给第二个月及以后的工作带来了更多的工作量。显然，新增的工作量越到项目后期就会体现得越明显。

为了确保业务、个体与团队的可持续发展，第二条管理原则定义如下。

原则二：坚守质效导向的可持续发展观

- 结果导向应是质效导向的自然产物。
- 从软件设计中求质效。
- 从做事方法中求质效。
  - ◇ 采用更专业、高效的做事方法。
  - ◇ 将事情做到不会出错而非不出错即可。
- 从"四化"中求质效。
  - ◇ "四化"指文档化、工具化、自动化、流程化。
- 警惕浪费。
  - ◇ 关注技术方案的可持续性，规避返工。
  - ◇ 远离聚焦不充分、准备不足的会议和技术讨论。
  - ◇ 设法规避低级、重复的错误，致力于将工作一次性做到位。
- 及时改善并持之以恒。
  - ◇ 微不足道的量变可以累积为质变。
- 关注产品与技术、短期利益与长远利益的平衡。
  - ◇ 当不得不牺牲短期利益时，择机改善以确保长远利益。

原则二中的质效导向明确了结果与过程并重，认为只要始终关注过程中的工作质效，就一定能获得好的结果，即结果导向是质效导向的自然产物。必须强调的是，结果绝非只指业务层面的，还指个体能力和团队效能层面的，后面两者是时常被人忽视的内容。

7.2.3 强调上下协力

唯有齐心协力，才能打造出一个以高质效去平衡工作与生活的、可持续发展的团队。团队中存在管理者（上级）与非管理者（下属）两大角色，这两大角色的责任必须加以明确，以避免因为角色认知偏差和忽视彼此互动而制约团队的发展。于是，我们有了第三条管理原则。

原则三：从上至下和从下至上并重

- 从上至下。
  - ◇ 通过制度化建设去打造开放、透明、有序的高效工作环境。
  - ◇ 上级以教练的方式和心态帮助下属成长。
  - ◇ 鼓励和尊重来自个体的不同想法。
- 从下至上。
  - ◇ 个体保持独立人格，表现成熟且自信，不被他人的言语绑架，在个体间形成约束力。
  - ◇ 及时反馈所发现的不良现象，推进不合理现象与制度的纠正。
  - ◇ 防范技术管理官僚化，约束管理者的不作为。

从上至下指向管理者的责任，管理者不仅得致力于通过制度化建设去打造开放、透明、有序的高效工作环境，还得是一名能够帮助下属成长的教练。

教练方式隐含的意思是，管理者（特指一线管理者）必须有从事具体的技术工作的能力，而非只能指手画脚。如果管理者完全脱离具体的技术工作，只管人和项目而不管技术，就会出现因为理解不了技术的复杂度，在管理实践中缺乏技术常识，最终导致管理低效甚至起反作用的现象。

教练心态要求管理者得有耐心，因为下属的成长是需要时间的。帮助的内涵是，当下属工作出现问题或能力不足时，管理者不应简单横加指责或置之不理，而应承担起引导和推动他们成长的责任。

将教练一词纳入从上至下原则的另一目的，是要求管理者始终扎根一线，保持技术人应有的同理心，这是实施人性化管理的重要基础。失去同理心是很多管理者所犯的最为严重的错误。

此外，管理者应当鼓励和尊重来自个体的不同想法。如果下属不愿吐露心声，则很可能表明已出现无效管理的现象。

光有从上至下的力量是不够的，还得有从下至上的力量，后者缺失将使前者变得空洞。让个体在工作中表现出能动性和富有责任感的关键，是让个体在职场中保持独立人格——敢想、敢说、敢当和敢干。与不少管理者希望下属听话所不同的是，我一直鼓励自己团队的成员保持独立人格，并明确告知"我不会欣赏你的唯命是从"。一个由很好地保持了独立人格的个体组成的团队，将能够借助个体思想的多样性，更大限度地发挥团队的效能。

个体在职场中应当表现成熟——以同理心待人、控制自己的负面情绪和具备抗压能力。自信的个体更容易在职场中保持独立人格。缺乏自信的个体，其言行容易被他人左右，责任感也显不足。鼓励个体自信的本质是倡导个体能力的成长，没有能力做后盾的自信仅仅是自大。

想要团队持续发挥高效能，就一定要让团队具备自我完善的能力，此时就需要从下至上的力量。从上至下的力量来自占整个团队人数比例很小的管理者，不管他们多么有经验、有能力，他们不仅在视野上存在局限性，在精力上也不可能顾及团队工作中的方方面面。为此，需要全团队所有个体在发现问题后，及时反馈并主动推进解决。这里的问题可以是具体的技术实现和异常现象，也可以是不合理的制度，等等。

从下至上的力量还包含约束管理者的不作为，从而防范管理官僚化。管理者存在的价值，在于通过保障和持续改善团队的工作质效达成业绩。因此，管理者应承担更多的责任，而非谋求特权。当发现管理者忽视自己的责任，出现谋求特权的行为时，个体需要及时指出。唯有这样，才能避免管理者的不作为伤害整个团队的利益。

总之，从下至上的核心是个体的独立人格和责任感，个体应以此为基础去驱动和约束他人。

7.2.4 明确抓小放大

要让团队变得高效，就需要扭转做事粗放的工作作风，因为从长远看，很多粗

放之事意味着浪费。个体如果一直做事粗放，工作效能就容易出现瓶颈，团队做事粗放则容易导致团队效能上不去。因此，团队需要重视工作细节。

犯错是学习的一部分，没有人能在学习中不犯错。同样，技术事故对于技术团队来说也是不可避免的。如果不能引导个体正确地看待犯错与技术事故这些大事，个体做起事来将变得拘谨，个体与团队也会丧失自我突破与完善的能力。

基于此，原则四明确了对小事和大事的处理态度。

原则四：务小事举轻若重，遇大事举重若轻

- 务小事。
  - ◇ 培养关注细节的工作习惯。
  - ◇ 通过关注细节，培养对细节的敏感度和把控能力。
  - ◇ 将工作做到位，让自己的工作可轻松被他人接手。
- 遇大事。
  - ◇ 不要害怕犯错与事故，从中学习与积累。
  - ◇ 通过"四化"建设去防范同样的错误与技术事故再次发生。
- 举轻若重是举重若轻的前提。

工作粗放与细致的区别全体现在细节上，要让工作持续保持细致，个体就需要具备关注细节的做事习惯。关于细节的内涵，1.5 节阐述了我的理解，还给出了关于如何提升细节关注能力的建议。将工作做到位，除了不会留下小尾巴而消耗个体的精力，还能在个体需要休假时，将工作方便地交接出去，帮助个体更好地平衡工作与生活。

管理者一定要明白，**要打造高效能的团队，就一定要让个体积极而非消极地面对错误与技术事故**。积极面对意味着错误与技术事故发生后不要乱了阵脚，而应沉着应对、快速补救，之后反思并进行知识沉淀，必要时考虑以文档化、工具化、自动化和流程化等机制去处理。总之，要将错误与技术事故当作积累团队知识和深化"四化"建设的契机。消极面对意味着害怕和束手束脚，甚至在问题还没处理好，就开始相互推诿与指责。

面对错误与技术事故的两种不同情绪，将带来截然不同的结果。积极情绪会使个体更加乐于改善，并尝试运用新的技术和接受挑战，也更能发挥个体的创造力；消极情绪则会使个体对挑战与变化避而远之，趋于采用守旧的技术方案和做事方法。

与那些在技术事故发生时感到紧张并采用亲力亲为的方式解决问题的管理者相比，我力主采用旁观的态度且极少干预（除非技术事故是我自己造成的）。我这样做是为了避免给技术事故处理人造成更大的压力，我希望以实际行动告诉团队，对于这样的场景应"举重若轻"。面对技术事故，通过集体承担责任的方式去应对，远比其他给人造成更大压力的处事方式更具建设性。

面对错误与技术事故的举重若轻，是建立在对细节举轻若重的基础之上的。没有对细节的举轻若重，举重若轻就是放任和不负责任，这对团队的发展绝对是灾难。

7.2.5 主张人事结合

工作中人与事的关系应该明确，这正是原则五的内容。

原则五：先人后事与先事后人

- 先人后事。
  - ◇ 招募优秀的人才。
  - ◇ 请阻碍团队进步的人离开。
  - ◇ 淘汰跟不上团队发展节奏的人。
- 先事后人。
  - ◇ 专业做事比维护（表面上的）人际关系更重要。
  - ◇ 在工作中对事不对人。

先人后事强调需要先确保有合适的人。这包含以下 3 方面的内容。

其一，招聘时对人员素质进行把关。加入团队的人除了要能胜任工作，还得有技术激情、好学、可塑性强。当然，候选人如果有良好的职业素养就更好了。人一定不在于多而在于精，为了招到合适的人，值得花时间等待，以宁缺毋滥的心态处理招聘事宜。

其二，对于那些心胸狭隘、心术不正且无法感化之人应及时清除，避免这类人的存在阻碍团队的发展和影响工作氛围。

其三，对于跟不上团队发展节奏的人，在给予时间与帮助后，如果仍不能跟上团队发展的步伐，则应果断淘汰。在淘汰人员的问题上，犹豫就是对其他表现良好之人的不公，甚至可能酿成劣币驱逐良币的悲剧。

先事后人指应致力于将事做好，在做事时不应过于关注人际关系。**技术团队应是事情做好了关系自然就简单了，这样才能真正发挥团队的效能。**以事情干好为标准，意味着人与人之间更容易达成共识，结果一定是做事更加专业与高效，这有助于规避以人的喜好和情绪为评判标准。需要注意的是，即便以做事专业与高效为目标，团队中也会产生分歧，但这些分歧的存在与解决是有利于个体或团队的发展的。

我并非主张职场中人与人之间的和谐相处不重要，而是强调大家在一起的首要之事，一定是将工作做好，这对个体与团队来说更具意义。过于重视人际关系的团队，很容易助长做事不较真的风气，也不利于团队的开放与透明，这些都无助于团队效能的真正发挥。

先事后人还得秉承在工作中对事不对人的原则。个体之间争论也好、质疑也罢，都应该是为了做事专业与高效，工作中人与人之间的互动应始终瞄准事，这更利于形成人与人之间的良性互动。

7.2.6　倡导运用法则

我在《专业嵌入式软件开发：全面走向高质高效编程》一书中提出了"至简技

术管理三法则",原则六是对"至简技术管理三法则"的运用与延伸。虽然提出"至简技术管理三法则"之时我就职于通信行业,但进入互联网行业后我发现它们仍然适用。

原则六:运用"至简技术管理三法则"

- 法则一:用技术方法而非管理方法去解决技术问题。
  ◇ 需要具备良好的技术敏感度和管理能力。
- 法则二:过分强调风险其实是不能承担责任的表现。
  ◇ 有风险才有收益,才能成长。
- 法则三:让团队始终处于技术成长的压力之下。
  ◇ 完成项目并不一定带来技术成长。
  ◇ 关注"专家计划"的实施。

法则一指出,对于问题来自技术域还是管理域,要有能力去界定,并采用对应领域的方法去解决。之所以有那么多低效的团队,很多情形下是因为管理者不懂得用技术方法去提升效能,而错误地采用管理手段——更重的非技术流程、更多的加班加点去应对。比如,提升工程效率需要运用工具化、自动化的技术手段,以及单元测试等方法,如果只在管理手段上做文章,根本就不会有好的效果。

个体对问题来源的正确判断,需要基于良好的技术积累,这里的积累并非只指深度与广度,还指基于深度与广度所建立起来的高度。高度的表现在于:能系统性地认识技术团队的效能问题;因为理解软件的复杂性本质,所以对于软件开发活动中出现的各种意外,有很好的包容性和理解力;对软件质量的本质问题,能形成自己的思考。只有建立起高度,才能真正掌握技术工作中的那些常识,并由此提升工作效能。

法则二阐述了对待风险的态度。很多人一谈及风险就躲避,甚至将风险高当作不实施改善的借口,这是不能承担责任的表现。

必须认识到,软件质量的维持与改善是需要不断改进软件设计的,因为新需求在不断地涌现，旧的设计无法在新需求下表现出适应性。因此，让软件设计适应变化应是常态。

正确对待风险的态度应是通过技术手段去降低风险。比如，重构遗留系统对于不少团队而言是风险非常大的事，但之所以将其放到台面上讨论，一定是因为该系统维护起来让团队感到不堪重负。

遗留系统绝大部分是没有单元测试的，如果有单元测试，风险就会小很多。因此，重构遗留系统的第一步，可以考虑先补上单元测试，这将是一个渐进式改善的、低风险的过程，也是一个对软件设计结构不断优化的过程。当所有单元测试补完后，整个遗留系统的软件设计质量将大幅提升。一旦单元测试补到位，后面再对系统做软件结构大调整的风险就将更可控。当然，遗留系统中多少会存在一些无法知晓其历史原因的代码，对于这些代码存在的潜在风险只能选择承担。必须在承担一定风险的基础上去放眼未来，而不能永远被困于历史包袱中。

对于所有技术风险，只要采取将风险从大化小、从小化无的思路去应对，改善之路就一定会走得更加稳健。 届时一定会发现，降低风险的过程其实是改善个体与团队能力的过程，这是面对风险能获得的最可观的回报。反之，厌恶风险的个体与成长缓慢的团队，一定会浪费大量宝贵的时间，去做那些毫无技术含量的事。

降低风险最有效的方法不是逃避，而是积极面对和主动承担。风险不会因为你不面对而消失，面对风险只是时间早晚的问题。

法则三为那些成天忙于救火的团队指明了出路。有太多的团队是软件缺陷驱动型的，当缺陷多时，昏天黑地地忙于救火；当缺陷少时，则不思进取地安于现状。

还有一些团队是项目驱动型的，这类团队的目标全在于马不停蹄地完成满足业务发展所需的项目。麻烦在于，完成项目并不一定能带来个体专业技能的提升，这也说明了为何会出现个体工作 5 年与工作 2 年没有质的区别这一现象。

我们必须明白，修复软件缺陷和完成项目不是软件职场的全部内容。对于技术人来说，除了为业务发展做出应有的贡献，还得关注个人的持续成长。因此，团队的运作一定需要确保始终处于技术成长的压力之下，逼迫个体在工作中不断地提升自己的技能。

为了促进个体专业技能的提升，我在阿里巴巴浏览器技术团队时，提出了"专家计划"，目的是将个体培养为某一技术领域的专家。这个计划在实施初期曾面临这样的问题：一方面，个体在深入研究一个技术主题时，由于没有与项目相结合而显得动力不足；另一方面，个体在面对新的软件问题时又会给出"我们在这方面的研究不足，所以解决起来很慢"这样的解释。不难发现，这形成了一个悖论。

那时的阿里巴巴浏览器技术团队曾在"专家计划"的实施上，出现过不少个体乃至主管摇摆不定的情况，但最终还是达成了持续实施的共识。为了让"专家计划"得到更有效的实施，团队采取了个体灵活设置技术主题与结合立项实施的方式去推进。

☆

避免原则化管理变成摆设的关键是，一定要通过形成闭环去落实。此外，原则化管理应建立于关注工作细节之上，否则难免不接地气。

7.3　通过闭环持续优化文化氛围

要让人真真切切地感受到良好的文化氛围，需要付出努力和时间。正如闭环是良好文化氛围的元素之一那样，也需要以形成闭环的方式去应对团队文化氛围打造这件事本身。

在优化文化氛围的过程中，第一步最重要的是诚实面对个体的感受。这时考验的是团队如何以行动去诠释当下文化氛围中的开放、冲突、互信等元素。事实上，**优化文化氛围不仅是对当下文化氛围的检验，也创造了一次打造团队文化氛围的机会。**

接下来，我想分享自己在小公司做高管时的经历，也许这有助于你更深层次地理解改变团队文化氛围这件事的复杂性。

在入职小公司 9 个月后，我在自己负责的部门发起了名为"技术中心组织探温"的活动，以线上共享文档的方式，面向部门员工，针对部门运作中"做得好的或进步"和"有待改进的"两方面的内容进行收集，最终收集到的反馈数量分别为 7 条和 48 条。

在"做得好的或进步"方面，如下几条很好地呈现了 9 个月以来团队的变化。

- 责任划分更加明确，由此带来了工作积极性的提高。
- 工作氛围比以前好多了；每个人都有了清晰的目标，不再像之前那样看不到前面的路；改革带来的变化确实很大，每个人都获得了成长。
- 项目制很不错：为每个人都创造了锻炼的机会，而且效果也很显著；减少了主管的压力，跨部门的协作能力有很大的提升。
- 新制度及流程的制定带来了工作效率的大幅提升，减少了一些不必要的失误，使各项工作都规范化、标准化。

"有待改进的"方面涵盖薪资福利、绩效考核、行政/人力资源制度、人员培养、办公环境等。有的是要技术中心自己去解决的，有的则需要行政部门和人力资源部门一起解决。从收到的反馈数量来看，还是有很多事情可以去做的。

有个背景需要交代一下。收集反馈是因为当时技术中心在效能的变革上，从团队内部来说，已经获得显著进步。要继续推动效能的提升，需要公司行政、人力资源等部门的支持和配合。就这样的情况和需求，我屡次与人力资源总监沟通，但始终得不到人力资源总监的积极回应，他连沟通都不积极，当然也不会有任何跟进，更不要说有任何反馈了。面对这种状况，一方面，我想通过让大家看到员工心声的方式来倒逼服务部门作为；另一方面，我认为自己作为整个技术中心的负责人，我不能只要求员工成长和出成果，对于那些他们关心且影响工作氛围的问题，却视而不见。

当我在公司收集反馈时，人力资源总监总算有了反应，我感受到了他严重的不满和不安。后来他借第三者的口吻告诉我，有同事向他反馈这件事很可能会演变成吐槽大会。他的心情我可以理解，他的担心也不无道理，因为有些问题是解决不了的，收集上来了却没有解决，他认为没法给员工交代。

当然，我并非没有考虑过这些问题，更何况在 9 个月的时间里，我和部分员工有过一对一的面谈，或多或少听过他们的心声。我最终依然做这样的决定，是因为经过 9 个月的变革，前面介绍的文化氛围在这个团队已有了一些基础，本着开放、互信及允许冲突的原则，我有自信和底气不会失控。而且有些负面声音并不会因为我们不收集而不存在。怕收集反馈会放大这些负面声音，对于一个开放、互信的团队来说，这种担心实无必要，当然最后也确实没有发生那样的情形。

尽管我就这些情况与人力资源总监做了详细的沟通，但他依然不接受，并且依然无意于就员工的反馈去做任何改进和调整，只是强调自己部门的工作做得很到位。他让我感受到的是，他在用博弈思维对待这件事，而不是以"如何实现两者的共赢"这样的思考方式去看待。

所有公司在任何阶段都会面临发展中的问题，这根本就不是大问题。可怕的是，对于公司发展中遇到的问题，没有有能力的管理者去正视。对于那些努力过但解决不了的问题，完全不用回避，可大大方方向员工承认公司在当下的发展阶段解决不了，让员工要么一起忍受，要么选择离开。

在阿里巴巴这样的规范化管理的公司改变一个团队是相对容易的，因为阿里巴巴也是从一个不规范的小公司发展起来的。对于那些管理仍不规范的公司来说，想要通过改变团队取得短期效果也是容易的，但因为公司的制度、文化、人才等多方面都不完备，所以想看到根本性的改变就需要更多的耐心。

7.4　文化氛围关乎每个人

良好的文化氛围能让个体对工作有更高的投入度和满意度；也能让个体对公司有更高的忠诚度；还能让个体大胆提出建议、分享想法和承担风险；以及让个体对事物感到可控。这些都能很好地激发个体的自驱力，帮助个体与团队提高效能。

想要有良好的文化氛围，团队中的每个人都需要付出努力。

对于管理者来说，管理责任决定了他是文化氛围的领航员，他必须放下傲慢和无知，以身作则地去诠释文化氛围的各个元素。有良好的文化氛围，意味着团队带领起来更让人省心，更易出成果。为此，管理者除了是领航员，也是良好文化氛围的受益人。当管理者本身不能用言行去诠释团队良好文化氛围的九大元素时，团队也就很难形成良好的文化氛围，因为员工总是在观察和模仿管理者。

对于员工来说，则需要主动参与团队的活动和各项决策，通过发声让管理者了解自己的真实想法。对于短期无法解决的问题，需要给予理解和耐心；而当出现有助于改善文化氛围的行为时，更要积极肯定和跟进。

最后，我们需要特别注意团队文化与企业文化是否存在严重脱节的情况。如果两者严重脱节，则文化氛围的打造空间一定会受到限制，团队效能提升的瓶颈也会更明显。

绩效管理的目的是激励而非惩罚。

没有过程质量的绩效管理，

大概率是低效的甚至起反作用。

绩效管理方法无法

弥补管理能力的不足。

第**8**章
让绩效成为镜子

绩效对于公司来说，意味着业务发展得如何，以及能否保证公司眼下的正常运营。对于那些已步入正轨的公司来说，绩效还包含了支撑公司长远可持续发展的内容。追求高绩效是每个公司都会有也应该有的态度。

大多数公司是依赖产品或服务去发展业务的，也普遍需要依赖团队和团队中的个体去达成业绩目标。一个稍具规模的公司，其业绩与个体行为之间会存在巨大的鸿沟，这就需要管理者通过绩效管理去弥合，进一步说，需要管理者通过目标管理、过程管理、绩效考核和绩效激励4个分解动作去完成。这4个动作中，只要前两个执行不到位，后两个就会虚无而主观，最糟糕的情况是绩效管理无效甚至起反作用。

绩效体现了效能——用正确的方法做正确的事的能力；绩效能让我们看到自己处于怎样的水平；绩效对于个体来说，意味着职业发展的质量和速度，以及经济收益；绩效对于团队来说，意味着能否更好地凝聚团队中的个体，让个体在工作中有更强的价值感和成就感；绩效对于公司来说，既是公司业绩的体现，也是激发团队和员工效能的有效工具。

绩效对于公司、团队和个体都有着非常重要的意义。杰克·韦尔奇曾说过，"绩效管理是一个世界难题"。绩效很重要，绩效管理又很难，所以由绩效引发的问题特别突出。这些问题会在每年的绩效考核季集中爆发而让人不安：员工在出结果前对绩效结果的不确定性感到担忧，出结果后又对自己的绩效结果感到委屈；管理者在结果的评定上举棋不定、左右为难，结果评定后也不知如何就员工的绩效与员工进行沟通。

基于我的观察与经验，绩效管理挑战的不只是管理成熟度的问题，也包含员工和管理者认知成熟度的问题。绩效管理对于公司业务发展不仅有指挥棒的作用，还有杠杆的作用，绩效既可以撬动员工和团队的潜能，以及员工间和团队间的协作，也可以撬动团队和公司文化氛围的塑造。

虽然绩效管理离不开目标管理，但是当我们将目标分解，使绩效管理体现于过程管理中时，绩效管理与目标管理的关系就变弱了。不过，目标管理本身的作用并没有变弱，因此我将目标管理放到了第 9 章单独介绍。

8.1 绩效管理的困境

简单来说，公司（背后是管理者）层面的认知和实践不足，是导致当下绩效管理困难重重的首要原因。

公司层面的认知关键，是需要思考清楚产品与服务目标及发展路径，以及如何让绩效管理变成激励团队与个体的杠杆工具，而非打压和惩罚的考核工具。

当一个公司缺乏对产品和服务发展的顶层思考时，绩效管理的价值就会大打折扣。业务目标是绩效管理的指南针。当业务目标不清晰时，公司的发展是走到哪儿算哪儿，这就相当于指引绩效管理的指南针失灵或缺失，绩效管理自然无法发挥指挥棒的作用，最终演变成形式主义。

业务发展得好，并不代表公司的绩效管理有效。想要持续发展的公司，自然也不能因为短期业务发展得好，就忽视绩效管理的作用。时代机遇加上市场机会有可能给公司的业务发展带来巨大的短期红利，但是当那些红利随着市场的逐渐成熟而慢慢消失时，公司向内部管理要效益的需求就会逐步增加。公司如果没有在有红利的情形下逐步发展出管理能力，越到后期，管理的瓶颈就会越明显，管理行为也会显得越急躁，然后"病急乱投医"。所以不难看到一些曾经高速发展的企业，在业务出现瓶颈的情况下采取各种莫名其妙的管理举措。从公司层面来说，管理效益依赖于公司的业务规划能力和绩效管理能力。

即便公司的业务规划能力不存在瓶颈，也不能忽视从制度和文化建设方面发挥绩效管理的正向激励作用。绩效管理在激励层面的作用是挖掘员工进步的可能性，在考核层面的作用是确保员工达到最低要求。两者不可或缺。但在现实中，不少公司并没有这样的认知，其往往不重视绩效管理的激励作用，而是更突出绩效管理的考核作用，通过绩效考核淘汰不合格的员工。在这种情况下，员工更多感受到的是绩效管理的消极体验，缺少积极体验。

这类公司没有意识到，整个团队中绩效不合格的人所占的比例是非常小的，不能因为那一小撮人，就将绩效管理变成负面的内容。如果公司认为整个公司绩效不合格的人占多数，那就不是员工的问题了，而是公司的管理出了问题。在这种情况下，要做的不是对基层的绩效管理加码，而应考虑更换高管或相关职能部门的第一责任人。

8.2 跨过困境迎接挑战

公司理解了绩效管理的价值后，就会面临如何做好绩效管理的挑战。从管理者的角度来看，绩效管理的首要挑战来自如何将业绩目标转换成对产品和服务质量的提升，以及如何将这些工作建立在个体的职业发展之上去完成。这一观点也表明，**绩效管理的核心主体不是员工，而是管理者**。

对于很多公司的业务来说，管理者对业绩目标进行拆解时，需要具备业务、产品、服务和技术等多维度的视角。业绩目标是以业务发展的视角定义的，对于包含技术岗位的公司来说，不应简单地拆解业绩目标并直接下放给工程师，而是要先从产品视角拆解，再从技术视角拆解，这样才能给工程师设定合适的目标。

管理者光有业绩目标拆解能力是不够的，还得考虑如何在业务发展的过程中提升员工的职业素养和团队的整体效能，即需要考虑员工的发展问题和如何打造可持续发展的高效能团队。

只有当管理者以类似显微镜的能力去看待业绩目标，并能鸟瞰团队效能时，其所设定的目标才能让团队与个体的发展持续向好。要想发挥绩效管理的杠杆作用，管理者就必须想清楚如下问题。

- 团队的短板是什么？短板的存在将使整个团队在完成业绩目标的道路上举步维艰。为此，管理者需要思考如何通过绩效管理去解决团队的短板问题，可使用的手段包含但不限于招聘、培训、培养等。管理者必须清楚地认识到，业绩的达成必须建立在个体与团队的效能之上，只有这样，公司的发展才能越来越轻松，越来越稳健。
- 业绩目标与个体、团队的工作效能是什么关系？不难认识到，更强的工作效能有助于达成业绩目标。如果是这样，如何通过绩效管理改善个体与团队的工作效能？再进一步，个体与团队的效能究竟从何而来？对于这些问题，如果没有清晰的结构化思考，就不可能真正找到绩效管理的立足点。
- 业绩目标是以团队为单位去制定，还是以个体为单位去制定？如果以个体为单位，那又如何规避个体的各自为政？

对于这些问题，要找到让管理者自己信服的答案并不容易，本书提供的团队效能动力模型能帮助管理者做结构化思考，但管理者仍需要结合自己公司的业务特点、发展阶段和人员水平去权衡。

当管理者在这些问题上缺乏清晰和有深度的思考时，绩效管理工作就容易变成一笔糊涂账，也容易出现绩效管理工作退化为只有目标设定和绩效考核的问题。由此带来的负面现象是，项目做到哪儿是哪儿，对于基层员工的成长放任自流，管理者忘了自己对团队发展和个体成长所应负有的责任。

从员工的角度来看，绩效管理面临的挑战是，相当多的职场人士确实不清楚什么是结果，在工作中缺少价值变现的思维。以我接触的工程师群体来说，他们中的很大一部分人不会围绕兑现业务价值去分解目标和合理安排各项工作的任务优先级，这一现象在工作 15 年以上的工程师身上依然常见。这种业务技能的缺失使工程师片面地追求技术的创新和完美，浪费大量的时间和精力去做没有业务价值的事；进一步地，当绩效考核结果不合格时，他们也很难调整心态并做出行为上的改变，认为自己的技术能力和努力程度都不差，不应该得到这样的结果，长时间沉浸于委屈的负面情绪中，甚至最终离职走人。

员工对结果的认知存在偏差将给管理者造成不小的负担而增加管理成本。一方面，情绪安抚需要花时间与精力；另一方面，当员工沉浸在负面情绪中时，他可能会抵触甚至对抗管理者的工作安排，这对管理者来说是不小的麻烦。

要做好绩效管理，就需要克服传统绩效考核带来的惯性思维。

第一个惯性思维是单一地采用定量管理，而非定量加定性管理。出现这一现象的根本原因是，公司或管理者认为量化是考核的基础，否则到了绩效考核阶段就没有办法分出高低而不具有可操作性。

由此带来的现象是，目标定为多少成了管理者和员工之间的博弈。定高了员工有意见，因为担心自己完不成而影响绩效；定低了管理者不满意，这会导致在绩效考核阶段没有办法区分出高低而让自己为难。这是视角不同带来的博弈，管理者因为要考虑考核阶段的实操性而放眼整个团队，员工则只顾自己而不管其他人。

这些现象引发的问题更为严重——个体害怕变化，也不愿意接受挑战。人们定目标时根本不可能预知未来会有什么变化出现，当出现的变化可能影响个体的绩效时，个体就不大乐意接受那样的变化，最终管理者做协调工作时就会很费力。

对于软件开发这样的知识工作来说，采用单一的量化考核目标的本质就是认可了绩效要素的非黑即白，对绩效的理解缺少了批判性思维。定量和定性考核方式各有优缺点。定量考核方式可以提供明确、可衡量的目标，但存在忽视那些重要但难以量化的个人贡献的缺陷。定性考核方式可以弥补这一缺陷，但更主观和更难衡量。后面将进一步讨论定量加定性的考核方式。

第二个惯性思维是重结果、轻过程，即凡事讲结果，而不关注结果是通过怎样的过程获得的。这样的结果只符合短期利益，如果过程是有损于长远利益的，获得的结果就会大打折扣。

重结果、轻过程还表现在：管理者忘记了自己应承担支持员工成长的责任，并且需要在过程中做好与员工的及时沟通与反馈；无法通过绩效管理帮助员工成长，会让员工忽视在达成结果的过程中发展自己的能力，或者因过于注重结果而在工作中急功近利、心浮气躁。

8.3 抓住本质找出路

做好绩效管理工作的先决条件是管理者的认知和能力到位，即管理者称职。理解与分解业绩目标，关注员工的成长，在过程管理中用心，管理者只有将所有这些做到位才能真正发挥绩效管理的价值。

帮助管理者成长和确保管理者称职，是公司层面需要担负的责任。管理培训、教练辅导、真实案例研讨与分享，都是公司层面可以采取的方法。这部分工作对于大多数公司来说，应是人力资源部门的职能。对于那些成长速度快的公司来说，培养称职的管理者显得尤为迫切。当然，通常情况下，这类公司只有业务发展遇到瓶颈时，才会意识到这部分工作的重要性。

从实操层面来看，单凭人力资源部门是没有办法落实好这一责任的。人力资源部门需要和其他部门（比如营销、渠道、产品、技术部门）一起去探索和落实。对于这部分工作，应持续完善，而非一蹴而就。显然，人力资源部门的人应担当落实这一责任的一号位，将落实之事作为其年度考核目标的一个组成部分。

大多数公司的人力资源部门会将绩效考核工作下放给其他各部门（如营销、产品、技术部门），理由是"我们不懂业务（或技术）"。要求人力资源部门的人除了擅长自己的专业，还得懂业务和技术是不现实的，所以人力资源部门这样做有其合理之处。只不过如此全面放手的结果，就是很难确保管理者称职。

更好的做法是，人力资源部门可以考虑形成一定的虚拟团队或组织，以横向的方式去开展工作。其核心目标是，确保管理者在绩效管理工作上称职并建设积极的绩效文化。需要特别指出的是，这里只强调人力资源部门对管理者是否胜任绩效管理工作负有责任，而没有涵盖管理者其他方面的胜任力。

构建积极的绩效文化是做好绩效考核工作的关键路径。积极的绩效文化更多应是激励而非压迫、惩罚、制造焦虑等负面内容，鼓励大家接受挑战，挑战失败后找原因，优化后再战，而非用惩罚去否定失败。

换句话说，积极的绩效文化能给予员工接受挑战的安全感，而不是挑战不成功就会被否定。这里有读者会担心，挑战不成功还让员工感到安全，如何确保员工有斗志？这一问题忽视了心理安全感与具体行动是两回事，在给予员工安全感的同时，通过落实目标管理和绩效过程管理能很好地解决员工斗志的问题。真正的斗志不是源于安全感缺失带来的压力，而是源于由安全感和目标感带来的内在动力和迎难而上的勇气。

本质上，积极的绩效文化能实现公司与员工的共赢，消极的绩效文化则会导致公司与员工之间的零和博弈。后者带来的资源浪费是很多公司都没有关注到的。

绩效管理的目标应聚焦于业绩增长和个人成长，而不是目标是否达成。业绩增长和个人成长体现的是对人的看见，是共赢思维；目标是否达成，是非 0 即 1 的问题，本质还是博弈。当公司的业务变得复杂时，那么多的子业务、那么多的团队、那么多的岗位，谁又能恰如其分地定一个刚刚好的目标，让绩效考核结果完美地呈现正态分布呢？

与其在目标是否达成上玩零和博弈的游戏，不如直接定一个有挑战性的目标，大家以积极的心态去努力，到绩效考核阶段再来审视所取得的结果是突破性的，还是仅仅符合预期，这本就是绩效管理中应有的一个环节。在目标的设定上，还有一个点需要特别注意，即不同的事的价值不同，达成目标的团队所做的贡献可能还不如没有达成目标的团队，对这一陷阱尤其要保持警惕。另外还得警惕的是，总能达成目标的团队，也许是因为其目标定得太低了。如果是那样，就说明团队根本没有发挥出潜能。

不难想到，构建积极的绩效文化除了宣传外，最终还得体现到绩效考核的方法上。无论宣传得多好，员工都是从行动上去决定是否内化文化的。当绩效考核方法无法体现积极的绩效文化时，文化自然也就无法落地形成文化氛围。

8.4 构建积极的绩效文化

有些文化建设是可以自下而上的，但绩效文化建设一定是从上至下的。积极的绩效文化一定要得到公司高层管理者的一致认可，否则很难在全公司范围内形成。

8.4.1 勇于挑战

勇于挑战的绩效文化首先体现在目标的设定上，公司从上到下以挑战而非保守的心态确定目标。当然，我并非主张设定目标时不考虑其可行性，以拍脑袋的方式决定，这样太儿戏了。有挑战性的目标应该是将认真评估过的保守目标乘以一个大于 1 的系数而确定的。

设置有挑战性的目标将带来两个好处。其一，上下级都知道是在设置有挑战性的目标，因此就不会花精力去争论目标的精确性。其二，一个有挑战性的目标能激发个体与团队的潜能和放大成就感。都说"温室里长不出栋梁"，有挑战性的目标能将大家拉出"温室"，刺激个体与团队去寻找方法、打开思路。有挑战性的目标即便没有完成但取得重大进展，也能给个体带去更强的成就感。没有接受过大的挑战，个体不会知道自己有多优秀，也不会激发出使命感。

勇于挑战的绩效文化还体现在绩效考核上，不是简单以目标是否达成去决定绩效结果，而是根据目标的难度、价值和所获得的阶段性成果去综合评定。综合评定时，还需要特别回顾完成目标的过程，看团队做了哪些努力，有哪些闪光点。这时述职汇报能起到很好的作用（参见 8.5.2 节）。这样的考核方式其实是定量加定性考核的实践（参见 8.5.1 节）。

如果绩效考核不采用关注过程的方式去执行，只顾着设置有挑战性的目标，就是耍流氓，也是对宣扬勇于挑战的坚决否定。

勇于挑战的绩效文化还体现在面对失败的态度上，对于全力以赴接受挑战但失败的人来说，需要得到的是认可，而非否定。只要用心努力过，就没必要为自己的失败而自责。只有这样，失败的个人与团队在得到他人的共情并被理解和支持后，才会更有力量和勇气去面对挑战。

总之，构建勇于挑战的绩效文化，是为了省下在目标设定阶段，公司上下因为没有价值的讨论所花费的时间与精力，让员工能放下没有必要的精神内耗去全力以赴地完成目标。当员工挑战目标失败时，请给予其饱含理解与鼓励的滋养。

8.4.2　过程重于结果

3.3.4 节讨论了目标导向与结果导向的不同，指出"目标导向的人或组织将注意力集中在过程中，例如规划、组织和执行任务，以及调整策略以适应变化，关注的是每一个步骤，以确保目标的实现。"7.2.2 节又进一步指出，"结果导向应是质效导向的自然产物"。8.4.1 节讨论构建"勇于挑战"的绩效文化时也指出，应设定有挑战性的目标，并关注目标之下的成长而非目标是否达成。

基于以上内容，相信读者对于我提出"过程重于结果"的观点不会感到意外。显然，这里的过程是指通过提升团队效能去达成目标的路径，它建立在设定明确而有挑战性的目标的基础之上。请特别注意"通过提升团队效能"这一限定性表达。提升团队效能是一个不断发现问题、解决问题的过程。发现问题必须聚焦于具体技术工作和工程质效，而解决问题则包含探索与调整，需要有大胆尝试但又随时修正的心态。

强调绩效管理应重过程、轻结果，有助于规避将绩效管理工作变成"每半年制定绩效目标并检查结果"这种粗放的管理模式。团队在完成目标的过程中，除了要注重业务的发展策略，还要对团队效能动力模型中所有变量的改善保持敏感，这需要的是细粒度的管理风格。"细"代表的是管理者具备良好的管理能力。

重过程意味着周会、周报、阶段性述职汇报等形式的工作是必要的。看起来这些内容会给员工和管理者带去负担，但唯有这样才能真正落实过程管理。实际上这些内容并不只是应绩效管理的要求，也是一个追求效能的团队会自主采用的团队协作与协同形式之一。如果员工抱怨"这些内容太浪费时间了"，管理者应先反思这些工作是否太形式化了，有则调整，无则及时沟通，让员工明白这些内容的重要性和意义所在。

过程重于结果还意味着不能为了达成目标而忽视过程质量。达成目标固然重要，但如果过程质量不行，结果就会打折。管理者应告诉个体不可忽视过程质量，避免个体为了短期利益而出现急功近利的行为，时刻传递专业做事是绩效考核应有的价值观导向。在业务不复杂或团队规模较小的情况下，过程质量的重要性较难体会，而当业务越来越复杂的时候，为了取得更好的结果质量，过程质量的重要性就会慢慢显露出来。那时再开始重视过程质量，大多为时已晚，得经历相当长的一段阵痛期并给予正视才能解决。

过程重于结果还意味着需要关注个体和团队在过程中的成长。奉行目标与结果导向的管理理念，普遍将工作输出结果作为个体晋升和团队绩效考核的主要依据，对个体或团队的成长评价都是基于短期的结果产出的，基本不会关心个体或团队在过程中的行为表现。应通过关注个体和团队在过程中的行为表现，向个体和团队传递积极的绩效文化。

过程重于结果的绩效文化并非否定结果的重要性，而是强调过程质量应先于结果，通过立足当下去收获将来的良好结果。不过，在过程质量有保证的情形下，绩效考核依然会面临不同个体间的结果比较问题，那时要考验的就不只是专业层面的成果了，还有业务层面的成果。如何全面地理解结果？我们将在第 14 章对此做进一步讨论。

8.4.3　相对公平与公正

在实际的工作环境中，因为每个人的职责、能力、工作环境和工作任务有差异，绩效考核不可能做到绝对公平与公正，所以我们谈论的是"相对公平与公正"。

强调"相对"的目的，是要公司上下都认可**绩效考核工作无法做到十全十美，更无法让所有人都对自己的绩效结果满意**。绩效考核时，管理者与员工的视角是不同的，前者看到的是"面"，后者看到的是"点"。当管理者对员工绩效结果的评定与员工自评的不一致时，毫无疑问地会以管理者的评定为准，这是组织层面默认的行事方式。当然，员工有权对自己不满意的绩效结果提出申诉。

只有理解绩效考核方法的不完美，才能构建积极而有弹性的绩效文化。无论是单独采用定量考核方式，还是采用定量加定性的考核方式，都绕不过人为因素。绩效考核可能从考核的方法论上没有问题，但在实践层面不可能没有瑕疵，实践的过程也是管理者和员工共同磨合与成长的过程。

进一步说，不完美意味着得接受不完美带来的委屈，无论是员工还是管理者。除非出现管理事故，否则正式公布的绩效结果是极难改变的。

为了缩小"相对"带来的绩效评估误差，管理者需要及时地提供反馈，让员工了解自己在上级眼中的表现，掌握需要在哪些方面做出改进。

管理者给员工反馈时，可以和员工具体分享其他员工的积极事迹。这样做，一方面可以在告知员工不足时避免泛泛而谈，让员工知道自己的不足在哪里；另一方面可以让员工明白绩效考核存在横向比较的动作，将员工从过于自我中拉出来。当这种沟通及时、有效时，员工对最终的绩效结果通常不会感到惊讶，且在绩效面谈的过程中也能更好地基于管理者上次的反馈，谈自己的进步与成长。**当管理者在日常工作中做好员工的及时反馈时，绩效考核季带来的挑战和纠结就会少很多。**

另外，为了缩小"相对"带来的误差，员工需要学会在工作过程中主动沟通并表达自己的观点，向上级分享自己的工作进展、思路和思考，以确保上级能够更全面和准确地掌握自己的工作表现，了解那些难以量化但确实重要的工作成果。

员工还要懂得积极响应管理者给出的反馈，而无论这些反馈是正面的还是负面的。反馈的目的，是帮助提高个人的工作绩效，而且积极响应这些反馈也能体现自己的执行力。

8.4.4　竞争与合作

积极的绩效文化鼓励竞争与合作的平衡。绩效考核一定存在个体间的横向排名，所以竞争是绩效管理中天然的属性。竞争可以激发个体的动力和潜力，促使个人追求更高的绩效水平，在工作中更加专注与投入。积极的、非恶性的竞争，对于个体的成长有益而无害。

积极的竞争意味着个体会主动汇报自己的工作表现，并且愿意分享自己的所知所获，让大家对自己在团队中的表现有一个积极且客观的认识。

积极的竞争还意味着个体愿意突破自己的局限去超越自己。一个待在舒适区的人一定无法在竞争中获得优势，所以不断突破是让自己取得高绩效的关键。

积极的竞争也意味着个体在工作中会打开自己的视野，了解别人，关注全局。根据我的经验，那些在绩效考核季对绩效结果不满意的人，不少正是因为工作视野太窄，没有关注身边其他同事的表现而高估了自己。

积极的绩效文化一定也不会忽视合作。合作是每一家企业都会倡导的。在一个合作的环境中，个体之间分享知识、经验和资源，相互支持和协作，以实现共同的目标。合作可以增加团队的凝聚力和协同效应，提高整体绩效。但合作难的问题又是很多企业的通病。促进合作需要考虑落实更具体的内容量化考核方式，比如，团队效能动力模型中对个体知识管理能力的要求就是促进知识共享，这也是合作的一个组成部分。当然，促进合作最好的方式是目标共享，让一群人共享同样的目标，这是我们在目标设定阶段需要重点考虑的内容。

8.5 绩效管理实践

接下来分享我在带领团队时,在绩效管理方面采用的一些具体方法,以及方法背后的思考。大体上,我采用的绩效管理方法是"述职汇报+排名"。

8.5.1 定量加定性

在我带领阿里巴巴浏览器技术团队时,公司还没有采用 OKR 做目标管理,用的还是 KPI(Key Performance Index,关键绩效指标)。由于产品团队负责营收业务指标,因此技术团队的焦点主要是支撑好产品团队规划的软件功能开发、发布和运维,那时技术团队的目标管理做得并不好。团队效能的保证主要落实在环境效能的改善方面,比如 SPM、班车发布模式、编码规范和代码审查落实、单元测试和持续集成落地等,都是那时的工作焦点。图 8.1 所示的第一版团队效能动力模型,基本能反映那时的管理视角。相信团队那时的做法对于今天读者所在的团队仍有参考价值。

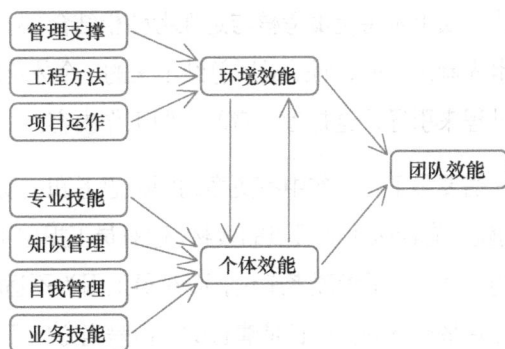

图 8.1 团队效能动力模型(v1.0,2015)

在员工的考核上,当时采用的是从专业技能、知识管理、自我管理和业务技能4个维度分开评估的方式。这4个维度的权重是一样的,不存在某些维度权重更高的现象。当采用某些维度权重更高的方式时，意味着其他权重低的维度就很容易被放弃，这会失去从多个维度定义个体效能的意义。从 4 个维度进行考核，并不会弱化员工个人的优势和优点，而是对员工个人的成长提出了更高的要求。

那时，针对不同的岗位层级，都从这 4 个维度提出了要求。员工进行绩效自评，就是围绕各层级的要求完成命题作文——以具体案例、（数据化的）成果去证明自己达到了各维度的要求或取得了进步。当然，个体对环境效能的贡献也是自评中需要特别重视的，可以考虑将之放到这 4 个维度中的一个或几个中去体现。

在管理者的考核上，除了个体效能中的 4 个维度，还增加了管理这个维度。同样，管理者也需要根据"基层技术管理引导"（参见 6.3 节）的要求去证明自己的作为。

值得强调的是，那时的团队是要求写工作日报的，工作日报对于个体在绩效考核季回顾自己的工作提供了非常大的帮助，能避免忘记自己做了什么的问题。如果团队没有工作日报制度，建议个体养成记笔记的习惯，将自己工作中的亮点记录下来备用，这对个体的工作习惯会有要求。这个习惯的养成应该不难，现实中我看到不少工程师有这个习惯。

这样的考核模式本质上是将定量考核与定性考核相结合，只不过那个量不是通过完善的目标管理事先制定好的，而是最后总结出来的。个体所取得的量是否有价值，需要通过管理过程来引导，这是管理者的本职工作内容。

这样的考核模式需要员工在工作中有更多的积极思考和主动担当。否则，到了绩效自评阶段，他们就没有什么可圈可点的素材。这对员工提出了更高的工作要求，也可能会引起员工的不适。对于管理者来说，面对员工因为不适而带来的负面情绪需要做好承接准备，并坚持下去。成长是痛苦的，但是当方向正确又清晰时，管理者和员工应当一起去经历并克服。

5.3.2 节谈到，我会在每个月召开的月度交流会上表扬当月表现好的同事，他们的这些事迹也是绩效考核阶段可以参考的内容。

我在阿里巴巴工作的后期，公司引入了 OKR 做目标管理，我在小公司做高管时也采用了 OKR 做目标管理。OKR 的引入，并没有从本质上改变我所带团队的绩效考核模式，恰恰因为团队效能动力模型的存在，我和整个团队更好地从多个维度设置了更合理的目标，避免了出现发展不均衡的现象。

8.5.2　述职汇报

我在小公司做高管时，采用 OKR 做目标管理。我要求员工每个季度做一次述职汇报，这一方面是为了检查 OKR 的进展，另一方面是为了给员工总结与反思创造机会，使员工借这样的场合将自己展示给身边的同事。述职汇报以小团队为单位（比如同岗位的人一起），采用会议的形式召开，员工的直接和间接主管以及我都会参加。

为了让员工清楚述职汇报材料要如何准备，我设计了一个很简单的模板，引导员工从 3 个板块去总结和表达。

第一个板块是 OKR 完成情况，即对个人 OKR 的进展和阶段性成果进行总结，需要体现当季度和当年累积的整体进展，前者让人了解进展的增量，后者让人了解与目标的差距。当团队没有采纳 OKR 这样的目标管理方法时，这部分内容可以省略，或者换成与目标管理相关的其他内容。

第二个板块是 STAR 成果。取名 STAR 成果有两方面的原因。

首先，要求表达成果时得符合 STAR 原则。STAR 原则是一种常用于面试、简历组织、绩效评估和复盘的结构化方法，旨在描述和分析具体工作场景下个体的应对行为，以及最终取得的结果，让他人能更好地基于这种表达方式了解个体的能力。

STAR 是 Situation（情境）、Task（任务）、Action（行动）和 Result（结果）4 个单词的首字母缩写。情境部分需要描述个体在工作中所面临的具体问题或挑战；任务部分需要说清楚个体在情境中的角色和具体工作内容，以及要达成什么目标；

行动部分要阐明个体在完成任务过程中做了哪些具体的事；结果部分需要表达行动带来的成果和产生了什么影响，以及最终是否达成了目标。

其次，要求成果必须与克服的挑战、收获的显著成长和创造的改变中的一个或多个相关。STAR 成果是对 OKR 完成情况的一种补充，弥补了后者没有给员工表达工作过程的机会。我希望通过 STAR 成果很好地展示个体在工作中的闪光点，一方面让个体的付出和努力被人看见，另一方面也可以让个体给他人带去启发。

STAR 成果还有一个非常有价值的点，就是需要个体在表达每个成果时特别重视围绕问题、挑战、开创这样的关键词去展开，从而帮助个体从业务视角去审视自己的工作，锻炼个体的业务技能。

STAR 成果不应是对 OKR 完成情况这部分内容的简单赘述，两者应形成互补，否则述职时就是在浪费大家的时间。当然，如果个体没有值得分享的挑战、成长和改变，那就省略这部分内容。实践中容易出的问题是，为了讲这部分内容而简单重复 OKR 完成情况中已表达的。不少目标的达成，确实不存在挑战、成长与改变，所以没有 STAR 成果也是正常的现象。

第三个板块是复盘与规划。这部分可以分享个人的感悟、成长、做得好的、值得改进的和建议等内容，以及表达个体对接下来工作的规划。规划可以体现个体真正想做的事，以及告知大家在具体业务、技术、环境效能等方面自己打算做哪些有价值的事。

述职是总结，也是规划，还是一个彼此看见的过程，可以让个体通过了解他人的工作成果和工作思路，更好地评估自己的工作表现，帮助个体了解自己的绩效在团队中的水平。有了这样的相互看见过程，个体面对低于自己预期的绩效结果时，就能更好地调适自己的情绪。

由于准备述职材料需要花时间和精力，因此难免会有人抱怨费时费力。这是正常的，因为员工适应这一工作方法需要时间，向管理要质效包含了这一成本。随着员工能力的增强，这一成本自然会降低。

述职汇报是一种职业技能，所以在采纳这一管理方法的初期，一定存在有员工做得不尽如人意的情况。如果这些员工积极看待差距并努力学习和提高，就不是问题；相反，如果这些员工强调自己不擅长述职汇报并认为这样不公平，那就有问题了。管理者应该明白，**总结并表达清楚个人的工作成果与想法是员工的责任，不能因为有员工不擅长而降低要求。**当管理者坚定这一想法并在工作中坚持执行时，员工自然会调整自己的行为。根据我的经验，大多强调自己不擅长的员工，最主要还是因为不用心。

对于管理者来说，应对员工的述职汇报进行提问和点评，否则述职汇报会变成走过场。管理者可以就汇报人的工作成果与表现，开诚布公地给出自己的观点和建议，让全体与会者更好地了解自己的想法、思路和要求。

8.5.3　小团队确定排名

召开完述职汇报会后，每位主管对于员工的工作成果就有了更细致的认识，便可结合自己在日常工作中的观察和收到的各种反馈，对员工的绩效表现进行评价，最终对自己团队成员的绩效表现从高到低进行排序。主管评价时，除了关注员工的工作成果，还得从员工做得好的和值得改进的两个维度给出自己的观点。点评员工做得好的部分是认可员工的优点，也是指出值得改进的部分的前提，避免只盯住员工的缺点。

团队中个体的层级并不一样，所以排序时需要基于层级的要求做评估。有些人做了超出层级要求的事，就应当被肯定；有些人的成果虽然显著但却是所属层级的分内之事，就不应特别表扬；有些人的成果不错但因明显的过失而出了技术事故，则应减分。这些考量最终都应体现在排序上。

不难看出，绩效排序一定存在主观性。管理者为了做到相对公平与公正，需要在工作中形成自己的绩效判断标准，最好及时将标准的变化体现在层级要求上。标准并没有隐含不变的意思，相反需要随着团队的成长、业务的发展不断地调整。标准表达的重点是，管理者需要想清楚当下团队和业务发展阶段对员工的动态要求是什么，这样即便是对于层级标准中没有涵盖的内容，也能就员工的表现做出更好的评估。

无论管理者怎样尽心尽力做到相对公平与公正，也无论给出怎样相对合理的绩效排名，都依然会存在员工在得知自己的绩效结果时并不认可的问题。这样的情况是不可避免的，组织也应允许存在这样的情况，而非直接认为管理者不合格。除非员工能基于事实证明管理者不作为，导致自己的绩效结果有失公允，否则只能服从结果。无论如何，申诉或与管理者做更深入的沟通，是员工对绩效结果不服时可以采取的行动。

以图 6.1 所示的组织架构为例，小团队绩效排名完成后，每位主管都会给出自己团队成员的绩效排名，而我也会基于主管们的述职汇报给出全体主管的绩效排名。即员工排名与主管排名是分开的，原因很简单，主管身负管理责任，需要对所带领的团队负责，排名时自然需要与员工分开。

8.5.4 大团队确定结果

很多公司会采用"361"绩效考核方式，即高、中、低绩效的人数占比分别是30%、60%和10%。大团队确定结果意味着得敲定具体的人员名单。这一确定过程并不需要像小团队排名那样严格做到从高到低地排序。

有了小团队的绩效排名，相当于各小团队基于分布比例，确定了高、低绩效的潜在人员名单。接下来，我会召开一个绩效结果确定会议，和所有主管一起确定整个大团队不包含管理者在内的所有员工的最终绩效结果。

在这个会议上，逐一复核各主管所负责团队中潜在高绩效和低绩效的人员名单。这个过程也是全体主管相互认可与竞争的过程。竞争体现于，力争自己团队有更多高绩效的员工和更少低绩效的员工。

为了让读者更好地理解，我打个比方，假设一名主管的团队中有 10 名员工，按比例，前三名竞争高绩效，最后一名为低绩效。如果对于该团队中的前三名，大家一致认可应当给出高绩效的结果，那么该主管还可以力争第 4 名员工也获得高绩效的结果。想要这么做，他就得证明这名员工的表现胜过其他团队中参与竞争高绩效的员工。

不难看出，主管在参加这个会议之前，得做充分的准备，除了了解自己团队成员的工作成果与表现外（这是小团队述职汇报的一种价值体现），对于其他团队的成员的表现也得有所了解才行。这种会参加过几次后，主管就会更加清楚，自己在日常工作中必须花精力去关注整个大团队的情况。

当然，这种会召开起来一开始不会特别顺畅，每个主管有不同的立场、想法、视角，对于绩效评估方法也会有自己独特的判断。正是这种多样性，让大家在一起开会的过程特别有价值，这个过程也是整个大团队在绩效考核上达成更广泛共识的过程。大家达成的共识又会反过来影响主管们的日常管理工作，让管理工作的内容更具体。

要做好绩效结果确认工作，每位主管的站位要高，不能只站在自己的小团队层面，而应站在大团队的高度。在经过几次绩效考核后，每一位主管便都能做到如此。

当两位主管在绩效结果确认会上存在分歧，且无论如何都没有办法相互说服时，就集体投票决定。

主管的绩效结果完全由我决定，并不需要召开针对员工那样的绩效结果确定会议。

鉴于社会上有不少人对类似"361"的绩效考核方式颇有微词，这里我想聊一聊我对这种考核方式的看法。在我看来，是否采用这样的考核方式，需要根据团队的具体情况来定，而不应简单地否定或肯定。比如，在阿里巴巴工作的后期，我看到了这种考核方式的弊端及带来的问题，我认为那个阶段的阿里巴巴应该去除强制评定低绩效人员的要求。但是，在小公司做高管时，我不仅引入了这一考核方式，还将考核比例设定为"352"，这是我基于团队当时的状况，必须淘汰一批人才能让团队步入正轨而做出的决定。

根据我的经验，在管理不善的情形下，如果没有类似"361"这样的强制要求，团队会更加混乱和没有紧迫感；而一旦团队管理走上了正轨，我认为可以放开对低绩效人员的强制评定，由管理者决定是否运用。

总之，绩效考核要因地制宜地用好方法并权衡利弊，其背后考验的是一个组织或团队的管理成熟度。**当管理成熟度不够时，运用任何考核方法都不可能只有利而没有弊，那时考核方法运用与否，取决于是利大于弊，还是弊大于利。**

8.5.5　提升考核透明度

述职汇报在小团队范围内提升了绩效考核的透明度，帮助个体建立起横向比较的绩效视野。员工绩效结果的确定，则从管理层面提升了透明度。即便如此，也一定会有员工对绩效结果不满意，当整个大团队对绩效考核工作的相对公平与公正还没有完全建立信心时，最好的办法是以开放的心态帮助员工去建立信心。

我的做法是，每次召开员工绩效结果确定会时，抽几位不同的员工参加，让他们旁听管理团队是如何确定绩效结果的。在会议的最后，我也会请这些员工谈一谈自己的感受，听一听他们是否有改进建议。

绩效考核深切地关乎每个人的利益和发展，为了消除阴谋论、暗箱操作等负面的怀疑和言论，最好的办法就是将整个过程公开。作为管理者，不要过于担心考核方法不完善而不敢公开，当你敢于公开时，就代表你已做好了接受别人的改进建议的心理准备。当出现不恰当的管理行为时，及时承认不足并改进即可。

要实现绩效考核的相对公平与公正，不能停留于文化宣传，更重要的是以具体的行动让员工因为看见而相信。当一部分人看见并相信了，他们自然会去传播所见，去影响那些不相信的人。**舆论如果不能被引导至正面，则很可能会倒向负面，这一点值得管理者特别注意。**

8.5.6　沟通面向未来

绩效考核如果只是给出绩效结果，管理者不与员工单独面谈，那就非常可惜了。要知道，**绩效面谈是管理者与员工共同回顾、加深双方理解和达成共识的一次重要机会。**

绩效管理不仅是为了对员工过去工作的成果与表现进行评价，更是为了通过沟通和反馈，让员工明确未来的工作目标和发展方向。有效的沟通可以帮助员工理解和接受绩效结果，也可以让员工明白自己在未来需要做哪些改善，以及为什么要这么做。绩效管理不是一次性的活动，而是一个持续的过程。持续的沟通和反馈可以帮助员工不断调整和改进自己的工作，以更好地实现未来的工作目标。

在就绩效进行沟通时，管理者可以通过以下问题来引导员工。

- 对自己的工作表现满意吗？你认为自己有哪些地方做得好，哪些地方需要改进？
- 在完成工作任务时遇到了哪些挑战，你是如何解决的？
- 是否有值得改进的工作流程，从而帮助你或团队更好地完成工作？
- 对于职业发展你有什么期待或目标？需要我提供什么帮助？
- 对于团队的工作氛围有什么建议或反馈？
- 对工作的满意度如何？有什么关于提高工作满意度的建议？
- 对未来的工作有什么期待或担忧？
- 你的技能和才能在哪些方面得到了充分利用，在哪些方面还有待提升？
- 有什么事情你希望我知道？

这些问题可以帮助管理者更好地了解员工的需求和期望，从而提供更有效的反馈和支持。同时，这也是一个很好的机会，让员工知道他的声音被听到、意见被重视。当然，对员工意见的重视最有力的表现形式，是在工作中以行动落实，形成闭环。

面谈时，如果员工因对自己的绩效结果不满意而有情绪，管理者要先接纳员工的情绪，再基于事实交换意见。当预计与员工的交流会有困难时，可以考虑请人力资源部门的同事一起参加。

从员工的角度，认真面对绩效面谈是应有的态度，大胆说出自己的想法，对主管提出的改进建议多一分好奇，跳出自己的一亩三分地，才能更好地理解主管的观点和建议。

8.5.7 申诉释放委屈

当员工对绩效结果存在异议时，可以向人力资源部门申诉，做绩效复盘。这种情况下，员工需要做充分的准备，通过提供具体的例子和证据来支撑自己不认可绩效结果的观点。除非管理者犯了原则性错误，不然推翻之前的结果是相当困难的。无论如何，如果员工觉得委屈，我会支持他的申诉行为，并借此机会听听人力资源部门的同事从第三方的视角会给出怎样的观点。

我支持员工申诉的原因是：一方面，这有助于疏导员工的情绪，体现出对员工的委屈的重视与尊重；另一方面，创造一次员工与管理者再一次沟通的机会，双方可以就工作成果与要求扩大共识，以便后续同频沟通和上下齐心出成果。

在申诉会上需要特别注意沟通方式。首先，双方需要有共赢思维而非零和博弈思维。大家共同聚焦于找到改善点以便未来更好地一起出成果，而非纠结于过去的对错，但这需要双方都有这样的思维。以我的经验来看，申诉会总会花相当多的时间去争论对错。

其次，努力看见对方。虽说管理者与员工应相互成就，但两者的视角很可能不同，员工关注的更多是自身，而管理者还会考虑团队，并更加重视出成果。努力看见对方是指站到对方的视角去看问题，为此大家在沟通时需要充分表达自己的观点，这是实现看见对方的前提。

再次，着眼于自我改变。在申诉会上，每个人都需要注意及时地自我改变，尽量避免过于自我而听不进对方的话。有情绪可以理解，但最终得回归理性，让沟通更高效和更有价值。

最后，在申诉会上还需要遵循一些原则。

第一个原则是，目标对齐。3.3.4 节强调了目标导向不同于结果导向，目标导向更重视规划与执行，目标是努力的方向。重过程、轻结果的绩效考核，并不意味着员工只要努力了就可以了。自己觉得很努力了，但绩效并不好的员工，很可能对目标的理解与管理者不一致，导致管理者不认可员工的阶段性产出成果。

第二个原则是，绩效结果是横向比较得来的。因此，员工不能只看到自己的工作成果，对周边同事的却一无所知。即便员工认为自己的工作成果很不错，但如果周边同事的比他的还好，那他的绩效排在后面再正常不过。

第三个原则是，鼓励共同进步。无论是员工还是管理者，相信通过沟通都能找到一些需要改进的点。为此，应鼓励双方日后基于这些点去积极改善。

沟通也是一次相互学习的机会，在沟通中大家要摆正心态并放下身段。

8.6　区分功与劳

要持续提升个体和团队的业绩和效能，就需要通过绩效管理让个体扩大自己的舒适圈，让个体发生积极的改变与成长。在这个过程中，需要特别注意区分功与劳，或者说区分成果与努力。

劳是本分，因为每个人都拿着公司的薪水。功体现于个体通过创新实现工作效能的提高，抑或超预期地完成既定业绩目标。功与劳最大的区别在于个体是否做出改变。劳是个体按部就班地以熟悉的工作方式去完成的内容,而功是个体通过改变去突破自己达成的内容,比如优化工作方式、提升技能等。改变需要思考与开放的心态——思考当下的不足并找到改善点,然后以开放的心态去迎接变化。

人与人之间的一大区别在于对变化的接受度和适应速度(我称之为“变商”,参见 3.2.1 节)不同。乐于接受改变的人,会积极地看到改变带给自己的成长,因为渴望成长而努力克服待在舒适圈的诱惑,最终表现为对变化的适应速度更快。善于改变的个体在职场中会体现出良好的可塑性,成长速度也会很快。

变与不变就在一念之间,而个体的能力与层次能否提升也在这一念之间。真正体会到那一念之别,需要相信、放弃和坚持——相信改变对自己与团队有利,放弃自己秉持的一些固有认知,坚持走到改变的终点迎来突破。

在阿里巴巴浏览器技术团队 2014 财年的绩效考核工作中,我给了前端团队技术主管不合格的最终绩效结果。在与这位技术主管进行绩效面谈时,他表示很不能接受这一结果。在他看来,他过去一年做了很多项目,很辛苦。另外,他认为,他是前端团队的技术主管,否定他就是否定了整个前端团队,而前端团队在过去的一年,工作任务是整个大团队中最重的。

面对前端团队技术主管对绩效结果的不理解,我给出了如下解释。

- 主管的绩效不合格并不意味着其所领导的团队的绩效不合格,而仅代表他个人的绩效不合格。就这一点,我与这位技术主管共同回顾了一些具体事例,告诉他哪些事没有做好。
- 主管所做的项目中,几乎没有能够改善前端团队工程效率的内容。他做的项目只能体现劳的部分,但我更想看到的是功的部分。

在给前端团队技术主管不合格的绩效结果之前,我认真思考过。一方面,我希望他通过这一绩效结果去反思自己作为主管的责任是什么。仅仅是完成所有项目吗?如何确保所有个体在工作中收获技术成长?真的有必要做那么多项目吗?这些都是他可以思考的问题。另一方面,我希望这一绩效结果能起到敲醒他的作用,让他重视改善前端团队的工程效率和工作效能。

2015 年，这位技术主管开始更深入地跟进团队的管理方法，他还在服务端主管的提醒与帮助下，进行了小团队的结构调整，以明确分工的方式去激发个体的责任感与能动性。他会不时与我交流他在管理下属时遭遇的一些困境，也不时分享他看到下属在意识上发生根本性转变时所收获的喜悦。顺理成章地，2015 年，前端团队的精神风貌发生了巨大的变化，且这一变化让整个技术大团队都感受到了，因为不时会有非前端团队的同事向我表达他们所看到的前端团队的进步。毫不意外地，前端团队的技术主管在 2015 财年收获的绩效考核结果为"优秀"。

前端团队技术主管努力让自己的绩效结果从不合格到优秀只用了一年的时间，那一年不只是他管理意识与能力得到提升以及拥抱改变的一年，也是我管理团队的一次冒险之旅。

在绩效考核这件事上，无论是员工还是管理者，都需要特别重视区分功与劳。当管理者不能很好地区分功与劳时，就难以带领团队突破成长，也无法支持和引导员工去突破自己。很有可能任劳任怨、按部就班是团队的常态，显然这样的团队战斗力是欠缺的。当员工不能很好地区分功与劳，忙到年底只有苦劳而获得不合格的绩效考核结果时，就难免委屈。区分功与劳的关键：一是要清楚所做工作的业务价值和如何获得阶段性成果；二是要有求变、不断突破自己的勇气和觉悟。对于这两点，员工需要围绕工作目标，沉下心来做深度思考。

8.7　以绩效照见不足

很多职场人士平时埋头苦干，但不知道自己的表现、贡献、价值如何，而**绩效就像一面镜子，可以帮助员工了解工作成果、职业成长是否符合自己的预期，以及是否符合团队的期待**。面对这面镜子，我们需要建立起积极的绩效观，诚实地面对自己的职场表现。

首先，紧盯目标出成果。3.3.4 节就目标导向和结果导向做了充分的解释，这部分的内容值得读者回顾。紧盯目标才会让人有动力和在做事时聚焦，否则容易想得多做得少，工作成就感和成长性自然不足。

紧盯目标不仅得埋头苦干，还得抬头看天——多与主管沟通，了解身边的同事在干什么和理解目标的业务价值。获得主管的反馈能少走弯路，确保自己对目标的理解与主管是一致的。从更宏观的视野去看待自己的目标，除了能帮助拓宽工作思路，还能更好地认识目标的价值，让自己更有发挥空间，工作起来也更有动力。

其次，对绩效结果保持良好的心理弹性和韧性。

第一，不要过于焦虑自己的绩效结果不合格。与其焦虑，不如及时与主管沟通反馈，不断对齐目标。

第二，理解绩效考核不可能有绝对的公平与公正。面对一个也许让你觉得不公平的绩效结果，你可以这样做：首先，找主管了解情况；其次，针对主管反馈的与自己预期不一样的部分，思考自己是否确实有可以提高的地方；最后，及时调整自己，用来年的成长去证明自己。

第三，理性看待不得不完成的挑战性目标。如果完成了目标，激励作用会很大；如果失败了，则对后果负责。只想着要好处而不愿承担后果，是不成熟的表现，愿赌服输在职场同样适用。当这类目标代表了时代机遇、市场重大机会时，无论成败与否，对你而言一定都能带来大的成长，且对增加你的经历密度也非常有帮助。

最后，绩效考核是为了激励而非惩罚。个人的生计、团队的生存、公司的可持续发展都建立在良好的绩效基础之上，个体需要以成长性思维去看待绩效，要憧憬的是成功而非失败。

对于管理者和组织来说，绩效这面镜子还能照出管理水平和文化氛围。

　　绩效可以反映管理者的管理水平。如果一个团队的绩效管理做得好，员工的工作效率和质量通常会更高，这反映出管理者具有良好的领导能力和管理技巧。反之，如果一个组织的绩效管理做得不好，则通常意味着员工的工作效率和质量较低，也进一步意味着管理者的管理能力有待提升。

　　绩效也可以反映组织和团队的文化氛围。积极的文化氛围通常有助于高绩效的产生，而消极的文化氛围一定会带来阻碍。因此，观察绩效可以帮助我们了解如何改善组织和团队的文化氛围。

年度业务规划是目标管理的起点。

中层管理者是目标管理的领头羊。

目标管理承载着个体、团队和组织的绩效。

第9章
用目标牵引发展

本章是对第 8 章绩效管理相关内容的延伸，聚焦于绩效管理中的重要组成部分——目标管理。

相信很多读者对于 KPI 这一概念很熟悉（但绝大部分人其实没有掌握这一概念，包括企业管理者），时下也有不少企业在探索运用 OKR。我在阿里巴巴工作的后两年，我所在的事业部运用的是 OKR。在小公司工作时，我也在整个技术中心引入并推行了 OKR。

9.1 KPI 与 OKR 的根本区别

网上分析 KPI 和 OKR 区别的文章不少，在我看来抓住两个根本区别即可，除此之外的其他区别都不那么重要。

第一个根本区别体现在目标设定上，采用 OKR 的团队在设定目标时会花大量的时间在上下（包含从上至下、由下而上）、左右的目标对齐上，而采用 KPI 的团队强调的是自上而下的目标分解。采用 OKR 时的目标对齐，更有利于团队凝心聚力，也能更大限度地发挥各级员工的主观能动性，帮助团队实现"一颗心，一张图"。

采用 OKR 时的目标对齐，还体现在目标的达成过程中，需要定期复盘目标的执行情况。通过复盘，确认目标是否合理，关键结果是否有效，以及是否需要根据实际情况和环境变化调整目标。在复盘目标的执行情况的过程中，要聚焦于目标本身，而不是对团队和员工的评价。如果出现执行不理想的情况，找到问题根源是为了更好地对齐目标，而不是追究责任，关于这点，在复盘时值得强调。

第二个根本区别体现在开放度上，这是（绩效）文化氛围方面的区别。OKR强调透明，每个人都可以查看其他人的 OKR 内容，包括下属可以查看其直接上级和更高管理层的 OKR 内容。当然，保密性质的内容除外。相比之下，KPI 并不强调这样的文化氛围，个体需要打听才能了解到他人或其他团队、部门的 KPI 内容。

OKR 透明的最大价值在于创造个人之间、团队之间协作的更大可能，且在很大程度上迎合了组织扁平化管理的需要。如果企业倡导团队合作，那么我认为更应当采用 OKR 而不是 KPI。一个倡导团队合作的企业，在管理上如果不采用助力团队合作的方法和实践，那就是思与行的不一致，不利于构建企业所希望的文化氛围。读者可以回顾一下 4.4 节提出的六要素组织身份模型中的文化制度和管理理念两大支柱。

这两个根本区别是相辅相成的。第一个根本区别的形成依赖于第二个根本区别，而只有形成了第一个根本区别，才能让第二个根本区别产生协作的价值。前者好理解，要对齐目标就必须先共享信息，共享信息的最佳途径自然是使信息透明。对于后者，我的解释是，目标一致的合作才是真正的合作。当人与人、团队与团队之间的 OKR 透明时，其就能通过寻求共同目标的方式去合作，本质上是由利益驱动的双赢合作。在职场中，只有共享目标下的由利益驱动的双赢合作才能自发而流畅。

很多企业都有打造团队合作文化的愿望，但最终却变成了文化要什么企业就缺什么。我建议在打造组织所需的文化时，考虑从目标一致性上去寻找更好的解决方案。大多数企业选择由人力资源管理部门来主导组织文化建设，但人力资源部门如果脱离了业务管理路径来落地实践文化建设，通常要么落地难，要么不真实。只有在业务线上真正落地的文化，才是真正的文化（氛围）。

OKR 是在 KPI 之后发展出来的，英特尔、谷歌、亚马逊等全球著名的公司都有采用并收到了很好的效果。在当今的时代，我认为理解并运用 OKR 应是个体的基本职业素养之一。

研发型企业应当积极采用 OKR，因为它不仅提供了一种方法论，还带来了一系列协作工具。这些工具对于提高管理效率至关重要，它们可以帮助固化并统一目标管理的实践，策略上可以先实现标准化，然后在此基础上进行优化。与此相对，KPI 所对应的工具更侧重于管理而非协作。

本书并不打算花大量笔墨去介绍 OKR，因为市面上有更具针对性和更专业的书。比如，我就是通过阅读《这就是 OKR：让谷歌、亚马逊实现爆炸性增长的工作法》这本书去学习 OKR 的。本章将会聚焦于我自己运用 OKR 的心得体会。

9.2　好目标的特点

对于研发团队来说，目标管理最大的挑战在于目标的设定，这需要目标制定者有架构能力，其中对腰部管理者的要求最高，对头部和腿部管理者的要求反而会低一些。原因是，头部管理者提出的目标因为离市场目标近而收敛，腿部管理者因为执行更具体而聚焦，腰部管理者在衔接头部和腿部管理者时，需要将业务发展、团队效能提升等因素综合考虑进去，还得结合公司内外部环境、发展阶段、业务特点等做充分的思考。

定一个好目标并不容易，需要长时间实践才能做好。一个好目标需要具有系统性、逻辑性和一定的留白。

9.2.1　系统性

定目标首先需要的是系统性思考，这也是整个目标制定过程中最难的部分。我想以本书的主题之一——提升团队效能为例，来说明系统性的内涵。

提升团队效能通常是腰部管理者需要思考的，对于头部管理者来说，相比团队效能，他们会更关注产出与投入。产出是指客户发展、用户增长、营收、生态、行业影响力等方面的内容，当然最终可以浓缩为营收和潜在客户的漏斗；而投入很重要的就是人员投入、市场营销费、渠道抽成等。为此，腰部管理者在基于提升团队效能这个任务向上汇报时，需要将之翻译为"用同样的人，干更多的活"或者"做同样多的事，但用更少的人"，这两种表达最终都体现为提高产出与降低投入。

同一件事需要根据不同层次的关注焦点，用相应层次的话术加以表达，这是做目标设定与拆解时，特别需要掌握的一种思考与表达方式，不然就会出现非常让人郁闷的情况。比如，腰部管理者坚信的对于提升团队效能非常有价值的那些点不被头部管理者认可。但如果腰部管理者将提升团队效能的目标表达成"在保证业务发展的情形下，人员减少20%"时，就会立即得到头部管理者的认可。

腰部管理者在面临落实提升团队效能这个目标时，需要在头脑中勾勒出类似图4.3所示的团队效能动力模型。当改善对象和方向都清晰时，自然也就知道如何部署工作内容了。比如，环境效能要如何提升，由谁来负责。团队效能动力模型所展示的就是提升团队效能这个目标的系统性。

类似地，**每个公司的业务都可以梳理出类似团队效能那样的业务发展动力模型**。只不过，业务发展动力模型中的变量应该从企业优势、企业劣势、市场机会、市场威胁、产品组合、营销、商务等不同的维度去定义。

不难发现，目标的系统性会对公司的价值链所涉及的相关部门同时提出要求。因为目标具有系统性，所以能更好地拉动公司范围的资源，避免出现不同的职能部门单兵作战而不容易出成果的现象。

系统性思考还意味着需要有人牵头，站到整个公司的层面去思考业务、产品与营销，从而使头部与腰部管理者共同思考年度业务规划这件事。**有了年度规划再落实目标管理，便能在公司范围内实现凝心聚力的效果。**系统性思考还意味着需要从更大的图景中去看局部或某个目标，避免在实现一个目标的过程中忽视或制约其他重要的目标。

9.2.2　逻辑性

系统性强调目标的全面性，逻辑性则强调目标的合理性，特别是目标与目标之间要形成因果链。因果链能让参与实现目标的人，清晰地知道自己所负责的目标在整个公司中的位置和价值。因果链还清晰地呈现了如何以最短的路径去检验一个目标的达成情况，从而有助于更快地获得反馈，并提升目标承接人的工作体验。

相比一堆杂乱的目标呈现在眼前，我们更希望这些目标以一定的逻辑组织起来，这样个体在达成目标的过程中，才能更好地主动思考，这是在提升个体能动性时需要特别注意的一个点。

除了因果关系，目标的优先级也是逻辑性的一种体现。资源永远是有限的，不可能在每个目标的达成上都安排足够的人力同步开展。为此，需要基于现有人力对目标进行权衡并明确目标的优先级，基于目标的优先级安排人员。

另一个容易忽视的逻辑性是目标的延续性。比如，每年的目标应该有逻辑地滚动向前，不应出现第二年目标与第一年目标断层的现象，让人看不清背后的思路。延续性能很好地体现目标是否用心设定了，管理是否到位了，还能体现出公司管理的成熟度和公司发展规划的前瞻性。一个长期目标被分解为多个短期目标去实现，也可以理解为是一种目标的延续性。对长期目标基于一定的逻辑进行拆解，然后以滚动的方式去实现，这也是工作中的常见做法。

逻辑性还体现于目标与关键结果之间的逻辑关系。最简单的检验方式就是看关键结果的完成能不能支撑目标的实现。

目标的逻辑性考验的是思考深度，包含了对商业、市场、产品、技术的洞察、判断（基于事实和证据的思维）和假设（基于可能性的思维）。各行各业的"门道"也体现在逻辑性上，掌握"门道"的过程就是通过洞察梳理逻辑的过程，让人知道怎样做才能成事。

对于逻辑性的解释，仍以团队效能动力模型为例，在其中每一个变量名的前面加上一个动词，比如"提升集体环境效能""改善文化氛围"，就可以使其成为一个单独的目标，而上下级目标之间就存在因果逻辑，比如"改善文化氛围"将带来"提升集体环境效能"的结果。

9.2.3　留白

我在小公司落地 OKR 时，会先拟定出整个技术中心的 OKR 初稿，这可以理解为一个从上到下的动作；然后将这个初稿交给我的下属管理者（部门经理），由他们去负责形成自己团队和团队成员（包含腿部管理者在内）的 OKR，而他们在设定 OKR 的过程中，包含了由下而上的动作；之后，我会检查每位下属管理者所负责团队和团队成员的 OKR，帮助他们进行完善，这个过程也包含了目标对齐的动作。值得强调的是，在完善的过程中，我会特别注意目标的留白——给团队和个体提供更大的发挥空间。

实践表明，我的下属管理者和员工在制定目标时普遍存在抽象不足的问题，表现在目标太细、太具体，将规划变成了任务拆解。太细、太具体的目标意味着在目标的执行阶段只需要埋头苦干，并不需要做太多的思考，这不是我想看到的现象。另外，太细、太具体的目标通常会导致目标过多的问题，这也是目标管理所不推崇的。为了控制目标的数量（比如一个小团队控制在 5 个目标以内），就必须对那些细的目标做抽象总结。**经过抽象总结的目标通常相对模糊和宏大，目标承接人在执行的过程中，也会有更多的思考和发挥空间。**

目标的抽象并不容易掌握，但这样的抽象思考是每一位职场人士都应努力去学习和掌握的。只要有这样的意识，便意味着思维层次已有提升，如果掌握了，则又提升了一步。在目标抽象能力的提升上，我会通过以下方式来引导下属。在具体目标的抽象上，我会先形成自己的思考，但并不会直接在目标上体现出来，也不会先告诉目标的承接人。等承接人在目标执行过程中有过一定的思考和实践后，我会再找机会说出我的想法。当然，有时目标承接人自己就能想到我所想到的抽象方法和维度，有时也会出现目标承接人有更好的方法和维度的情况，这个过程能促进个体的成长。

　　之所以强调目标的留白，是因为目标管理不仅需要帮助个体与团队更好地达成业绩，还得培养个体解决不确定性问题和从无到有的能力。一个有发挥空间的目标会给个体带去一定的不确定性（可能会引发健康的"焦虑"），但它也能给个体提供沉下心去思考和探索的空间，让个体找到自洽的做事逻辑，并基于自己的逻辑去讲故事。做事方法的变化、创新，在不少情形下正是藏在有发挥空间的目标里的。在一定的不确定性空间中，发挥自己解决问题和实现目标的能力，这也是个体的成长。

9.3　目标拆解

　　为了让读者更好地理解如何做目标的拆解与量化，接下来以我在小公司负责技术中心时的目标为例进行讲解。技术中心包含了售前，以及软件产品和硬件产品的开发、售后、交付、生产五大职能部门。技术中心的第一个目标是这样定义的。

　　【O1：产品与服务】持续优化解决方案的先进性、功能性、易用性和成本，为内外部客户提供专业的服务和兑现价值。

　　先来解读一下为何我会定义这样一个目标，以便更好地理解后面的拆解工作。从"O1"这个名称来看，这是第一个目标且聚焦于产品与服务，可以想象，还会有O2、O3等不同维度的目标。

　　O1 目标的描述中并没有直接用到产品这个词，而是用解决方案进行了替代，原因是为了服务好客户，我们应提供完整的解决方案，解决方案中可以包含产品和服务，而产品可以是公司自研的，也可以是外采的。持续优化指出每年都要有增量，先进性代表了向行业发展看齐甚至引领行业发展，功能性代表了价值，易用性代表了使用体验，而成本代表了利润——原材料成本、人力成本等全包含在内。O1 目标的后半句强调了服务的专业性和通过解决方案兑现价值，目的都是确保服务好客户，避免自我陶醉。

整个 O1 目标涵盖了技术中心五大职能部门的工作职责，但仍具有一定的抽象性。读者可以对照前面讲到的好目标的系统性和留白两大特点，看是不是还可以做优化。

显然，这个目标也许可以 3 年不变，只是每年对具体的工作内容进行更新，这有助于保证目标的延续性，因为各职能部门的目标都是服务于这个大目标的。

O1 这个目标定下来以后，就得对其进行拆解并量化，每一个拆解出来的内容就是关键结果（Key Result，KR），每个关键结果其实是各大职能部门的目标，但在表达上需要做一定的转化。拆解的逻辑是，完成每一个关键结果都有助于目标的达成。

以下是 O1 目标第一年的部分 KR 的内容。

- KR1：新增通用解决方案不少于 10 个，解决方案的产出质量和效率分别提升 50%。
- KR2：交付成本下降 50%，服务满意度达 95%，交付及时性达 90%。
- KR3：出厂产品合格率达 99%，生产成本下降 20%，成品生产及时性达 90%，在销产品原材料库存减少 90%。

为了方便读者理解和控制本章篇幅，这里只列举了 3 个 KR。不难看出，这 3 个 KR 分别对应的是售前、交付和生产三大职能部门。对各 KR 的解读如下。

- 销售部曾向我反馈过售前部给出的解决方案没有新意，以及材料中存在很低级的错误且响应不及时，KR1 正是聚焦于解决这些问题的。
- 过去，大项目总是存在在截止日忙于救火的现象，交付及时性和交付质量是个大问题。这进一步意味着，出了问题安排人员去客户现场解决的成本一定不低，当然客户满意度也一定不会高。KR2 正是聚焦于解决这些问题的。
- 生产车间乱，出厂产品的合格率低，原材料库存成本高，这些都吞噬着企业的利润。良好的生产及时性意味着，营销侧与生产部门的协同需要周密和流畅地进行。KR3 正是聚焦于改善这些经营"粗放"现象的。

KR 最关键的特点是需要符合 SMART 原则。其中包含的量化数字意味着，各部门的日常工作需要实现数字化，因为只有这样才能很好地回答最终有没有达成量化目标的问题，不管做到了 30%还是 50%，其实都不是最大的问题。成果量化也是对管理上的至理名言"度量什么则改善什么"的实践，意味着能更好地出工作成果。数字化难免会包含流程建设、工作规范化、文档化等内容，这些都是提升团队效能所需要的。

技术中心的 O1 目标拆解到生产部后如下。

【O1：生产】持续提升生产效率与品质并降低生产成本。
- KR1：生产效率提升 40%。
- KR2：出厂产品合格率达 99%，生产成本下降 20%，成品生产及时性达 90%，在销产品原材料库存减少 90%。

不难发现，拆解并非简单地将技术中心的 O1 目标中属于生产部的 KR 照搬过来：除了将自己的 O1 目标定义为"持续提升生产效率与品质并降低生产成本"，还额外增加了 KR1。

上面的技术中心和生产部的 OKR 都是一个静态结果，但现实中，这个静态结果是动态产生的。可能是先有部门的 OKR 再有技术中心的 OKR，也可能是先有技术中心的 OKR 再有部门的 OKR，这些都无关紧要，因为最终版本的确定，一定需要技术中心和部门经过多轮讨论才能达成共识。技术中心更关注的是营收、服务质量等内容，而部门更关注的是与本职工作相关的内容，所以两者的 OKR 既有重叠的内容，又有互补的内容。希望这一段文字表达能让读者对上面用到的拆解一词不至于产生误会。

不难发现，拆解目标时，可以基于当下存在的问题去寻找着力点。随着这些问题的解决，因目标达成而取得的成果自然就扎实且价值明确。

9.4　设置多维度目标

当过度聚焦于业务目标时，会导致目标在组织中引发系统性问题。比如，出现过于关注结果而忽视过程、缺乏创新与改变、以体力劳动代替脑力劳动等现象。为此，目标管理需要考虑设置多维度目标，引导团队及个体重视过程质效、人才建设、行业影响、创新能力及个体成长等影响组织长远发展的因素。

我在小公司工作时，为技术中心设置的目标除了面向产品与服务的，还有如下几个。

【O2：质效】通过协作、协同、工具、流程、制度、新技术等手段，确保技术工作的可持续发展并持续提升工作质量与效率。

【O3：管理】以人性化和务实的管理手段落实人才队伍建设，构建有归属感和成就感的工作氛围。

【O4：影响力】积极落实技术与业务布道工作，宣传产品和业务价值，构建行业影响力。

【O5：生态】借力产业与教育专家，与企业和院校共建生态，探索并加速产教融合。

多维度目标体现的正是目标的系统性。为此，多维度目标不应存在主次之分，而是所有目标都要齐头并进，这样才能体现其价值。某种程度上，多维度目标之间有着一定的制衡作用，能让个体在工作中建立起"既要、又要、还要"的工作意识。

9.5　目标管理的价值

虽说我在阿里巴巴工作的最后几年，公司采用 OKR 做目标管理，但因为那时我带领的团队小且职能单一，所以我并没能很好地体会到 OKR 的好处。在就职于小公司的一年时间里，因为我带领的团队相对大得多且涉及五大职能部门，从 OKR 的引入到逐步落地，我真切地看到了管理者有团队目标和所有个体都有个人目标带来的显著成果。

在 OKR 落地的过程中，难点在于设定目标，但最有价值的也是大家一起讨论目标、分解目标和对齐目标。在没有想清楚目标时，大家是迷茫的，而大家一起讨论并找到思路却是让人兴奋的。多个团队为了协同而开会讨论是非常鼓舞人的，凝心聚力也就自然地在这些过程中实现了。

当然，不要指望在引入 OKR 之初所有人都能体会到其价值，毕竟只有用心投入才能收获成长并提升认知。当个人的心态没有调整为拥抱 OKR 时，管理者只能耐心辅导与等待。

在我国追求高质量发展的时代大背景下，企业的经营也需要数字化，为此 OKR 这样的目标管理方法就是非常合适的选择，因为 OKR 是一种弹性的、数据驱动的方法，适用于自由的、崇尚数据的企业。企业在数字化转型期，通常面临着更多的不确定性问题，需要在组织方式上有更大的弹性和更多的协同，因此相比 KPI，OKR 更适用。

精神激励比物质奖励

更能触动人和感染人。

如果行政部和人力资源部没有摆好服务员工的

姿态，那将给管理者在激励员工方面带来挑战。

第**10**章
发挥激励的作用

激励是以人为本的管理思想的重要体现。激励是为了激发人的效能，是提升团队效能必不可少的手段。物质激励是最普遍也最为人熟知的一种激励方式，涉及薪酬、福利、股权等方面。物质激励决定着员工基本需求的满足程度，进而影响到其社会地位、自我实现等高层次需求的满足。因此，公司经营者通常会在公司层面建立物质激励机制。从团队角度来说，这部分可发挥的空间并不大。

与之相反，多数公司经营者不会强调及向下传递精神激励（或非物质激励）的必要性和重要性，但从团队角度来说，这是断然不能忽视的重要内容。然而，在一个将业务视为一切、充斥着竞争的职场环境中，团队管理者也常常被裹挟于对业务结果的焦虑中，在自己都没能照顾好的情形下，根本没有心力去实施精神激励。由此，很多团队缺少精神激励。

在团队效能动力模型中，激励手段不只直接影响集体环境效能，对沟通机制、目标管理、绩效管理、文化氛围等也非常重要。

10.1　影响激励的因素

激励的目的是激发个体的内在动机和内驱力。对于个体的内在动机和内驱力来自哪里，我们可以参考其他著作的结论。

在《内在动机：自主掌控人生的力量》这本书中，作者从心理研究的角度，得出激发个体的内在动机需要满足其 3 个基本心理需求,即自主性、胜任力和关联性。其中,自主性是指个体对自己行为的掌控感,胜任力是指个体对自己能力的信心,关联性是指个体想要与他人建立积极关系。只有满足这些需求,特别是自主性的需求,才能持续激发个体的内在动机,让个体全心全意地投入某件事,同时拥有最好的体验和表现。

而《驱动力》的作者则指出,驱动力源自个体的自主性、精通和目标感。其中,自主性是指个体对自己生活和工作的控制感,精通是指个体对自己能力的信心和对技能提升的追求,目标感是指个体使自己的工作有更大的意义和目标。

在我看来,以上两本书的作者各自提出的三大要素中,有两个是基本重叠的,除了他们都提到的自主性,胜任力和精通其实讲的是同一内容,而关联性和目标感这两个不同的要素都会影响人的内在动机和内驱力。除了这几个要素,研究表明,兴趣和责任也是影响激励的两个要素。

之所以会得出不同的影响激励的要素,是因为各个研究面向的场景和人群不同。从企业管理的角度来说,除了自主性和胜任力,我认为目标感这个要素更适合职场。因为企业的属性天然决定了个体为目标而努力的动力来源。另外,从个体的角度来说,目标感能给个体带去成就感,而成就感是工作幸福感的重要组成部分。

由此,面向企业管理实践,我认为自主性、胜任力和目标感是形成个体动机的三要素。即,要判断激励手段是否适合,可以通过是否能通过这三要素赋能个体,以及是否能达到激励的最终目的——提升个体的工作质效来审视。

10.2 有效激励之我用

前面我们已说到,激励来源于需求。人的需求多种多样,除了物质需求,还有各类心理需求,比如被信任、被尊重、被赞美的需求;喜欢在积极向上的环境中工作的需求;希望能承担责任、体现价值的需求;成长的需求,等等。由此延伸出的精神激励方式有很多，环境激励、成长激励、责任激励等都属于精神激励的范畴，无法一一穷举。要想激励有效，就得获知和洞察各类需求，再适时因地制宜地选择激励的目标和方法，并采取对应的激励手段。

当然，面向个体，我们不能奢求激励总是有效。识别个体之需求，激发个体的内在动机和内驱力是如此复杂的一件事，以致根本不存在能激励每个人的统一且有效的实践方法。人的性格、价值观、生活态度等都会影响个体对待工作的态度和投入度，无论个体差异如何，让个体做好本职工作，确保团队效能，这是首要目标。至于那些在经过一定努力后，还无法改善其工作态度和投入度的个体，就把问题交给时间，毕竟每个人的职业发展都是个人自己的课题。只有在激励时做好课题分离①，才能最大化地激励那些能被激励的人，过于关注对某一个体的激励很容易演变为集体的挫败。

接下来，我将自己在实践过程中特别重视也行之有效的几种激励方式分享给读者。事实上，这些内容在其他章节中或多或少已有呈现，本节旨在让读者从激励的角度来理解为何要那样做。

10.2.1　环境激励

积极安全的工作氛围，可以让个体在团队中变得舒展，提升个体的归属感和工作满意度，进而有助于提升个体的自主性和对工作的积极性、投入度。构建一个积极正向的工作环境和氛围，即为环境激励。在团队效能动力模型中，文化氛围是影响集体环境效能的变量之一，本书花了一整章（参见第 7 章）的篇幅就团队文化氛围的建设进行了讨论，这足以彰显其重要性。

文化氛围对于集体环境效能的影响，是通过影响每个个体的工作效能达成的。比如，塑造良好的文化氛围有助于提升个体的自主性和积极性，落实好目标管理并辅以绩效考核就能提升个体的目标感，健全的工作流程有助于提升个体的胜任力。

---

① 课题分离是由心理学家阿德勒提出的一种处理人际关系的理论。

环境激励作用于环境中的每个个体,也让每个个体都从中受益。

构建自由、开放的氛围,要让全员参与管理,我们说的全员参与管理,不是让所有的人都变成决策人员、管理人员,而是集体参与,让每个个体都成为整体的一部分,强化其归属感。

构建积极安全的工作氛围,不只是团队管理者的责任,也是每一个团队成员的责任。工作氛围是否积极安全更多体现在团队面对失败、冲突、错误等时的态度。

团队中可控的冲突不但无害反而有益,有利于个体间更快地达成共识和建立信任。因为冲突的背后是不同的需求,害怕或逃避冲突,实际上就是在忽视需求,不利于冲突双方获得心理安全感,久而久之就会影响相互之间的信任,甚至影响到个体的工作积极性,所以拥抱冲突也是环境激励的一种体现。

个体之间的差异决定了每个人都会有短板。一个团队如果能做到让每个个体都能坦然正视自己的短板,同时又能发挥自己的长处去创造价值,这同样可以给个体带去心理安全感。这是开放互信的文化氛围的一部分。从个体的角度来说,这同样有利于其心理安全感的建立,而且能帮助个体更愿意去突破短板。所以尊重个体差异,允许个体扬长避短或扬长补短,让个体感到安全,也是环境激励的一种体现。

失败和错误在团队运作的过程中是不可避免的,甚至极有可能做得越多,错得越多。容许失败和错误的发生,实际是在鼓励尝试和创新。害怕失败和错误,甚至放大或过于在意失败和错误,则会让个体过于追求稳妥,这对于整个团队的创新求变来说就是灾难。允许失败和错误的发生,对于个体来说是一种信任。所以构建一个对失败和错误包容甚至鼓励的文化氛围,也是环境激励的一种体现。

值得着重强调的是,面对冲突、失败、错误和个人短板时,很多人会认为放过这些问题才能体现团队的包容度,也才能更好地给团队中的个体带去安全感。但这是一个极大的误解,因为放过实际上就是一种逃避,代表了一种消极的态度。所以当面对这些问题时,心理上允许,态度和行为上正视,才是在构建真正积极安全的环境，也才能起到环境激励的作用。

在文化氛围构建的进程中，管理者起着非常重要的作用。氛围有积极和消极之别，对于管理者来说，需要有坚定的立场，两者只能选择一个。拥抱冲突、容许差异、允许失败和错误，不是说管理者在面对这些情况的时候，可以采用和稀泥的态度。必须强调，管理者的立场一定要明确。当然，在明确立场的前提下，如何就事解事、何时解，这些则视情况而言。因为**管理者只有立场鲜明、积极和有正气，团队才有可能自发地真正形成积极和有正气的氛围**。

10.2.2　成长激励

职场中极少有人没有成长的诉求，不过每个人追求的成长方向不尽相同。比如有的工程师希望能精进自己的技术，有的工程师则追求管理路径上的发展，还有的工程师可能会追求向产品方向转型。当然，并不是每个诉求都需要被激励，比如不符合全团队发展需要的成长诉求就可以暂不关注，毕竟对于企业来说是先有事再有人的。

培训是很多公司会采用的一种成长激励方式。培训讲师有的是从公司外部请的，有的是公司内部的同事。通过培训，可以赋能个体掌握或提升相应的技能，使其能承担更大的责任、完成更具挑战性的工作或胜任更重要的岗位。

赋能个体成长还可以通过提供资源、工具和支持等方式，使个体能够借助这些资源、工具和支持获得自信，并提升胜任力。当然，赋能个体时，个体不应被动地接受帮助，我们需要强调个体的自主性，即个体要有主动去获取资源、工具和支持的行为。

给予员工有一定挑战性的目标也能达到赋能个体成长的效果。有挑战性的目标可以激发员工的工作动力，帮助员工提升自我效能感。员工一旦成功地达成有挑战性的目标，就会对自己的能力有更多的信心，所带来的成就感可以提高其工作满意度，并进一步提升其工作动力。

作为主管，关注员工的晋升规划并对其进行指导也是很重要的一种赋能个体成长的途径，这与员工个人的职业发展和切身利益都相关。通过这种方式，主管可以了解员工个人的发展期望与规划，帮助员工明确职业目标，从而更好地提供其所需要的资源和支持，并给出自己的反馈和建议。

只要公司有规范的晋升流程，员工要成功晋升，就必须有扎实的工作成果。个人在晋升答辩中需要很好地证明自己的工作成果，并对面试官提出的问题进行回答。无论员工最终晋升成功与否，这种答辩对他来说都是很好的锻炼机会：一方面可以起到总结和反思过往工作的作用；另一方面可以了解公司对自己的要求是什么，进而跳出所在团队去审视自己的工作成果、思考和态度。

关注员工的薪资调整也是主管赋能个体成长的一种形式。如果了解到员工对自己的薪资存在不满，主管有责任与员工就这个问题进行沟通。无论是员工高估自己，还是员工被低估，这次沟通都可以是一次个体成长的机会。如果员工高估自己，那么主管需要有理有据地与员工一起进行分析，使员工了解自己的不足，看到自己的发展空间。如果确实是员工被低估了，那么主管有责任为员工争取相对公正的报酬，以提升员工工作的积极性。

10.2.3　责任激励

3.3.4 节曾谈到，无论是对自己还是对同事，我都采用过自我任命虚拟职位的方式去开展工作，不过那部分内容的重点是说明思维决定角色。本小节将从激励这个角度讨论这一方法的作用。

自我任命虚拟职位本质上是让个体承担更大的责任，使个体完成角色认同，从而激发个体的自主性。设置虚拟职位时，应考虑"职位"与当事人的个人意愿和真实能力是否匹配，千万不要试图对每一个人都说"你有成为架构师的潜质"这话。如果对方没有相应的能力和意愿，其所起到的作用就不是激励，而会让人觉得虚情假意。

对于那些承担了虚拟职位的个体，我会发挥作为整个团队负责人掌握的信息最全的优势，将团队内出现的对他的正面评价及时传递给他。一方面，这样做可以让他知晓自己的表现能被他人看见，通过正向行为的及时反馈提升个体的主动性和积极性；另一方面，进一步强化他的角色认同，增强其责任感。这些及时的动作能让他感受到我很在意他的发展，这也是对霍桑效应的运用。当然，我这样做并非为了刻意运用霍桑效应，而是发自肺腑地想帮助个体成长。这种用心和在意，也是一种对个体有被关怀和尊重的情感需求的回应。

除了虚拟职位，我还会通过设立虚拟团队的方式来强化个体的责任感。我在两种情形下会考虑设置虚拟团队。其一，进行时间跨度较长的突发性同类技术问题攻坚。因为这类技术问题的出现时机很难预测，所以并不适合采用立项的方式去应对，采用虚拟团队更合适。其二，为了让多人掌握同一种技能。在这种情形下，我会安排已掌握相关技能的人与想学习相关技能的人组成一个虚拟团队，通过师傅带徒弟的实践方式实现技能共享与传授。这样做一方面可实现人才建设，另一方面可以让掌握同一技能的人变多，从而给项目的运作带来更大的弹性，不至于因为掌握某种技能的人太少而出现人员瓶颈问题。

在设置虚拟团队时，如果可以，我会有意使之跨地域，以便在多地培养具有同一技能的人。另外，我会为虚拟团队设置一名负责人，由他去主持虚拟团队的工作。一方面赋予负责人责任，为他创造锻炼机会，另一方面让他能以负责人的姿态去做事。

与虚拟职位大多在"暗处"相比，虚拟团队则在"明处"。设置虚拟团队时，需要发邮件告知相关人员，甚至向整个大团队宣布，这样当出现与虚拟团队相关的事情时，大家便知道可以找虚拟团队的负责人，以强化虚拟团队的责任感。

不难发现，在 6.2.2 节介绍的 SPM 法中，项目负责人的安排也采用了一种通过赋予责任来激发个体自主性的方法。

我们应尽可能地创造机会，让员工参与到团队的决策、管理和建设中。这不仅有助于构建员工的归属感和价值感，还能有效地培养员工的管理能力和领导能力，这对员工的个人成长具有重要价值。员工在参与这些活动的过程中，会自然而然地了解到团队的运作方式，理解决策和管理方法背后的原因，这不仅有助于实现信息透明，也能使他们自然地接受和认同结果，从而提升执行力。

本书中提到好些方法都隐含了推动个体产生更多的参与责任。轮值周例会（参见 5.3.1 节）让每位与会者通过轮值，完成从被动参与到主动组织的转变；SPM 法（参见 6.2.2 节）使整个团队中的每个人都有可能担任项目负责人；提升考核透明度（参见 8.5.5 节）让一线员工旁听绩效结果的确定过程，共同见证考核机制的相对公平与公正；文档贡献度量化（参见 12.4.3 节）鼓励个体更积极地参与文档的编写和完善。

推动个体更多参与的责任激励，不仅可以提升个体的自主性，也能帮助个体更有目标感，还能增强个体的胜任力。

10.2.4　目标激励

目标激励就是通过目标的设置来激发个体的动机，引导个体的行为，使个体的个人目标与团队目标紧密地联系在一起，以激励个体的积极性、主动性和创造性。在团队效能动力模型中，目标管理是影响集体环境效能的变量之一，第 9 章已就目标管理进行了详细探讨。

目标可以用来引导人的行动，目标本身具有导向和激励的作用。因此，设置合适的目标能够激发个体的动机和提升个体的积极性。对于个体来说，有目标的行为和无目标的行为，在积极性和结果的达成上是大不一样的。

将目标作为一种激励方式时，我们需要区分内在目标和外在目标。内在目标是由个体内在心理需求或内在原因驱动的，比如一个人的成长诉求一般来说是内在目标。而外在目标则是对个体的一些外部要求，比如按期完成项目、获得更高的收入等。从激励的效果来说，内在目标更能激发人的内在动机。

追求内在目标对个体的幸福感能产生积极影响，因为它通常天然地满足了影响个体内在动机的三要素：自主性、胜任力和目标感。但在职场中，我依然要强调，先有事再有人，所以职场更是一个外在目标驱动的场域。

不过只要外在目标设置得当，让个体感受到目标可达成，就有可能激发出个体的内在动机。所以将长期目标拆解为阶段性的短期目标是非常有必要的。这样的拆解，不仅能增强个体的胜任力，还能在阶段性目标达成时给个体带来成就感，正向促进个体后面行动的积极性，从而形成持续的正向激励。

10.2.5　榜样激励

强化正向行为并在潜移默化中影响大家的激励方式就是榜样激励，这也是我在日常工作中常用的激励方式。以身作则地通过传帮带的方式来影响他人，是我应用榜样激励的实践之一。本书提到的各类手段和方法，大多是我首先会运用，再通过在工作中持续地宣讲、引导去影响其他人的；当他人碰到问题来找我时，我会帮助他一起解决，或给出建议，或提供资源；一些需要身体力行的，我也会带着大家一起做。

然而，个人的力量是有限的，也正因如此，我会特别强调通过提升团队效能动力模型中的集体环境效能，并通过营造文化氛围、建立流程机制等手段，形成团队的力量。如果一个团队能让个体更快地成长和持续地学习新知识、新技能，我相信这样的团队更能留住人，当然在这样的团队工作也会让个体有更多的乐趣且更具充实感。

7.1.7 节提到的在团队中形成公开肯定的风气，除了是一种环境激励外，也是一种榜样激励。对于个体发生的正向行为，只要我注意到了，就会毫不吝啬地公开肯定和赞美。对于被赞美的个体来说，这可以提升其积极性，对其他人而言，则相当于树立了一个榜样，创造了见贤思齐的机会。对正向行为或结果的公开肯定和赞美，是我应用榜样激励的另一个实践。

10.3 警惕支持部门的掣肘

让激励发挥效果，并非只从团队层面入手就够了。从公司的组织层面也须做出相应的努力才能取得更好的效果，其中行政与人力资源两个部门是关键。

行政与人力资源两个部门在公司的价值链中虽然从事的是支持性活动而非公司业务相关的活动，但却起着重要的作用，甚至从某种角度来说，这两个部门的态度直接代表了公司的态度。其工作不仅关乎公司的日常运营，也直接影响员工的满意度和公司的整体效率。因此，以人为本的管理思想，特别需要这两个部门贯彻落实。

首先，行政与人力资源两个部门应建立起公司内部的服务提供者的心态。换句话说，公司里的其他部门都是其客户，需要其建立起服务和支持导向的意识，以提供高效、专业的服务为目标，帮助其他部门顺利完成工作。

我在小公司时，主管行政与人力资源两个部门的总监就不具备这样的心态。在他看来，他服务的对象是老板，所以他没能将其他部门当作自己的服务对象看待。结果导致员工对这两个部门怨声载道，甚至因此站到了公司的对立面。

其次，这两个部门需要具备良好的沟通能力、共情能力和真诚的态度。由于这两个部门负责的事务与员工的日常工作息息相关，当员工碰到问题时（比如办公设备领用与报修、考勤、薪资、假期值班安排等），不可避免地会前来寻求帮助。在与员工互动的过程中，这两个部门要做到能承接员工的情绪，以及真诚地相互沟通。

最可怕的工作态度是，认为有了制度就是自己的工作做到了位，而没有意识到员工是在提出希望改进的诉求，换句话说，就是没有树立服务好员工、寻求共赢、避免陷入零和博弈的心态。

再次，这两个部门需要具备良好的开放性和敏感度。这两个部门的员工应有这样的开放心态：能对各部门的好制度和好实践保持敏感，通过抽象、总结、复制等手段，看能否进行跨部门的复制与推广，从而将其上升为公司层面的制度和实践。一些制度和实践在一个部门能起效一定有其原因，一个开放和有敏感度的人看到这种情形时，一定会产生好奇，看能否从公司层面做到价值放大。

最后，这两个部门是公司里其他部门间的桥梁，应让整个公司的制度与文化能因为其横向的作用而齐头并进。一个公司的运作往往涉及法律法规、公司政策等多方面的内容，需要专业的知识和技能来确保公司合规运营。当这些内容与员工的理解有出入时，这两个部门要做问题的化解者，而非单纯地做制度的传声筒或压迫者，去激化员工与公司的矛盾。如果处理不当，就很容易让整个公司的氛围变得消极。从我的实践来看，在这样的环境下，从团队的角度去做员工激励，难度会大得多，效果也会大打折扣。

激励是以人为本的管理思想的重要体现，可通过激励，让员工更大限度地发挥效能，以保证企业目标的实现，这应融汇于企业的各种经营活动中。

团队管理的工作量之所以大，
根源在于团队成员自我管理能力的不足。

自我管理是管理的起点，也是管理的终点。

自组织管理的本质是全民管理。

第11章
以自我管理为舵手

自我管理无论对于发挥团队效能，还是引领个人职业发展，都起着举足轻重的作用。在我看来，如果将职业发展比作航行在大海中的船只，那么目标相当于航向，自我管理就是舵手。无论身处怎样的环境，舵手依然能坚守自己的领航责任。同理，个体无论处于怎样的职场环境，都应以良好的自我管理去面对工作，引领个人的职业发展。

11.1 为何管理那么难

在阿里巴巴浏览器技术团队管理层的周例会上，我第一次提出轮值主持周例会时遭到了一片反对。对于反对的同事我很理解，因为当个体的自我管理能力不足时，这类事务总是让人觉得繁杂琐碎，能免则免。

为了更好地解释为何管理那么难，我将用图示进行说明。图 11.1 中的矩形框代表整个团队的事务，圆圈则代表个体所承担的事务。在图 11.1 中，因个体只愿意做自己喜欢的事，个体与个体之间的缝隙都变成了管理事务，要由管理者来承担。

显然，团队处于这样的状态时，但凡让个体涉及管理事务，个体就容易犯怵，也会本能地选择逃避，即便他知道逃避并不好，但他因无力改变整个局面也只能做这样的选择。在这种状态下，管理者自然会特别辛苦。

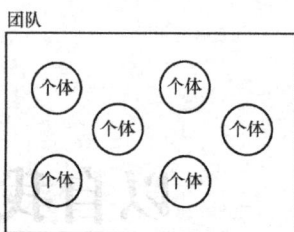

图 11.1　缺失自我管理时个体与团队事务的关系

图 11.2 说明了个体具备良好自我管理能力的情形,图中的个体都带有由虚线构成的圆弧,这代表他们不再停留于只做属于自己的事,而是通过承担责任并学习技能让自己能分担一部分管理事务。那么需要由管理者来承担的管理事务,就只剩下图中矩形与虚线间的部分。

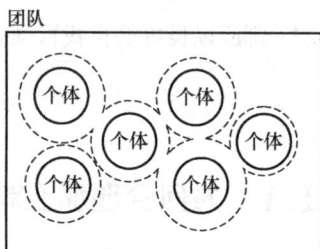

图 11.2　良好自我管理情形下个体与团队事务的关系

很明显,当个体的自我管理能力增强以后,真正留下的管理事务会少得多。在这样的情形下,无论是个体还是管理者,在面对管理事务时都会轻松不少。**管理的难,难在个体只想守着自己的一亩三分地,难在管理者没有掌握方法让个体承担起其本应承担的自我管理责任,以及管理者没有掌握管理方法论以扩大个体可以承担的责任的范围。**

11.2　自我管理的发展特征

图 11.2 中的实线圈代表的是自我,虚线弧代表的是自我管理。因此,自我管理

的第一个发展特征，是从自我向周边延伸。这意味着个体在发展过程中会更多地从独善其身变为关心身边的同事和周边发生的事情，并随着能力的增长而更有担当。这个趋势也符合随着个体年龄增长，社会对个体的要求。反之，当一个人的自我管理能力发展停滞不前且落后于团队的平均水平时，他的其他能力发展也可能是滞后的。

并非年长的人比年轻的人的自我管理能力一定更强，因为个体的工作意识与工作习惯在自我管理中发挥了巨大的作用。我们在谈自我管理能力时，还得将之与专业技能和业务技能做明确的区分。

图 11.2 还表达了个人的自我管理会出现交集，即人与人之间会关心相同的事务，这就隐含了自我管理的第二个发展特征，即从律己向律他转变。当出现两个以上的人关心同一件事时，一方面他们会自发地产生协作与协同，另一方面他们会因为观点不同而出现律他的行为。律他行为最终会发展成团队对个体的约束力，这是团队区别于集体的很重要的一个特征（参见 1.7 节）。

不难发现，个体自我管理的发展过程也是个体工作视野不断变宽的过程。这也是一位有经验的职场人士应有的发展模样。

11.3　管理的起点与终点

管理的起点在于个体的自我管理，即先管理好自己才能管理好他人。管理的起点不在于任命，并不是只有被任命为管理者才能主持管理事务。对于大多数知识工作者来说，无论是在工作中还是在生活中，他们其实都在扮演管理角色。

彼得·德鲁克在《卓有成效的管理者》一书的第 1 章中指出，"知识工作者本人必须自己管理自己，自觉地完成任务，自觉地做出贡献，自觉地追求工作效益"。他在第 1 章中还提到，"在本书中，'管理者'一词，将泛指知识工作者、经理人员和专业人员，由于其职位和知识，他们必须在工作中做影响整体绩效和成果的决策。但这并不意味着大部分知识工作者都是管理者，因为知识工作也像任何其他工作一样，有些是属于日常事务性的、不需要什么技能的工作。在这样的管理者的定义下，知识工作者中管理者的人数，往往比任何一张组织系统表中所公布的人数多得多"。

由于实现团队的高效能需要所有个体的通力协作与协同，因此每一个体都要积极参与管理事务，即实现全民管理或每个人都是管理者。换句话说，自我管理并非只针对管理者，而是面向团队中的所有个体。明白了这一点后，个体就不容易犯等待的毛病——等待自己被任命为管理者后再去思考如何管理，从而能更积极地参与甚至主动主持管理事务。

管理事务的范畴是什么？对于这一问题我们必须小心对待，因为稍不小心，我们就容易争论一项事务是属于技术范畴还是管理范畴，这类争论在很多情形下并不具有建设性且相当耗费精力。在我看来，管理事务只是一个统称，指那些看似非技术的，但却有利于高质效完成目标的所有工作内容。比如，组织应对突发的客户投诉、召集会议、安排团建活动、代表主管参加会议、关心即将发布的产品还有多少问题没有解决等，背后都有管理事务的影子。

这样定义管理事务一定会让那些认为"我只擅长做技术而不擅长做管理"的人不满，因为这一定义根本没有让技术与管理泾渭分明。很遗憾，**团队效能之所以难以提升，很大程度上正是因为个体试图严格区分技术与管理两大范畴**。当然，我并非想抹去技术与管理的差异，而是主张为了实现团队的高效能，个体不应将技术与管理做过于明显的分割。在个体与团队的工作成果面前，争论技术与管理的区别毫无意义，只要有助于获得更好的工作成果，每个人都有舍我其谁的行动，团队就会变得温暖。

对于团队管理者来说，如果不理解"全民管理"，他就不会从组织架构、授权、轮岗等多维度去培养团队中每一个体的自我管理能力。这样的管理者不仅看不到团队高效能的曙光，还很可能使自己成为改善团队效能的最大瓶颈。

改善团队效能的常见瓶颈之一，正是团队管理者没有良好的自我管理能力。自我管理能力的缺失，不仅导致管理者在领导效能改善工作时缺乏说服力，也使得管理者不会用心从自己身上发现效能瓶颈并探索改善方法。**那种不以管理者自身为改善目标的管理方法往往缺少同理心，执行起来也很低效，甚至会起反作用。**

个体只要具备良好的自我管理能力，就应当主动承担起相应的管理事务，以自己良好的自我管理去影响周围的人，以便驱动事务向前发展。良好的自我管理让人做事专业，做人检点且长期在工作中言行一致，很容易打动他人，也使人在指正别人的不足时有底气和说服力。

我能成功引导团队实现团队效能的提升，与我具有良好的自我管理能力有极大的关系。想通过讲大道理改变一个作坊式集体几乎没有可能，因为只要个体没有亲眼见证大道理的真正威力，就难以产生内在驱动力而带来积极改善的持久行动。正因如此，每当发现他人做事不到位且那件事有一定复杂度时，我通常会亲自做一遍，结束后告知大家参考我的方法去改善，必要时我还会以文档去规范后继者的行为。

我加入阿里巴巴浏览器技术团队的初期，在了解到团队当时的混乱状况后就希望能改造整个团队。然而，那时并没有任何官方组织赋予我改造团队所需的权力，我正是通过全方位地做好工作中的细节，以高度的言行一致体现出个体的良好自我管理能力去影响身边人的。**强调自我管理能有效地杜绝工作中光说不练的浮夸现象。**

如果说管理的终点是消灭管理，即让一个团队有管理者和没有管理者能一样地运作，那么可以说，管理的起点是个体的自我管理，而管理的终点依然是个体的自我管理。管理者通过以身作则的自我管理方式影响并培养团队成员进行自我管理，最终实现团队没有管理的理想状态。

11.4 管理的有效性

团队管理事务既琐碎又庞杂，要制定具体指标去度量管理的有效性几乎没有可能。于是，我们不禁要问：如何度量管理的有效性？关于这个问题，我的经验是，如果管理者在日常工作中对管理行为有困惑，只要通过进行以下 3 个角度的思考就能理清思绪。

首先，管理行为是否有助于团队效能持续提高并助力业绩达成，这是度量管理有效性的首要指标。让具体的事务向前发展在不少情形下很难反映出管理的有效性，有些表面上完成的事务却很可能因为没有做到位而在将来引发更高的成本。因此，管理的有效性不能只着眼于各项管理事务不断向前推进的短期判断，而应放眼于整个团队效能提升的长期考量。一个团队必须警惕这样的情况：一年下来忙忙碌碌，大大小小的项目一个接一个，但整个团队的效能却没有得到多少提升。

那么，又如何衡量团队效能在持续提升呢？团队效能只要得以提升，一定会从团队的做事专业度、团队工作氛围、个体间的协作流畅度、工程质量与效率等多方面表现出来。只要平时注意观察和定期静下心来回顾，要做出这个判断并不难。如果还是觉得不好判断，则可以尝试回答"今年突破了哪些影响团队效能的瓶颈"这一问题。如果无法得到积极的答案，那基本上可以认为团队效能没有得到有效的提升。作为管理者必须要明白，一个团队完成大大小小的项目是最基本的要求，对团队及管理的要求一定不能停留于只完成项目而不致力于提升团队效能。

其次，管理的有效性还可以从团队成员的稳定性去度量。保证人员的相对稳定才能让个体更好地进行知识积累与沉淀，用集体智慧去服务于团队效能的提升。一个团队的人员被动流失率过高，不仅意味着运营成本的增加，还加大了人才培养难度，也难以形成深厚的知识沉淀，这都不利于团队效能的提升和团队的可持续发展。

丰厚的薪资待遇并非确保人员稳定的唯一核心要素，打造让人获得工作幸福感的软环境是另一个普遍被忽视的核心要素。薪资待遇存在着极强的边际递减效应，即薪资待遇的增长在达到一定的量后，其激励作用会递减。当个体处在缺乏工作幸福感的软环境中时，即便因为丰厚的薪资待遇留下来，也多是以熬的消极心态来面对工作，很难激发个体的主观能动性。工作幸福感不只来自融洽的团队成员间的关系，更来自让人舒心的工作质量，很多离职之人正是为了不再面对让人痛苦的、糟糕的工作质量。

最后，管理者是否有"消灭"自己的意识与行动，是度量管理有效性的另一个标准。持续维持高效能的团队一定不能过度依赖个别管理者，而是需要依赖全团队的所有个体。因此，管理者需要在日常工作中关注培养团队，确保团队在没有自己的情形下仍能高效运作。管理者"消灭"自己的手法是，将自己掌握的有助于改善工作质效的方法传授给下属，训练下属像自己那样去思考、决策与行动。一刻也离不开管理者的团队，不仅暗示其效能不高，还表明管理者其实没有真正作为。"消灭"自己的本质是，从集中管理走向分布式管理，从人管理走向制度管理，从压迫式管理走向自组织管理。

现实中可能存在害怕被"消灭"的管理者，我认为这类管理者是缺乏远见的，他们没有想明白让自己可被"消灭"，实际意味着自己能获得更大的发展机会。管理者走上"消灭"自己的道路，意味着其与团队都走上了一条不折不扣的、能收获更多成长的双赢之路。

管理者日常工作的管理范畴是一个让人有些困惑的话题。大多数技术管理给人的感觉更多是围绕项目执行展开的，以致不少管理者使技术管理退化成了项目管理。一旦理解技术管理有效性包含持续提升团队效能、维护团队的稳定性和"消灭"管理者自己，管理者对技术管理范畴的认识就会提升不少，很多判断和抉择也会变得更容易。

11.5 自我管理九要素

自我管理是一个相当宽泛的概念，包含了个体对自己的行为、情绪、思想和健康等多方面进行管理的能力，体现于工作与生活的方方面面。由于本书将个体发展分成了职业发展和自我发展两大部分，而本章的出现是因为团队效能动力模型中的一个关键变量，所以接下来将聚焦于体现个体职业素养的职场。沟通管理、情绪管理、压力管理等涉及个体自我发展部分的内容，本章概不涉及。

接下来将从自我约束、自我提升、自我影响力这 3 个维度涉及的 9 个要素展开介绍，如图 11.3 所示。

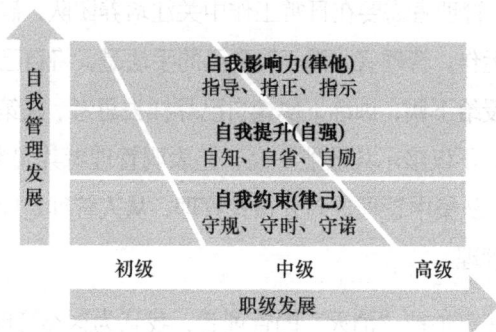

图 11.3 自我管理九要素

图 11.3 中包含了自我管理发展和职级发展两大维度。自我管理发展水平从低到高分别是自我约束（律己）、自我提升（自强）和自我影响力（律他）。职级发展粗分为初级、中级、高级 3 个级别。贯穿自我管理三大水平的斜线，代表了各职级对 3 个层次的要求存在量的区别。比如，初级职级对自我约束的要求更多，而对自我影响力的要求更少。值得强调的是，对高级职级的要求则在对初级职级要求的基础上，增加了新的要求。

11.5.1　自我约束

自我约束是指有意识地控制自己，有原则地对待事物，有效地控制自己的思想、欲望、感情、言语、行为，以适应他人或周围的环境。在职场中，自我约束包含守规、守时和守诺 3 个要素。

1.　守规

遵守公司层面的流程与制度是守规的最基本要求。每个公司都会有关于上下班时间、打卡、加班、调休等的流程与制度，一个具有良好自我管理能力的人能很好地遵守这些流程与制度。

需要注意，只要是制度，即便不合理也得先执行，然后再考虑通过反馈、建议相关职能部门的方式去优化，不能无声地以制度不合理为由就拒绝执行，要不然被追究时只能理亏。当个体不能很好地执行公司层面的管理制度时，就会给自己所在的部门或团队带去更高的管理成本，这一点需要个体特别重视。

遵守部门和（或）团队层面的流程与制度是守规的另一关键内容。通常这部分内容对工作质量和效率的影响最大，因为其中还包含与业务和专业相关的内容，所以复杂得多。

对于管理没有走上正轨的部门或团队来说，可能存在流程与制度不完善的问题。在这种情况下，我的建议是，个体应考虑主动去帮助建设和完善，因为那是难得的锻炼机会。只要是为了提升工作质量和效率就放手去干，不要担心做"出头鸟"招来闲话。职场中的这种主人翁意识是个体领导力的体现之一，这样做也能展现自己的能力。

2.　守时

守时不只关乎个体的时间管理，也体现了对他人时间的尊重，而且一个时间观念强的人更容易让别人信任。所以，守时对一个人的重要性不言而喻。

　　守时要求做到的是有时间管理的守时，而不是有约就守。这意味着不是只要有会议或活动邀请就一定参加，而是需要有意识地做好管理。比如，哪些会议是必须要参加的，哪些会议之间是有冲突的，哪些会议是要拒绝的，这些要根据自己的需要及工作安排选择是接受还是拒绝。职场中很多人在收到会议邀约时缺少这种有意识的处理习惯：有人习惯了忽略不处理，既不接受也不拒绝；有人则习惯不管是否参加都接受邀约。这些不良习惯都体现了个体在时间管理上的不足。

　　对会议或与时间相关的事务的管理，有两个小方法供读者参考。

　　其一，用好日历管理工具。很多人会用日历管理工具来管理每天的会议。但其实除了会议，只要是与时间相关的活动，就可以用日历管理工具来管理，比如与人约了一起用餐或面谈，都可以在日历管理工具中主动发起一个邀约给自己（和对方）。而且日历管理工具通常有提醒功能（个人计算机或手机上都有），可以让自己在赴约前有一段准备的时间，避免因为专注于手上事务而出现迟到或遗忘等情况。

　　其二，养成做好一天的时间规划的习惯。用日历管理工具管理好事务后，个体还需要在日常工作中养成检查当天有哪些活动要参加的习惯，提前规划好当天的工作。这可以帮助自己不被各类事务绑架，让自己能根据事务的轻重缓急更有效地安排时间。

　　守时还体现于不得已迟到时的反应。参与会议或活动迟到了，如果影响到了别人，说一句"对不起，我迟到了"，是一个有时间观念的人应有的反应。反之，如果没有什么反应，则容易让人误会自己是没有时间观念的人。当然，如果迟到入场时并不突兀，则以不影响其他人为先，那时道歉反而会打扰与会者。

　　另外，职场中的另一种守时体现于按时完成个人事务，个人事务包括绩效自评、在线课程学习与考试、团队建议收集等。确保这些事项在截止日期前完成，也是体现个体守时的表现，能让他人建立起对自己的信任。

　　观察一个人是否高效的最简单和直接的途径就是看他是否守时。无论是在生活中还是职场上，不守时的现象比比皆是，这并不是因为守时很难，而是意识上存在问题。

3. 守诺

守诺是指对做出的承诺进行坚守。只要答应过的事，无论是项目计划、个人目标，还是为他人保守秘密等，都应在意并致力于做到，这是个体守诺的表现。**守诺体现了个人的诚信与责任感。**

项目计划的执行对整个团队的成果和公司业绩都非常重要。为此，个人在承担任务时要有使命必达的信念与行动。大多数项目需要多人协作，如果自己的任务需要他人的协助才能完成，那么有效地推进他人任务的有序落实，以不影响自己的任务的执行，也是守诺的一部分。

守诺需要特别注意管理他人对自己的预期。对于有明确截止时间的任务，如果预估自己无法准时完成，则需要主动及时与干系人沟通，避免到了截止日当天才告知对方。从项目执行的角度，如果在截止时间之前没告知他人存在完不成的风险，则默认能如期完成。要避免在最后时刻试图以"你们也没有问我有没有风险啊"为借口逃避自己完不成的责任，这种行为只能说明个人的不成熟和没担当。

项目难免存在风险，做好预期管理就能尽快暴露风险，让整个项目组通过及时的协调和共策共力去应对和化解风险。个人做好预期管理并不是推责，相反我认为是个人有担当的表现，同时，这也是保护自己的一种有效手段。当然，也要警惕这种情况：一个人在项目中总是预警风险，这只有两种可能——要么他大材小用了；要么他能力不足，而不是说他的预期管理做得特别好。

为了守诺，个人需要注意不要过度承诺，以及要学会说"不"。如果明白守诺对于构建他人对自己的信任有多么重要，就一定知晓过度承诺的后果有多么严重。合理地说"不"并不会给自己带来麻烦，那体现的是对自己和他人的负责。在有些情形下，说"不"还是缓解自身压力的一种非常有效的手段。

一个重视守诺的人，在评估工作任务的完成时间时会特别认真，提前了解细节，也可能花更多的业余时间去学习。这些行为对于个人的职业发展都是有益的。

为了帮助自己更好地守诺，工作中我会将那些答应要做的事用电子文档记录下来，并不时回顾这个文档，致力于让文档中记录的事越来越少。

11.5.2 自我提升

自我提升是一个持续的过程，涉及个人通过学习和实践来提升自己的认知、知识水平、技能和能力。一个人要实现自我提升，首先需要能认识自己的不足和优势，即先得自知，面对不足要自省，通过学习去完善；在完善的过程中，要通过自励保持内在动机。

1. 自知

在职场中，对于软件开发工程师而言，存在两种普遍但又矛盾的现象，一种是盲目自信，另一种是被动跟随。照理说，自信的人应有更好的自主性，但我们发现很多人总是会被各种工作事务裹挟着往前走，处于一种被动跟随的工作状态，很少思考自己的职业发展。

软件开发工程师的盲目自信通常体现在以下几个方面（但不限于这些方面）。

- 软件功能出现异常时，首先怀疑是别人的问题，比如测试环境没有配置对，操作步骤不符合预设，别人的代码变更引发的，等等。总之，在别人都检查了一遍并确认没有问题后，自己才心甘情愿去跟进。
- 开发完功能，在验证了一遍并通过后就认为活干完了，在代码注释、测试用例和文档等方面不愿投入精力。
- 当变更的代码很简单，但仍要走软件变更流程，并做进一步的测试验证时，觉得很麻烦，且认为该流程是对人的束缚。
- 容易使讨论会变成赌气会，特别是在讨论设计和架构方面的内容时，基本上谁也说服不了谁。

除了对自己盲目自信外，软件开发工程师中也有"文人相轻"的现象。一些软件开发工程师觉得别人编写的代码质量差，却不知他人也在背后这样评价自己

所编写的代码；如果别人看不懂自己编写的代码，就认为一定是别人的理解能力
有问题。

另外，有些软件开发工程师在工作中存在干得多、思考少的现象。他们在工作
中勤勉肯干，大多有着"老黄牛"的精神，遇到技术难题时可以不吃不喝、不眠不
休地攻克。也正是那种老黄牛精神让他们过于低头看地，被各类任务牵着鼻子走，
忘了不时抬头看看天，思考个人的职业发展。比如思考：除了努力完成任务，我需
要为自己的职业发展做什么准备？软件开发工作除了写代码的能力还需要哪些能
力？除了适应职业环境，我可以为改善我的职业环境做些什么？等等。

职场中的个体如果要实现自我提升，做到自知是非常关键的一步，否则很容易
停留于自我陶醉的状态。自知是指对自己的能力、价值观、情绪、动机、周边环境
等有深入的理解和认识。**自知才能让人自信而不盲目，自知本身就是一种对自我的
观察与思考，自知会让人了解自己在当下职场中的状态，也容易引发个体对未来职
业发展的思考。**

2. 自省

有了自知后，个体需要通过自省去发现那些可以做得更好的地方，并基于工作
中的场景去总结出相关要求。

就我自己的经验来看，以下两种场景能很好地引发自省。

第一种场景是，出现了让人感觉不好的结果。比如，会晤迟到，赶到公司上班
却发现没有带抽屉钥匙且笔记本电脑被锁在抽屉里。出现这些现象时，我会问自己：
下次如何避免？会晤迟到可以通过将会晤安排放到日历管理工具中去解决，工具的
提醒功能可以有效地帮助我减少迟到。忘记带办公室抽屉钥匙的解决办法是，将它
与汽车钥匙放在一起，因为那时我是开车上下班的。

第二种场景是，我发现别人做得比我更好。在这种情形下，我会学习别人做得
好的地方，甚至有时我会将自己以前做得不好的地方一次性给改过来。比如，他人
写的文档、代码，一旦比我的好或是给我带来新的灵感，我就会有所行动，及时改

善自己的不足。

在摩托罗拉工作时，有一天我写邮件给美国的同事（他是一名优秀的经理），第二天上班查看邮箱时看到了他的回复（我与对方的时差是 13 小时）。他说最近因为在忙别的事，所以不能很快地处理我在邮件中谈到的事，要过几天再处理。这件事让我印象特别深刻，我感受到了他做事的专业性——他没有因为自己忙而将我的邮件置之不理。这个回复让我产生的良好感受直接让我下决心要向他看齐。

自省像是改善自我管理的传感器，让人从无意识变得有意识，去发现那些可以做得更好的地方，给自己带来新的思考和学习。当然，自省后落实改进是关键，要不然一切都没意义。

3. 自励

自励是指自我鼓励和自我激励。每个人都要找到自己的方法，通过自励建立起职业发展的内在动力，以保持积极的工作与学习状态并追求工作的专业化与职业化。

如今我在工作中特别重视文档，我通过文档将自己掌握的知识、经验分享给他人，让他人能很快地接手我的工作。这种工作习惯的养成就具有自励的作用。

我在进入职业生涯中第一家通信行业的公司 UT 斯达康时，感受到了所读文档透露出的专业性与权威性，知道了通信公司对文档质量的要求之高。自然地，因为自省，我想自己所写的文档也要有那样的气质和质感，于是见贤思齐的行动就发生了。后来对于文档，我有一个很有趣的习惯：在文档发出去前，我一定会将文档转换成 PDF 格式。这么做，除了是想看看哪些地方还需要完善，还有一个原因也很重要——可以欣赏自己编写的高质量文档。这个习惯我现在依然保持着。通过欣赏自己的工作成果去肯定自己，这就是一种自励。

另外，憧憬也是我的一种自励方式。3.3.3 节介绍过，我通过憧憬让自己在每一段职业经历中形成目标感和产生兴趣。在这个过程中，我憧憬达成目标时获得的满足感和成就感，也相信自己一定能够达成目标。这就让我能更耐得住学习的寂寞和经受得起困难的阻挠。此外，我总是会憧憬别人和我一起工作时，能感受到我身上良好的专业与职业素养。

自励的背后隐含了个体的目标感，否则就会因为空洞而起不到应有的作用。换句话说，**自励的背后其实是带有目标感的成长**。

11.5.3　自我影响力

自我影响力也称个人影响力，是指一个人通过自身的行为、言语、态度、能力等因素对他人产生影响的能力。这种影响力不仅仅体现在工作上，也体现在日常生活中。

自我影响力也可以认为是一种自我营销，是个体保持独立人格和责任担当的一种表现。自我影响力包含指导、指正和指示三个要素。

1. 指导

指导是指一个更有经验或知识水平更高的人在某个特定主题或问题上指点或引导他人，指导的内容可以是工作中的方方面面，通常包含答疑、提醒、建议、总结这几种方式。团队中的指导是相互的，不会限定于哪个群体对另一个群体，比如不是只能老员工指导新员工，新员工不能指导老员工。是否可以指导，更重要的是看在某个问题上，一方能否给另一方提供支持和帮助。

每个人都要有坦诚、乐于接受他人指导的勇气，更要有乐于主动指导他人的胸怀。受指导不代表能力弱，而是工作中及时听取他人意见的表现，当然也是自己学习的一种机会。团队成员间相互指导一旦成为风气，团队的文化氛围自然就会变得开放，大家也会更愿意接受挑战。有这样风气的团队，给人带去的感觉自然是温暖而非冰冷。

另外，值得强调的是，指导并不一定是发生在别人来请教时的被动行为，它也可以是主动发生的行为。比如，对同事正在处理的某个问题有经验，此时就可以主动提供帮助。当然，如果能将自己的经验以文档的形式分享出来，则能产生更大的影响力。

指导还体现于，个体有主动应对日常工作中的突发事件的意识，而不是等到被人通知才去跟进处理。这类主动在本质上也是指导，能很好地体现个体舍我其谁的担当，还能有力地帮助个体提升影响力。

2. 指正

指正通常用于描述纠正不正确的行为或观点。指正强调的是纠正错误，而不仅仅是提供建议或引导。指正是控制不良行为在环境中蔓延的一种手段。不良行为可能是没有遵守流程、规范与制度，或是工作成果中出现了欠考虑的内容、失误、不道德行为等。

职场人士不注意发挥个体对他人的约束力，无非两种情况。

其一，看到了问题，但对约束没有建立起健康的认识，从而没有发挥个体约束他人的作用，误以为指出他人的问题是在多管闲事、给他人制造麻烦，或者希望他人在自己出现类似的问题时也能放自己一马。需要特别警惕，这种想法是在助长他人的不专业和不作为，对整个团队和个体都没有好处。

其二，看不出有问题。这种情形我认为可能是个体的能力或对工作的用心度不足所致。

如果个体能够在工作中发挥约束他人不良行为的作用，就可以减少工作场所的冲突和混乱，帮助建立一个更积极、更健康的工作环境，这些对于改善团队的工作效率和工作氛围都有积极影响。显然，每个人都应承担起约束他人不良行为的责任。

当一个团队本来就低效且氛围也不大好时，对于那些不良行为，更需要有人站出来指正并引领其改变。当所有人被团队眼下的工作环境同化时，原地踏步就是必然。

3. 指示

指示是指个体发起制定有利于发挥团队效能的流程、规范、制度等内容，以实现团队的制度化运作。指示的目的是确保团队成员都能按照同一套标准和流程进行工作，这样可以减少混乱和误解，提高工作效率。同时，指示也可以帮助团队成员明确自己的职责和期望，从而提升他们的自我管理能力。

例如，团队可以制定一套明确的工作流程，规定每个任务从开始到完成需要经过哪些步骤，每个步骤由谁负责，以及每个步骤的完成标准是什么。这样，每个团队成员就可以清楚地知道自己在每个任务中的角色和职责，以及如何承担自己的职责。

此外，指示还可以包括一些关于团队文化和行为规范的规定，例如如何处理冲突、如何给予和接受反馈，以及如何保持专业的工作态度。这些规定可以帮助团队成员建立一种积极、协作的工作环境，从而提升团队的整体效能。

指示是自我管理中对个体要求最高的一个要素，需要个体从整个团队的角度去思考，甚至可能还得考虑团队与业务的现状。在非自组织管理模式下，指示是管理者的责任；但在自组织管理模式下，每个人都可以是那个发起指示的人，因为只有那样才能体现团队中个体的能动性。

11.6 习惯和意识是关键

即便我定义了职场行为中自我管理的三维度九要素，个体要做好自我管理也依然不容易，不容易体现在好的工作习惯的养成上。在我看来，良好的自我管理更多需要的是习惯。习惯体现于日常稳定的行为、处事模式，以及工具的运用等方面。

强调习惯的重要性，是因为习惯是一种本能，而发挥本能所消耗的人的精力是非常少的，也不容易出错。个体为了能有良好的自我管理能力，短期来看，难免需要耗费较大的心力，因为需要改变过去无意识的行为，但从长远来说，养成新的好习惯，则意味着个体的自我管理能力得到了发展。

做好自我管理的第一步是建立起一定的工作意识。

第一个工作意识是，在工作中尽量不给他人带去麻烦。麻烦指的是个体应做好但没有做好，而导致他人不得不花精力去应对，这与他人主动提供帮助所带来的精力消耗并不是一回事。

坚持不给他人带去麻烦是我一直坚持的工作意识（也是我的生活意识）。因为担心给他人制造困惑，所以做事认真、注重细节；因为不愿意麻烦他人，所以面对技术问题会在向他人求教之前，先自己钻研一番；因为顾及他人的感受，对于那些重要但却难以做到位、做出彩的工作并非简单地指出他人的不足，而是以实际行动去展示如何改善；当工作失误给他人带去麻烦时，及时主动承认错误并改正。

因为坚持不给他人带去麻烦，所以我在引导他人改善这方面具有很强的说服力和感染力。要让一个做事粗放的团队在工作中体会到精致，需要解决大量的工作细节和知识管理问题，这些改变对于没有体会到这两者的价值的人来说很可能是折磨，而一旦他们体会到其价值后，就会发现那是磨砺。要让个体完成这样的认知提升，一定需要有人以行动去说服他接受改变，而我正是通过示范来影响与说服他人的。这样的示范，一次不够我会做多次，直到真正发挥影响力。事实上，一个人的影响力是有叠加效果的，只要成功影响过他人，后面就能更加容易地让他人产生信任并受到影响。

第二个工作意识是，规避不良行为的再次发生。一个问题出现一次和不时出现存在质的区别，自我管理良好的人会注意避免同样的问题一而再、再而三地发生。有了这一意识，才能形成 What（问题现象）、Why（问题根源）、How（问题规避）三者的闭环。人是很容易"好了伤疤忘了痛"的，一个问题出现了可以理解，但一个问题在长时间内不时出现还不重视，那就是意识和能力的问题了。尽管职场中努力的人很多，但因为意识的缺乏和能力的不足，大部分人忙忙碌碌而难有成果。

做好自我管理的第二步是养成关注细节的工作习惯。一个人在职场中的尊严，不是别人给的，而是自己挣来的，挣的办法就是关注工作中的细节，从而做出品质，用品质捍卫自己的尊严。

十件事都马虎应对和将一件事做精做细的本质区别在于，前者是低水平的重复，后者则经过了深度思考。

当无法关注到工作中的细节时，即便你有良好的工作意识，也会因为未发现改善的源头而无法让意识发挥作用。1.5 节就什么是细节进行了阐述，其中"细节代表能力"这句话特别值得重视。

一个人只有养成各种好习惯，才会有更多的选择权，职场和生活中都是这样。

11.7　管理者的影响力

在接手管理阿里巴巴浏览器技术团队之前，我对技术管理工作的理解其实只停留于观察与思考层面，在带领团队方面没有任何实践经验。不过，我在创作《专业嵌入式软件开发：全面走向高质高效编程》一书的两年时间里，我很好地基于过往的职业生涯梳理了自己对软件质量的理解，对自己高质效地开展软件开发工作背后的方法也进行了系统性的整理并形成了自己的方法论。

在加入阿里巴巴浏览器技术团队之初虽然没有承担任何管理角色，但《专业嵌入式软件开发：全面走向高质高效编程》一书中所记录的理念与方法足以让我引导所在团队向高质效工作迈进。在我成为整个阿里巴巴浏览器技术团队的负责人后，摆在我面前的关键任务是如何通过技术管理在更广范围内、更大程度上提升整个团队的工作效能。

经过 2015 年一整年的管理实践，同时在观察到自己的管理方法的显著有效性后，我觉得在这里很有必要介绍技术管理中的技术敏感度和以身作则这两部分内容。对于那些寄希望于借助本书去提升所在团队效能的读者来说，了解这两部分内容非常重要。

11.7.1　技术敏感度是基础

技术敏感度由技术常识和敏感度两部分组成。对于软件行业来说，技术常识是指深刻理解软件开发的复杂性本质，掌握业务与专业领域中通用、高效的技术解决方法，以及对如何提高工程质量与效率有很好的认识。技术常识代表了对专业的领悟深度，而非流于表面的简单了解，特别强调这一点，是因为技术常识理解起来简单，但言行一致地践行起来很难。敏感度是指面对技术话题时，能做出良好判断和快速决策的能力。技术敏感度是一种综合素质，能让个体在工作中以高效和富有洞察力的方式去指导或完成技术工作，是个体的技术积累达到一定的高度后所表现出来的能力特质。

管理者具备良好的技术敏感度体现在如下 7 个方面。

第一，面对技术话题能快速理解并掌握其中关键。管理者在日常工作中作为技术团队面向管理层的接口人，在与产品经理、项目经理等进行的各类会议上，代表工程师队伍解释影响项目进展的技术原因，这要求管理者适时地了解项目的具体进展，且需要管理者能传达并理解工程师所解释的技术内容。管理者如不具备这种能力，就会造成管理层对技术团队因缺乏了解而产生误解和不信任等问题。

管理者只有通过不时地从事一线工作，才能掌握与工程师流畅交流所需的背景知识与信息。管理者一定要注意的一个误区是，不要以为自己曾经是工程师就能很容易地理解工程师所讨论的技术话题。**管理者对于通用知识和常识的理解也许是对的，但对于项目的具体细节别忘了"魔鬼出在细节上"这句话，而亲力亲为是掌握**

这些细节的不二选择。

第二，能甄别工作中出现的各种技术想法的价值并组织实践这些想法。管理者的这一能力缺失或过弱，会使技术管理工作退化为以项目管理为主，这将很难维持团队的技术氛围。在林林总总的技术想法中，一定不乏改善工程质效的点子，如果管理者无法甄别它们对于提升团队效能的价值，必然不会重视并适时分配资源去探索，这样的团队在提升效能的路上会很快面临瓶颈。

另一个不能忽视的事实，是管理者在工作中主张什么，团队的发展就会以什么为导向。**一个对技术想法没有感觉的管理者，其所领导的团队必然忽视技术所蕴藏的巨大质效价值。**

第三，能应对日常工作中的技术方案选择问题。规模较大的技术方案（如系统级、子系统级方案）的选择通常由架构师完成，但小规模团队的技术方案的选择在很多情形下是管理者的工作。比如，当团队成员之间在设计方案或技术实现上存在明显分歧且无法彼此说服时，管理者就得介入并发挥自己的技术能力来帮助大家确定技术方案。

在这种情况下，即使管理者不直接做决策，也得通过询问一些问题引导思考。所问的问题可能有：各方案的开发成本如何？各方案所获得的长远利益与短期利益分别是什么？长远利益与短期利益哪一个更紧迫？不同方案的设计考量是否合理？存在过度设计的可能吗？各方案从客户视角来看有何不同？等等。问怎样的问题，完全取决于管理者的积累和项目的具体状况，并没有统一的标准。

管理者如果不具备参与或推进技术方案选择的能力，团队在技术方向上就可能走偏而招致工作质效问题。我曾见过不少管理者对团队里所出现的技术方案争议不闻不问，做决策是基于各方案有多少人支持，而不是依靠自己的技术能力去做判断。这样浮在表面的技术管理，对于团队效能的发挥与团队发展来说是不负责任的。

第四，能根据个体的特点去合理地安排工作。提升团队效能是管理者的核心工作内容，这就要求管理者在工作中有意识地弥补整个团队的技能短板，这必须结合个体的特点去达成。技术管理工作中很可怕的一点是忽视个体特点，以为所有个体都能相互轻易替代。持这一思维的管理者一定很难理解人在软件开发活动中的决定性作用。

管理者对工程师个体特点的掌握与运用，仍是建立于自己的技术积累之上的，千万不要将之当作管理领域的内容。

第五，具有从代码层面了解项目的真实质量状况的能力。软件设计是软件产品的质量之本，但再好的软件设计也得通过程序代码这一可见外壳去表达，因此代码质量对最终产品的质量起着决定性的作用。对于管理者来说，了解软件产品的质量状况，一定不能停留于观察所发现的软件缺陷数量，而应从代码层面去掌握，包含但不限于考量源程序的组织方式、软件结构、程序命名、编码规范的遵守和单元测试的执行情况等。

管理者只有具备很好的专业素养，才有能力从代码层面去了解项目的真实质量状况。这依赖于管理者在技术层面的积累，以及对软件工程的理解。忽视关注代码层面的质量状况的技术管理工作，一定是不全面的，也是危险的。

第六，对团队在工作中所出现的问题能采用合适的技术方法或（和）管理方法去解决。对于管理者来说，选择运用技术方法还是管理方法去解决问题，是一个考验。对于技术积累深厚且对工程方法论有认识的管理者来说，面对问题时会优先考虑运用技术方法去解决，并尽量避免采用管理方法。但从我的经验来看，对于软件开发活动中不少出自技术领域的问题，一些管理者会采用管理方法去应对，这其实是治标不治本的方法，效果也就不难想象了。

比如，对于很常见的软件缺陷居高不下这一现象，如果简单地采用管理方法去解决，则可能会强化代码审查流程或者提升测试强度，但更为有效的方法应是从技术层面入手，评估是不是软件设计质量太糟所致，或者考虑引入单元测试等前置的质量保障方法去提高编码质量，等等。

　　第七，能理性地看待项目延期并对工程师的技术工作保持同理心。软件开发是一种脑力密集型工作，这一点决定了软件开发过程中存在不少无法精确预测与计划的内容，为此需要深刻地认识到，做项目计划不是为了遵循计划，而是为了适应变化（参见 6.2.1 节）。这一认识对于管理者来说尤为重要，否则就会因为对待项目延期的非理性行为给团队带去没有必要的压力。

　　工程师之间的技术共鸣，不只来自掌握共同的专业知识，还来自对技术工作的体会和感悟，以及对技术的热情与追求。一个具有良好技术敏感度的管理者，一定有过那些共鸣，也一定会在技术管理工作中牢记那些共鸣，并在工作中保持同理心，能更好地理解工程师的技术工作，从而对工程师面临的技术困难保持耐心，甚至帮助工程师减压。一个对技术工作没有同理心的管理者，一定会被工程师贴上"不懂技术"的标签，这将给技术管理工作的有效性带去不容忽视的负面影响。

　　良好的技术敏感度并非只要从事过软件开发工作就能获得，而是需要经历大型复杂项目的磨砺和有技术深度项目的洗礼后才能形成。项目规模与复杂度水平一旦上升，就必然面临很多非规模项目不会触及的、超越技术范畴的问题，因此很可能引发个体持续进行有深度的观察与思考，进而认识到软件开发活动的复杂性本质。具有技术深度的项目需要个体进行钻研，钻研的过程会让人体会到技术之美并对技术的博大精深产生敬畏之心。让个体技术能力获得质的提升的钻研之路一定是孤独的，唯有经历这样的孤独，才能塑造出一个真正的技术人特有的品格——直面技术难题并通过解决它去获得成就感。

　　要形成良好的技术敏感度，不仅需要在技术知识方面有深度与广度，还得有高度，所以不是写过多少代码、做过多少项目那么简单，而是取决于对软件开发工作的认识有多深刻，是否有自己的理解甚至有自己的思想。我认为一个没有达到过一定技术高度的管理者，如果不保持学习与探索的开放心态，就绝不可能带领团队在高效能上有所建树。

　　之所以如此强调技术敏感度，是因为运用技术常识去管理复杂的软件开发应是最为有效的方法。**那些深陷技术管理泥沼的管理者，通常并不是管理能力不行，而是技术积累不够。**技术管理是对技术工作的延伸而非脱离，从不少技术做不下去的人想着转去做管理，就可知行业对这一点的误解有多深。

11.7.2　以身作则是王道

与制定流程、规范和制度这些工作相比，让理念深入人心和塑造团队的文化氛围这两大工作显得更难也更重要，也只有落实这两大工作才能更好地发挥个体的主观能动性，使个体在行动时保持坚定。

理念一开始源于少数个体，是个体在工作中洞察到或总结出的一些被其验证过的做事方法，从而成为个体的信念或工作习惯并在工作中自发、持续地发挥作用，让个体在工作中保持言行的高度一致。理念应当具有一定的系统性和普适性，两者共同决定了理念的价值与生命力。系统性体现于理念从逻辑上能较全面地解决或解释现实问题，普适性则表现为理念所解决或解释的问题在行业甚至社会大环境下具有普遍性。

但是为了发挥理念的真正价值，理念不能停留于个体的秉持，而是得通过传播去影响更多的人，途径包含但不限于宣讲、交谈和撰文。从团队的角度来看，理念一旦被大多数人接受，就很可能形成一定的文化氛围，让集体的行事方式和工作习惯表现得高度相似，这样的相似性会被周边团队感受到而体现出团队文化之"形"，并进一步对周边团队产生影响。文化氛围的真正价值体现于能提高个体间的协作效率，从而激发团队效能，这一点不仅能体现团队文化之"神"，也是检验理念是否积极的重要依据。显然，积极的理念才能激发团队效能。

在一个严重忽视工作细节且不讲究专业做事的大环境下，不少人对于理念与团队文化的理解几乎为零，只能从表面将之理解为"那只是口号且过于理想"。无论理念与团队文化的支撑逻辑有多强，要说服本身有一套自洽逻辑的人是一件很不容易的事。他们中有不少是工作多年的人，也正因工作的时间比较长，见多了大环境下普遍的做事方法，形成了自己应对大环境的行事风格，容易对新的理念与团队文化置若罔闻[①]。

此时，管理者唯一能做的是，耐心等待理念与团队文化真正发挥作用并被人感受到，以具体而生动的方式去影响那些因怀疑而观望的人。

耐心等待并非什么都不做，等着奇迹的发生，而是需要管理者在工作中以身作则，不断地以实际行动去诠释理念与团队文化，这就需要管理者在日常工作中关注大量的细节，不时与个体进行面对面的单独交谈以引导个体，这些都是很耗费精力的事。**以身作则意味着管理者应是理念的践行者，这需要管理者对理念持坚定的态度，唯有这样在工作中才能保持言行的高度一致而起到诠释的作用。**反过来，检验一个管理者对理念是否坚定，可从他平时表现出的言行一致性程度去评判，一个言行不具高度一致性的管理者，大多没有自己所秉持的理念。

团队在提升效能的道路上一定会经历一些大的变革，帮助集体应对变革所带来的不适同样需要管理者的耐心引导。阿里巴巴浏览器技术团队曾经历研测融合、产研测融合这样的大变革。面对这些变革，难免有同事存在困惑和担忧，这需要管理者花大量的精力以面对面交谈的形式去疏导，以身体力行的行动去诠释变革的价值，并耐心地等待大家从这些变革中收获全然不同的成长。

11.8　自我管理的内涵

自我管理水平是反映个体职场成熟度的关键指标。合格的自我管理，意味着个体能承担好本应承担的责任，避免责任外溢而增加团队的管理成本，体现了个体做事的本分和自律。良好的自我管理意味着个体能很好地发挥影响力，分担更多团队事务并发挥个体的主观能动性。**致力于培养个体的自我管理能力，是每个职场人士**

---

① 就我的经验而言，那些工作时间短的人往往更容易接受管理理念和团队文化，刚毕业工作的人尤其如此。就这一点来看，工作经验丰富有好的一面，但也容易让人变得固执。

应尽的义务。

自我管理是人性化管理和自组织管理的关键落脚点。管理者无论是为了提升团队效能，还是为了减轻自己的管理压力，都应时刻聚焦于个体的自我管理能力提升。管理者可以通过轮岗等手段，帮助个体拓宽工作视野，给个体锻炼自我管理能力创造机会。个体自我管理水平的提升，意味着个体有更多的自主性，自然就能很好地体现管理的人性化，也能发挥自组织的优势。

培养个体的自我管理能力一方面能体现管理者的作为，另一方面也给管理者的发展腾出了空间，让管理者更有作为，获得更多的成长。

知识因分享而增值，因封闭而贬值。

知识架构的质量决定了知识管理的质量。

知识架构与软件架构是相通的。

第**12**章
构建知识智库

知识和经验很重要，但在一个组织里，知识和经验的浪费总是隐性的，其传承通常也得不到重视。我认为要让知识和经验能够被传承和传播，通过知识管理去构建团队的知识智库，应是打造高效能团队必须特别重视的内容。

知识管理是一个大话题，从公司层面来说，它包括知识管理系统的建设、知识地图的构建，以及知识共享的文化氛围的营造。知识管理是指运用管理及技术手段将人和知识充分结合，创造知识共享的行为模式与文化氛围，通过知识应用与创新，提升组织核心能力，为企业创造价值。

知识根据表现形式可以分为显性知识和隐性知识。显性知识是指可以用语言、文字、数字等方式进行表达，从而易于沟通和共享的知识，即可以文本化的知识，文本化的形式可以是文件、手册、报告、地图、数据库等。隐性知识是指难以表达、高度个性化、难以沟通和共享的知识，如管理经验、技术诀窍、专业直觉、主观的洞见、预感等。

针对这两种知识表现形式，日本知识管理专家野中郁次郎（Ikujiro Nonaka）在他的著作《创造知识的企业：日美企业持续创新的动力》中提出了显性知识和隐性知识相互转换的 SECI 模型，模型名的 4 个字母分别代表了社会化（Socialization）、外显化（Externalization）、组合化（Combination）和内隐化（Internalization）。

社会化指的是从一种隐性知识向另一种隐性知识的转化，它是一个通过共享经验产生新的隐性知识的过程，而获取隐性知识的关键是观察、模仿和实践，而不是借助语言。比如一个新员工通过观察资深同事的工作来学习经验和技巧，团队成员针对共同主题展开讨论等。该模式下的知识传递，需要良性的沟通环境和文化氛围才能达成。

经验是获取隐性知识的关键。如果没有某种形式的经验共享，一个人很难将自身投射到另一个人的思考过程当中。

外显化是一个将隐性知识用显性化的概念和语言清晰表达的过程，其转化手法有隐喻、类比、概念和模型等。比如将实践工作中的经验教训总结成书面形式。该模式下的知识传递在知识管理过程中至关重要，其在个体的分享意识、对知识的系统性和结构化思维、抽象总结能力及文档编写能力上有较高要求。

本书提出的 POG 个体成长模型、个体发展双螺旋模型和团队效能动力模型就是将隐性知识转化为显性知识的具体产物。

组合化是一个将显性知识组合形成更复杂、更系统的显性知识体系的过程，比如从多个来源收集、整理和学习知识，并获得新的发现，得到新的知识。个体可以通过文件、会议、电话交谈或计算机通信网络这样的媒介来交换和组合知识。

内隐化指的是把显性知识转化为隐性知识，并使其成为团队或个体实际能力的一个过程。知识内化离不开行动和实践，所以针对该模式下的知识传递，需要个体在学习知识后能积极运用和实践。内隐化与"做中学"这一概念密切相关。

本章将不涉及知识管理在公司层面的探讨，而是将从团队和个体如何实施知识管理的角度出发，深入讨论这一主题。1.7 节指出，是否存在良性循环的知识管理是判断一个集体是不是团队的关键特征之一，而文档是知识管理的重要载体。

关于文档的重要性，本书前面的多个章节都有所体现。比如：1.4 节指出，一些人以为技术万能而轻视掌握必要的写作工具与写作能力；5.2.4 节谈到"无文档不公司""无文档不团队"两大观点，强调了文档是环境效能中的一种沟通方式。

然而，在很多团队的实际运作中，文档化工作和文档管理的落地相当不乐观，具体表现为：

- 个体在意识、思维和能力上没有就绪，比如分享意识、系统性和结构化思维、逻辑思维、抽象总结能力、表达及文档编写能力等不足；
- 个体没有形成积极运用和完善文档的工作习惯；
- 个体没能选择一个易于存取、检索、整合、分享的知识库软件工具。

12.1　意识先行

职场人士大多认可"好记性不如烂笔头"这句话，也正因如此，每个人都会在工作中注意做笔记，只是笔记会相对随意且私有化。基于此，做好知识管理需要个体建立的第一个意识是：**知识因分享而增值，因封闭而贬值。**

个体之所以会想到记笔记，通常是因为花了相当长的时间才掌握某个知识点或解决某一问题，记笔记可以加深理解或节约下次解决同类问题的时间。显然，这样的笔记对他人而言也是有价值的，当个体将之分享给他人时，也就实现了知识的增值。

知识因为分享而增值的另一个体现是，它能给个体创造锻炼知识管理能力的机会。如果不是为了将知识分享给他人，那么组织方式可以很随意，将关键点记录下来即可。一旦要向他人分享知识，就得花心思消化吸收并思考如何组织，将来龙去脉表达清楚，以方便他人阅读掌握。

当你有了"知识因分享而增值，因封闭而贬值"的意识后，进一步就得有成为团队知识创造者的贡献意识。创造团队知识使他人受益，也是个人价值的一种体现。一旦这种意识变成团队中每一个体的工作习惯，那就能很好地建立"我为人人，人人为我"的知识管理氛围，这也能体现个体间的相互关怀。使用"贡献意识"这一表达，是希望每一个体都通过贡献知识，去承担起团队知识管理的责任，而非只是做一个享受者。

做好知识管理需要个体建立的第二个意识是，**以文档的权威代替人的权威。**当人是权威时，就容易引发更多的口头交流，短期这样不是问题，但长期这样就意味着知识管理工作没有做到位。相比之下，个体应致力于使文档成为整个团队获取知识的权威路径，将与人口头交流的时间用于查阅文档。

为了实现用文档的权威代替人的权威，个体需要在完成必要的口头交流后进行文档化工作。比如，可以向被请教人建议"能否写成文档方便大家学习"，或者由求教人直接将自己从口头交流中获得的内容写成文档并让对方校对。

12.2 抓住知识架构

文档质量的好坏直接决定了知识传递的效率和效果，而文档质量首先体现于文档的知识架构。文档的知识架构包含五大要素，可用雷达图表示，如图 12.1 所示。

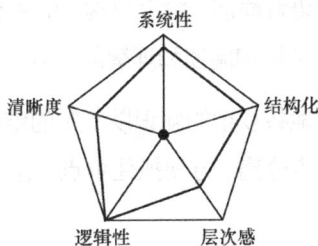

图 12.1 文档的知识架构

- 系统性：指站在什么位置和从哪些视角去组织和表达知识。系统性强调文档基于主题所提供知识的整体性和全局性。显然，主题越大，对文档系统性的要求就越高。文档的系统性不足，不仅会影响文档的可读性，文档的说服力、可信度也会欠缺，容易出现观点片面、得出的结论错误等问题。

- 结构化：指借用一些思维框架来辅助思考，对碎片化和复杂的信息进行内在联系的识别和整理，并对它们进行分组、归类的一个过程，是个体整理知识时的一种思维方法。对文档的结构化进行思考能够帮助个体在表达知识时更加清晰、流畅，让文档更易于理解。缺乏结构化思考的文档会显得杂乱无序，容易让人感觉学到很多，但又没有真正记住什么，增加了阅读和理解的难度，不利于知识的内隐化。

- 层次感：文档是否具有层次感首先依赖于前面所说的结构化思考，但结构化思考更多是确保了文档整体内容上的结构，这里提出的层次感还包含了内容的主次之分，段落之间的联系、推进，章节内容前后的引导和总结，以及排版和格式上的层次感设计，等等。如果文档缺乏层次感，文字看起来就会很散乱，缺乏条理性，这会降低读者的阅读兴趣，还会增加理解的难度。
- 逻辑性：层次感已体现一定的逻辑性，这里的逻辑性，除了包含结构和内容层次感体现的逻辑性，还包含了因果推导的合理性、概念的一致性、前后句（或段）的逻辑关系、行文的严密性等。文档的逻辑性不足，不仅会让人理解困难，还会让文档的专业性和权威性大打折扣。
- 清晰度：文档的清晰度如何，除了体现于文档的逻辑性之外，还体现于文档内容中的用词准确、语言简洁、没有语病、信息真实等更细节的要求上。文档的清晰度不足，除了增加阅读和理解的难度，还容易让人产生歧义。

良好的知识架构能很好地将复杂的知识以一定的结构进行拆解、分类、整合，帮助读者在阅读时实现关注点分离、方便抓住重点，让阅读过程聚焦且以更低的理解成本推进。

关注文档的知识架构的目的在于强调文档的内容要易于阅读、理解与运用，它们共同体现了文档的有效性和质量。写作难的原因在于，写作人需要很好地构思文档的知识架构，构思知识架构所需付出的精力和对能力的要求，远高于组织文字。那些认为自己不擅长写作的人，绝大多数卡在知识架构的梳理与构建上，这其实与从事专业领域的工作所需的能力是相通的。比如，软件开发领域的编程工作，其背后最重要的是软件架构的设计，而好的软件架构与知识架构在要素上有很多交集。

《金字塔原理：思考、表达和解决问题的逻辑》是一本极好的训练结构化思维、使表达具有逻辑性、有助于清晰展现想法的实用指南，值得常读、深读并运用。运用金字塔原理，就能做到让文档在结构上层次分明、重点突出，在内容上逻辑严谨、清晰，可以极大地提升知识架构的质量。

在组织一篇文档的知识架构时，还有一个需要特别注意的点：在组织过程中注意清空自己。清空自己是指，需要假设自己是读者，关注哪些知识需要作为背景去交代，找到读者可能困惑的点并补充相关信息，以及明确是否要引用其他的文档以帮助读者理解。**清空自己的本质是关注读者的阅读体验，迫使个体更加注意知识架构。**

正因为有了这一意识，我在写完文档、组织完知识后，一定会停下来认真读上几遍。我会问自己"我交代清楚了吗？""是否有隐含的我知道但读者不清楚的信息要补充？""是否用图表达更好？"等。在阅读的过程中，我会特别注意让节奏慢下来，减少自己因为对一些知识熟悉而本能地认为读者也清楚的可能。

良好的知识架构不只是高质量文档所需要的，也是团队知识管理工作的重点。在团队知识管理活动中，对知识文档的规划和整理也依赖于高质量的系统性和结构化的知识架构，且高质量文档在思考的深度和广度的要求上也会高得多。

12.3　阅读是源泉

12.2 节强调了知识架构的重要性，这也许会让人觉得写出一篇好的文档并不容易。但现实中，在不少情形下，根据问题描述（What）、问题分析（Why）和问题解决方法（How）的写作思路，也能写出一篇不错的文档。当然，这种写作思路也是一种知识架构，只是因为文档主题范围一般不那么大，所以在系统性和结构化这两个要素上相对来说要求也就不那么高，只要在层次感、逻辑性和清晰度上能达到要求就可以了。不过，随着写作主题范围的扩大，一定会面临知识的线、面、体问题，那时就需要注重系统性、结构化和层次感，对个体的写作能力要求自然也会更高。

要形成良好的写作能力，除了需要掌握一定的思维方法和模型及表达技巧，还需要长期阅读并形成自己的思考，这是知识架构之外的内容。我在开设公开课和给企业做内部培训时，经常会说的一句话是，"一年内阅读专业相关书超过 3 本的请举手"，结果发现符合条件的人凤毛麟角。对这一结果我并不意外，因为与我在日常工作中观察到的现象是吻合的。很多人觉得没东西可写，也多缘于阅读量不足。

阅读的重要性这里就不多谈了，我只基于个人的经历对阅读谈如下几点建议、感悟。

- 阅读时除了书，还得关注行业趋势和实践，这是获取知识非常重要的途径。为此，我给出的建议是，不要只阅读翻译过来的中文资料（当然读比不读更好），最好直接阅读国外的一手资料，因为就时效性和准确性而言，后者更佳。可能有的读者认为自己的英语不好，直接读英语资料吃力。是的，我也曾经历过这个痛苦，但专业方面的资料通常容易读，涉及的词汇也就那些，坚持就能克服。
- 阅读的内容除了与工作相关的，还可以是与生活、育儿、兴趣爱好相关的。阅读的内容有时没那么重要，重要的是让自己能沉浸其中有所收获，帮助自己培养阅读的习惯。
- 对于任何资料，阅读时不要有"读这个对我有什么用"的功利心态。只要它引发了自己的兴趣就读，不想读了停下来也行，但别过于注重短期收益，而应将眼光放长远。能在短期内完成的阅读，带来的大多是工具类的知识，是为了帮助解决手头问题的，那不是我在这里想强调的阅读。我更乐于推荐大家读有一定复杂度、体系性的书，因为这类书的知识架构相对复杂很多，更有阅读的质感，更能给人带去潜移默化的影响。
- 阅读是站在他人肩膀上去发展的捷径。有的书一读就能产生共鸣，那时可以更好地了解作者的想法或实践是怎样的，看对自己是否有启发。有的书读下来因为自己没有经历过而体会不深，但只要读了，将来碰到相应的场景时，就会给自己带来灵感，或者让自己能更好地内化以前读过的内容。

- 经常阅读的人，通常也会思考更多和更有深度。个体的内在好奇心或求知欲是帮助个体培养阅读习惯的驱动力，这类人更有想法也不奇怪。好奇心和求知欲是需要被激发的，源头可以来自工作、生活和自己的理想。无论如何，大家都需要通过阅读去找到自己的好奇点，没有通过阅读进行输入，是很难发现自己的好奇点的。
- 阅读后还得实践才能真正形成自己的思想。只有真正有意识地去运用知识，才能使其发挥价值，这样也就能很好地考查个体的变商——通过实践将学到的知识内化为自己的行为或技能。就我自己的经历而言，书读得多了并通过实践形成自己的方法论和思想后，就会考虑分享给他人，通过帮助他人去发挥个人的价值，而分享又能带来阅读的动力，所以分享是一个可以很好地提升阅读兴趣的原动力。

12.4 强化文档管理

除了文档质量，基于文档的知识传递还离不开有效的文档管理。文档管理除了要重视建立一个良好的文档管理系统、制定文档管理规范等大的主题外，有一些细节也要重视。这些细节看似很小、很简单，却可以很有效地驱动团队与个体提升分享知识的意识和能力。

12.4.1 文档类型多元化

简单来说，一切有助于更高质高效开展工作的知识都属于知识文档的范畴。比如，对于阿里巴巴浏览器技术团队来说，与开发相关的文档有概要设计文档、软件开发指南、内核升级指南、单元测试指南，与测试相关的文档有软件测试指南、功能测试手册，与项目管理相关的文档有项目运作指南、团队协作指南，等等。

除了专业方面的文档，团队运作与管理方面的文档也是不可或缺的，如新员工入职指南、基层技术管理原则、层级标准、晋升标准、绩效考核指南、述职汇报文档、离职指南、专利跟踪文档、沟通总结等。

诸如问题调试解决经验、新技术的探讨和分享等，也可以纳入知识文档的范畴。总之，知识文档可以来自专业、业务、管理等方方面面，从而让团队中的每一个个体都有可以贡献和学习的内容。

12.4.2　文档模板化

文档模板无论对于个体还是团队的知识管理，都起着重要的促进作用，具体主要有以下两大表现。

- 规范格式。通过模板规范字体、字号、段落格式等，让个体和团队的文档在格式上保持良好的一致性。当个体对于文档写作工具的使用并不熟练时，文档模板能很好地让个体专注于文档的内容，避免在格式上消耗太多的精力，甚至影响其写作的积极性。在模板格式的设置上，需要考虑层次感。
- 指导写作思路。每个文档模板可以聚焦于其功能性和使用场景，通过设置文档目录，让写作人可以按照目录背后的思路完成文档的编写。在模板写作思路的设计上，需要充分考虑从文档知识架构的五大要素去组织，注重系统性和结构化。

文档模板应根据需要不断优化。最开始的文档模板不用非常完善，可以拿某篇写得好的文档作为模板，让团队的知识管理工作启动是最重要的。在团队的知识管理工作启动后，随着探索和积累的深入，需要将文档知识架构的五大要素作为目标持续进行完善。

个体在运用文档模板时，需要特别注意，不要在文档中留下模板的痕迹。当文档模板中存在指导性的文字时，写作人在形成自己的文档时，应将之删除。我在工作中曾遇到不少对于这种细节不是很在意的同事，这会让人觉得其做事不用心，且那些不应留下的痕迹也会影响文档的质感。

12.4.3　文档贡献度量化

每篇文档都应有一份修订历史记录。修订历史记录通常是一张表格，包含版本、日期、修订人、备注 4 列，每修订一次就增加一行记录，并在备注列简要说明修订的内容是什么。每条修订记录都包含了修订人的名字，无论是文档的原始作者，还是后续参与完善文档的人，他们的名字都会出现在这张表格中。即这张表格可以让大家看到个体对文档的贡献度，这对于每个参与过修订文档的个体来说，可以达到贡献度量化的目的。

千万不要小瞧这个小小的动作。我发现贡献度量化能极大提高个体编写文档和参与完善文档的意愿，这对于团队的知识管理来说具有非常大的价值。团队文档通常需要大家共同维护完善，所以一般不会在文档的封面上写原始作者的名字，这与出版的图书不同。相比之下，当原始作者的名字出现在第一条修订记录中时，则透露出这样的意思：欢迎他人参与共同完善。

我带领团队时，鼓励每一个体即便仅仅纠正了文档中的几个错别字，也要在修订记录中写下自己的名字，以体现自己的贡献。做好文档管理工作的关键，不是一步到位，而是持续地完善文档。在文档管理工作中，每个人的参与都很有价值，每一次的变化再小，积累多了就能形成质变。

12.4.4　让文档良性循环

不少团队会面临这样的困境：文档成为摆设。究其原因，通常是文档没有价值。摆脱这一困境的办法便是形成图 12.2 所示的文档的良性循环。接下来的问题是：如何形成这一良性循环？

首先，有了文档后，文档作者要避免直接回答他人询问的文档中已写清楚的内容。当文档作者被人问到这类内容时，正确做法是告诉对方"请查阅××文

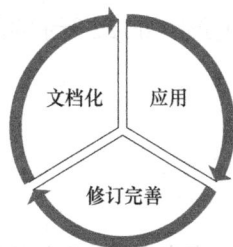

图 12.2　文档的良性循环

档，如果有不清楚的再来问我"。这样做的好处是：文档作者表达了对自己工作成果的尊重，帮助对方形成了阅读文档的习惯，节约了自己的时间与精力。

在工作中，需要特别警惕一类人，他们不能静下心去消化文档中的内容，习惯了低效地口口相传，而且他们会以"阅读文档太低效"的说辞来为自己找借口。但实际上，他们所认为的"高效"是建立在文档作者的低效之上的。

个体在工作中应养成查阅文档的习惯。为了了解一个知识点去翻阅文档，表面上看是低效的，但那除了是对他人的劳动和时间的尊重外，也是自己养成良好的工作习惯和进行工作积累所需。很多时候，我们在阅读文档的过程中能掌握更多的细节，并时常能获得额外收获。个体需要建立起来的一种健康工作意识是，**让自己的工作建立于文档之上比建立于人之上更高效**。

文档有了就得用，这一点是让知识管理正向流动的唯一法宝。所以在工作习惯的培养上，可以有意识地强化个体对文档的使用，避免大家忽视对文档的使用。个体在工作中需要警惕自己成为有问必答的老好人，这无论于己还是于团队都是不利的。

另外，文档不完善是难免的，所以需要建立持续修订的机制。文档会因为写作人水平不足或疏忽、现实情况发生变化等因素，出现知识不全、难以理解的现象。碰到这类现象时，直接向写作人请教即可。但是需要注意，请教完后，写作人或请教人要有修订文档的行动。无论是谁修订了，都请记得在文档中增加一行修订记录，以留下对文档做出贡献的印迹。

只要将文档用起来并持续进行修订，团队就会建立起依赖并信赖文档的好习惯。只有形成图 12.2 所示的良性循环，个体与团队的知识管理能力才能不断地增强。

12.5 知识流动创造价值

在当今快速变化的建立于信息化之上的智能时代，知识已经成为十分宝贵的资源之一。知识管理的意义就在于让知识良性流动，促进知识的应用和创新，从而创造更大的价值。

知识流动的核心是知识共享。这不仅意味着将知识从一个人或团队传递给另一个人或团队，还包括知识的创新和协同使用。知识共享使个人和组织能更快地学习和适应新的变化。通过借鉴他人的经验和见解，个体可以更快地发展自己的知识和技能。当不同领域的知识相互流动时，就能激发新的想法和找到创新的解决方案。知识共享还有助于减少重复工作，因为不必重新造轮子而节省资源和提高效率。

在组织内部，知识流动可以增强组织的创新力、变商和竞争力。知识流动鼓励团队成员之间进行协作和信息共享，这有助于更好地解决问题和实现目标，以及塑造积极的文化氛围。**在大型组织中，信息孤岛是一个常见问题，通过知识流动可以实现信息在部门和层级之间的跨越，有效地减少因为信息孤岛带来的低效，让组织更好地适应新环境、新趋势、新要求，从而体现组织良好的变商。**优秀的员工大多对于自身的成长和价值发挥有更高的追求，一个有机会学习和分享知识的组织，也更能吸引和留住这些人，人才和知识流动都有助于提升组织的竞争力。

要实现知识流动，就需要个体具备相应的知识管理能力。这一能力随着个体年龄的增大会变成社会对个人的要求。SECI 模型很好地总结了隐性知识和显性知识之间的转化形式。对于个体来说，需要具备的是知识吸收、输出和转化的能力，并进一步需要具备良好的学习、表达（含写作）和思考能力，实践是发展这些能力的必由之路，这与只有上路练习骑自行车才能掌握骑车技能是同一个道理。

最后，我在自己的微信公众号"至简李云"上放了知识管理的一个例子。如果你有需要，请从公众号的消息菜单中获取。

专业化是职业发展的永恒牵引力。

软件设计能力和工程能力，
是个人和组织的核心竞争力。

第13章
用好专业技能做价值创造

软件（水平）行业的专业技能相当广：从编程语言的角度，TIOBE 指数包含了 50 种编程语言的流行程度排名；从软件框架与平台的角度，各种开源软件层出不穷；从软件工程的角度，存在需求分析、设计、人员管理、成本估算、质量管理、过程改进、软件配置管理等内容，且这些内容还延伸出了持续集成、敏捷开发、测试驱动开发、领域驱动开发等方法论。

而软件（垂直）行业的专业技能又相当深，操作系统、编程语言、数据库、自动驾驶、人工智能、物联网、飞控系统、工业自动化、账务管理等，每一个领域要做好都需要长期钻研和持续积累。软件（垂直）行业专业技能的运用和发挥还得结合业务场景，这就进一步增加了难度。

这么多的专业技能需要掌握，这对于每一位从业人员来说都不轻松。哪些要学、哪些得先学是一个让人困扰的问题，因为一个人的精力是有限的。还有，掌握哪些技能才能构建更强的职业安全感，这也是职场人士非常关心的一个问题。在人工智能被广泛运用已见端倪的背景下，这个问题更是撩动了很多人的神经。体现大家对职业安全的关心的一个典型问题是：随着年龄的增大，我拿什么（技能）与年轻人竞争？

想要很好地回答这些问题，一定不能从学哪门编程语言更好、进哪一个（垂直）行业更安全等非常具体的问题着手，因为针对过于具体的问题的答案很难让人信服。加上每个（垂直）行业的特点、发展阶段和周期都不尽相同，适用于一个行业的未必适用于另一个行业。

13.1 提升工作质效是发展主轴

个体在专业发展的道路上，应围绕持续提升工作质效这一核心目标前进。个体应根据自己的工作内容与岗位，基于这一核心目标去确定个性化的提升内容。同时，有了核心目标后，个体在工作中就有了简单而明确的反省话题：对于刚完成的项目，是否掌握了新的提升工作质效的能力、方法及工具；近期针对提升工作质效这个目标，我学习和实践了什么。反省能让个体对自己的工作状态做一个相对客观的评估，避免专业技能的发展长时间停留于原地。

追求工作质效的提高，无论对于个人还是企业，都是一件非常有意义的事。高质效对于个体和企业而言是永恒的竞争力。只有保证工作质效，个体才能腾出更多的时间去生活。

回顾 3.3.2 节提出的专业技能层次模型。可以看到，在这个模型中，对技术工程师的工作质效的要求是贯穿于 3 个职级的。对于技术工程师来说，要求体现于"完成开发任务"；对于技术专家来说，要求就更高、更具体了，需要他们"参与并推动团队的工作流程优化和质效改进"，注意"团队的"这一限定词的存在；到了技术领袖层，对他们的要求进一步提高到"引领并推动组织工程质效的持续改进"，范围扩大到了"组织"且要"引领并推动"。

经常有人会因为在职业发展过程中不知道要学些什么而感到迷茫，他们想学一些东西但无从下手，学了又不知是否有用。

针对这一问题，我的建议是始终围绕提升工作质效去展开学习与实践。具体可以从以下三个方面着手。

首先，审视自己的日常工作，找到那些有助于提升工作质效的点，基于这些点去组织学习与实践。采用更现代化的工具（比如将 SVN 换成 Git、引入软件缺陷管理软件）、引入新的工作流程（比如引入单元测试、持续集成、静态分析、动态分析、代码审查）、对设计糟糕的软件模块进行重构，这些都是很好落地的事，也容易在短期内出成果。

可以说，只要对自己的工作环境或工作成果存在不满意的情况，就一定能找到自己可以改善的点。

其次，通过阅读相关图书和文章等方式，了解软件（水平）行业的工程最佳实践。这是为了拓宽视野，通过汲取行业知识去提升自己的认知，这样才能从工作中发现更多可以改善的点，并找到在工作中加以实践的新思路。

以软件重构为例，很多从业人员根本搞不清楚重构与重写两个概念的本质区别。他们在日常工作中所说的重构其实是重写。这两个概念最本质的区别在于是否以单元测试作为代码变更质量的保障。换句话说，在重构的过程中，要以单元测试做保障，确保不会引入新的软件缺陷。相比之下，重写是没有单元测试的。

还有，很多人都知道单元测试，并且在工作中也认为自己是在实施单元测试，但是当被问到"你是如何衡量单元测试效果的"这一问题时，他们却答不上来，因为他们的头脑中根本没有代码覆盖这个概念。换句话说，他们在实施单元测试时，并没有通过查看代码覆盖报告去检查代码行、代码分支是否被测试用例覆盖到，这与真正的单元测试还是有相当大的差距的。他们做了单元测试但没做到位，效果自然不好。

以上两个例子提到了两个概念——单元测试和代码覆盖，如果你在现实工作中没有接触过，建议通过阅读相关图书（比如《重构：改善既有代码的设计》）或利用互联网学习相关工具（比如对于 C/C++ 程序员来说，产生单元测试代码覆盖报告的 Gcov 和 Lcov 工具）的使用方法来掌握。对于软件开发工程师来说，如果重视工作质效，那么这是应当掌握的非常基础的概念。但从我对外授课的情况来看，有非常多的工程师并没有掌握，可以想象，他们的工作质效基本停留于"刀耕火种"的年代。

最后，学习专业相关的基础知识。有一部分人的工作效率低，是因为他们的基础知识掌握得不扎实，在判断问题根源时没法基于原理性的逻辑去思考，所以碰到问题时需要花大把的时间去试错。基础知识对于任何专业来说都非常重要，这方面的学习不能只依赖大学阶段的课程，还得在工作中不断夯实，且学习应是有计划的、系统性的，而不能在工作中碰到了问题才去学习。后一种学习方式很容易"好了伤疤忘了痛"，不具有可持续性。

13.2　保证质效的核心能力

图 13.1 说明了保证软件开发质量和效率的两大核心能力——设计能力和工程能力。

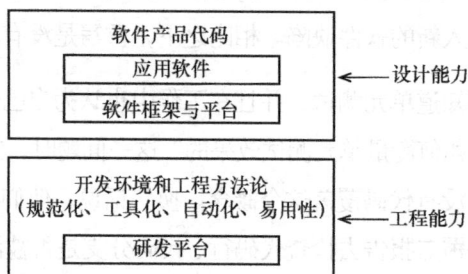

图 13.1　保证软件开发质量和效率的两大核心能力

现实中，设计能力与工程能力是交织在一起的，而不像图 13.1 中所表达的那样泾渭分明。比如，研发平台的打造也依赖于设计能力，因为打造的过程也涉及软件开发。

13.2.1　设计能力是本

专业技能层次模型中，"对软件设计有清晰的认识和丰富的实践经验"指的是向软件设计要工作质效。

每当招聘有丰富经验的工程师时，我一定会问他这个问题："你是如何理解软件设计的？"事实上，这是一个开放性问题，并没有标准答案，我重点关注的是在交流的过程中，对方所表达的观点、经历是否来自基于实践的体会，以及他对软件设计的重要性是否有深刻理解。

虽然我没有设定标准答案，但这并不影响我基于实践给出自己关于软件设计的定义。在《专业嵌入式软件开发：全面走向高质高效编程》一书中，我给出的定义是："软件设计是一系列的创造活动，是借助编程语言以简单和优雅的方式，表达并解决现实需求的一门科学和艺术。"这简单的一句话却有着丰富的内涵。

可以说，在软件开发活动中，最大的浪费与低效就是糟糕的软件设计导致的。工作中，我们不时能看到工程师指责他人写的代码很糟糕，但他们要么无力改变现状，要么也被他人如此指责。糟糕的软件设计也是导致部分工程师跳槽的主要因素这一。

好的软件设计应当具备简单和优雅两大特征。简单不是指表面上的用编程语言平铺直叙地表达，其最关键的是要通过抽象和概念的塑造与切分，实现关注点分离，让人阅读和修改起来都相对容易，从而很好地实现分而治之的效果。优雅体现于代码的质感与美感，它能很好地体现工程师作为工匠的手艺。优雅来自概念与现实生活的连接、概念的一致性、概念的纯粹、结构或算法的巧妙等。

软件设计工作的核心是塑造概念，通过概念的确立去明确概念与概念之间的关系，并基于概念与概念之间的关系去构建各种大大小小的软件产品和软件系统。

规模越大的软件，复杂度和对软件设计质量的要求通常也越高，因为分而治之的手法是人类解决复杂问题的重要范式。此外，规模越大的软件，软件设计质量越高对整个软件质量水平的贡献也越大。图 13.2 说明了软件规模、软件设计质量、软件质量三者的关系。

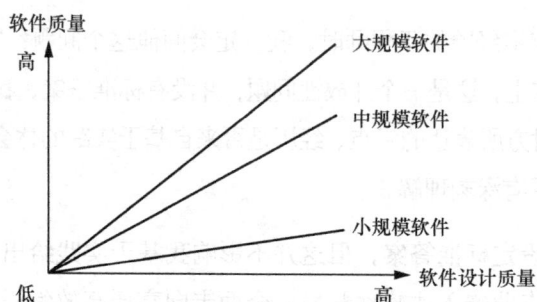

图 13.2 软件规模、软件设计质量、软件质量三者的关系

很多软件之所以改来改去还是有一堆毛病，问题就出在软件设计上，只要软件的主导设计不做改变，就无法从根本上提高软件的质量。真正有效的处理方法是，从软件设计上做文章，但那不光需要勇气，还得有能力。遗憾的是，真正具备良好软件设计能力的人只占少数（专业技能层次模型中技术领袖和技术专家合计仅占20%的比例）。

从使用软件的最终用户的角度来看，缺陷越少说明软件质量越高，这应当是合理的。但从开发团队的角度来看，如果一个软件的缺陷少是通过开发团队付出超额的努力（比如经常性的加班）实现的，那么这样的软件就不是高质量的。对于这两个角度的软件质量标准，我将其分别称为用户级标准和开发团队级标准。

之所以将软件质量标准分成两个级别来考查，是因为软件设计质量和工程效率具有外部不可见性。如果我们只从用户级别考查软件质量，就会忽视软件设计质量的重要性，从而只能局限在"只要功能正常就是好软件"这一认知范围内。软件设计质量很可能在用户级无法反映出来，但在开发团队级一定能被真实反映。

真正高质量的软件不仅需要满足用户级的要求，也得满足开发团队级的要求。只有满足开发团队级软件质量要求的软件，才能使开发团队保持良好的士气和积极向上的技术氛围，这样团队中的个体才能从容、高效地开展工作，也只有这样团队才能持续地在技术上做更好的积累。

软件只有以实现开发团队级的高质量为目标，才可能从长远保证用户级的高质量，否则用户级的高质量一定不具有可持续性。

13.2.2　工程能力是脚手架

从工程的角度，建造房子时，不能只做与最终交付的房子密切相关的事，还得搭建好脚手架，因为那样才能更好地保证所建造房子的质效。软件开发也如此，需要注意打造合适的开发环境和落实工程方法论，以保证最终软件产品的质效。

工程能力首先体现于流程，流程的背后是规范，指以既定的步骤、阶段性的输入输出去完成价值创造，通过过程控制确保最终结果让人满意。一个到位的流程不仅应包含定义、工具化和检查等元素，而且应基于工程师的日常工作习惯，将流程与他们的工作环境无缝融合。无缝体现于流程中的概念与工程师群体已建立的专业常识一致，没有增加额外的负担，其根本仍是确保易用性。

6.4 节谈到需要通过落实工程方法论去打造流程化组织，工作流程作为团队效能动力模型中集体环境效能的关键要素之一，是需要由工程师去制定和落实的。换句话说，技术专家和技术领袖应当具备更强的流程意识，而非只像技术工程师那样遵照使用。

对于流程，很多工程师认为只要遵守就可以了，他们基本上对流程背后的所以然没有好奇心，更不要说对流程有创建和优化意识了。这样的工程师，无论是在大公司还是小公司，都很普遍。

为了提升软件开发质效而打造称手的工具，也是工程能力过硬的体现。比如，像 Chromium 这样的超大型软件项目，其构建工具就需要非常高效且支持 Windows、Linux、macOS 三大主流操作系统，开源的 Bazel 构建工具正是基于谷歌在 Chromium 项目上的经验打造出来的。

持续提升工程能力也是软件（水平）行业的内在发展驱动力，无论是编程语言（比如 Go）、开发框架（比如 Flutter）还是运维平台（比如 Kubernetes），都能彰显这一事实。

Go 编程语言的出现，除了更好地解决了云计算领域的程序开发问题，也将单元测试和程序运行时的性能分析便利性等工程问题也一并解决了。基于 Dart 编程语言的 Flutter 软件开发平台，实现了同一套代码能用于移动端（iOS 和 Android）、桌面（Windows、Linux、macOS 和 ChromeOS）、浏览器（Chrome、Edge、Safari、Firefox 等）和嵌入式系统，解决了过去针对这些软件平台需要独立开发的资源浪费和低效问题。Kubernetes 的出现，让 DevOps 这一由开发工程师负责云计算资源运维的理念更容易落地，为分布式开发向无分布式开发演进打下了运维基础。

对于那些新技术，如果不通过学习去了解其背后的所以然或为之呐喊，而是停留于原地，等到被它们颠覆时就会措手不及，甚至危及个人的职业安全。比如，这里讲到的 Flutter 软件开发平台将来对 iOS、Android 和前端开发工程师的技能要求和就业容量都会带去不小的影响，值得这些人保持关注和学习。

13.3　软件框架和平台的打造

专业技能层次模型中，"打造适合公司业务的框架和（或）平台"中的"框架"和"平台"乃是运用软件设计能力的产物，其目的是提升软件质量，提高开发效率，降低开发成本。

为了更好地解释这两个概念，图 13.3 说明了它们之间的层次关系。请注意，这种分层架构图与编程语言（比如采用 C++还是 Java）、技术发展阶段（比如起步阶段还是成熟阶段）和架构方案是强相关的，因而严谨地说，并不存在唯一正确的表达形式。换句话说，读者不用纠结于该图的普适性。

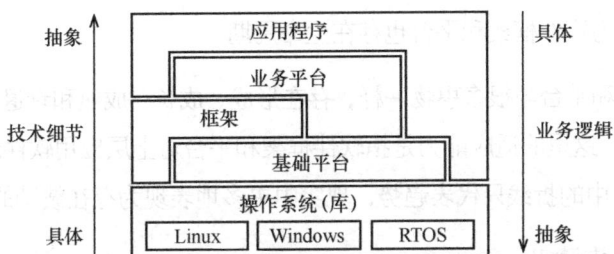

图 13.3　软件框架与平台

图 13.3 中上下相邻的关系表达了上层直接使用下层，非相邻的层只能间接使用。比如，应用程序可以直接使用框架、业务平台、基础平台和操作系统（库）的功能，业务平台则只能使用框架和基础平台的功能。与整个软件的架构需要不断演进一样，分层架构图也需要不断优化。

框架是对通用技术的更高抽象，它们可以帮助开发者更快地构建和部署应用程序。比如，C++编程语言的 Boost 库、Java 编程语言的 Spring，都是非常有名的框架。框架通常需要使用基础平台和操作系统（库）的功能来实现。

软件平台可以分为基础平台和业务平台两类。基础平台提供了一组基础的、通用的功能和服务，如操作系统、数据库管理系统、中间件等。这些功能和服务可以被各种不同的应用程序使用，以支持它们的运行和开发。软件基础平台是软件运行的基础，其提供了软件运行所需的环境和资源。

业务平台则更侧重于特定业务领域的封装与抽象，其通常在软件基础平台的基础上，提供一组针对特定业务领域的功能和服务，如 CRM 系统、ERP 系统、电子商务平台等。业务平台是软件实现业务功能的基础，其提供了实现特定业务需求所需的功能和服务。

13.3.1　不可避免的衰退

现实中，软件框架和平台总是难逃越来越臃肿、越来越容易出错的命运，出现这种状况是因为软件框架和平台也存在生命周期。

软件框架和平台与很多事物一样，存在形成、成长、成熟和衰退四大时期，如图 13.4 所示。这里的适应能力是指软件框架和平台对上层应用软件新需求的支持程度。图 13.4 中的折线只代表趋势，现实中更多地表现为存在波动的曲线。

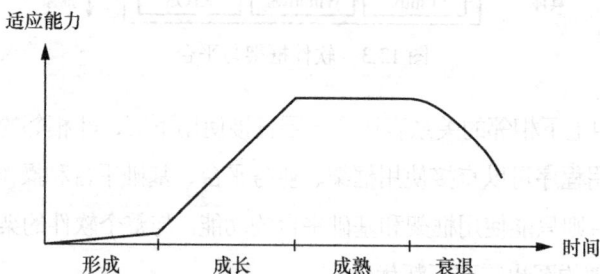

图 13.4　软件框架和平台的生命周期

在软件框架和平台的形成时期，我们会根据所要开发的应用软件，以模块化的思想设计出各种功能正交的软件模块。形成期的软件框架和平台功能相对简单，此时团队对应用软件的需求理解也还不深刻，所以对软件设计与实现的简化、美化工作也难以做到位。

随着项目规模的扩大，以及公司在同一行业内产品线的扩展，团队慢慢地意识到这些软件模块形成的集合应被各开发团队或产品线共用，因此提出了打造软件框架和平台的设想：设想只要获得公司技术管理层的支持，软件框架和平台便进入了成长期。

一旦软件框架和平台进入成长期，公司通常会成立独立的开发团队，并网罗经验丰富的工程师参与。这一时期，开发团队的业务能力和软件设计能力是至关重要的资源，否则软件框架和平台将无法满足公司期望的成长性，进而影响公司最终软件产品的交付时间与质量。处于成长期的软件框架和平台在功能性和稳定性方面都会不断增强。这一时期也有助于培养和锻炼开发团队的软件设计能力，并加深对产品需求的理解。

随着软件框架和平台对用户需求的不断满足，以及用户需求开始相对稳定，软件框架和平台就进入了成熟期。处于成熟期的软件框架和平台在功能上不会有大的变化，但其稳定性仍应逐步提升，局部范围的软件重构也有可能较为常见。

一旦用户需求在经过一段时间的相对稳定后发生重大变化，或者公司想在新开拓的业务领域内复用同一软件框架和平台，而如果此时的软件框架和平台无法适应这种变化，且主导设计也没有进行相应的重塑，就会导致软件框架和平台进入衰退期。

处于衰退期的软件框架和平台的特点是：原主导设计的一致性不断被打破。正因如此，工程师会觉得对新功能进行支持很像是贴狗皮膏药，程序实现也慢慢变得臃肿，这就引发了软件框架和平台在这一时期的另一个特点——稳定性变差。

如果软件框架和平台长期处于衰退期，它们将成为开发团队的沉重包袱，这与打造软件框架和平台是为了提升开发效率的初衷背道而驰。

13.3.2　破解衰退之困

摆脱软件框架和平台成为包袱这种困境的唯一方法是，在兼顾已支持需求和新需求的情形下使之演进，对其进行重新设计，让软件框架和平台跨入新一轮的生命周期。这个过程也可以称为软件框架和平台的设计进化。图 13.5 说明了这一变迁。

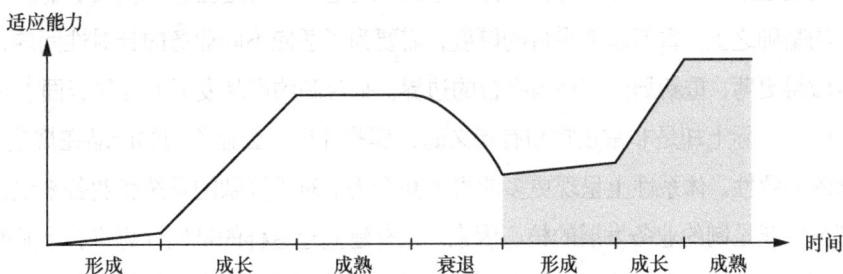

图 13.5　软件框架和平台的生命周期演进

图 13.5 中的阴影部分表示新的生命周期。新的生命周期中仍存在形成期，但

其层次是高于前一轮的。软件框架和平台在新的生命周期中是否成功，取决于能否进入新的成熟期，以及其适应能力能否强于前一轮。

值得强调的是，软件框架和平台处于成熟期并不意味着软件的设计与实现都达到完美的状态。原因在于，判断软件框架和平台成熟度的标准大多是功能性和稳定性如何，而这两者无法真实反映软件的设计质量。现实中，对软件设计质量的视而不见，使得鲜有软件框架和平台能做到真正的成熟。

我还在通信行业工作时，曾经历了软件平台成为产品开发的效率瓶颈这样的尴尬。我在互联网行业工作时，也看到了类似的现象，经历了中台概念的热炒，到后来中台成为包袱，不得不拆中台的过程。中台概念在我看来，是平台概念在名词上的一个包装。

无论是框架还是平台，都不是提升软件开发效率的"银弹"，要避免产生一劳永逸的想法。软件框架和平台实现代码复用的本质是解决不同产品间的通用性问题。对于基础平台来说，因为抽象层次相对低，平台的通用性与产品的针对性之间的冲突很小，不容易产生相互制约的现象。对于业务平台来说，由于抽象层次高，离产品的业务更近，因此容易产生平台的通用性和产品的针对性之间的撕扯，最终容易出现平台制约产品发展的现象。在业务复杂度高和发展快的情形下，两者的冲突就会特别严重，出现拆中台的现象也就不意外了。

在我看来，拆中台并非完全放弃走平台化的思路，而是在过去积累了平台化的经验的基础之上，重新思考平台的厚度，需要为了适应不同业务的针对性问题，将平台做得更薄，重新划分产品与平台的边界。平台制约产品发展的现象表面上看是负面的，实际上却是非常正常和有意义的，那些冲突点会让不同的产品在规范化、概念的一致性、体系性上呈现更多的思考和合力。对于复杂的系统和业务来说，这些都很可能是制约业务发展的核心因素。只有建立起这样的批判性思维，才能很好地理解平台的"合久必分，分久必合"的循环，进而不会因为"分"而直接否定平台化的价值。

当软件框架和平台制约产品发展时，从生命周期的角度来看，那代表它们步入了衰退期。避免长期停留于衰退期的办法，是让软件框架和平台具备良好的可变能力，通过快速变化去适应其中不同产品的需要。

就我参与 Chromium 项目的二次开发经验来看，这个项目之所以能很好地应对软件架构的演进问题，正是因为可以随时确保整个项目具有重构的能力。当发现哪一个模块的设计不合理时，可以通过重构去做调整与完善。

第一次看到 Chromium 先后发布的两个版本的代码差异之大时，我确实吃了一惊，直到那时我才突然意识到，**好的软件架构并不意味着代码长时间一成不变，而是可以随时变**。我们无须担心软件的不完美，但要担心软件演进时会不会因为艰难而变得缓慢。对于软件框架和平台的开发来说，道理也是一样的。

现实中，很多深陷"焦油坑"的软件并非当事人不知道问题所在及如何解决，而是因为苦于无力改变。为了彻底解决问题所引入的代码变更对于这些项目来说，在人力和时间的投入上根本无法接受，只能迫于无奈地持续贴狗皮膏药。

要确保软件框架和平台的可变，就需要打造它们的开发团队，使其具备过硬的工程能力。比如 Chromium 项目就严重依赖于单元测试，进行单元测试是很多全球知名大型软件项目落实工程能力的一大举措。

13.4　研发平台的打造

当公司的业务规模足够大或复杂时，意味着参与的工程师人数也多，打造高质效的研发平台就是这些公司会采纳的工程实践。研发平台的本质是业务平台，只是这个业务是公司内部的（高质效的）软件开发活动。因此，前面所说的软件框架和平台的生命周期也适用于研发平台，研发平台也会经历形成、成长、成熟和衰退四大时期。

研发平台的易用性和有效性是一个时常被人诟病的话题。根据我的观察，研发平台最大的问题，是在产品设计上没有特别关注无缝整合的理念（参见 6.4.2 节，虽说这一理念的本质是注重易用性，但研发平台的产品经理需要对软件研发的流程非常熟悉才能真正理解什么是无缝。否则就是研发平台的用户提什么需求，开发团队就开发什么功能。倘若没有以无缝整合的理念去牵引那些需求的话，最终做出来的研发平台虽然确实具备用户需要的功能，但却很难用且易出故障，抱怨多自然难免。

打造研发平台需要有很好的顶层设计且要做好产品化工作，因为只有这样研发平台才能最大限度地发挥价值。以互联网行业为例，研发平台可能得包含开发（编码、编译、代码审查、软件缺陷管理、配置管理、版本管理、持续集成、持续交付、持续部署）、运维（计算资源的增删改查）和架构（高可用、灾备）等多维度的内容，其复杂度可想而知。在这种情形下，研发平台的开发团队与平台应用软件的开发团队需要紧密合作。如何持续向前平滑演进以克服衰退困境？这是一个相当具有挑战性的课题。

研发平台完全可以当作企业核心竞争力的组成部分，值得企业持续且大力地投入资源去发展。当面临新的技术趋势时，企业愈加需要加大资源的投入以跟进发展。

比如，云计算领域云原生技术趋势的出现使之前打造的研发平台带来的不再是效率而是负担，只是将云原生技术适配到之前的研发平台的发展思路很可能是落后的，因此需要基于云原生的设计思想重新设计全新的研发平台，并处理好旧开发平台向新开发平台迁移的问题。

再比如，在嵌入式软件开发领域，很多工程师的开发工作是在 Windows 平台上完成的，嵌入式软件开发的质量保证相关的工具和工程实践在 Windows 平台上并不便利或便宜。而 Windows WSL 技术的出现就使 Windows 平台上的开发工作可以非常方便地借力 Linux 开源社区的相关工具和工程实践，通过打造跨平台的软件开发平台，去提升软件开发的质效。

13.5　全方位提升专业技能

要达成提升工作质效这个目标，工程师的设计能力、工程能力也应是专业发展的重点。设计能力不只是提升工作质效所需，也是个体年龄焦虑的缓解剂，因为那是强有力的竞争壁垒。单元测试不只是保障产品质量的手段，也是有效检测设计质量的法宝，更是设计演进中必不可少的保障措施。如果觉得单元测试难以实施，则有可能是设计质量不佳所致。从实践来看，一个习惯了实施单元测试的工程师，其专业素养不会太差。

工程师在全方位提升其专业技能的路上，得有全面的思维，除了技术思维，还得有工程思维和产品思维。

13.5.1　思维先行

在社会分工的背景下，软件行业的工程师群体被划分成了开发、测试、产品等诸多岗位，以协作的方式共同完成价值创造。高度依赖软件的各行各业正以不同的方式改善人们的生活，同时在改善的道路上也对价值创造的效能提出了更高的要求，其背后则是对个体与团队的协作的更高要求。

专人专岗的协作模式在进一步提升团队的协作效能时所面临的最大挑战在于岗位墙，即岗位间不可避免地会出现一些模糊地带，这些模糊地带又很容易被相关岗位忽视，因而很大程度地拉低了团队效能。比如开发工程师会认为保证质量是测试工程师单方面的职责，开发工程师不关注用户体验而只关注实现需求，等等。此外，这种协作模式也会固化个体的思维和心智模式，将个体的思维和心智框定在其所处岗位之内，以致对岗位之外的内容不能很好地理解其价值，使得个体在整个协作活动中缺乏同理心和大局观。

在这种情形下，提升团队效能的起点在于全面梳理工程师思维，帮助工程师在职场和职业发展中建立起更全面的思维和视野，促使工程师在协作过程中最大限度地发挥自主性，从而去助推团队的协作。

我将工程师思维分解为技术思维、工程思维和产品思维三大思维，它们主要关注的内容可以通过几个关键字来表达，如图 13.6 所示。

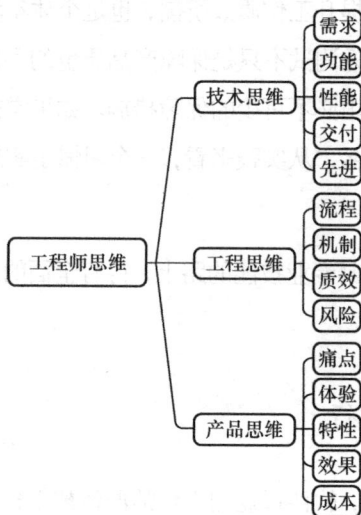

图 13.6　工程师思维的内涵

技术思维和工程思维都是对技术的理解和应用，属于个人专业技能范畴，但两者的关注焦点并不相同。前者聚焦于产品用户能直接感知到的（比如产品的功能、性能），后者聚焦于开发产品的过程（即工程能力），产品用户能间接感知到（比如产品的质量、版本迭代的速度）。也可以理解为，前者聚焦于组织外部的价值交付，后者聚焦于组织内部价值创造的质效。产品思维属于个人业务技能范畴，放在本章是为了一次性将工程师思维讲清楚。

1. 技术思维

技术思维的源头是需求。需求可以分成市场需求、系统需求、特性需求等不同层次，回答的是技术层面"做什么"的问题。显然，只有清晰表达需求并精确理解需求才能确保将事做对。毋庸置疑，需求一旦出现偏差，导致的浪费就将非常严重，也正因如此，业内对于需求的质量相当重视。

需求一旦确立，就可以基于模块化的思想将软件拆分成多个功能模块去降低实现的局部复杂度，最终将所有功能模块拼接在一起去实现整体需求，这是发挥个体软件设计能力的场景。每个功能模块会交由一个人或一个团队负责，由于功能模块是需求分解后的产物，因此容易导致工程师在实现的过程中只看到树木而忘记森林。

工程师在实现一个功能模块时会关注其性能如何，特别是当功能模块被运用于高频、时效性敏感、算力有限的场合时。现实中，有时会出现工程师因为乐于追求性能的极致而去体现自己技术实力的现象，有的工程师甚至会因为过早追求性能而滑入过早优化的误区。

通常情况下，开发工作会通过成立项目、迭代的方式去落实和完成交付。工程师在这个过程中大多对重要时间节点特别关注，这也是个体在工作中的一个重要压力来源。

在迈向工业革命新阶段的道路上，人工智能、大数据、机器学习、辅助驾驶、云计算等细分领域，新的编程语言和软件开发平台等，都给工程师已掌握的技能带来了冲击。跟上技术发展的步伐，是每个有技术追求的工程师不断提升自己专业素养的表现之一。

2.　工程思维

工程思维的起点是流程，流程的重要性详见 13.2.2 节。

工程思维还意味着采用各种工具去搭建便利、高效的开发环境，以及通过工具解决问题和完成任务。当没有称手的工具时，就得走全新打造之路。工具常嵌在流程中，有时又由工具实现流程，两者互相配合和补充，帮助工程师更有质量和效率地完成工作。

工作质效直接决定了工程师的工作和生活幸福感。一个质量不可靠的产品一定会给用户和工程师带去麻烦，甚至给所服务的企业造成无法挽回的经济损失和负面影响。对于工程师来说，那势必打乱其工作与生活节奏。为了让产品做到质量可靠，单元测试、静态分析、动态分析等确保工程质量的手段应成为工程师的基本工作内容，工程师应通过将这些手段与持续集成流程进行整合去及时、有效地构建质量信心。

除了质量外，风险可控是另一个不容忽视的内容。可控是建立于系统性机制和质量可靠之上的，对于服务端软件来说更是如此。风险往往出现于资源使用的极端场景，当从外部涌入的过多事务远超软件产品的处理能力时，就需要有一定的机制让整个软件产品能有效应对，或是扩充资源，或是限制涌入事务的流量。总之，需要考虑到极端情形下，如何通过软件产品内建的策略确保提供必要的正常服务。

工程思维是工程文化中的一种思考和行为方式。前文已经就工程文化做了讨论，此处不再赘述。

3. 产品思维

产品思维的起源是用户（或客户，下同）价值。用户价值是通过技术手段以产品或服务的形态去解决用户的痛点或带去爽点而创造的。工程师在日常工作中应时刻关注并厘清自己的工作与用户价值的联系，还应根据用户价值的大小去安排工作的优先级和分配自己的精力。

当用户价值足够时，产品能否在市场中立足并真正取得收益，首先考验的是产品带来的用户体验。良好的用户体验一定是站在用户的角度带来的，是基于用户心智来塑造概念的。由于概念存在理解和解释成本，因此所塑造的概念应足够轻、少且易掌握。概念一旦塑造出来，概念间的关系也随之确定，这些关系基本上决定了产品与用户的交互流程。好的产品是易用的，其极致体现是迎合用户的本能反应并符合各种生活或业务常识。

所有产品都存在演进的过程，所创造的用户价值也在被不断地挖掘与探索，不同的细化价值需要通过产品特性去区分和表达。特性也是产品差异化的一种体现，特性间接地确定了软件实现层面的功能模块边界。开发工程师需要对产品特性有非常透彻的理解，唯有如此才能将其很好地抽象并转化为软件实现层面的功能模块。对于特性，需要考虑通过许可等形式进行开启或关闭以实现售卖，这一点对于面向企业的产品甚是必要。

为了让产品更好地演进，需要通过数据闭环的形式去检验创造用户价值的效果，让产品的开发、运营、营销工作做到有的放矢。在产品价值创造的道路上，最害怕的莫过于只顾低头干，却无人关心效果。**数据化闭环的形式不仅能让整个产品团队聚焦于核心价值，还能帮助产品团队在探索用户价值的道路上理性地做减法。**

成本是工程师比较容易忽视的内容。成本不只与软件性能相关，也与软件之间的依赖、技术方案等相关。当一个软件需要从公司内部对外输出时，平时忽视对成本的关注就会暴露出问题。比如，为了运行某个软件需要数量庞大的计算资源，所需的资金投入对于客户来讲很可能是无法接受的。

☆

提出这三大思维，可以帮助工程师以更为全面的视角去看待日常工作中所面临的问题。当以单一的思维去看待所面临的问题时可能会觉得不合理，但如果从三大思维层面去审视，得到的结论可能完全相反。从团队协作的角度，只有当团队中有更多的个体从多个维度去思考时，才容易发现岗位间的那些无人问津的模糊地带，进而通过补位、助攻去更大限度地发挥团队的效能。

尽管不同岗位、不同职责的工程师对于这三大思维的要求深度是不一样的，但从多个维度去思考却是每个工程师应有的素养。

13.5.2　设计能力是壁垒

弗雷德里克·菲利普斯·布鲁克斯（Frederick Philips Brooks）在他的论文"没

有银弹：软件工程中的根本和次要任务"中指出，所有软件开发活动都包含根本任务和次要任务，前者指的是打造构成抽象软件实体的复杂概念结构，后者指的是使用编程语言表达这些抽象实体，并在空间和时间限制内将它们映射成机器语言。

布鲁克斯指出，过去软件生产效率的巨大进步得益于在次要任务上付出了非常大的努力——新的编程语言、更快的处理器等。然而，除非次要任务占整个软件开发活动的 90%，否则即便将次要任务所花费的时间缩减到零，也不能带来软件生产效率数量级的提高。这就是"没有银弹"4 个字的核心。即便在今天，这一论断也依然成立。

我认为，在需求、编程语言、开发环境和软件运行环境都确定的情形下（这是大部分人面临的真实工作场景），布鲁克斯所说的根本任务正是指软件设计——为软件实体塑造概念和厘清概念间关系的创造性活动，而次要任务主要是编码——用编程语言表达所塑造的概念和各概念间的关系、算法设计与选择，使程序满足空间与时间冗余度要求。换用公式来表达的话，即**"软件开发=软件设计+编码"**。这个公式能很好地说明当一名软件开发工程师没有软件设计能力时，他只是编码员而非软件设计师。

本章的开头提出了一个问题："随着年龄的增大，我拿什么（技能）与年轻人竞争？"对于软件开发工程师来说，我认为最务实的答案是提升个体的软件设计能力。软件设计能力所需的抽象、洞察、概念等脑力密集型能力，是通过实践掌握的，不是可以速成的，这些能力也是个人专业经验的关键组成部分。这一认知使得专业技能层次模型中对于技术专家的要求包含了"对软件设计有清晰的认识和丰富的实践经验"。

当个体具备良好的软件设计能力时，他就可以指导比自己资历浅的同事，与其共同开发软件产品或系统。否则，你的资历再深，也只能被指导。软件设计能力的掌握，不仅需要阅读《设计模式》这类书，更需要在工作中不断实践，以解决真实问题为牵引,体会不同设计所带来的区别。掌握好的设计方案不能只靠个人的灵感,还得借鉴开源软件的源代码,以及有追求设计之美的动力与行动——持续重构自己负责的软件模块的代码,这除了需要个体通过单元测试技术来保障质量,还需要个体有精益求精的精神(其背后是对职业的热爱)。因为追求软件设计之美,需要个体付出大量的精力,甚至承担折腾的风险。

系统越复杂,对软件设计能力的要求就越高,因此个体要形成良好的软件设计能力,需要的不是入职大公司,而是参与大项目。大项目中的“大”指的是代码行的数量达到了一定的规模。毫无疑问,一个有几百万行代码的项目比只有 10 万行代码的项目更能锻炼个体的软件设计能力。假设你在大公司工作,但如果你参与的项目的代码量不大,那么对个人软件设计能力的锻炼是不充分的。而即便你参与的是大项目,但如果你不去尝试驾驭整个项目,而是只关注很小的范围,那么对个人软件设计能力的锻炼依然是不充分的。个体只有意识到了这些,才能更理性地审视自己的专业技能水平。

13.6　持续夯实专业技能

专业技能是个体在职场立足的基石。无论个体在哪个行业、哪个岗位,都需要一定的专业技能才能完成工作任务,从而实现企业对社会的价值创造。掌握必备的专业技能是个体被雇主聘用的前提,也是个体在职场兑现自我价值的关键。

专业技能是分梯度发展的。随着工作经验的积累,个体的专业技能应不断提升,以便可以承担更大的责任,处理更复杂的问题,发挥更大的影响力,从而获得更高的职位和更好的待遇。专业技能的提升能帮助个体在职场竞争中脱颖而出,获得更多的机会。

需要强调的是,3.3.2 节介绍的专业技能层次模型只定义了 3 个职级,在具体运用专业技能层次模型时，估计还得做进一步的分层细化，且细化时应结合企业的发展阶段去进行。

专业技能是个体适应职场和时代变化的保障。在快速变化的现代社会，新的技术和知识不断出现，行业和职业也在不断发展。拥有强大的专业技能，可以帮助个体更好地适应这些变化，抓住新的机会，避免被过早淘汰。

无论是刚步入职场的新人，还是已经在职场上有一定经验的职员，都应该重视专业技能的学习和提升。

职场人士得有价值变现的意识。

价值变现的本质，
是要完成个体与社会的连接。

第14章
掌握价值变现的业务技能

在对外授课的过程中，我经常会问学员一个问题："什么是业务？"除个别人将公司的产品理解为业务外，绝大部分人很是茫然。当然，就我自己的职业经历而言，我也确实没有碰到过企业会就业务这一概念进行专门的培训或宣讲，企业似乎默认每个岗位的个体本就清楚地理解了什么是业务。

对企业来说，如果员工不能很好理解业务的含义，就会出现年底考核时看上去每个部门的绩效结果都不错，但企业的营收等关键业绩指标却停留于原地的现象。这是因为企业除了存在内部部门墙和岗位墙，还存在外部与客户（或顾客、用户，下同）之间的价值墙。这体现于员工在完成工作任务时，没有服务好客户的意识，以致事情做到中途就止步了，没有走完向客户兑现价值的"最后一公里"；或者在价值创造的过程中，员工没有紧盯客户的需求，出现双方对需求理解的错位而导致工作低效甚至无效。

大家对于业务的理解会不尽相同。从公司层面，业务是指公司为满足客户需求而进行的创造利润的所有活动，包含提供的产品和（或）服务，以及运营、销售、营销、客服、人力资源管理、财务管理等方面。这里我要讲的业务，可以简单地理解为：客户愿意为我的工作成果（愉快地）掏钱吗？背后的逻辑是，如果客户愿意掏钱，那说明我的工作成果帮助客户创造出了比他掏的钱更大的价值。现实工作中，并非每个人的工作成果都能很直观地变现，稍后我们再来讨论这一问题。

企业员工在完成工作任务的过程中，应有价值变现的意识，并为这种意识的落地掌握相应的技能。这种技能在团队效能动力模型中称为业务技能。

14.1　克服业务盲点

分部门、设岗位共同协作创造价值是绝大部分企业的运作方式。这种分工不可避免地导致一部分员工离客户太远而对业务的体会不深。在高度分工的环境中，员工容易只关注自己的工作范围，而忽视以帮助团队更好地达成业务目标来最大化自己的工作成果。

相比关心业务，软件开发工程师群体更喜欢钻研技术相关的框架、工具、平台和新趋势。业务对他们而言只是产品需求，他们在实现产品需求时没有掌握业务场景的意识和能力。因此，完成满足产品需求的开发对于他们来说就是成果。至于自己的工作成果能否变现，他们认为那是其他部门或岗位的事。这就导致一个相当普遍的现象：技术部门说销售部门无能，不能把产品卖出去；销售部门说技术部门无能，开发不出有竞争力的产品。部门之间经常互掐而非形成合力。

在社会分工的大背景下，个体要克服业务盲点，就需要有意识地以向客户靠拢的思维去思考和安排自己的工作。当然，这与业务整体的团队组织形式有很大的关系。

回顾团队效能动力模型的建立过程，尽管我在 2015 年提出的第一版（参见图 8.1）中已表达了业务技能是个体效能的关键要素，但那时我对于业务的理解是粗浅的，更多是从项目管理、工作闭环方面去思考，而根本没有意识也没有创造机会去与客户交流和接触。因为那时我的团队只负责技术，不负责产品，后者由另外一个近 10 人的产品团队负责。

后来我转岗到了阿里巴巴中间件技术部，作为技术一号位负责云原生服务网格新技术在集团内部的落地，由于没有专职的产品经理与我配合，那时我肩负了行业布道、（集团内的）客户合作洽谈、产品规划等职责，更宽的工作面让我对于业务的理解更深刻了。这一时期的历练使我在后来带团队时，业务意识更强了，我有意识且能更好地分辨哪些工作是有眼前业务价值的，对业务发展也有了更强的紧迫感。

就我个人的经历而言，我认为业务意识的建立受限于与客户的距离，所以如果团队与客户距离确实较远时，就要考虑怎么去克服业务盲点。以下是我实践过的三种方式。

其一，通过培训和教育。管理者以身边的具体事例，就自己对业务价值的思考与团队成员分享自己的想法，帮助他们更好地建立业务意识。当然，这样做的前提是管理者自身有很好的业务意识。从我的经历来看，践行这一做法的管理者非常少。从组织层面，需要特别注意帮助管理者建立起健康的业务意识，让团队有更多的时间去思考和讨论业务，而不是一上来就以碰运气的方式去发展业务。

其二，组建跨岗位或交叉功能的项目团队。我在 6.2.2 节介绍 SPM 法时，谈到需要将不同技术岗位的人放到同一个项目组中（参见图 6.2）。如果将架构师、产品经理等离客户或业务近的人也放到项目组中，则能帮助其他人更好地了解和学习业务方面的内容。采用这一方式时，需要来自不同岗位的成员的主管都达成共识，以便各主管在工作中引导每一个体提升业务敏感度。

值得强调的是，个体提升业务的敏感度需要时间，跨岗位或交叉功能的项目组成员也需要时间来磨合，假以时日才能在这样的组织形式中提升这一能力。在磨合的过程中难免会出现问题，但大家应将那些问题当作提升业务技能的机会而非障碍。

其三，重视业务信息透明。7.1.2 节讨论了工作内容和管理信息透明的价值，业务信息的透明同样很重要。**管理者通过业务信息透明，可以让个体了解公司的业务目标、战略和决策过程，进而帮助个体理解自己的工作是如何影响整个业务的。**日常工作中更多业务信息的流动可以潜移默化地让个体提升业务敏感度，因为工作氛围是塑造个体言行非常有效的方法。

14.2　建立价值变现意识

个体将自己的技能、知识和能力转化为有益于组织的具体成果属于价值变现的行为。本章使用价值变现一词是为了强调站到客户的角度去审视自己的工作，通过缩短与客户的距离去更好地为客户创造价值，从而帮助企业更好地发展业务，实现盈利。

建立价值变现意识需要个体跳出岗位局限，着眼于更大的业务视角去观察、思考自己的岗位和工作。这不仅有助于个体更好地看清和规划自己的职业发展，也可以有效遏制个体在工作中的自我陶醉现象，避免因过于关注专业技能的精深而出现曲高和寡的现象。**那些在工作中不得志的领域专家很可能就是因为缺乏价值变现的意识和能力。**

建立价值变现意识最简单的方法是，有意识地问自己"客户会为了我所完成的这个任务付钱吗""我如果是客户会为了这一工作成果付钱吗""这个功能真的能解决客户的痛点吗"这类问题去思考价值。这种对价值变现的务实思考能提醒个体注意理想与现实的平衡。

并非所有员工都直接与外部客户打交道，也不是所有人的工作成果都能直接变现。对于那些不直接与外部客户打交道的人来说，他们的客户就来自企业内部。拥有良好的价值变现意识意味着个体得服务好自己的内部客户，帮助内部客户向企业的外部客户兑现价值。

企业的所有员工首先要想清楚自己的客户是谁，这是建立价值变现意识首要的一步。接着，从客户的角度去审视自己的工作，问自己"如果我是客户，希望工作成果达到什么水平"。以这样的思考方式指导自己的工作，就能很好地规避工作中的被动现象，提升自己在工作中的掌控力和能动性，如此一来工作成就感自然更强。最后，在工作中要建立起应有的客户服务意识，对于客户提出的要求积极主动地响应。客户服务意识的建立会让员工将客户提出的要求视为自己学习和成长的动力，员工也不易形成认为对方在为难自己的受害者心态。

价值变现的本质是要完成个体与社会的连接。能力再强，成果再多，如果不能很好地完成价值变现，回报就会大打折扣。良好的价值变现能力意味着个体可以通过自己的努力和才能为社会创造价值，同时从社会中获得相应的回报。回报可以是经济上的，也可以是职业威望、职业满足感等非物质方面的。

从更广泛的角度来看，个体价值变现的能力也是社会进步的驱动力之一。每个人都有自己独特的才能和潜力，如果能够充分发挥和变现，就可以推动社会的创新和进步。可以认为，**个体价值变现的能力对于社会来说，既是一种资源，也是一种动力。**

很多人创业失败的原因就是没有做好价值变现。那些想当然地认为自己拥有对社会有价值的创业想法的人，在真正着手变现时，才发现有很多的门道需要掌握。创业从某种程度上说，就是个人在花费巨资、时间和精力锻炼自己价值变现的能力。相信个体如果在职场中重视锻炼自己价值变现的能力，就会让未来的创业决定理性一些，让创业旅程轻松一些。

有了价值变现的意识后，个体可以将自己的努力集中在具有最大影响的活动上，根据潜在业务价值来设置任务的优先级，寻找最大限度发挥个体技能的机会。此外，了解哪些技能更有价值，也有助于个体更好地发挥自己的职业技能。总之，对于希望在职场中最大化贡献和取得成功的个体来说，价值变现意识不仅有益，而且必不可少。

14.3　从业务视角挖成果

如何从业务视角去呈现个体的工作成果，对于工程师来说是一件比较麻烦的事。典型的困境在于，开发类的工作成果需要一定的时间才有产出，换句话说，在有产出之前没法让人看到成果，导致部分腰部和头部管理者焦虑，担心存在研而不发的现象。他们一旦焦虑起来，势必给腿部管理者施压，最终的压力也就很容易传导到工程师那里。

缓解管理者焦虑的一个办法是，让开发交付的粒度变小，通过增加交付频次，更快地呈现阶段性工作成果。当然，这一方式对于互联网行业可在线升级的软件产品来说容易奏效，但对于存在实体硬件且无法在线升级的软件产品来说，就不具有可操作性了。

缓解管理者焦虑的另一个办法是，从业务视角去挖成果。比如，产品介绍资料、对外宣传文章等都是很好的阶段性工作成果。不过，不少工程师认为这些不是自己应干的事，因为"我不擅长，这应当是产品经理的事"。当然，这样的观点我并不认可。

首先，这是分工带来的局限性思维，对个人的职业发展并不利。面对那些体现个体业务技能和知识管理能力的事，工程师可以借机锻炼。更何况，准备这类材料能加深工程师对所开发产品的理解，这是了解产品的客户价值的一条很好的途径。

其次，一人多岗是不少公司对员工的普遍要求。对于不少业务刚起步的公司来说，将钱用到刀刃上和省着花是常有的做法，产品经理通常会由其他岗位的人兼任，所以由工程师来完成此类工作是很正常的。这也是我们常说进入初创公司或小公司更能锻炼人的原因。

这也给了我们另一个启示，从大公司跳槽到小公司的人，需要特别注意小公司对一职多能的需要。千万不要以大公司的螺丝钉方式去行事，不然容易被人评价为不接地气。还有，对于大学毕业后就加入大公司的人来说，有机会进入小公司工作也是一种很好的历练，能丰富个人的经历而更好地成长。

最后，做好这些工作能很好地缓解个人的工作压力和管理者的焦虑。对于包含硬件的产品来说，在将产品交付给客户之前就准备好售前资料，这样销售人员推产品的工作和研发工程师的开发工作就可以同步推进，以加快价值变现的过程，这种做法很常见。高层管理者盯得最紧的通常是营销侧。工程师无论从协作的角度还是保护自己的角度，及时准备好宣传材料并交付给营销侧都是应该的。高层管理者看到营销侧有进展，一般就不大会时时盯产品的开发进度了，这样工程师就能更安心地做自己的工作了。

我在小公司工作时，曾对一位技术骨干在某一时期的绩效给出了不合格的结果。他得知这一结果后一时无法接受，认为自己工作那么努力，也解决了好些技术难题，如果仍被认定绩效不合格，后面就不知如何努力了，觉得很委屈。

这位技术骨干在半年的时间里承担了某产品的核心开发任务并有所建树。期间，他经历了相当大的挑战，大到一度他都想要离职了。他那一时期的工作成果和绩效我都非常认可，因为我知道技术难题的克服需要时间，克服技术难题是他在那个当下面临的第一要务。那段时间，我时常和他交流业务方面的思考，但不做强制要求。

技术突破后，开发工作相对顺利，业务方面的要求自然会提高。在公司没有专职产品经理的情形下，他作为产品开发的一号位，有义务承担一些业务方面的职责，比如产品定位的思考、与公司其他现有产品如何配合、针对阶段性成果向管理层做产品演示、配合售前准备产品资料等，但我发现他并不能认真对待与落实这些事，他多次表达了有些工作要由专职的产品经理来做的想法。

在我与他多次沟通后，他的态度一直都没有变化。对于他这样的表现，我是不能接受的，所以给了他绩效不合格的结果。从某种角度来说，这也是希望他能建立起业务意识。

工程师一定要重视从业务视角去看自己的工作成果，通过持续快速地产出阶段性成果去推进开发工作，而不应局限于只从专业领域要结果。只要是有助于业务向前发展的，都可以当作自己的工作成果去追求，这种能力也许与专业化无关，但与职业化一定有关。

14.4　提升业务技能的方法

业务技能需要个体有意识地训练才能形成。对于工程师来说，大部分人刚进入职场时会将大量的精力投入专业学习，对专业之外的其他技能可能会无暇顾及，这是正常现象，但事实上业务技能的掌握和专业技术的学习是不矛盾的。很多时候只需要改变一下思维，发展业务技能完全不影响专业技能的精进，两者甚至能相互促进。

14.4.1　业务价值优先

对于从事技术工作的人来说，在计划和安排工作时，在技术价值和业务价值之间，应以业务价值为先。那么，关于技术价值和业务价值的权衡，又该如何把握？

让我们从一个具体的问题展开讨论：一名软件开发工程师花了很大的精力做优化，使得应用程序所消耗的 CPU 资源下降了 10%，这一工作有业务价值吗？

简单来说，如果应用程序优化后客户感知不到变化，比如，对产品使用体验的流畅度、交易转化率和成本支出完全无感，那么这一优化工作就没有业务价值。这个结论会让部分读者一下子接受不了，原因就是混淆了技术价值和业务价值。所消耗的 CPU 资源下降了 10% 是技术价值，但有技术价值并不代表有业务价值。

在技术价值和业务价值的权衡上有三大原则。原则一：对于技术工作的安排，有业务价值的内容优先级更高。遵循这一原则，能很好地避免不经意的浪费。在这一原则之下，上面所说的客户感知不到的优化工作就是一种浪费。安排这一优化工作的时机是，做了会让客户感知到不同，那时这一工作既有技术价值也有业务价值。

注意，这只是安排工作的优先级原则，并不是说没有业务价值的技术工作就不值得做。这一原则其实是在强调技术工作的价值变现，避免工程师致力于进行各种优化，但却没有创造业务价值。

这一原则也应贯彻于绩效考核，要先从个体工作成果的业务价值去评价。只有这样，团队中的个体才会更快地形成业务价值导向的意识。

有读者可能会问是否技术创新的优先级总是更低？答案显然是否定的，但技术创新一定不是为了创新而创新，而是为了创造业务价值。找不到业务价值的技术创新意味着无法落地推广，这样的技术创新是在浪费时间和精力。

由此可以得到原则二：技术价值要服务于业务价值。这同样适用于新技术的运用和推广。对于负责新技术落地和推广的人来说，要让新技术更快地落地，就一定要帮助客户找到新技术带来的业务价值，且业务价值要高于应用新技术所需付出的成本。如果这个问题没有处理好，新技术就很难落地推广。

像框架和平台重构这类技术迭代工作也一样存在技术价值和业务价值的权衡问题。框架和平台要重构，一定是因为存在业务和团队效能上的瓶颈，团队效能的瓶颈直接影响团队业务成果的输出，所以这也是业务价值的间接产出。

由此可以得到原则三：以业务价值去表达技术工作的成果。回到上面的例子，如果优化 CPU 资源消耗问题的时机来临了并完成了优化，则总结汇报时不应只是说"应用程序所消耗的 CPU 资源下降了 10%"，而应换成"应用程序所消耗的 CPU 资源下降了 10%，交易转化率提升了 5%"，即需要将业务价值表达出来。

当个体在工作中不注意从业务价值上思考和表达自己的工作内容时，其工作成果可能会被那些具备这些技能的人利用。这是因为那些人能够从业务角度向管理层解释清楚工作成果的价值。此外，个体如果不能从业务角度出发，则还有可能被那些人"收编"，因为在管理层看来，业务的层次高于技术。因此，为了避免自己的努力被他人"收割"，个体需要学习并掌握从业务价值角度思考和表达工作内容的技能。这不仅可以提升个体工作成果的价值，也可以提高个体在组织中的地位和影响力。

不过，在有些场景下，技术价值是非常重要的业绩指标。比如，当软件产品就是一个开源项目时，内存占用和 CPU 资源消耗的下降都一定程度代表了技术的进步，有助于用户做技术选型时，在与竞品的比较中胜出。这时的技术价值也意味着业务价值。

14.4.2 提升项目管理能力

项目管理能力是业务技能的一个组成部分。首先，项目管理是一种需要高度适应性和灵活性的技能，它需要应对各种不确定性和变化，以实现项目的成功。这种应对变化和最大化项目利益的能力，是业务技能的重要组成部分。其次，项目视角是一个整体视角，能让我们更全面地看到所有模块之间的联系及其价值。最后，项目管理所要求的资源整合和风险管理，能够自然而然地让个体从业务视角来审视整个项目的运作。

我在 11.5.1 节谈自我管理中的守诺时，曾指出个体按时完成自己在项目中承接的工作任务也是守诺的一种体现。这里我又讲到项目管理属于业务技能的范畴。两者主要的区别为：前者（自我管理）主要聚焦于项目执行，后者（业务技能）则需要个体有统筹项目的能力。业务技能方面强调的项目管理能力如下。

- 项目规划和执行：在项目中，个体能够有效地规划项目的不同阶段，分配任务，建立时间表，并有效地执行计划。
- 任务分配和监督：能够分配任务给团队成员，监督任务的进展，确保项目按计划推进。
- 风险管理：个体具备风险管理技能，可以识别潜在的项目风险，采取措施减轻风险并应对突发情况。
- 资源协调和整合：包括分配资源、平衡竞争性需求，以及识别和管理各模块之间的依赖关系等。
- 项目团队合作：在团队中协调工作，与有不同背景和技能的团队成员合作，确保项目成功完成。

强调项目管理能力的重要性，能鼓励个体通过主动担任项目负责人去提升自己的业务技能。

14.4.3　以产品思维指导工作

以产品思维指导个体的具体工作是业务技能的另一个组成部分。产品思维在
13.5.1 节已经做了介绍，这里就产品思维在个体工作中的运用做进一步展开。

首先，要有意识地了解所承担工作背后的用户需求、痛点。这有助于个体在工
作中能动地思考。带着思考去做事，就容易形成自己的想法或疑问，进一步与相关
人员互动，这样更能将事做到位，让与自己合作的人感受到自己的用心和负责。当
个体缺乏这方面的思考时，就容易被他人牵着鼻子走，除了对工作的掌控力不足，
也很难获得工作成就感。

其次，关注产品的用户体验。如果开发工作涉及产品的用户体验，那么在开发
产品时需要有意识地避免想当然，站到用户的角度去看是否存在反人性化或难用的
问题。多引入一个概念、多一个操作步骤，对于用户来说都是使用成本，千万不要
小看产品的用户体验对工作成果的影响。

关注产品的用户体验的另一办法是，让自己成为所开发产品的用户。一个不用
自己所开发产品的人，是很难为他人开发出一个好用的产品的。真正用上自己所开
发的产品后，个体就会有更多的使用体验方面的感受，避免养成完成工作任务就了
事的工作习惯（不少开发工程师确实是这样）。如此个体就能更好地与产品设计岗
位的同事交流，也能理解他们对设计的思考。

最后，实践业务数据化并养成关注业务数据表现的工作习惯。信息化已成为推
动社会进步的重要手段，在发展业务的过程中，**我们需要建立起业务量化意识，用
数据去洞察业务的发展、表现并找到改善点，从而培养业务信息化素养**。有了业务
数据后，个体还需要在日常工作中形成关注业务数据的习惯。

通过业务数据可以及早发现问题并采取措施加以解决，这有助于提高效率、降
低成本、增加盈利、提升客户满意度。通过数据分析可以识别业务过程中的瓶颈和
低效环节，寻求改善，实现提效。

14.4.4　多与客户交流

与客户交流所需的技能也是业务技能的一个重要组成部分。与客户的交流涉及两方面。

一方面是听。通过听客户的声音，关注用户关于产品的反馈，了解客户对我们所提供的产品或服务是否满意，有什么改进建议，在使用产品或服务时是否存在问题等。此外，要特别重视通过提问等形式去了解客户的痛点和发展规划，从不同的客户那里收集这类信息有助于把握市场走向，我们可以将其当作发展规划的重要参考信息之一。

另一方面是讲。向客户宣讲公司产品的近期进展、对产品的思考和接下来的规划。与我们想听到客户的思考和规划类似，客户也想听到我们的思考和规划。我们输出的信息也在帮助客户打开发展和规划的新思路。**向客户宣讲可看作推销新产品、新服务的售前行为。**

多与客户交流，能很好地预防闭门造车，也有助于维护与客户的合作关系。始终不能忘记的是，客户对我们的信任是建立在共赢的基础之上的，牢记这一点能让我们在与客户的接触过程中反复问自己"能为客户解决什么痛点""给客户带去了什么价值""如何能帮助客户成功"。在这些问题上有了明确而清晰的答案，也就意味着有了价值变现的清晰路径。

关注产品的用户反馈也是与客户交流的一种形式。用户反馈是改进产品和服务的宝贵信息源。通过仔细倾听用户的建议、批评和需求，个体可以推动产品的不断改进，提高产品质量并满足用户的期望。

关注用户反馈，还可以帮助个体及早发现和解决潜在的问题，包括产品缺陷、技术故障、客户投诉等。通过快速响应并解决问题，可以避免负面影响的扩大化。用户提出改进意见，能帮助个体更好地发展和完善产品。通过关注这些反馈，个体有机会参与和见证产品的发展过程。通过与用户互动，可以积累宝贵的经验，了解行业和市场趋势，这些洞察不仅对业务有益，还可以促进个体的职业成长和发展。

14.5 关注业务结果

关注业务结果意味着不仅要完成任务，还要理解任务与业务目标之间的逻辑联系，以及业务目标背后的客户需求。这有助于消除不明确的工作目标，减少不必要的繁忙，并确保每项工作都为业务增值。虽然不是每项工作都会立即显示业务效果，但透过逻辑链的清晰验证，可以保证每项任务最终对业务产生积极影响。

此外，关注业务结果还有助于协调不同岗位之间的工作目标，使所有团队成员都能够专注于实现共同的业务目标。这种集中精力实现目标的方式，有助于减少协作问题和缓解工作过程中的冲突。

关注业务结果也意味着积极发展个人的业务技能，包括提升项目管理能力、以产品思维来指导工作、积极与客户沟通并关注用户反馈等。通过不断培养和提升这些业务技能，个体可以更好地理解和满足客户的需求，也能为公司的业务增长和发展发挥更大的价值。

生活是由经历组成的，关键是发现经历的意义。

除了活到老和学到老，更重要的是改变到老。

接纳生活中的不完美，才能更自由自在地
生活。

第15章
在生活中发展自我

坦白地说，与职业发展相比，在自我发展上我没有明确成功的体验。即便我基于自己的职业与人生经历，理解了自我发展的重要性，也确认了生活才是自我发展的主阵地，但我清楚每个人的自我发展路径都是独特的，甚至每个人在不同的人生阶段，面对类似的场景或事件时，产生的情感体验也会不一样。

因为这种独特性，我意识到经验只能借鉴，并不能保证对谁都一定有效。但无论如何，我可以将我、我家的事分享给你，希望能使你多看到一些样本，让你在自我发展的道路上，因有人一起探索而不那么孤独。在自我发展的路途中，或许"活到老、学到老、改变到老"是最重要的信念。

15.1　家也会伤人

毫无疑问，夫妻双方是家的顶梁柱和生活的导演与主角。因此，夫妻双方是家庭氛围和生活体验的主导者。当两人结为夫妻形成"团队"后，需要注意，很有可能是"0.5+0.5=1"，即每个人用自我的一半去换取对方的一半，而非"1+1≥2"，这是这个"团队"与职场中的团队最显著的区别。也正是这一显著区别使得生活是个体自我发展的一个主阵地，因为要做到交换自我是非常具有挑战性的一件事（要命的是，夫妻双方交换的刚好是相互矛盾的内容），背后包含了妥协、理解、包容和自我改变。

这个"团队"还存在的另一个需要特别关注的点是，当双方的观点存在分歧时，无法采取"少数服从多数"的原则去解决。换句话说，这对夫妻双方通过良好的沟通去解决问题提出了更高的要求。沟通困难可能是大部分夫妻都会有的问题，这也导致了"家会伤人"这一现象。我想以图 15.1 所示的积怨模型来解释为何会这样。

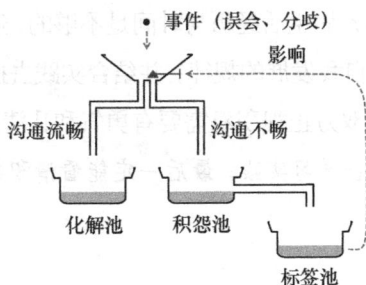

图 15.1 积怨模型

图 15.1 中有一个事件漏斗和三个池。漏斗下面有两个流出口，事件从哪一个口流下去是由沟通是否流畅决定的。当能够就事件进行良好沟通时，事件就会流入化解池，代表事件得到了很好的处理，这是大家都期待的。否则，事件就会流入积怨池，代表事件没有得到彻底解决，只是被搁置了。很多人没有意识到，搁置的事件会变成对人的积怨。

随着夫妻在一起生活的时间变长，积怨达到一定程度后又会流入标签池，代表开始对人进行（负面的）标签化。**一旦对人形成了负面标签，就会进一步影响沟通质量，容易出现"对人不对事"的现象。**

新婚不久的夫妻可能会觉得爱能化解一切，或因为相爱而认为不应去计较那些看似不重要的积怨，选择搁置。但以我的经验来看，沟通不畅背后通常存在着更深层次的矛盾，这可能是个体自我发展不成熟导致的，也可能是个体的性格缺陷带来的。

被搁置的积怨，大多并非夫妻双方认为不用关注或不必面对，而是因为双方自我发展不足而没有能力或没有信心处理好，所以只能消极地放在一边。但搁置并不能帮助双方的关系向好发展，积极面对才能真正解决问题。当然，解决并不一定是双方达成一致，也有可能是双方打心底里的理解和放下。积极面对通常需要一个契机，这个契机也许是双方对自我认知有了突破，又或者是有了勇气去面对真实的自我。也就是说，双方有了一定的自我发展成熟度。

实现自我发展的成熟光靠生活经历与时间是不够的，还需要个体持续学习相关知识，从科学的角度了解自我发展的规律，并结合实践去提升个体的自我觉察和自我意识。无论如何，夫妻双方正视积怨需要有勇气和认清自我并放下自我的决心。**只要有勇气和决心，并结合学习实践，最后一定能看清积怨背后真正的缘由，由此进入自我发展的良性循环。**

15.2　我们的生活感受

接下来将分别从我们夫妻二人的视角，分享我俩各自对生活的理解和面临过或正在面临的困难。读者无须有代入感地参与争论或判断对错，因为对于夫妻关系中的双方来说，对错不重要，重要的是夫妻关系是否能得到发展。而且每个人的人生课题都不同，每个人选择走的路也不一样，经历只有相近或类似，并不会完全相同。这里把我俩的故事讲给你听，是为了让你看到另一对夫妻的经历和对生活的态度，希望能带给你一些启发，并且希望能在你的心里种下一颗重视自我发展的种子。

15.2.1　他的视角

1. 认真生活

估计每个人对认真生活的理解和实践都不一样，我对认真生活的第一个理解和实践是花时间认真学习，在大学毕业后、孩子还没有出生的头 8 年尤其如此，那 8 年也是我个人职场生命周期的黄金期（参见 3.3.1 节）。

在高二之前，我一直是个不爱学习的人，也从没有思考过学习是为了什么，因此第一次高考没考上大学。但高中毕业的那个暑假，我仿佛突然开窍了，觉得自己应当去读大学，于是主动选择了复读，第二年（1994 年）我考上了一个大专院校。进入大学后我仿佛变了个人似的，开始有意识地在学习上与人一争高下。结果 3 年下来，除了一个学期获得的是二等奖学金，其他学期获得的都是一等奖学金，毕业时我也是全系唯一的优秀毕业生。

毕业后，我将大学时学习上的成功体验当作光环带到了工作中。中午别人午睡，我在学习；下班后别人在玩，我在学习；在往返杭州和女友所在城市的火车上，我还在学习；去女友老家，我依然花大量的时间学习。

在业余时间投入大量的精力学习让我持续在工作中尝到了甜头——从一名电器工程师变成了电子工程师，最后又变成了软件开发工程师。我在工作中是一个特别喜欢解决他人解决不了的难题的人，由此我收获了工作成就感和职场声望，形成了学习与实践的正循环。

学习带给了我岗位角色的变化，也让我跨越了行业。2001 年至 2004 年，我就读于浙江大学的夜大本科通信工程专业，2003 年我进入通信行业就职。2009 年至2012 年我在通信行业工作时，同时读了浙江大学的 MBA 专业，还完成了自己的第一本专业著作的撰写与出版。

学习让我的生活变得踏实。看书能让我静下心来；通过看书，我感受到了自己能力和思维的提升。我坚信一个人只要能力不断提升，生活就会越来越好，所以学习也能让人不焦虑。学习还给我创造了发展自我的好机会。2009 年至 2012 年是我人生经历中的第一个突破期，其间，我同时应对工作、写书和就读 MBA 三件大事。多重压力对于锻炼我的自我管理、时间管理、心理弹性和韧性起到了非常大的帮助作用。学习也让我在面对挑战时更从容，比如大女儿进入青春期给我带来了一些挑战，于是我便花精力学习了与育儿和自我发展相关的知识。

我对认真生活的第二个理解和实践是花时间与精力认真做家务。做家务对我来说不是负担，对于家庭日常采购、家具和电器的维修、房间的清洁整理、汽车打理等，我都乐在其中，做这些还能给我带来满满的成就感。而且做完家务后，我更能沉下心来学习和干自己的事，理所当然地享受自己的宁静，也许这是我乐于做家务的真正动力。

在我们家，我是一个眼里更有活的人。我全然知晓一个家的正常运作会涉及许多非常花精力的琐事，灯坏了，水槽下水慢了，车要保养了，孩子要上兴趣班了，空调滤网要清洗了，窗户要清洁了，沙发得护理了，杂物要清理了，直饮水滤芯要更换了，林林总总，**生活就是由那些看似不起眼但很烦琐的事组成的**。将这些事处理妥帖，让家保持一个良好的运作状态，对我来说是很踏实且有意义的事——让我下班急切回家，让我在工作中更投入、更高效。

保持锻炼身体的习惯是我对认真生活的第三个理解与实践。随着年龄的增长，这一习惯显得更为重要。锻炼身体除了能强身健体，还能起到减压的作用，让人保持良好的精气神去工作与生活。

另外，认真生活还意味着要有自己的生活爱好。打台球、学声乐、打网球、骑摩托车跑山、做咖啡、听音乐，都是我的生活爱好，有些偶尔为之，有些已成习惯。每当工作压力特别大时，沉浸在这些活动中，我的身心便得到很好的舒缓。

最后，追求品质是我对认真生活的又一个理解与实践。家庭装修，不追求豪华，但品质不能将就；保持居家环境的整齐整洁；及时修补汽车的小剐擦；给汽车、沙发打蜡，让它们锃亮锃亮的；修补家具表面的小刮痕；家庭物品用过后放回原位；及时清理计算机、手机的存储空间；等等。这些都是我追求品质生活的细节体现。

认真生活是一种沉浸在生活中的心境，也是生活给予你能量的一种反馈，更是付出后收获的幸福感。虽说生活中难免存在让人心烦的事，但这些事不是主流，不影响认真生活，所以认真生活还包括对生活中烦恼的包容。可以说，认真生活是我努力平衡工作与生活的动力。

2. 寻求共识

生活中的勤快有时会给我带来委屈，比如下面这些场景。

- 自 2005 年家里有了汽车后，我会很勤快地洗车。大约在长达 15 年的时间里，洗车都是我的责任，在我洗车时妻子基本上也不帮忙。一开始我也不觉得有问题，因为我乐于干这些事。可慢慢地，我发现用心打理好的车，家人似乎没有意识到要注意爱护。比如，在车里吃东西时留下碎屑，时不时在椅背上留个脚印，在某处塞用过的纸或袋子。这些都让我感到自己的工作成果没有得到尊重。

- 家里绝大部分琐碎、需要跑腿的事都是我在处理，有时我因为各种原因很烦，会情绪不好。当让我烦到需要人分担时，我会和妻子抱怨，她给我的反馈总是"你如果觉得麻烦就不要做，留给我做好了"。而当我狠心不做后，我认为她根本没有自然补位，似乎这些事非得我来做，我有了一种被强行绑定的不良感受。

- 在很长一段时间里，我会帮妻子把车清洁好并加好油，她只管开就好。但这事做着做着，我觉得为何自己要那么累呢？为何这种事不让她自己去做呢？

- 饭后我会争着洗碗，一是为了通过多承担一点家务让自己心安，二是觉得妻子做饭辛苦，让她多休息一下。但近几年，我感觉她并没有因为我多承担家务而感受到更多的幸福，她多出来的空闲时间似乎都花在了刷朋友圈和聊天上，于是我觉得为她省下时间与精力没多大意义。

我在这些小事上的感受反映出了我的如下两个问题。

- 做了事就希望被人看到，当别人看不到时我会觉得委屈。在将车打理干净这件事上，我明明是乐于做的，做起来动力满满且现在依旧如此。但在一定场景下，当我发现自己在意的卫生问题她们不在意时，我就会非常恼火，因为接下来我又得花精力去将车打理干净。

- 想当然地觉得为了妻子好，做了许多可以不做的事。比如，妻子开的车我帮她洗好、加好油，那也是我选择做的且很有动力做的事，自认为是在为她分担，但如果自己因为某种原因而觉得累时，就会选择不做。为了她好的背后，隐含的是我自己内心深处的期待和（或）应该。

面对我的这些烦恼和自我觉察，我不是简单站在个人的角度去解决问题，而是将之当作关系事件去处理，争取找到双方都能接受的解决办法。后来我们有了如下改变。

- 洗车时，夫妻双方都参与。最近几年，妻子看到我洗车时会立即加入，也有了更多主动打理车的行为。

- 我变得"懒一点"。由于我关注细节、做事认真，并且眼里有活，容易出现妻子没看到活前，我就将活做完了的现象，这在某种程度上"剥夺"了她干活的机会。为此，我做了两方面的改变：一是看到活不干，先放在那儿，等她看到，虽说有时我会憋得慌，但我会选择忍一忍；二是提醒妻子去做，有意识地让妻子去做之前我做的事，让她对那些事更有切身感受，便于她更好地建立对我的同理心。

生活中那些令人烦恼的小事，跟人的成长经历、性格特点，以及对生活的态度有很大的关系，因此会让人觉得是大矛盾。就我的经验来看，**当夫妻双方存在矛盾时，时间并不是很好的磨合剂，自我发展才是走出困境的良药。**

3. 忠于一致性

为了在工作中做事更有质量和效率，我特别重视形成做事原则和做事习惯，只要没有碰到新的问题，我就会让自己的做事方式保持稳定。这潜移默化地使我保持着言行一致，帮助我更好地实现知行合一，让我在工作中能非常快地调整言行去适应变化，并且不会产生严重的精神内耗。

同时，我会追求个人在工作与生活中行为的一致性。不过，在生活场景下，这样的思路不时会给我带来烦恼。

生活中也少不了规则，比如孩子上学期间何时睡觉、假期几点起床。以我的行事风格，有规则就要执行。但在家里，夫妻间因为个性不同，在配合上总没那么默契。到点该张罗孩子上床事宜了，妻子还沉浸在自己的事务中；起床闹钟响了，该叫孩子起床了，妻子依然沉浸在自己的事务中没有动静。这让我感觉规则执行得很随意，因此很苦恼。看到这些情况时，有时我会多做一些，有时会对妻子的无动于衷心生不满。

另外，我的规则意识似乎并不被妻子认可，她认为我对孩子过于严厉。于是，对于生活中的这些事我就不知应该管还是不管。如果管，我会担心自己本来基于规则做的事可能不被妻子认可；而如果不管，我又会因为觉得事没做好而难受。总之就是尴尬。**出现这种尴尬，有夫妻双方的生活习惯与态度不同的原因，但更重要的还是沟通不畅导致的。**

4. 沟通之痛

夫妻之间沟通的挑战，除了 5.1 节讲到的"三不"所带来的，我家还有另外两个。

第一个挑战是不聚焦。沟通中的表达不可能做到滴水不漏，一句话中难免会出现重点和非重点。糟糕的沟通表现为，无法基于沟通的主题去抓住重点，老是关注那些非重点的信息。关注非重点信息的结果是，不断从一个话题跳到另一个话题，让人感觉沟通起来非常吃力，而且经常将小问题变成大矛盾，最终不仅没解决问题，反而增加了隔阂。

第二个挑战是事实对不齐。夫妻双方在争论对错的过程中，我认为妻子在描述问题时，会经常出现时间顺序颠倒、因果倒置的现象，也会为了证明自己是对的而罔顾事实，甚至也有编造事实的问题，而她又总是告诉我她绝对不可能这样做。我认为她不客观，她认为我很主观。在事实对不齐的情况下，问题就不可能被真正解决，这会让关系变得越来越复杂和不真实。

当我和妻子讨论分歧、误会方面的问题时，经历这两个挑战是常态。这些非理性行为的产生，有时候是因为不想面对自己的错误，有时候是因为男女间思维的差异，有时候是各自好强不服输。年轻时不觉得这是问题，但二十八年下来，很多事情不明不白、不了了之就变成了积怨，最终给人"贴上"了负面标签。

具有一定的抽象总结能力是人有别于其他动物的重要特质，当类似的事反复上演时，标签化去总结相应的模式是一种本能。这样下次面临类似的情景时，就能无意识地做出反应——你又来了。也正是这种负面的标签意识增加了人与人之间的沟通障碍。

当负面标签形成并且长期没有被"撕掉"时，彼此的信任度就会降低。我对妻子在好些事上是不信任的，只要看不到她有意识地面对问题和做出改变，我就只能消极地维持现状。她对我，估计也是如此。

最近几年为了应对这两大挑战，我和妻子在沟通时，如果预判会出现争吵，就会拿出手机录音。这样做，一是可以让双方讲话都更负责任、注意控制情绪和语气，二是如果真发生争吵，后面可以回放复盘。这看似简单的动作却很有效。

不过要注意的是，这一方法要发挥作用，需要双方都愿意复盘，这也代表着双方勇于正视各自的不足。刚开始运用这一方法时，复盘有可能演变成另一次争吵，这并非代表这一方法有问题，而是各自的自我发展还可以再突破，我们应耐心等待突破的到来。

由于沟通是发生在夫妻二人之间的，当夫妻双方持有相反的观点时，虽说我们要接纳情绪，但我们的最终目的一定是解决问题，所以最终还是要回归理性，从对家庭更有益的角度来解决问题。**不能为了和谐而妥协，妥协有可能意味着总是将就要求低的一方，而让要求低到没有底线。**

不过，值得强调的是，解决问题不能急于一时。如果暂时妥协有利于双方情绪的稳定，那么妥协也无妨，来日方长，后面可以再慢慢解决。另外，我们还需要注意，情绪总是会放大矛盾，很多时候双方因为带着情绪而将小差异解读成大矛盾，这也是很常见的。所以我们可以在回归理性后再来解决问题。

5. 保持激情

无论是工作还是生活，我发现很重要的一点是不能丢失激情。**工作中的激情是**

形成并守住心中的诗和远方，作为灯塔照亮职业发展之路，让人务实地深化专业化和职业化；生活中的激情是对生活与生命的热爱，认真生活、发展自我，以博爱照见自我发展，使人正视和接纳人性的不足。

我是时代的幸运儿，无论在工作与生活中遇到什么困难与挑战，激情都没有被磨灭。持乐观态度面对工作与生活，以现实方法去追求心中的理想，是我与这个世界相处的态度。世人常说，做人要圆滑，但从我自己的经历来看，保持个人的棱角与世界相处，并没有比那些没有棱角的人更难。因为始终抱持正直、诚实、真诚、成为对社会有用的人等信念，虽然我棱角分明，但依然被周围的人理解、包容着，让我活出了自己。

大学毕业头几年我就意识到，面对生活需要遵循 80/20 原则——生活中除了 80% 的如意，还有 20% 的不如意，而正是那 20% 的不如意不断挖掘着我们的潜力，让生活更有挑战和意义。面对关系亦如此，我们不要期待一段完美的关系，关系中有不同、有差异，才能让我们在找寻共识的过程中不断完善自我，成为更好的自己。

没有痛苦的成长是缓慢的，没有痛苦的生活是不存在的，没有痛苦的关系是平淡乏味的。当认清了痛苦是成长的起点时，激情才能得以更好地保持与散发。

15.2.2　她的视角

以下是我的妻子楼建芳的视角。

1. 从被动到主动

我的过往可以很明显地分成两段。一段是 40 岁前长长的一段，另一段是 40 岁后短短的几年。为什么这样来分？因为 40 岁前我是无意识地被动生活，40 岁后我才开始有意识地主动追求。

40 岁前，我被学习、生活、工作推着往前走，没有考虑过生命的意义，在工作和生活中没有什么追求，纯粹是用直觉在生活。小时候我没有用心读过书，也没有下过一定要考上大学的决心，在功课上应付老师，就在这样的状态下稀里糊涂地考上了一所公费大专院校。这在 20 世纪 90 年代的农村也算是一桩挺荣耀的事了。他们告诉我，我是村里恢复高考后第二位考上大学的女学生。

在大学里我依然稀里糊涂地学习，没有必须上课、写作业、考多少分的自我要求。在这样的状态下，第一学期的期末考试给了我狠狠一击：3 门课不及格，差点留级。但这狠狠一击也只是敲醒了我，让我后面没有再补考而已。努力学习、争取优秀的想法，我依然是没有的。

毕业时我被分配进入老家市里的供电局。我在供电局上了 3 年班，看着供电局三产单位里从纺织厂下岗过来的女同事，我会想自己到了 40 岁是不是也有可能下岗。因为那时候看到很多同事上班的状态，轻松得有些不真实。当然，我们几个刚毕业的小年轻还是有事做的，比如帮办公室主任把纸质发言稿输入计算机并打印出来。所以有段时间我最主要的工作就是打字，我现在五笔输入法用得很熟练，就是那会儿练出来的。那时，我还会看看考研的书，想着去考研，重新找个工作。后来全市农网改造，我便开始忙了。我的工作就是根据基层农电站报上来的材料，做每个村的农网改造预算。

再后来，与时为男朋友现为老公的李云商量后，我毅然辞职来到了杭州。在他的推荐下，在几乎没有编程基础，只看了谭浩强老师的《C 程序设计》和《C++程序设计》两本书的情况下，我进入了他所在的公司，由此开始了我近 20 年的软件开发职业生涯。

半年后，我便可以独立带项目了（后面我之所以极力推崇基于"做中学"理念的项目式教学模式，与我这段职业经历有很大的关系）。后来我生了俩娃，就职过6 家公司，从性质上来说有民企、外企；从规模上来说，有全球 500 强企业，也有只有五六个人的创业公司；行业有电力监控、多媒体、电子、金融；技术方向涉及Windows 应用、音视频编解码、嵌入式、手机移动端。

40 岁辞职做教育前，我就职于恒生电子股份有限公司研发中心，做移动端跨平台产品的高级架构师，带着一个有十几号人的团队。整个职业生涯中，我没有很有目标性地追求过一定要得到什么成长、获得什么利益，不过工作成果倒也不是很差，虽没有特别优秀，但也还是能获得领导及同事的认可，也在缓慢成长着。

在近 20 年的软件开发工作中，我只是以力争把工作做好的心态打着一份工。2005 年，我生了大女儿，因为公司离家的车程要半个多小时（那时车况好），为了离家近点，在女儿半岁的时候我辞职去了一家离我家骑车 20 分钟左右就能到的公司。再过了一年，因为女儿的一次生病我觉得公司还是远了点，又辞职去了一家离我家走路 10 分钟就能到的公司。你看，我就是这么没有职业追求，纯粹就是根据自己的生活需要（在那个当下，我生活的重心就是女儿）换工作。

我 40 岁时，女儿进入杭州云谷学校（后面简称云谷）就读初中，我在参加学校的第一次家长会时被深深撼动了。看着一群满怀激情的老师说着教育理想，听着冯晨校长说她对于工作的态度，从一开始的干着一份普通的工作，到后来变成追求一份事业，最后便是在实现教育使命，那时我开始反思自己的人生。是的，就是从那时起我才开始主动思考自己的人生——我要怎么过我的人生。

家长会后，我开始审视自己的工作：想得到的瓶颈，看得到的未来。但除了软件开发，我还能干什么？那一年少儿编程迅猛发展，高中时的好朋友正好打电话来询问她儿子学编程的事。我们由此聊起来，她说你可以考虑教孩子编程，现在有机构就在教这个，很多孩子喜欢学。我一听，很心动。正想着自己的兴趣也许是教育，正愁怎么开始，没想到就出来个少儿编程，教育我喜欢，编程我擅长，那不正是我可以做的事吗？！

于是我懵懵懂懂地开始了一段教育创业之旅。在完全对创业没概念、对教育没切身感受的情况下，我贸然地开了一家"高大上"的少儿编程机构。这次创业没有成功，但我收获很多，成长也很快。这段创业经历持续了 3 年半的时间。

这是一个单纯的技术职场人转变为需要一直思考如何生存下去的创业人的过程，这个过程很艰难；这是一个教育新人转变为教育实践者和创新者的过程，这个过程给我带来了成就感；这是一个不断否定自己又肯定自己、探索自己真正热爱的是什么的过程，这个过程中有迷茫，有失落，也有火花。不过，哪怕有艰难、迷茫、失落，最后总是能回到坚定中。

我在各种不断的尝试中认识着自己。我观察自己，发现在这一过程中，我的学习效率和热情与从事软件开发工作时有很大不同。之前，技术书对我来说基本是要用到才看才学的，非必要不学习，能应付工作就行。不过，因为受另一半的影响，他买的书我也会看一部分，所以也积累了一些。偶尔也会受好奇心的驱使，学一些东西，比如对于音视频编解码，我一开始完全是因为好奇才学的，不过神奇的是后面竟然用上了。这种神奇的事没少发生，也许这就是"心之所向，行之所往"。

教育类的书对我的吸引力就不一样了。我看完一本又接着看另一本，看书的效率也高了不少。这些不同让我感受到热爱和兴趣对学习动力的影响。由此及彼，我想到了通过观察帮助孩子们找到他们的热爱所在是多么重要的一件事。

因为女儿就读于云谷，我了解到了 PBL 模式。结合自己的经历，我被这种基于"做中学"思想的教学模式吸引了。我将其运用到了编程教学中，在机构和学校社团里，带领孩子们通过项目制学习方式去学习编程。孩子们的学习状态及他们给我的反馈，又更让我沉迷于这种教育模式的尝试。

在我看来，PBL 与其说是一种教学模式，不如说是一种教育思想和理念（参见16.3.2 节）。后来我自然而然地将这种教育思想和理念迁移到了与我小女儿的生活互动中，即将其迁移到了养育孩子的过程中。

我感受到这正是中国传统教育缺失的那部分，由此，我开始希望有更多的人能学习、理解和实践这种教育思想和理念。于是我通过发起 2050@2019 的创新教育论坛、参与编写《PBL 行动者手册》、开通公众号传播我的教育实践和感悟、创立PBL 养育联盟等来传播这些教学思想和理念。

做这些事时，我是幸福的。我看到自己热爱课程研发，喜欢教学尝试；享受着影响家长们的过程；沉浸于给孩子们上课的状态；眉飞色舞地讲述着自己的实践和收获。但同时，我又为看到孩子们受到学业压力而心痛，为父母们看不见孩子真正需要的东西，进行错误教育而着急。所有这些，都让我感受到了将这些教学思想和理念带给更多的人这件事的意义。

但即便热爱，我也会有打退堂鼓的时候，碰到困难也想找个借口不坚持了，我还会时常问自己是否一定要做。问自己的过程也是突破自己的过程。我一次又一次地问自己，一次又一次地告诉自己："如果一件事容易做，为什么要你来做。热爱不是因，坚持才是因，只有坚持才会有成就感，热爱才能持续发生。"在这样的一次次小小的心理冲突中，我一小步一小步地突破着、收获着。所以**与其说是在坚持自己的热爱，不如说是在一次次地进行自我突破和探索**。如果放弃坚持，则意味着放弃了自我成长。

回过头去看自己 40 岁之前的工作经历，我时常觉得如果重新来过，我的工作状态一定会很不一样。被动工作的心理会让人放大困难、冲突、挑战，容易抵触并退缩。比如，为了找到车位，需要 6:30 起床上班，当时这让我用了无比大的心力来坚持那份工作；工作中，产品经理的对抗心理让我多有抱怨，但我从没想过主动出击，通过沟通去破局；设定产品目标时，我无法跳脱出自己团队的可达成目标，让自己陷于产品目标和团队目标博弈的内心冲突中。而现在再来看这些问题，我只想说，这才多大点事啊！

很多时候我们总是无奈于按部就班地学习、生活、工作，总认为未曾找到自己的热爱。但事实上很有可能并不是我们不曾找到自己的热爱，我们的潜能一直在那儿，只是**在生活的考验前，我们让无奈和痛苦打败了自己，我们停止了挖掘，放弃了自我探索**。教育探索带来的自我成长不仅让我在追寻事业的过程中不断突破自己，让我在关系中获得了突破。

2.　认识自己

认识自己在心理学中指的是对自我的清晰认知、觉知及合理评价。很多人会觉得别人不够了解自己，但他们应该从不会认为自己不够了解自己。我曾经就是这样，以前的我一定不会认为"我不了解自己"。但是，现在再去看以前的我，不得不说，我确实不够了解自己，或者说以前的我从没有试图去认识真正的自己，去观察和了解自己行为背后的思考是什么，基本是以直觉在行事。我尝试去真正认识自己，是这两年才发生的事。

认识自己，首先是要对自我有清晰的认知和觉知，这很不容易。生活中，李云对我这个毛病一直颇有意见：叫我做事，我明明应了，但行动上却很不积极。比如，他提醒我该协助孩子洗漱上床了，我会嘴上应着，或者只是催促孩子一下，但还是沉浸在自己的某项事务中，没有行动的意思，这让他很不满。对于这个问题，事实上不只他有意见，孩子们也曾提过，说有时叫妈妈总是得不到回应，让人着急。

尽管收到过很多次这样的意见，但我从没觉得自己有什么问题，因为我想的是：我又不是不回应，我也有正事要忙，你们等一下不挺正常的吗？是你们太急了，想一呼我就应，我还有没有空间？

正因为有这样的心理，对于他们的意见，我的回应自然不会好到哪里去。孩子那里，"我也有自己的事要忙"是可以"解释"过去的，但对于李云，日复一日，年复一年，可想而知，冲突是不可避免的。

生活中发生的很多改变总是偶然的，也总是有很多改变不知道因何而发生。某天我突然观察到，孩子有事请求我们时，同样在忙的状态下，李云对孩子的态度跟我很不一样。他总能快速切换状态并认真地去回应孩子，而我的回应总是显得漫不经心。发现这个差别后，我才意识到了我可能有问题，并不完全是他们太急了。有了这个发现后，我又想到：之前在工作时，我极度反感别人跑我的座位上来找我说事，我总会要求有事先在线上沟通；我也很不喜欢接到即时电话，而更喜欢有事先在线上用文字进行沟通。

原来我有这个问题：当我专注于某件事时，我很难快速切换状态。也许这不应该算是问题，而是特质，但很明显这一特质让别人产生了困扰，而我总认为是别人的问题。我将自己的发现告诉了李云，收获的自然是理解。自此，当发生类似情况时，我们没有再为此吵架。因为一方面，我知道了自己的问题，我不再理直气壮于自己的慢；另一方面，他理解了我的特质，不再指责我回应不及时，很多次他都直接补位解决了。

认识自己说起来简单，实践起来却难之又难。我们总是囿于自我的认知局限中跳不出来，只片面地认识了某些方面。我相信对于自己我还有很多方面是还没有了解到的，而在没认识到自我的某些特质之前，面对冲突，我们就会深陷于自我防御。

同样不知是如何发生的变化让我意识到我有极强的防御性思维。那一天，在读某篇文章时，我突然想到了这个场景：我们一家四口走路去外面吃饭，我边走边回微信信息，大女儿提醒我："老妈，走路别看手机。"我一直不满于她爸在这件事上的过多提醒，在我看来，我有分寸，不用经常提醒，他还要一直提醒，这就属于过度控制了。因此，当听到女儿这样提醒时，我下意识觉得"咋跟你爸一个样，真烦"，于是脱口而出："你管多了。"

女儿正常的提醒却被回应以斥责，可以想象她有多么郁闷。再回想在以前的生活中，这样的场景还不少。后来，我开始有意识地观察自己，带有防御性思维的行为时常发生。当然，就我有限的知识积累，我并不能很好地解释这是为什么，虽然防御性思维是人天生的，因为人天然不喜欢被控制、被否定，但我能感觉到自己在这方面有更敏感的倾向。

目前，对我来说，探寻根源并不那么急切，这份觉知已然带给我很多的成长和收获。生活中，很多次当我意识到自己有不良情绪时，我会有意识地问自己：这是事实，还是我的防御性思维在作怪？别小看这一行为，因为它给了我一定的缓冲空间，我的反应自然就发生变化了。

3. 原来一直在对抗

一直以来，我自认为为家庭付出了非常多：女儿还没有出生我就阅读了大量的育儿书；虽然身在一个被人诟病经常需要加班的软件开发行业，但我坚守着少加班的想法，尽量早回家；家务尽力承担，需要我做的、我能做的，我都愿意做，从来不曾有是否公平的想法，也不曾有过任何怨言。但我感觉自己的努力似乎从来都没有丈夫看见。也许以他对他自己的标准来看，我确实不够努力。在他看来，我如果更努力，可以更早到家，可以更好地照顾家庭，可以更多地承担家务。

对于他的看法，我难免会觉得委屈，争吵也就避免不了。工作日晚上带娃、周末带娃，我都亲力亲为；孩子的饮食、功课、兴趣班安排等也都是我在负责；有老人帮忙时，周末我买菜烧饭；最近几年老人没有再过来帮忙，买菜烧饭、洗碗洗衣、打扫卫生，这些琐碎的事都是我在做。做了这么多，还经常被指责眼里没活，让他不放心，他认为他做多了，他觉得委屈，可我也觉得委屈，我做得也不少啊！尽管我认为他确实是一个很勤劳也很顾家的人，但委屈让我无法共情于他，也安慰不了他。我们有时会大吵，有时会冷战。对此，我很无奈，但也没辙。

在我看来，一直以来，他是家里问题的制造者。他不够知足，总有各种莫名的情绪。有时大家各自承担着自己的责任，他的情绪突然就来了。比如，他认为我眼里没活，玩手机的时间多，马桶没有冲干净，没有照顾好孩子等，这些都是有可能让他产生不良情绪的点。但是从我的角度来看，就感觉很莫名其妙，刚刚还好好的，怎么突然就不高兴了呢？

我怎么眼里没活了？买菜烧饭、洗碗洗衣、辅导孩子作业、带孩子上兴趣班等，我是默认的承担者，你偶尔做几回，就美其名曰你共同承担了。你委屈，我更委屈。

我一直认为自己是占理的一方，他是家里和谐气氛的破坏者，我是因为不得不应对他提出的问题和他的情绪，才导致冲突的，所以他更需要学习，更需要去真正认识自己。直至看到《亲密关系：通往灵魂的桥梁》里关于"权力斗争"的内容，我才意识到自己的局限：面对这些问题时，我一直在对抗、博弈；我认为自己在被指责时能放下冲突后的情绪，对他的无理取闹释怀，已是最大的妥协和包容。而我的局限，源于我的着眼点始终在"我"和"对错"上，而不是"我们"和"爱"上。

4. 尝试看见他

在我的视角里，委屈和不平衡是他内心一直过不去的坎。后来，我看了一些心理学方面的书，如《原生家庭：如何修补自己的性格缺陷》《深井效应》等，用浅薄的知识看到了他有这个心理，可能是因为他从小是最不被父母看见的孩子，委屈和不平衡的心理也许是从小形成的。我的分析对或者不对并不要紧，因为对于我来说，这是能让我释怀的一种解释。

我观察下来发现，他的委屈和不平衡还来源于他对自己的苛刻。他苛刻于自己的上进，苛刻于要照顾好家庭，苛刻于让我们每个人都感受到幸福。苛刻之下的这些期许总有不免让他无奈的时候，那时他的委屈和不平衡便会显现出来，情绪难免就上来了。而情绪需要出口，也需要找到一个责任方，自然这个对象只能是最亲近的人——我。这又是我对他时而产生不良情绪的一种解释。

基于这些解释，我找到了一个可以不怪他的理由，能让我释怀于他的"无理取闹"。但是我内心的力量又没有强大到当他因为这些心理而产生情绪时，我能立刻接住他的情绪。他的抱怨、指责依然会让我委屈，而我又知道申辩无用，申辩带来的有可能又是争吵。

于是，我开始经常性地在面对他的要求和情绪时不吭声，但这并不能消解他的情绪、委屈和不平衡。我以为这是我的成熟，包含了对他的理解和包容，因为我能处理好自己的情绪。但实际上，当我学习后，我了解了我以为的情绪处理实际是情绪抽离，是一种自我保护，而我的沉默则是一种冷暴力，这依然是一种对抗，并不是真正的接纳和理解。

5. 突破小我

看到了自己的局限，问题就能解决了吗？答案是否定的。克服自己内心的强硬，让自己变得柔软，这也是一个难题，至少对我而言是这样的。

就在前段时间，我们两个人窝在家里写书。也许是为了减少我的麻烦，又或者他觉得接送孩子也是一件幸福的事（他说过类似的话），总之，他接过了接送孩子的活儿。但从我内心来说，我也想尽力承担，我觉得如果这事你做起来觉得麻烦，完全不用苛求自己，这事就交由我来做，因为对我而言，做这事完全没有负担。但我没与他说自己的想法，也没去追究他是因为想分担我的麻烦还是觉得幸福，才接过这活儿。

那一天，我们都沉浸在写作中，快到接孩子的点了，没见他起身，我便问："要不今天我去接女儿？"他回答："我去接。"又过了一会儿，看时间实在紧张了，我又说："还是我去吧。"他说："我会去。"然后起来转身，还没走出房间，回过头说："要不还是你去吧。"看出了他的纠结，我回了一句："一件小事，看你在那儿纠结的。"我的本意是"这么一件小事，没必要纠结，完全可以一开始就说让我去接"。

听到我的话，他肯定是没有理解我的本意，因为我感受到了他的不开心。在校门口等女儿出来时，我收到他发来的微信消息，他告诉我这句话让他有压力，而我呢，人性的弱点又占上风了。我就是无法承认自己话没说好，只是一个劲儿地解释我的原意。当然，解释是不顶用的。因为解释只是在佐证我没做错什么，是你误会了而已。

即使我知道只需要稍稍地共情，告诉他"我的话没有说好"，然后说出我的原意，这场争论就可以圆满结束，但我就是无法做到。我思来想去，还是没能开这个口，而是用占理的理性无情地驳斥着他的感性想法，甚至还抱有一种胜者姿态：你不一直挺理性的吗，你就不能回归理性听我的解释吗？就是这么傲慢。

直到几天后读到《亲密关系：通往灵魂的桥梁》里的"我们宁愿争吵也不愿面对伤口，是因为生气比承受心碎要简单得多"，这句话击中了我。虽然我不知道我的伤口是什么，但这句话就像一种接纳，接纳了我内心的强硬，而接纳就是力量。我知道突破内心的强硬对我们之间的关系而言有多重要，所以我不断告诉自己要突破。

面对这个冲突，我可以选择像以前应对冲突一样让时间来淹没它，但这一次我认为我要尝试迈出去，这对我自己和我们之间的关系而言都是一次突破。这一天，我们两个人又坐在一起写书时，我给自己打了气，转过身对着他，想轻松一点但实际喉头有些紧，告诉他："事实上那一次在我走出家门的那一刻，我就知道我的话没有说好，让你误会了。"就这一句小小的承认，让我看到了他眼中的柔软。不过，说完后，我的感受并不是完全的释然和轻松，因为除了有对自己做到了迈出这一步的喜悦外，还伴随着一丝不安。我不知道这丝不安来自哪里，也许是打破坚硬外壳后的小我的另一层防护吧。

我知道，追寻灵魂伴侣的路上会有很多层的小我防护要打破；我也知道，要打破这些防护并不容易，甚至有可能会不断被打回原形。但我愿意尝试去突破自己，获得成长。

6. 改变是一种信念

3.2.1 节的 POG 个体成长模型告诉我们，成长始于痛苦，所以面对痛苦只有克服它才能收获成长。以我自身的经历来说，我非常认可这个模型，但我曾经不认可模型中的变商这个词。因为我认为成长并不全是改变带来的，也有允许和接纳带来的。比如，我个人的成长很多就是源于允许和接纳。比如我允许失败后，接纳了失败，于是我便能坦然面对失败。我认为这个成长就不属于改变。

就这点与他讨论后得出的结论是：允许和接纳的背后也是改变——心态的改变、感受的改变。不过，对于模型中的变商这个词，我还有自己的一套解释，可以当作对该模型的理解和补充。

- 改变不是起点，而是结果。即不是"我要改变"，而是"我改变了"。
- 改变的着眼点是自我改变，不是他人改变。当我们期待以他人改变来解决自己的痛苦时，不仅不可能实现，还会放大痛苦。
- 成长必依赖于行动。首先要有"改变的意愿和能力"，而意愿来自"相信改变必然会发生的信念"。即，信念生发意愿，意愿促使行动。

- 所以，变商包含了一个人向内求的觉悟力、相信自我能改变的信念力，以及让自己发生变化的行动力。

其实怎样解释并不是最重要的，我认为这个模型对我而言最重要的价值在于揭示了：

- 正向看待工作与生活中的痛苦、冲突、挑战等问题；
- 唯有克服才能成长，逃避无法解决问题；
- 成长是一个螺旋式的、不断持续的过程。

15.3 生活没有捷径

生活是一场漫长而丰富的旅程，沿途不乏突如其来的挑战和经历后才明白的机遇。在这个旅途中，我们难免渴望找到一条捷径，但是**真正的生活并没有捷径**。

生活的价值在于过程，而不是结果。每个人都有自己独一无二的生活轨迹，每一步都有意义。与没有完美的人一样，并不存在完美的生活。幸福不是一种状态，而是一种感受。且幸福的生活是过出来的，不是追求得到的。当把幸福当作目标去追求时，就容易忽视过程。忽视过程，就是没有理解生活的真谛。

生活中的困难、挑战和选择都是完善自我、发展自我的机会。如果总是寻找捷径，就会失去发展自我的机会。面对人这么复杂的有机体，有很多的科学研究创造了海量的知识，但也只解决了"知"的问题。**无论生计如何，生活的难都难在通过自我改变实现知行合一，背后挑战的是人性。**

虽然我们以理性去追求生活的确定性，但非理性也是生活的重要组成部分。也正因非理性的存在，生活才有更多的变化和刺激。面对个人的非理性，了解它、接纳它、完善它，**接纳人性的不完美，才能更自由自在地生活。**

育儿的本质是育己。

父母的格局和视野才是孩子真正的起跑线。

父母的自我发展程度，决定了育儿的质量。

第16章
在育儿中发展自我

"生儿容易养儿难"，难在发现和改变身为成年人的无知、傲慢和自以为是；难在教育没有标准答案，人生没有唯一正确路径；难在育儿过程总是充满不确定性。**应对这些"难"的过程，也是我们坚实发展自我的过程。**

大多数家长感受不到自己的无知。虽然自孩子出生，我没有放弃过对育儿知识的学习，但是我想说，我依然是无知家长中的一员，甚至可以说现在依然还很无知。

家长的无知首先体现在对儿童的发展规律缺乏认识，以及对育儿的科学知识缺乏学习。无知使得家长对于孩子的敏感期、叛逆期和青春期没有敏感度，跟不上孩子成长的步伐，当与孩子发生冲突时，总是将问题归咎于孩子，认为孩子不服管教。这类家长大多不清楚，"无知育儿"在给家长带去痛苦的同时，对孩子也有伤害，甚至伤害更大，大到有的孩子用一生为之买单。

家长的无知还体现于，会以"我们小时候几乎不用家长管"来解释自己对孩子教育的不上心，没有与时俱进地认识到孩子的成长和教育环境与过去相比已全然不同，忽视对孩子学业的支持和引导，未及时帮助孩子疏导或化解学业压力和社会环境压力。而且家长几乎无一例外地对孩子有期待，而期待通常会带来压力。所以，对孩子来说，这就造成了家庭外部压力和家庭内部压力的双重夹击。作为家长，要关注和识别哪些压力对孩子而言是良性的，哪些压力是有害的，还要能适时干预并引导。这些无不对家长的学识、技能和自我发展成熟度提出了更高的要求。

无知总是伴随着傲慢和自以为是。家长的傲慢体现于，对孩子身心发展所需的支持、诉求的轻视和不尊重。自以为是的家长不愿意接受不同的观点并改变自己的想法或做法，即便知道自己错了也要一错到底，在孩子面前缺乏作为成年人应有的成熟度。

对于人这么复杂的生命体来说，不确定性是育儿的本质属性。对未来的不确定难免会引发焦虑，但如何应对焦虑却是成年人的自我发展问题。那些过于焦虑的家长，往往是忽视自我学习与成长，容易被环境影响，过度将自己的期待寄托于孩子身上的人。

从大女儿上幼儿园开始，我们俩就一直被学校的老师认为是学习型的榜样父母。即便如此，作为新手父母的我们也在不经意间犯了很多错误。养育结果的滞后性使我们在孩子慢慢长大后才觉知曾经的不足。虽说发现并改正那些不足让我们在养育小女儿时更为坦然和从容了，但我们也清楚地知道，每个孩子的成长路径都是独一无二的，我们养育小女儿一定会面临与养育大女儿不一样的挑战，也会犯不一样的错。

写这一章时，大女儿和小女儿分别刚上大学一年级和小学四年级。以我今天的育儿认知水平，我认为没有所谓的世俗成功路径，因为**育儿的本质不是孩子的成长，而是家长的成长**。基于这一认识，我认为那些宣扬"让孩子高强度学习"的文章，没有任何积极作用，甚至会让那些没有清晰育儿认知的家长更焦虑。

育儿过程中的亲子关系与夫妻关系一样，能为我们的自我发展创造更丰富的场景。亲子关系与夫妻关系有一个很大的不同：孩子的单纯和直接能让我们更好地从他们的言行中看到真实的自己，让我们真实面对自己、面对事实，去更好地发展自我。夫妻关系因为积怨可能不容易引发我们基于对方的反馈去认真反思，但亲子关系对于我们的认知干扰几乎没有。

正因为不存在世俗成功的育儿方法，所以本章的关键目的不是教读者如何育儿（尽管书中会讲到一些育儿方法），而是希望读者能更加重视在育儿上投入时间学习与实践，在育儿的过程中关注自身的成长，去感受育儿的幸福。**家长持续学习成为**

更好的自己，是对育儿最好的理解和实践。

16.1 不破不立

职场人士要平衡工作与生活，必然绕不开生活中的育儿事宜，毕竟有了孩子后，育儿在生活中占据了相当大的比重。这是将育儿话题放到本书中的一大原因，不过还有另一个更重要的原因。

在大女儿上初中前，我基本上没有读过育儿方面的书，都是妻子在读。她不时会基于自己的理解与实践向我分享心得，想必那是她在帮助我间接地学习一些零碎的育儿知识。大女儿读小学时，学校也有帮助家长掌握科学育儿知识的讲座，参加这些讲座也让我掌握了一些单薄的育儿知识。

大女儿初中读的是杭州云谷学校。学校设有一个面向家长的云谷学堂，通过讲座、读书会、沙龙、工作坊、学习小组等形式，帮助家长学习育儿和自我成长方面的知识。"家长好好学习，孩子天天向上"这句话很好地表达了学校开设云谷学堂的目的。

让大女儿读云谷，是因为我家非常认可云谷的教育理念。在大女儿就读于云谷初中部的 3 年，我和妻子也跟着云谷学堂一起学习和成长。那时除了跟着云谷学堂学习，我还读了其他一些心理学方面的入门读物。这一时期也是妻子做编程教育创业的阶段，我深刻体验了家里有人创业对家庭生活带来的巨大冲击。

2023 年 5 月，大女儿作为首届高中毕业生从云谷毕业。孩子在云谷的 6 年，也正是处于青春期的 6 年。叛逆是孩子在青春期的必经之路，挑战父母是孩子在这个阶段的正常需要。所以这也是发生亲子冲突最为频繁和严重的阶段。我们家虽然因为我和妻子的持续学习和成长，没有发生过激烈冲突，但挑战也不少。

在这 6 年里，我的职业发展也经历了最具挑战性的一个时期。这些经历是促使我重视育儿和学习自我成长内容的重要因素。这一路的成长和历练，以及所看到的真实育儿案例，让我深切认识到，无论育儿或生活，还是职业发展，都绕不开自我发展的课题。

看到一些孩子身上的不良现象，我真希望他们的父母（特别是父亲）了解一些育儿知识和理念，能将更多的时间与精力投入育儿中，通过更好的自我发展去支撑孩子的成长。这些父母可能还不知道，当父母有意识地去调整自己的养育方式时，会立即被孩子敏锐地感知到，并且孩子会以积极的方式去呼应和放大父母的进步。

只是，我的希望并不能转化为与其他孩子父母的直接沟通，不然就会很唐突和无理。当父母没有主动意识到问题出在自己身上时，任何外人都很难唤起他们的觉醒。

回想我自己的发展，在职场中的前 20 年，我的业余学习基本上是围绕着职场的专业化和职业化的，没有接触过育儿和自我发展方面的内容。也是因为各种巧合，加上年龄的增长，我发现无论在职场中还是在生活和育儿的场景下，自我发展才是个人精神文明建设的关键落脚点。

这是一本帮助读者平衡工作与生活的书，我希望更多的读者通过本书，在学习职业发展技能的同时，也能注意与重视育儿知识。是的，读者可能还很年轻，还没能真正理解自我发展对于人生的价值，但我相信只要这本书给你种下了种子，等你意识到时，很快就能进入学习的角色。这是育儿话题出现在本书中的另一个重要原因。

育儿的难，不会因为家长不学习、不改变而缓解或消失。我们对育儿知识学得越多，越会发现自己的无知，从而对教育事业产生敬畏之心。成为完美的父母是一种妄想，但不想成为合格的父母就是对下一代的不负责任。作为父母，我们不希望在物质文明发达的今天，却没有能力帮助孩子们更好地发展精神文明，而帮助他们最好的方式，就是积极参与育儿，在育儿中让我们的自我发展更充分，以自我成长去陪伴和助力孩子成长。

家家都有本难念的经，但再难也不应忽视下一代的精神文明发展。在当下人工智能已成技术趋势及全球竞争加剧的背景下，**没有坚实的精神支柱，孩子们未来在面临不确定性挑战时，将经历更大的痛苦甚至灾难。**

16.2 我们的育儿观

首先需要强调，每个人的育儿观会受限于自身的价值观、成长经历、职业发展等情况。下面我将按时间线，通过我在养育大女儿过程中对几个重要事件的思考，及曾经对外分享的内容，来分享我们的育儿观。有一点需要特别说明：接下来的内容部分由我撰写，部分由我的妻子撰写，但这应该不影响读者的理解。因为尽管我和妻子在生活中会有一些矛盾，但我们在育儿方面的思想和观点几乎没有冲突，可以说相当一致。所以说她的观点也是我的观点，只是因为生活中她参与育儿的时间相对较多，有些内容由她来写会更生动。

2007 年，我第一次到美国出差，看到自己的职业在两个国家的样态完全不同，才感受到中西方文化的差异，那时我就觉得我的孩子得比我更早体验到这一点。

2008 年，大女儿要上幼儿园了，我和妻子商量后，决定让她入学于离家十多公里外的一所双语私立幼儿园。该幼儿园有英语学习环境，这正好也契合我们对于幼儿时期是孩子的语言发育敏感期的认识。

2011 年，我们没有刻意，顺其自然地让大女儿到小区对面的公办学校读小学。我们守护孩子的兴趣，不以考级、参加比赛要求孩子；不过于关注孩子的成绩，跟孩子强调，相比成绩，更重要的是养成好的学习习惯；排斥学科补习，没给孩子报过任何学科补习班。

2015 年，大女儿上小学五年级时，她脸上的笑容肉眼可见地减少，而且她变得容易不耐烦。作为家长，我们并不够成熟，未能很好地帮助孩子排解这些压力，有时甚至还是施压者，因为我们认为她的苦恼是她的学习习惯不好导致的。

2017 年，大女儿入读云谷后，渐渐地，我们发现孩子脸上的笑容变多了，人变得更有耐心，也越来越舒展。我常常鼓励并支持孩子在学校参加各种活动，但也会告知她要在活动中培养能力。我认为，成绩是短期结果，能力才是长期收益。我们应给孩子创造不计短期结果的成长环境，着眼于孩子未来的可能性，而非短期收益。

2018 年，陪伴并见证着处于初创期的云谷的成长，我的想法是，教育理念的价值就在于让我们在面对多项选择且摇摆不定时坚持下去，避免没有明确选择而带来的痛苦。我的视野和内心，从只关注自家孩子的教育，放眼到了社会、国家，甚至世界。我对教育有了敬畏，面对孩子时开始有了谦卑心态。

2020 年，大女儿在云谷升到高中。虽然初创学校在发展中有一些磕绊，但我根本不担心学校的不完美，我只关心孩子是否一直成长。其间，我开始有意识且较频繁地向同校的其他家长分享我的育儿观：我认为变化是创新教育应有的常态；教育不只是课堂学习，孩子们在现实中碰到的问题中也潜藏着大量学习机会；教育事业不应有甲方和乙方，无论是孩子、家长还是学校，都应以共赢的心态一起成长；对孩子的教育过程可以不平凡，但要接受平凡的教育结果；家庭教育是孩子教育的底色，家长要持续学习成长，才能跟上孩子成长的步伐。

2021 年，大女儿在学校与室友发生摩擦。我认为：对于孩子间的摩擦，家长应当是听众，而不应有代入感地参与争执，家长的心胸开阔了，孩子们的心胸才会开阔；一方面倾听并理解孩子们的感受，另一方面引导他们向内求而非拉着他们向外看；要扮演好情绪垃圾桶的角色，让他们周末回家时能将负面情绪释放出来。

2023 年，大女儿从云谷毕业，将前往自己心仪的大学读心仪的专业。我在家创作本书时，大女儿刚高中毕业，等待入学。其间，我和大女儿在家整天待在一起，我与她产生了从来没有过的激烈冲突。我突然感觉到她已是一个真正的成年人，产生了希望她早点离开家的感觉，对于这种感觉我解释为：是在为真正的课题分离做准备。

2023 年 11 月，大女儿已在另一个国家读大学，后面的路完全要靠她自己走了。我除了为她提供经济保障，在其他方面几乎提供不了帮助和支持。对我而言，意味着我经历了一个完整的育儿周期。

回头看，我的育儿过程尽管有遗憾，但整体充满了幸福感。不过，对于孩子来说，无论身处怎样的养育环境，他们依然会经历个人职业发展和自我发展的一道道坎，这些坎无法由父母帮他们跨过，父母也不应该这么做，因为这是孩子完整人生的组成部分。

16.2.1　陪伴是不二法宝

在育儿上，我基本上没有面临过巨大的焦虑和痛苦，这可能基于以下两方面的原因：一方面，我忙于自己的工作与学习，当自己充实时，就没有精力焦虑孩子；另一方面，自大女儿出生，我就乐于陪伴她，并随着她的成长而不断学习，所以亲子关系整体良好。

无论对大女儿还是小女儿，我从未缺席作为父亲的角色，一直非常注重对孩子的陪伴。我工作中追求高质效产出，尽量不加班，很重要的原因就是为了不缺席孩子的成长。我与很多父亲一样后知后觉，在育儿的前期没有刻意花多少时间与精力去学习育儿知识。我只是出于天性和直觉，花了大量的时间去陪伴孩子，不少实际行动迎合了孩子的需要，因此随着孩子的长大，我与孩子的关系一直没有过分紧张过，更没有破裂过。

建立良好的亲子关系也许有很多技巧，但花时间陪伴却是最简单的不二法宝。只有花时间陪伴孩子，与孩子积极互动和沟通，才是建立良好亲子关系的基础。很多父母可能因生活和工作所迫，会产生想陪伴孩子却没时间陪伴的矛盾，所以想以物质来弥补对孩子的亏欠，但我要强调，物质无法代替陪伴。针对这样的情况，也许 16.3 节讲到的高质量陪伴可以帮到你。

16.2.2　培养孩子的兴趣

我对孩子兴趣培养的理解完全基于自己的成长经历。在 3.3.3 节讲到的职业发展四部曲中，我认为兴趣是起点。

基于我的成长和职业经历，我认为孩子将来在职场要有更好的表现的话，最重要的是做自己感兴趣的事。我认为，兴趣之所以重要，是因为个体在有了与兴趣相关的学习经历和学习成就感后，就能很快地将学习模式与经验运用到自己感兴趣的领域，本质上是学习能力和学习自信心的迁移问题。

很多家长都知道兴趣的重要性，但在兴趣的意义和理解上，大家的认知就不尽相同了。所以我看到**不少家长将对孩子的兴趣培养生生地变成了兴趣摧毁**。

让孩子保持兴趣学习，有一个很重要但容易被家长忽视的点：家长要懂得同时承接好老师和孩子的情绪。老师的压力在于，家长花了钱让孩子上兴趣班就要看到（阶段性）成果，当然这本身也是大多数家长会有的心理。他们认为的成果要么是作品，要么是考级证书，要么是比赛名次。兴趣考级盛行，上课时老师更关注孩子的作品是否能完成，这都是为了迎合家长的心理。但如果我们将眼光投向孩子：如果孩子的上课状态不好，老师为了让孩子完成作品，或让孩子顺利通过考级，一定会着急，而老师的着急情绪又一定会被孩子感知到，孩子本来就状态不好，老师的着急情绪更是加剧了孩子的不良感受，如此形成恶性循环。

对于这类问题，我家的处理方法是，不时与老师沟通，其中最重要的一点就是告诉老师，我们家孩子不追求考级，让孩子保持兴趣是最重要的。我们观察到孩子状态不好时，会主动与老师沟通，目的是让老师知道我们接受孩子那时的状态，同时也是帮助老师释放压力，让其无须为孩子的状态不好而着急。这样的沟通无一例外地让我们感受到老师的放松，以及在上课过程中对孩子状态不好的接纳。

兴趣学习出现瓶颈是不可避免的。任何一项兴趣的培养，都不可能是一帆风顺的。真正的兴趣培养不只是让孩子体验到表面上的好玩，关键是得让孩子学会与枯燥和孤独相处，而这不是几天几个月就能完成的事，往往需要几年甚至更久才能完成。兴趣只有坚持下去才有可能发展成热爱和擅长。

当我家孩子在培养兴趣的过程中出现瓶颈时，我们会直接告诉孩子，那是正常的现象，每个人都会遇到这个问题。同时我们还会告诉她，在这个阶段，想放弃也是很正常的心理。最后再告诉她坚守不放弃的底线。**感受和情绪被接纳，又知道底线是什么的孩子，不久后就能回到正常的学习状态。**当然，作为家长，我们要有这个心理准备，这种现象不是一两次、偶尔发生的。

在培养孩子的兴趣时，家长无须一开始就有意识地去区分，是希望这一兴趣成为孩子未来的职业方向，抑或只是作为一个爱好。是否成为职业方向，应该由孩子在学习的过程中慢慢摸索并选择。

以我家大女儿为例，她学习绘画和弹钢琴都是从三岁半开始的。她最初学习时，我们都没有绘画和弹钢琴要成为她未来职业方向的想法，纯粹是因为她喜欢，我们觉得让她未来多一些生活爱好也不错。但学着学着，绘画这个兴趣使得她在读大学时选择了插画专业，现在看来，这大概率会是她未来的职业方向。至于弹钢琴，她到高中时就停止学习了，当然她的音乐素养也为她的生活增添了不少乐趣：她的听音辨音能力、对音乐的识别和鉴赏能力得到了提升；听到喜欢的曲子，她可以下个曲谱自己弹一弹。这些都是作为乐盲的我们无法企及的，所以对我们来说，已达到我们培养她这个兴趣的目的。同样，她也喜欢网球和飞盘，且都玩得不错。

家庭教育很重要的一点是发现孩子的天赋，并基于他的天赋去培养他的兴趣。那些让孩子乐此不疲的事可能就隐藏着孩子的天赋。我们观察到，当沉浸于兴趣时，孩子就像太阳一样在发光，会更耐枯燥，不怕麻烦；当说起感兴趣之事时，孩子眉飞色舞的样子总是很容易感染人；看自己感兴趣的书，孩子会更快速、更高效。看到孩子的这些状态，家长也能很自然地感到踏实，不会因为只盯孩子的不足而感到焦虑。

16.2.3　家庭教育是底色

以下是我的妻子楼建芳想和大家分享的观点。

家庭教育对于孩子成长的重要性似乎不必多讲，因为极少有父母会不重视孩子的教育。但是家庭教育到底要重视什么，又有多少人真正了解？这需要打个问号。

养育大女儿的时候，要说我不重视家庭教育，那我是无论如何都不会认可的。自孩子出生，我就开始阅读各类育儿书。心态上重视，行动上学习，怎么说我都是一个用心且有责任心的妈妈。但是此刻，或者说这几年，我会时常反思我在家庭教育里曾经踏入的那些误区，也会不断问自己是怎么踏入那些误区的。

养育大女儿的时候，我也是典型的照书养，而照书养其实承载了一份完美孩子和完美妈妈的希冀。

初为人母的我，经常会感叹于孩子不时带来的惊喜，对孩子的未来充满憧憬，想象着孩子长大后优秀的模样，要求和期待就在憧憬和想象中自然产生了。此时妈妈的责任感也大增，想着千万不要拖了孩子的后腿，孩子是优秀的，妈妈必须也得跟上。于是，没有养育经验的我，开始阅读大量的育儿书，对照着书本养育孩子。

那么，照书养带来了哪些问题呢？

首先，我自己常常会陷于左右摇摆中。比如：这本书告诉我在孩子的兴趣培养上，要让孩子养成坚持的品质，在平时的练习中，父母一定要坚定；那本书又说兴趣的养成一定要尊重孩子的意愿，孩子状态有起伏很正常，父母千万不要太强硬了。到底应该听哪本书的呢？当然是听从自己的内心了，于是我总是根据自己的心情在宽松和严格的管教风格间来回切换。

其次，我会不断地在两种状态间切换：一会儿欣喜于孩子的优点和进步，想象着孩子美好的未来；一会儿又焦虑于孩子的缺点和不上进，担忧孩子的前途。比如，孩子上小学一、二年级的时候，明明做好了作业却不交，我经常接到老师投诉，这真令人头痛，孩子的作业习惯不好，肯定会影响学习，难免让人焦虑。问孩子原因，她说"交作业要排队，这样就没有玩的时间了。"我又觉得这孩子还挺有个性和想法的。就是如此矛盾。

最后，我经常会有这样的无奈：我如此苦口婆心，怎么孩子还是不听教诲呢；我都这么推心置腹了，孩子为何依然无动于衷呢。明明自己一点都不想成为唠叨、喋喋不休的妈妈，但最后总是无可奈何地成了那个不想成为的人。当然，问题的归因绝不可能在我身上，都是因为孩子不听话、难管教。

那时身在迷局，不知问题出在哪儿，所以只能以"孩子难教，父母难做"来宽解自己。但回头看时，我知道了自己的问题所在：**我的用心和负责任是为了塑造和控制孩子，我是在按我的"心"教养孩子。但正确的做法应是，放下我的"心"去成全孩子。前者看见的是自己的"心"，而后者看见的是孩子的"心"。这就是问题的根源。**

当看见孩子的"心"后，摇摆、焦虑、无奈都不再困扰我了。有读者可能会问，那管教孩子时到底该严格还是宽松呢？我的答案是：首先，要想清楚我们的目标是什么，我们的目标是否适合孩子，孩子是否认可这个目标。在和孩子有了共同目标后，哪怕过程中孩子的状态反反复复也可以接受，但一定要弄清楚，为什么孩子会有这样的反复。而这需要通过平时的用心观察分析，以及通过与孩子的沟通去了解。然后，我们再根据孩子行为背后的需求来调整教养策略。

所以，从表面上看，我对孩子的教育依然存在有时严格、有时宽松的情况，但我知道，根本没有绝对意义上的严格教育与宽松教育，我只是在根据孩子的状态去调整而已。我既不是严格的妈妈，也不是宽松的妈妈，我是一位能看见孩子、能与孩子积极沟通的妈妈。

再来说无论我如何苦口婆心，孩子都不听的问题。以前我总会将问题归咎于孩子，认为孩子不听话，不服管教，但我很少会想我要求孩子的时候，自己是否做好了示范。比如：让孩子不要玩手机，自己是否放下了手机呢？让孩子多阅读，自己是否经常看书呢？鼓励孩子折腾，自己是否安于现状呢？让孩子要勇于尝试，自己是否总是缩手缩脚呢？一个不得不接受的事实是，当我们要求孩子做到却允许自己做不到时，这于孩子来说是一种双重标准，只会让孩子忽视我们的要求。也就是说，**如果父母自己做不到，那就别要求孩子做到，要求了也没用。**

这是我从照书养到见心养发生的变化。那这个变化是怎么发生的呢？我回想了一下。

其一，我的学习内容发生了一些变化，以前看书是为了教育孩子，现在是为了教育我自己。要教育自己，就得先认识并了解自己，看到自己的认知局限。

其二，我充分认清了孩子是一个独立个体的事实。孩子是独立个体，意味着她不是父母的延伸，她不承担父母的期待。为人父母，我们要放下成年人的优越感和控制感，让孩子按自己的意愿和节奏去成长。

其三，我不能用我的信念和责任以及所谓的爱去限制孩子的成长。作为母亲，我总是会把我认为最好的、最正确的教给孩子，但极少会考虑孩子是否需要这些或孩子真正需要什么。

所以，家庭教育是底色，对这句话我是这样理解的：**父母教养孩子，首先要自我学习和自我教育，不要让自己的认知局限限制了孩子的发展。**也就是说，父母的自我发展程度决定了孩子的成长质量。

16.2.4　确保家校一致

学校教育和家庭教育共同承担着教育孩子的责任。**确保学校教育和家庭教育的一致性，是父母一定要注意的问题。**我家在养育大女儿时，并没有这种意识，特别是在大女儿上小学的阶段。

那时的我们，认为学校教育和家庭教育承担着不同的功能，两者分工明确。学校担负着传授知识、培养技能等职责；而家庭，则需要负责孩子的兴趣和生活技能、社交礼仪等方面的培养。当然，对于学校教育，我们并不会不管不问，需要家长的地方，我们也一定会全力支持和配合。那为什么我还说我们没有确保学校教育和家庭教育一致性的意识呢？

我们更注重孩子的全面发展，认为学科学习不是全部。我们反感通过过度刷题来提高成绩，并与孩子说成绩是对平时学习的反映；也不认为答案就必须是唯一的。显然，我们的想法与学校教育未必完全一致。

不过，一开始我们并没有意识到不一致会有什么问题。所以，我们基本不过问孩子的成绩，不知道孩子的成绩处于班级什么水平，不额外给她布置作业，鼓励她追寻不同的解题思路和答案。我们认为这些都是在守护和支持孩子的个性发展，自认为做得很好。

后来我们意识到，老师往往是根据班级多数人的学习状态来落实课堂进度的。如果孩子不是多数中的一员，她就有可能怀疑自己的能力，甚至影响她对这门学科的学习自信心。换句话说，父母必须关注孩子每门学科的学习情况，了解孩子是否处于班上大多数人的学习水平。

教育一致性并不体现于我们要被裹挟着做什么事，而是体现于通过更清楚地知道孩子的学习状态做好支持。 如果有了这个意识，我一定不会只是在家里不给孩子额外地施加压力，我会与老师勤沟通，去了解孩子的学习情况；我也会与孩子多沟通，持续地关注她在学业上是否有需要家长帮助或支持的地方，有需要的时候我也会给她补一补课。当然，做这些不是为了她得高分，而是至少不能让她怀疑自己的能力，以及丧失对某个学科的信心。

对于学校布置的作业，我也一定会有不同的处理方式。之前，我认为孩子的学习是孩子自己的事，老师提出了要求，我就必须配合。比如：老师要求一天做一页口算题，且必须一次性全对才算过关。针对这项作业，我是这样执行的：孩子做完后，我会认真批改，如果发现有错，我不会指出哪些题有错，而是让孩子自己去检查，因为我认为，如果由我指出哪道题错误再让孩子订正，那就不算是一次性全对了，不符合老师的要求。这样执行对于孩子来说，要检查出错题，只能重新计算所有题，也就是说，要重做这一页口算题。在我如此刚性的处理方式下，孩子一页的作业量有时会变成五六页的作业量，因为有时要检查五六次才能全对。

当时的我从来没有意识到这样做有什么问题，因为我只是在执行老师的要求。我想的是，老师这么有经验，既然这么要求，自然是合理的，且大家都在被这样要求，我自然要配合和帮助孩子达到这个要求，而孩子如果达不到，那一定是孩子落后了，所以我的做法不是在施加压力，而是在帮助孩子。但是，现在再看这种事，我发现了自己的问题：有些学校，孩子的作业量本就不小，而我这样执行实际是在变相地给孩子增加作业量。孩子本身已受累于大量的作业，我们本身也不喜欢刷题，但我却成了刷题的助推手。这就是矛盾之处。

如果再次面对这种情况，我会怎么做？我会首先考虑这件事的合理性或意义。比如，一页有 60 几道口算题，要一次性做到一题不错，真的合理吗，或者说有意义吗？其次，我会想清楚我希望孩子获得什么，我还会观察孩子的状态能达到怎样的水平。最后，在想清楚目标又了解孩子状态的情况下，与老师沟通，在不给老师的教学带去困扰的情况下，找到更合理的方式去帮助和支持孩子完成目标。

综上所述，我强调确保学校教育和家庭教育的一致性，包含了以下三个方面。首先，如果可能，要追求教育理念和教育思路上的一致性。其次，如果这无法实现，那么我们需要重视家校沟通，让家庭和学校形成合力去支持孩子。无论家庭与学校的教育理念和教育思路有多不一样，双方在助力孩子成长这个目标上一定能达成共识。而只要存在相同的目标，有共赢思维，对于具体事务或细节上的差异必然可以通过沟通来解决。最后，在家庭与学校如何形成合力的问题上，我想特别强调一点：不要排斥老师因孩子的问题去找家长。在我看来，老师主动找家长，一定是出于让孩子更好地成长的目的，也一定是碰到了需要家长协助才能解决的问题。虽然被老师找确实会让人感到有压力，但该面对的要面对，该干预的要干预，这是家长的责任。事实上，我们感到有压力，正说明我们有责任心。

16.2.5 鼓励孩子折腾

前面我已经提到，我们家不是特别看重孩子的成绩，认为学科学习不是全部，相比成绩，我们更看重孩子面对不确定性及解决问题的能力。

我们鼓励孩子折腾，是因为我们认为面对不确定性及解决问题的能力，只有在不断折腾中才能形成。基于这样的理念，在孩子的兴趣探索上，只要她们感兴趣，我们就让她们尝试。大女儿尝试过很多，包括但不限于创意美术、钢琴、乐高、声乐、网球；小女儿也尝试过不少，包括但不限于乐高、钢琴、古筝、书法、创意美术、科学创玩。

不过，从大女儿的经历来看，我们鼓励归鼓励，孩子是否愿意折腾仍取决于她个人的意愿和兴趣。在我们看来，大女儿有很多可以展现的能力都是通过在兴趣上的各种折腾获得的。她的才艺全面，动手能力、领导能力和项目管理能力也很不错。作为父母的我们，无法免俗，也希望多多看到孩子的各种展现，但愿望与现实差距蛮大的。

按照她自己的说法，她更喜欢待在幕后。她还说过，她觉得其他同学更需要这样的展现机会，她觉得她不应该去抢这些机会。我们只能接受，我们知道其实有时候她这样也有偷懒的成分，不过从我们的角度来说，是什么原因并不要紧。因为父母的责任是让孩子具备折腾的能力，至于孩子最终会如何运用这些能力，那是孩子的事，她的人生得由她自己负责。

关于面对不确定性的能力，我想借大女儿的高中毕业素养答辩来讲一讲。其中一个素养的主题是"在不确定性中寻找方向"，针对这个主题，大女儿主要聚焦在她高中 3 年寻找其人生方向及意义的心路历程上。对于她的人生方向及意义，虽然她现在还是迷茫的，但是我从她的文字中读到了力量。我摘抄出了以下几段。

- 人的愿望可以是宏大的，也可以是很简单的，最重要的是找到适合自己的生活方式。虽然从小到大都会有人告诉我重要的是和自己比较，而不是和别人比较，但是在需要人与人之间比较的社会环境之下，人要真正做到只和自己比较是一件很困难的事情。

- 那时我似乎认识到了我的价值并不需要被定义。
- "寻找"是一个十分平常的话题，我并不需要为还没有找到人生的目标而焦虑，个人价值和人生意义这件事情本身就是一个人终生的话题。
- 未来我依旧会延续"寻找"这个话题，将它作为我的航向，寻找机会，寻找我的意义，不断地探索。对于我个人而言，寻找本身就是生命的意义所在，并不需要为此而感到焦虑。也希望自己在步入大学后能不被定义地继续"寻找"下去。在经历了高中阶段的种种锻炼之后，我相信我拥有了不断寻找的勇气。

在看到大女儿写的"寻找本身就是生命的意义所在，并不需要为此而感到焦虑"这句话时，我不由得想到了列夫·托尔斯泰说过的话："快乐是在寻找真理，而不在发现真理。"大女儿的这个状态是我们希望且乐于看到的：我们看到了她对自己平凡的接纳，对迷茫状态的接纳，但是在平凡和迷茫中她依然能充满力量，不断前行。

本书最后一章取名为"穿越迷茫与平凡"，灵感正是来自大女儿的这篇毕业素养答辩稿。那天我们看完她的答辩稿，她爸正好写完了 3.3.3 节前半部分的内容，告诉她读她的答辩稿产生了强烈的共鸣，并与她分享了这部分内容。

大女儿回了这样一句话来表达自己从爸爸的文字中获得的感受：拥有松弛感和乐于学习的心态，也是在接纳自己的平凡。

她爸又与她分享了这样一段话："可能很多人对于平凡的定义就是模糊的、世俗的，看到的是财富和职业成就，但没有看到心灵。从心灵上讲，你的表现已经非常不平凡了。平凡的躯体可以有不平凡的自我，这一点每个人都有可能实现。"

与大女儿的这一探讨让我们感受到，事实上每个人的成长总是伴随着迷茫和不断接受自己的平凡，也就是说，我们一直行进在穿越平凡和迷茫的路途中。

16.2.6 不执着于结果

鼓励孩子"折腾",跟我们"不执着于结果"这个育儿观有很大的关系。无论是在孩子的兴趣学习上不倡导考级或参加比赛,还是对于学校学习不过分强调成绩,这些都是我们对结果不执着、更关注过程的体现。

2020 年,大女儿作为创校生进入了云谷高中。初期因各种原因,学校管理出现了一些波折,让部分父母感到焦虑。那段时间,我们家一直是相对淡定的,当时孩子爸爸还在家长群里发了这样一段话,试图缓解父母们的焦虑。

"以不平凡的过程去接受平凡的结果。我知道自己是一个非常普通的人,没有理由不接受自己的孩子是个普通人,且她也有极大的概率就是普通人,这是从'结果'方面来说的。在'过程'方面,我们鼓励她各种折腾,告诉她,你来云谷如果只是为了拿一个好成绩那真白来了,书本上的知识就是学会了那也只是知识(左脑掌控),要转化为自己的智慧,就一定要有自己的体验(焦虑、失望、痛苦、成就感等),让知识从左脑掌控变成右脑决策(知行合一),这个不靠折腾是掌握不了的。"

是的,我们认为孩子经历各种波折是教育的一部分,而且这才是真实的教育,这是我们的观点,也是帮助我们保持淡定的信念。"以不平凡的过程去接受平凡的结果",这是我们在育儿中一直抱持的心态,这个心态不只反映在我们面对升学这样的大事上,也反映在我们养育孩子过程中的点滴小事上。

比如小女儿的作业上交习惯的养成这件事。大女儿的作业上交习惯并不好,这是我们之前踩过的坑,等我们理解了教养的真谛时,已过了能引导她的最佳时机。小女儿刚上学时,一度也有这个倾向:做好了作业不交,有些作业甚至没有做。这让我有点郁闷。当然,我知道引不引导是一回事,引导后获得什么结果又是另一回事。于是,我带着"不执着于结果"的心态开始引导孩子。

首先了解小女儿做好作业不交的原因是什么,又因为什么不做作业。了解下来,我发现她不交是因为去上学时会忘记交,不做是因为放学时会忘记把作业本带回来。于是我引导她思考有什么办法可以帮助她记得这些事。她先是想到画一张提醒卡放在笔盒里。尝试下来,有点效果,但她依然有忘记带作业本回来或不交作业的时候。接着我又引导她思考怎样的提醒可以让她到校及放学时能关注到这件事。后来她让我买了两个小挂件,说一个是提醒交作业的,另一个是提醒带作业本的。我不知道是方法起作用了,还是她适应了学校生活,总之,后来不交作业和忘带作业本的事很少发生了,小挂件"退休"后也一样。

"不管结果会怎样,先把过程做好",这是我不执着于结果的一种心态。此外,我还有另一种心态——"我坚信结果一定会好"。

小女儿刚读小学时,经过了近两个月的时间才适应学校生活。与老师熟悉后我们聊起来,老师说她一度怀疑这孩子是否能适应学校生活,因为她几乎不吭声,更不要说发言了,也不太跟班里的同学玩。这些情况我大体是了解的,除了这些,她常说有个男同学会欺负她。但是那时候我一点都不担心,我深信她一定能适应学校生活,而且能适应得很好。

虽然那时接她放学,她时不时会说"学校不好玩""云谷学校也没有那么好""某某经常会欺负我""我不喜欢同学们"等。我在收到这些信息后,首先会接纳她的情绪,并且会认真向她了解情况,询问是什么事让她有这些感受。我还会问她,妈妈可以做些什么,或者有什么需要妈妈帮忙的。比如她说有同学欺负她,我先是引导她判断对方是真的欺负她,还是只是同学间的打闹,但可能让她感受到了被冒犯,并告诉她只要她不喜欢,都可以说"不"。

后来她郑重其事地告诉我那就是欺负,还一定要我与对方妈妈沟通一下。我答应了她,不过让她给我几天时间,但一定会帮她解决这个问题。让她给我几天时间的原因是,之前我在放学时观察过那个男孩,以我的观察,他并不顽皮,只是相对比较活泼,打闹时容易产生肢体接触,我想有更多的观察。后来,我找老师反映了这件事,当然,不是告状,让老师去批评那个男孩。我告诉老师,我家孩子对肢体接触相对敏感，所以让老师帮忙提醒那个男孩注意一下。我还特意向老师强调了，我观察过那个男孩，他纯粹就是习惯性地打闹，不是我家孩子认为的那样是在欺负她。

总之，孩子与同学的交往、对校园生活的适应就在这样的引导中越来越舒展稳定。这样的例子还有很多，像起床习惯、时间管理、兴趣坚持等方面的。

不执着于结果并不是说忽视结果，它强调的是不专注于结果，而是**将结果转换为目标，以目标做牵引；在接受平凡结果的心态之下，依然在过程中努力；在坚信结果一定会好的信念之下，让过程从容。**

16.3 高质量陪伴

怎样的陪伴才算是高质量陪伴？如何让高质量的陪伴发生呢？关于这些问题，有很多专门的书可供参考，比如儿童教养专家丹尼尔·J.西格尔博士的《高质量陪伴》(他的《由内而外的教养》《全脑教养法》也都是好书)，建议大家通过这些专业的书来学习。本节的内容大多是我在看了一些书后的实践经验和感悟，向大家抛砖引玉而已。

我认为**高质量的陪伴并不意味着时间一定要长，也不意味着内容要精深，更不意味着要无条件满足孩子的要求。**高质量的陪伴可以发生在任何时间、任何地方，利用碎片化的时间就可以达成。它可以是在接送孩子上学的路上和孩子来一场愉快的对话，坐车、等车等无聊时刻讲个故事、玩个游戏，在陪同孩子洗澡时玩一会儿亲子问答游戏，晚上睡觉前与孩子回顾一下一天的经历，等等。

要让真正的高质量陪伴发生，我认为需要有三"感"。首先，父母的参与感。比如和孩子一起玩游戏、下棋、阅读时，父母需要沉浸其中，而不是秉持完成任务的心态。其次，孩子的主动感。父母不要吩咐或命令孩子完成什么事，孩子应有决定权和选择权。最后，父母和孩子之间的连接感。无论是在行动、语言还是情绪上，双方之间的互动必须是积极的、及时的。

在 15.2.2 节，我曾谈到在编程教育创业阶段，我接触到了一种创新教学方法——PBL 模式，并将其运用到了编程教学中。在学习和实践这种教学方法的过程中，我发现了传统养育中的一些弊端，以及在培养孩子能力的过程中容易走入的误区，于是我自然地将 PBL 模式中的核心理念和思想运用到了亲子互动中。而融合了 PBL 理念与思想的亲子互动就是高质量陪伴的一种方式。后面我会具体介绍如何将 PBL 理念和思想融合到亲子教养中。

16.3.1　处理好情绪是基础

基于我自己的经验，我认为父母对于情绪的理解和管理，是需要先于教养理念、思想和方法来了解的。因为在陪伴孩子的过程中，父母和孩子的情绪是一个无法回避的问题。无论父母有多么爱孩子，也无论孩子多么懂事乖巧，在日复一日、年复一年的相处中，情绪总会时不时地悄然出来张牙舞爪一番。情绪出现时，孩子叛逆，父母抓狂，什么父慈子孝、母静子安，全都被抛诸脑后，父母眼中可爱的小天使顿时成了一个顽劣十足的"熊娃"。但情绪过后，情绪过激的父母又总会懊恼不已，觉得怎么就是控制不住自己呢。

育儿过程中，当我们看不到孩子情绪背后的深层原因，只想通过改变表面的行为、语言去影响孩子时，这样的教育基本上是无法长期有效的。所以，**要想真正影响孩子，父母就需要去分析和了解引发孩子情绪的深层原因，即找到引发孩子情绪的根源。**

1. 共情是最好的教育

大女儿小的时候，我有不定期写女儿成长日记的习惯，其中一段她练琴的经历被我记录了下来，这发生在她接近 6 岁时的那个冬天。

周日下午依然要去练琴，今天为了避免昨天的情况再次发生，弹琴前我让小家伙先吃了点东西，还带上了一个暖手宝，到琴房后也打开了空调。

准备妥当，小家伙开始练琴。今天为了避免小家伙压力过大，只要求小家伙将单手弹已很熟练、双手弹也已经能弹出来的曲子熟练地弹出来就可以了。本来以为这个要求对小家伙来说轻轻松松，进展顺利的话，一个小时都不用就可以完成了。但是很无奈，小家伙今天依然不在状态，没弹一会儿，就跟妈妈说："我有点饿了。"过了一会儿又说："我手好冷。"但是对于准备充分的今天来说，小家伙的这些表达明显是想偷懒。

妈妈控制着自己的情绪，试着引导小家伙能手脑并用尽快将这首曲子弹出来。后来，妈妈为了避免因为太关注小家伙的状态而情绪失控，故意看起了报纸，让小家伙自己练着。可是本来以为一个小时不到就能完成的任务竟然在过了两个半小时后，小家伙才"梨花带雨"勉为其难地完成了。苦呀！累呀！她苦，妈妈也苦；她累，妈妈也累。真心不容易。

但是今天妈妈感觉准备很充分，没有哪里没做到位啊，所以看来一切都是小家伙不在状态的缘故，这要怎么才能克服呢？值得深思！练完琴后，妈妈也说不清是在表达情绪，还是在推卸责任，对小家伙说："今天妈妈没有哪里没做好，妈妈也早就想走了。"听到妈妈的话，小家伙竟然跟妈妈道歉了，听到道歉，照理该感到欣慰的妈妈，却似乎被刺了一下：小家伙其实也委屈，因为不在状态并不是她的错呀，可是她竟然还跟我道歉！

所以，到底是制定规则、养成习惯要紧呢，还是照顾女儿的情绪要紧呢？答案是什么？！

到底是制定规则、养成习惯要紧呢，还是照顾女儿的情绪要紧呢？曾经没有答案的我，现在有了很坚定的答案。事实上，从我后一天的日记中也能看到一丝迹象。

第二天外婆带着小家伙去练琴，小家伙把昨天硬逼着才勉勉强强弹出来的曲子，很轻松顺畅地就弹出来了。

每个人的状态都会有起伏的时候，想想我们成年人，何尝不是这样。就如我创作本书的内容时，状态也是起起伏伏的，有时毫无头绪，但睡一觉思路就来了；有时头脑一片混乱，越想理清思绪越理不清，出去走一趟回来，心静了，思绪自然清晰了。很容易想象，如果我不在状态时，有人还逼迫着我出成果，我一定满脑子想的都是如何抗拒这种要求，甚至有可能丧失对所干之事的兴趣。

有读者可能有疑问了，那要是孩子的状态经常不在线怎么办？关于这个问题，父母可能需要从兴趣浓度、目标挑战性、保障、反馈及激励等影响学习动力的因素上去观察和分析。当然，有些东西是父母想让孩子学，但孩子的兴趣并不强烈，这也是可以通过加强其他几个因素的影响来弥补的。

父母的眼睛里是什么，决定了父母会采用什么样的方式来面对孩子的行为。如果父母的眼睛里是习惯、规则，父母的行为就会被习惯和规则绑架；而当父母的眼睛里是孩子时，父母自然就能看见并重视孩子的状态，去了解背后的原因。事实上，在我看来，每个孩子天然具有向上的动力，习惯和规则并不是只在父母严苛的管控下才能形成的，**被看见的孩子，自己就有向着目标去养成良好习惯和遵守规则的热情和力量。**

2. 先处理情绪再解决问题

如何看见孩子？看见孩子实际是指看见孩子的情绪，理解和接纳孩子的情绪，并去分析和了解情绪背后的需求，有句话是这样说的：情绪是信使，背后是需求。

有很多的书或文章告诉我们：真正成熟的父母不会只想着去处理孩子的问题，在处理问题之前，他们会先处理孩子的感受。我的实践和经验告诉我，这是一个事实：只有父母正确理解了孩子的情绪和感受，孩子在身体和行为上的问题才能迎刃而解。

了解这个事实，并不代表就能坦然地面对孩子的情绪，并能按部就班地先处理孩子的情绪，再处理问题。真正的难点在于：当孩子惹我生气时，我的情绪就不知不觉地被点燃。哪怕我学过很多方法和技巧，比如我知道利用深呼吸、积极暂停等方式可以让自己冷静下来，但只要孩子激起了我的情绪，我就很难从情绪中抽离出来去做这些动作。

知易行难，做不到的时候就是这样的感觉，知和行之间的鸿沟真的很大。但从我后来的经历来看，知和行之间也许缺的就是一次成功体验。那一天，我陪小女儿练古筝，只见她从戴指甲开始就各种不在状态：剪下一条胶带，剪长了，重新剪，不小心剪短了，重新剪，胶带不小心粘在一起了，又重新剪……眼见着戴个指甲就花了十几分钟，我忍住情绪走开。听到古筝声我再过来，又看着她开始磨磨蹭蹭地调音……还是先走开吧，听到了弹曲子的声音又过来，她弹一首曲子不顺，换一首；又不顺，再换一首……时间就这样过去了，看一看表，已过去近半小时，但她还没进入状态。我正想发火，突然想起了记录大女儿练琴的那篇日记（参见前文），顿时强迫自己冷静下来。

转变就在那一刻发生了。从"妈妈看到你今天有些不在状态，有什么需要妈妈协助的"开始沟通，最后了解到她想晚一点再练。好的，当即让她暂停，并与她约定那天晚一些再练。事情的解决就这么简单，只在快到约定时间的时候提醒了她一下"再过5分钟就是我们约定的时间喽"，到点了，小朋友就很自觉地练起了古筝，状态投入、琴声有力，效率自然也高了，与之前的状态截然不同。

孩子的变化很明显，但更重要的变化在我这里。有了那一次成功体验以后，当面对小朋友类似的"不良"行为时，我越来越能控制自己，我的情绪不再容易被点燃。哪怕一开始被习惯驱使，会有情绪上头的瞬间，后面也能让自己的情绪进入可控的状态。

丹尼尔·J.西格尔博士在《由内而外的教养》中告诉我们，孩子的"不良"行为会触及到我们潜意识中一些没有解决的问题，此时我们的思维可能会停顿，不再灵敏。而这种不灵敏的状态会将我们的大脑带入"低模式进程"，让我们陷入失控状态，此时的我们就会被情绪淹没，无法进行理性的思考。又因为镜像神经元①的

---

① 镜像神经元是一项新发现，它是人类身上把知觉和行为联系起来的一种特殊神经元。因为镜像神经元的存在，当我们感受到对方的情绪时，就会无意识地产生同样的情绪。这是同理心产生的基础。

作用，我们和孩子之间就会进入一个循环。所以当思维处于失控状态时，我们根本无力抵抗失控，特别是在充满压力的环境中。

丹尼尔博士还告诉我们："在失控状态下，尽管人们无法控制自己的行为，但却能够'远距离'观察自己，获得这种观察能力是把自己从失控状态的深渊中解救出来的重要开端。"这些在我的经历中都被证实了。

所以，**先处理好情绪再解决问题，指的是父母首先要处理好自己的情绪，然后才有能力去帮助孩子处理情绪，最后再来处理问题。**当父母懂得觉察自己的情绪，然后观察自己的情绪反应，并去了解自己的情绪来源时，就意味着能掌控情绪，不会再被情绪牵着走了。事实上，这属于接纳自己这部分的课题，也就是说，这依然是我们一直在强调的，教育孩子首先需要父母更好地发展自我。

16.3.2　与时俱进的 PBL 养育

在开启这个话题之前，我想先简单介绍一下 PBL。PBL 是一种以"做中学"的教育思想为基础的教学方法，它通过让学习者展开一段时期的调研、探究，致力于用创新的方法或方案，解决一个复杂的问题、困难或挑战，从而在这些真实的经历和体验中，习得新知识和掌握新技能。

这是一种应时代发展要求而兴起的、在创新教育中常被老师青睐的教学方法。如果用一句话来概括，可以这样说：这种教学方法是帮助教育目标从传统的让学生"学会"（即授之以鱼）跨越到让学生"会学"（即授之以渔）的有效手段。

PBL 是一种以学生为主体，鼓励学生自主探究，追求学生个性化发展，跨学科学习的教学模式。它强调学生需运用知识和技能来解决问题，并在解决问题的过程中培养各类思维和能力，比如创意思维、批判性思维、创新能力、解决问题的能力等。它的核心可以概括为如下几点。

- 以问题为学习的起点，所有学习活动围绕问题展开，且问题必须是学生在其未来的专业领域可能遭遇的真实问题。

- 以学生为中心，强调学生的选择权和话语权，鼓励学生自主探究。
- 以小组为单位，是一种合作式学习，注重学生合作能力的培养。
- 以过程性评价强调对过程的关注，相比结果，更重视学生在过程中对知识和技能的运用，以及能力与品质的培养。
- 以反馈和反思推动学生持续提高。反馈与反思不仅能使本次学习有所收获，更是下次学习的起点。

职场中的父母可以参考工作中的项目来理解 PBL 中的项目。二者有共通点，即都包含事和人，但在设计出发点上却完全不同。工作中的项目是为了更好地发展业务（包含产品、服务等在内），在完成项目的过程中，团队成员的能力或多或少会得到提升，即以业务目标为主，团队成长为辅。而 PBL 中的项目是为了培养学生（即项目成员）的能力而设计，以学生的成长为核心目标，解决项目问题是服务于这个目标的。弄清楚这一区别，能帮助老师在开展 PBL 中的项目的过程中，在面对一些现象或冲突时更好地理解和应对。比如，项目失败是让人沮丧的，但从面向学生成长这个目标来看，失败也是一种收获，这样想就能坦然地面对了。PBL 中的项目的发起人（通常是老师）此时可以更多地去考虑如何让学生从失败中收获更多。

PBL 给我带来了下面这些思考。

- PBL 可以培养学生面向未来不确定性的能力。在传统养育中，因为追求标准答案，我们害怕孩子犯错，避免失败，但这样养育出来的孩子能适应这个越来越不确定的世界吗？
- PBL 更重视培养学生的素养，这不正是我们在家庭教养中也想要达成的重要目标吗？
- PBL 强调学生是学习的主导者，老师是支持者和引导者，这不同于传统教学中的老师为主导，学生被动接受的模式。那么对于家庭养育而言，传统的以父母为权威的养育方式是否也应该做出改变呢？

带着这些思考，我开始尝试将 PBL 思想和理念运用到我与孩子的互动中。

为了方便分享和传递，我在接下来的叙述中将把融合了 PBL 思想和理念的养育以"PBL 养育"来表达。**PBL 养育强调以问题为驱动，注重面向场景的实践及实践过程中亲子关系的构建，目标是培养孩子的素养与习惯。**

1. PBL 养育的缘起

我接触到 PBL 是因为大女儿进入云谷求学，PBL 的"做中学"的思想吸引了我，让我回想起 20 多年前我从供电局辞职来到杭州的第一年，是如何从编程新手在半年的时间里成长为项目负责人的。我领略过学以致用是如何一步一步驱使我废寝忘食地学习的；我对从问题开始学习，在解决问题的过程中学习的高效率及钻研的深度感受至深；我还记得当时我是如何给自己设定阶段性目标来提升学习成就感的。

于是我开始了解这种教学方法。从图书《为孩子重塑教育：更有可能成功的路》及同名纪录片开始，我看到了另一种教学形态。后来，我陆续读了十多本与创新教育有关的书。回过头去看，我对教育的真正理解正是从那时开始的。以前我对教育的关注仅限于我家孩子的教养：守护她的兴趣、学习教养之法、陪伴她等，认为学校教育就应该那样，与我小时候接受的教育是一个样。这就是我当时的认知。

但是当我看到孩子在云谷接受的不同教育给她带来的变化后，再结合图书给我带来的冲击，我才了解到，原来教育也可以有不同的模样。我曾经以为的天经地义的教育模式竟起源于 200 多年前的普鲁士教学模式，是为了适应社会从农业化向工业化发展，需要大量的产业劳动力而设计的，它强调标准化、纪律性。

我开始思考：未来社会需要怎样的人？我希望我的孩子接受怎样的教育？而当时因为编程教育创业，我有机会进入不同教学形态的学校去观察孩子们的学习状态。样本虽然不算多，但也让我对源于普鲁士教学模式的教育产生了深深的担忧。

- 进入职场后表现突出的人通常是懂得自我管理、主动解决问题及解决问题能力强的那些人，但是那样的教育却在强化死记硬背、追求标准化，以及传递权威性。
- 那样的教育是为适应工业化发展而设计的，更注重模式化思维的培养，因此其教学设计往往对拥有模式化思维的孩子更友好，但社会的发展却让我们越来越不能忽视批判性思维和创新思维的培养。
- 那是一种倡导竞争的教育，孩子从小就被零和博弈思维强化着，这种思维不仅对他们进入职场后的职业发展不利，也会导致他们难以突破自我，影响他们的幸福感。

我知道并不是所有的孩子都有机会接受创新教育，但是在家庭教育中，人人都有机会尝试和实践不一样的养育思想和理念。另外，可喜的是，无论从政策层面来看，如课程教学改革、"双减"政策，还是从教育领域的朋友们的分享中得到的信息来看，我们都看到了国家的教育在不断发生着变化，越来越强调多元化素养教育，越来越重视创新人才的培养。所以，让我们的养育也跟随时代的发展发生一些变化吧！

2. PBL 养育的一个例子

下面我先通过一个例子来说明 PBL 养育是怎样的养育实践。

（1）场景导入。很多孩子都喜欢宠物，我家孩子也不例外，大女儿和小女儿都喜欢。当大女儿说要养宠物时，对于养起来简单的宠物（鱼、仓鼠、蜗牛等），她说想买那就买；对于养起来复杂的宠物（猫、狗等），我们会直接告诉她适合养或不适合养，当然我们也会跟她讲我们的理由。在这方面，我们没碰到过太大的问题。

（2）问题设计。养育小女儿时，我了解了 PBL，于是我开始在养宠物这件事上用 PBL 的思想来引导小女儿。小女儿每次提出想养宠物，我便会与她开启一次"如何养好这个宠物"的 PBL 探究。

小女儿养过的宠物有（但不限于）金鱼、蜗牛、仓鼠、花枝鼠、鹦鹉、文鸟、蝾螈、乌龟、狗等。考虑到能更全面地将 PBL 的几个养育理念都讲解到，接下来我以孩子没有养成的宠物（龙猫）为例进行介绍。

（3）期待目标。了解动物习性，培养责任意识、时间意识、金钱意识。

（4）项目过程。

第 1 步，先引导她："要养好这种动物，我们总得先了解这种动物，对吧？"于是孩子如往常一样，开始上网了解龙猫这种动物的习性：饮食、作息、生活温度、繁殖情况、生长周期、活动需求（空间、时长）、寿命等。这对于一向喜欢花草虫鸟的小女儿来说，是一个让她深度了解更多动物习性的好机会。

第 2 步，根据动物习性再次引导她："养好这种动物，对我们来说有什么需要特别注意的？"针对龙猫这种小动物，她关注到了两个挑战点：陪伴时间和生活温度。资料上说龙猫每天需要至少两小时的陪伴时间，生活温度不能高于 30℃。

第 3 步，根据生活温度的挑战点引导她："如果龙猫来到我们家，我们要怎样保证它的生活温度呢？"她又去查资料，查到了可以给龙猫买专门的笼子，并安装上专用空调。事实上这时候我已经否定了她养龙猫的想法，但是如之前所说，孩子成长是主要目标，问题的答案是为孩子成长服务的，所以我并没有把我的想法说出来。

第 4 步，引导她"家里是否有空间安放这个笼子？"她开始在家里找寻适宜的位置，先是提出放在阳台上的想法。我给出了我的担忧，这个阳台朝东，夏天的时候小小的空调估计是无法起作用的。后来她找到了客厅原本摆放了净化器的位置，说可以把净化器搬走，因为我们现在几乎不怎么用它。我似乎无法反对她。

第 5 步，空间准备好了，我接下来就第二个挑战点开始引导她："陪伴时间上，我们要怎么实现？"针对陪伴时间，小学二年级的她虽然感觉每天两小时有挑战，但时间挤一挤还是有的。这里我再次引导了她，让她关注到龙猫有 15 年的寿命，需要考虑到她上初中、高中，甚至她去上大学时，谁来陪伴龙猫的问题。这样的引导一开始并没有让她意识到有什么问题，因为那会儿她理所当然地认为我应该帮助她，要和她一起承担责任。

第 6 步，引导她"责任应该是与权利相匹配的，如果要我承担责任，那我就有权决定养不养这个宠物"。她认可这个说法，她也大概感觉到我不太同意养这个宠物，所以开始自己想办法怎么解决时间问题。当然，她肯定想不到那么远，也认为我对以后时间不够的担忧是多余的，甚至说以后她可以不上那些兴趣班以抽出时间来陪伴小动物。

第 7 步，我依然选择先遵循她的想法再接着引导她："那我们至少得先保证你现在是有这个时间的，对吧？"如何保证呢？首先需要有较强的时间管理意识。于是我给她设定了一个月的挑战任务（正好暑假期间）：一个月里至少有 21 天做到晚上 9 点半前上床睡觉（她一般不到晚上 10 点半是不会上床睡觉的）。

第 8 步，这一个月她完成了挑战：正好有 21 天是在晚上 9 点半前上床睡觉的。这是一个可喜的成果。但相比这个成果，另外一个成果更可喜：她感觉到她可能还没有准备好养龙猫。其间，我会时不时地跟她聊聊，如果现在养了龙猫，这会儿我们得做什么，所以她得出自己还没有准备好的结论应当跟平时的这些交流有关。

项目成果：首先自然是小女儿对龙猫这种小动物的习性有了深度了解，其次是在引导过程中，强化了她的责任意识和时间管理意识，还借机让她关注了一下家里的空间，让她对家庭责任建立起了小小的意识。

项目反馈与反思：小女儿觉得她没养成龙猫，所以资料白查了，21 天的挑战也白做了，而这正是我引导她如何面对"失败结果"的一个契机，在看待失败的问题上，让她又种下了一颗种子。同时，我就她能这么认真地去做这个如何养好宠物的功课，表达了对她的欣赏：你的资料准备得这么细致，让我看到了你的用心及对小动物的关心；你在很努力地为养好宠物做准备，而且在准备过程中你还关注到了家里的净化器几乎不用，说明你也在关注家中的事务，这些都让妈妈感觉到了你是一个有责任心的孩子；最后，你认为自己还没准备好养龙猫，你没有因为一时兴起而坚持自己的想法，这又让妈妈感受到你是一个能客观地去分析问题的孩子，这很难得。

我认为，所谓教育，就是过程的不断积累，我们不能期望一次就让孩子获得某项能力或某种品质，孩子的能力和品质是在每次的引导、实践、鼓励及正向激励中慢慢养成的。

3. PBL 养育与亲子互动

介绍到这里，可能有父母会有疑惑：好像我们平时的一些亲子互动也是这样做的，所以 PBL 养育的项目实践与亲子互动的区别是什么呢？关于这个问题，我的回答是：有可能父母们在无形中就在进行 PBL 实践了，我认为 PBL 实践本身就没有什么门槛，这也可以从 PBL 所基于的思想来做出解释。PBL 本身就是基于教育学家杜威提出的"做中学"的思想形成的，所以与其说 PBL 是一种创新教育，不如说它回归了教育的本真。所以 PBL 养育事实上也只是回归了自然养育而已。

PBL 养育的项目实践是亲子互动的一种，但又不等同于亲子互动，亲子互动的范围更广，比如亲子阅读、亲子运动是亲子互动，但不是 PBL 养育的项目实践。

PBL 养育的项目实践有以下特点。

- 有项目目标。尽管 PBL 养育强调"项目目标为辅，孩子成长为主"，但项目目标一定是包含在开启前的设想中的。
- 孩子是主体。实践中孩子是主体，哪怕孩子还比较小，很多事需要父母代劳，父母也会鼓励孩子尽可能多地参与进来。而从孩子的角度来说，在参与的过程中他是主动的，他有权决定自己以怎样的方式参与。
- 注重过程中的引导。特别要强调"引导"这个词，不是说教，更不是管教。
- 有反馈与反思。反馈与反思不只在项目结束时会发生，也会不断穿插于项目实践过程中。

打个比方，面对教孩子洗衣服这个目标，让孩子站在边上看，我们一个步骤一个步骤地教他，这是一种方式。而对于 PBL 养育来说，则会注重在孩子自己动手的过程中，引导他怎样洗可能会更干净、效率会更高，也会在结束时给他反馈与鼓励，并引导他反思哪些地方下次可以做得更好。

另外，我想强调，**PBL 养育不只是项目实践，也是一种养育思想、理念和方法**。PBL 养育的项目实践既是 PBL 思想和理念的运用，也在帮助我们内化这些思想和理念。当父母内化了 PBL 思想和理念后，就能很容易地将一般的亲子活动转换为 PBL 式养育——相对于管教式养育而言的引导支持式养育。

比如，晚饭后与孩子一起出去散个步，本来是很普通的亲子活动，但我们完全可以在散步的时候与孩子来一场话题探讨。由此，高质量陪伴和教育在点滴生活中、在碎片化的时间里，随时随地就发生了。我曾听到实践了 PBL 养育的一位妈妈发出感慨：其实生活中处处可实施PBL。我想她一定是领悟了 PBL 思想和理念的精髓。关于 PBL 养育，你可以通过微信公众号"PBL 养育"来了解更多。

16.4 一点育儿经验

养育孩子无疑会给父母的人生带来挑战，育儿过程中也难免会产生压力和焦虑，但是从我们自身的经历来说，相比育儿带来的幸福和对自身成长的启发，那些都算不了什么。孩子是来帮助父母成长的，因为孩子给父母搭建了一座能更好认识自己的桥梁；孩子也是时时可以让父母检视自己是否真实的镜子；孩子还是比父母更懂得鼓励和接纳的天使。

养育两个孩子在我家有着完全不同的体验，当然这并不是我们有意识地区别养育，而是养育过程中心态发生了变化。大女儿照着书养呈现了我们作为新手父母时边学边实践的状态，隐含着无措和期待的心态；养育小女儿时，我们因为有了经验而变得从容与淡定。不过，淡定除了有一部分原因是教养方法更为娴熟，更重要的是我们的育儿心态和自我发展因为养育大女儿而得到了很好的锻炼。

16.4.1　每个孩子都不同

在小女儿出生前，我对孩子之间的差异并没有深刻的体会，而从她出生开始，我便不断地见证着孩子们个性的不同。

婴儿时期，小女儿就表现出了与大女儿不同的特质——一个高度敏感的孩子。大女儿在月子里的晚上就能睡整觉了，而小女儿出了月子后，晚上还要妈妈抱着睡。而且小女儿在月子里就开始认人，说出来都让人不信，但事实就是妈妈抱着能睡，换其他人抱就不行。

大女儿和小女儿个性的不同还体现于她们的边界感和包容度。大女儿相对来说更随性，与别人的边界感也会弱一些，面对别人对她的侵犯（当然，是小朋友之间小小的侵犯），她更为包容。而小女儿，无论是她对自己的规则意识，还是她对别人的规则约束，都会更强烈，而这使小女儿更有边界感。

大女儿的随性和包容，加上我们作为新手父母时的小心翼翼和所谓的爱，让大女儿少了很多锻炼的机会。而小女儿从小就体现出了对自我边界的守护。在她还是小娃娃时，如果我们带她出门，她就要自己穿鞋，有时我们拿好鞋准备给她穿时，她会嚷嚷着"自己穿，自己穿"，然后一定要自己完成。她的自我守护造就了她的动手能力特别强。

大女儿的随性和包容，小女儿的边界守护，还体现于她们的情绪反应和人际交往上。在情绪反应上，我们明显感觉到两个孩子在差不多的年龄时，大女儿的情绪更为稳定，而小女儿的情绪更为敏感。不过，随着年龄的增长，现阶段我们反而感觉到小女儿的情绪稳定性比大女儿强一些。我认为这有一部分是我们的教养经验和引导能力的不同导致的。

两个孩子在天性上呈现出来的不同，让我充分了解到了人的不同，我在尊重人的不同方面做了极大的反思。

16.4.2 小心隔代养育

大女儿 15 岁和小女儿 6 岁前，孩子的外婆（下文简称"外婆"）都是在我们身边帮忙照顾养育的，有老一辈帮助育儿对于年轻的父母来说确实轻松了不少。但基于我家的经历，我想提醒读者隔代养育可能存在的利弊。

从利的角度，因为长辈是亲人，所以基本不存在雇用保姆时需要考虑的信任问题。同时，他们能大力分担年轻父母的育儿任务，这种分担不只是体力上的，更有情绪上的。可能源于他们曾经的育儿经历，他们在面对婴幼儿的哭闹时有更强的忍耐力。养育大女儿时，我们感觉到孩子的外婆似乎总能在我们将要失控的时候，把孩子抱过去，所以很好地帮助我们稳定了情绪。另外，对于孩子来说，也多了一份全然接纳的爱。

从弊的角度，我认为下面几点值得关注。首先，隔代亲让长辈通常不容易守住边界，不利于孩子规则意识的建立和习惯的养成，主要表现在孩子破坏规则时，长辈容易产生恻隐之心，睁一只眼闭一只眼，甚至替孩子向父母隐瞒。

其次，长辈养育时包办现象严重，大大增加了孩子的依赖性，且孩子的自主能力普遍无法得到很好的锻炼。比如，长辈帮孩子整理物品、替孩子穿衣穿鞋、给孩子喂饭等，让孩子养成了衣来伸手、饭来张口的习惯。

我家发生的情况是，大女儿上小学时，我们有意识地锻炼孩子早上自己起床穿衣洗漱的习惯，而外婆认为这对孩子的要求太高了。也许从外婆的角度，她认为每天孩子上学不迟到是最要紧的事，所以只要孩子稍稍磨蹭，她就上手协助了。这不仅剥夺了孩子自立的机会，同时也削弱了孩子对于迟到这件事的责任意识。

另外，长辈包办还会降低孩子的自我效能感。当孩子从小被人包办了生活中的点点滴滴时，孩子对自己的生活日常是缺失控制感的，而控制感是自我效能理论的核心。

在力所能及的范围内做自己的事情，这是让孩子在小时候建立自我效能感最好的方式。比如，当孩子学会自己吃饭时，他会自我肯定；而长辈喂饭，则会强化孩子"我不行，我需要他们帮忙"的感受。在前一种情况下，孩子会越来越自信，认为自己很有能力，遇到困难更容易选择自己尝试着解决。而后一种情况则会越来越让孩子对自己的能力缺乏信心，遇到困难时也会更容易选择放弃。

年轻的父母则会因为长辈在身边而少了锻炼育儿能力的机会。就如上面所说，外婆总能在我们面对孩子的哭闹情绪将要失控时把孩子抱走。这是分担，但也许也剥夺了夫妻两人在育儿上更好地共同成长的机会。

我认为，人的很多能力都是环境逼出来的，有长辈在身边一起帮助育儿的情形下，年轻父母因为有人兜底而不容易成长。当然，我这样说并不是在否定外婆的功劳，只是为了表达可能存在这样的问题，对于我们来说，对外婆帮助我们这件事，毫无疑问是感恩多于遗憾。

每个家庭的情况都不一样，很多家庭一定是有自己的无奈才要长辈帮忙育儿。但无论如何，希望我家的经验能帮你就自己的家庭环境更好地权衡利弊，或者在让长辈参与育儿时，尽可能减少由此带来的弊端。

16.4.3 看见孩子并不易

养育小女儿时，我家有了更从容的感觉，对比差不多同年龄段时的大女儿和小女儿，我们明显可以感觉到小女儿在家里是更舒展的。对环境和情绪更为敏感的小女儿反而更舒展，原因就在于做父母的我们在看见和接纳孩子的能力上，以及自我发展的成熟度都有了很大的长进。现在回头看，养育大女儿时我家陷入过好多误区。

大女儿小的时候带她出去玩，我们总觉得大女儿时不时地会没来由地情绪不好，当然对于孩子来说肯定是有原因的。但是，现在我基本上回忆不起大女儿当时为什么会情绪不好，因为那时候的我们根本没有在意过这个点，没去探究过。对于我们来说，更关注这个点：孩子不懂得体谅，我们开开心心陪伴你，带你出来玩，而你因为些许的不如意就闹情绪，真不应该。自然地，对她的情绪问题我们不仅不会安抚，还会说教，要她更多地体谅父母。这样的场景并不少，比如带孩子去参加聚会，或参加孩子的班级活动，当孩子情绪不好时，我们的直接反应总是试图消灭她的不良情绪，让她顾全大局。"先处理情绪，再解决问题"，以前的我们没有这样的认知。

大女儿出国上大学前的某一天，当我们说到我们以前养育她的不成熟时，大女儿向我们提到了这个场景，她说：有一次全家出去玩，在搬行李到车上时，我们要求她一起参与。因为行李有点重，所以小小的她到车上后情绪就有些低落。我们注意到了她的情绪，但并不知缘由，就开始说她：好好地一家人出去玩，咋又不开心了，不要因为你一个人的情绪影响全家人的心情。当时的她，感到委屈但又觉得自己确实不该破坏气氛，于是她就使劲地掐自己的手臂，以提醒自己控制情绪。

听到这些，我们自责、心痛，但不可能回到过去从头来过。可以想象，记着这个场景的孩子，心里一定存在着一个伤口。但作为父母，除了现在好好地看见她、接纳她，其他的似乎也做不了更多了。我们告诉她，曾经的我们作为父母真的很不成熟，那时我们在看见你的能力上是缺乏的。**父母与孩子，最终要在"直面真实，真诚沟通，同时分清并守住各自的边界"的原则下，才能达成真正的关系和谐。**

16.4.4 不插手孩子之间的冲突

在多孩家庭中，不可避免地会不时迎来孩子之间的争吵、拌嘴等冲突。在我们家，只要冲突没有上升到可能引发身体上的伤害时，父母基本不管，都是让孩子们自己解决。在她们发生冲突的过程中，哪怕我们内心有判断，也不能做选边站队的事。

冲突是孩子们学习和磨合不可或缺的场景，我们坚信孩子完全有面对并解决冲突的能力。不论孩子间发生冲突的原因是什么，只要父母参与决断或者和稀泥，都只会让问题更严重。父母干预孩子之间的冲突实际是在剥夺孩子自己学习解决冲突的权利。

在我们家，外婆常常会忍不住干预姐妹俩的冲突，外婆的干预常常是"你是姐姐，你更大，要让着妹妹"，由此姐姐越来越觉得外婆偏心。不过后来在我们的多次沟通之后，且外婆在干预的时候，我们会提醒外婆不要干预，让她们自己解决，外婆也慢慢改了过来。

我们家两个孩子最开始会发生冲突的情形，常常源于妹妹对姐姐边界的试探。她会时不时地去招惹一下姐姐，又或者去动用姐姐的东西，而且在试探的时候，她会有意识地看着我们，以期获得父母的支持。观察到这样的情形，我们从来不让妹妹得逞，始终保持旁观者的角色。但我们会保持关注，姐姐毕竟年龄也不大，我们会担心她没掌握好轻重，误伤了妹妹，但基本上这样的担心是多余的。不过在冲突结束后，我们总会郑重其事地跟妹妹说："你知道姐姐在让着你吗，要不然姐姐比你大这么多，她轻轻松松就可以弄得你哇哇大哭。"妹妹在几次试探后知道了姐姐的边界在哪儿，姐姐也在我们的不干预下，越来越包容妹妹，姐妹之间的相处变得越来越融洽。

姐姐一直烦妹妹不经过她的同意就拿她的东西，所以经常会说妹妹，我们一直没有介入。在一次家庭会议的感恩环节，妹妹感谢姐姐时说："姐姐要用我的东西时会先经过我同意。"那一刻我们感慨父母不介入实在是太对了。而且从此妹妹要用姐姐的东西时都会先问过姐姐，哪怕姐姐住校，她也会让我们发消息问过姐姐再使用，而姐姐也很愿意与妹妹分享她珍藏的很多东西。

当然，父母不插手孩子间的冲突，不代表不过问。作为父母，我们还是要关注冲突产生的原因，了解孩子们的心理动机，然后进行适时的疏导。

16.4.5　让孩子成为自己

"让孩子成为自己"，这句话大概没多少父母不认可。这句话主要是指父母要放下期待和控制，尊重孩子的兴趣，允许孩子慢慢成长，接受孩子的平凡。但我想提醒的是，父母在给予孩子自由发展的空间时，一定不要忽视对孩子的支持和引领，诚如父母在静待花开时，别忘了花需要耕耘。

可以说，大概没有多少父母会不重视孩子的兴趣发展。关于兴趣、兴趣的选择和坚持，我在 16.2.2 节谈论过。这里我想讲一讲兴趣老师的选择问题。我家在孩子兴趣的培养上，可能是属于比较随性的，在大女儿兴趣老师的选择上，仅仅考虑了两点：接送方便和孩子接受老师。但是后来在培养大女儿的画画和网球这两个兴趣时，面对不同的老师，她呈现出了不同学习状态，让我后来在小女儿的兴趣老师的选择上慎重了很多。

大女儿大概从小学五年级下学期开始学素描。换老师前，喜欢画画的她在学了一段时间的素描后开始极度排斥画画，逃避上课，上课回来后总是情绪很低落，也不愿意跟我们交流上课时的情况。后来换了老师，她上课回来后的情绪完全不一样了，并且又愿意时不时地与我们分享课堂上的一些趣事了。当然，更没有逃避上课这一说了，她的进步也非常明显。我分析原因，老师的专业度及讲课水平是一方面，但更重要的还在于老师的责任心和上课热情。

同样，大女儿的网球课也发生了类似的情况。老师的专业度是有的，孩子也没有说不愿意上课，只是有近半年的时间竟然一点进步都没有，而且打球时常常不在状态。因为上课地点就是我家楼下的网球场，不用接送，所以我们也不大关注上课情况。看到孩子这样的状态，我开始观察，发现老师在上课时常常看手机，孩子捡球慢腾腾地，老师也不催促，只顾着看自己的手机。所以很明显是老师的责任心有问题，当老师没有责任心时，其上课热情也可想而知。所以我们毅然给孩子换了老师。虽然没有出现像画画课换了老师后那样明显的变化，但是孩子打球时懒懒散散的情况完全没有了。

有了大女儿的这两个兴趣学习带来的教训，后来我在小女儿的兴趣学习上特别关注老师的上课热情，这可以从孩子学习后的状态观察出来。我甚至觉得老师的上课热情比其专业能力更重要，因为**教育首先是影响，没有热情的老师，怎么可能有积极学习的孩子**。事实上，这也可以类推到父母身上，父母对孩子的精神影响很重要。

"让孩子成为自己"还意味着要给孩子自我空间，特别是青春期的孩子。坦率地说，在这方面我花了一些时间才适应。原本我们家的手机密码全是公开的，无论夫妻之间，还是父母和孩子之间。当然，我们也没有相互偷窥手机的习惯，要看对方的手机都是大大方方地当面看。不过后来当我想看大女儿的手机时，她会阻止我看她的聊天记录，当然，她说不让看我就不看。

大女儿进入高中住校时，我因为担心她恋爱而开始偷看她的聊天记录（她的手机留在家里）。这一行为直接把我们之间的信任破坏了，后来我明显感觉到她跟我们之间的沟通变得封闭起来（爸爸也被殃及），哪怕后来她更换了密码。事实上，这只是导火索，青春期的孩子本就渴望越来越多的自我空间，她的朋友圈屏蔽了我们，也是表现之一。当然，对我来说，面对孩子对我们的疏远，落寞是难免的，但我知道这是我的问题，是我没能跟上她的成长步伐，与孩子无关。"目送她的背影渐行渐远"，远的不只有物理距离，还有心理距离。

作为父母，我们要拥有"让孩子成为自己"的心态，我们还要具备"让孩子成为更好的自己"的积极行动，我们更要做好"让孩子是独立的自己"的准备。"让孩子成为自己"这句话中的"成为"，对父母来说其实应该是"成全"。

16.5　育儿就是育己

育儿不仅是对孩子的教育和引导，更是父母自我的成长和提升。**在育儿过程中，父母不仅是孩子的引导者，也是自我发展的实践者。**

育儿能很好地锻炼父母的心理弹性和韧性。育儿周期之长、不确定性之大，总会给父母的生活带来不少计划外的事。父母既要处理好工作上的事，也要担负好父母的角色，会不时面对压力、焦虑和挑战，这些都为父母创造了锻炼心理弹性和韧性的机会，逼迫父母学习相关知识与技能、保持耐心和放下自以为是与傲慢。**面对这些机会，如果选择了允许自己顾此失彼，则实际上是在逃避自我的发展。**

育儿对父母的情绪管理提出了更高的要求。孩子从没有自我到形成自我，再到追求自我，这一过程会给父母的情绪稳定带去相当大的挑战。父母需要学会理解和接纳孩子的情绪，学会如何有效地沟通和引导，以及学会如何在压力下保持冷静和理智。

自我反思是情绪管理的一个重要组成部分。自我反思是指对自己的行为、情绪、想法和价值观进行深入思考。这个过程可以帮助我们觉察自己的情绪反应，找出触发这些反应的原因，了解情绪的根源是什么，以及如何更有效地处理这些情绪。

育儿过程中的挑战和困难，能引发父母对自己行为和态度的反思。这种反思有助于父母更好地认识自己，通过发现自己的不足去改进自己的行为，以便更好地养育孩子。在育儿过程中，父母可能会重新思考和审视自己的价值观和人生观，这对于个人的自我发展是非常有帮助的。

教孩子如何处理问题，如何与人相处，如何面对挫折，也是父母反思自己的行为和态度的时机，这有助于促进父母的自我发展。父母的自我提升不仅体现在知识和技能上，更体现在情感、价值观和人生观上。

育儿能提升父母的关系管理能力。亲子关系的出现，给了父母新的关系管理课题，也让父母有机会从不同的视角去审视夫妻关系。个人是活在关系中的，关系的融洽与否直接影响个人在家庭中的感受。不同类型关系的增加，将给父母带来新的情感冲突和不一样的情感体验，这些都能丰富父母的关系体验，为其关系管理能力的提升打开新的天地。

育儿能帮助父母调整自己的心智模式。一路下来，那些担心、自以为是，会在育儿过程中让父母逐渐发现自己的局限，打破固有认知，生发更多的成长型思维。育儿过程中出现的亲子冲突，则会让父母发展出以共赢思维去处理冲突的心智。

　　育儿是一项充满挑战的任务，需要父母承担好对孩子的责任，不断学习新的知识和技能。**育儿的本质是育己，用心、努力善待并养育好孩子，也是在善待和成就自己。**

我们终将接受生活的平凡，

但每个人都可以有不平凡的心灵。

某种程度上所有人都是无知的，

无论个人有多大的成就、多棒的教育背景。

第17章
穿越迷茫与平凡

选择阅读本书，也许是因为读者对于我所理解的个人发展和（或）实践的团队管理方法论好奇，也许是因为想找到一些思路、启发，抑或帮助解惑。无论出于什么原因，作为本书的最后一章，我还有一些不成体系但又觉得非常重要的内容想告诉读者。希望这些内容，一方面能帮助读者更好地运用、发展甚至传播书中的内容，另一方面也鼓励读者大胆探索属于自己的独特成长路径。

17.1 成长是阶段性的

强调成长的阶段性是想指出每个人的成长都需要时间和耐心。无论是了解自己的专业、职业还是自我，除了阅读，还需要通过相当长时间的持续学习、实践和积累才能完成。阅读是积蓄力量、开阔思路、提升认知的手段，但个体要通过经历甚至被触动才能收获思考与洞察，从而转化为个人的智慧。从某种程度来说，**阅读和实践的目的本质都是完成自我改变**。

成长的阶段性也意味着不同阶段的个体有不一样的兴趣是正常的。无论处于哪个阶段，在聚焦于当下踏实深耕时，也别忘了不时"抬头看天"，想想未来的去向。心之所向，行之所往，个人的舒适圈会因这些"抬头"的动作而慢慢变大。也许对于下一个职业阶段的技能要求，自己当下无暇顾及，又或者还没有产生兴趣；也许主管提出的要求与自己的想法并不十分匹配。这都没有关系，让这些要求在心里养一养，或许哪天突然有感触了，产生兴趣了，也就愿意去尝试突破了。正如知晓前路的风景,并不影响欣赏沿途的风景。

成长的阶段性还意味着要有承认无知的勇气。随着个人的发展,回头一定会看到自己曾经的无知。**某种程度上,所有人都是无知的,而无论个人有多大的成就、多棒的教育背景。**每个人都有自己的特质和长短板,而短板正是无知的主要藏身之地。承认自己的无知,才能开放心态去吸收、去好奇、去接纳自己,心理自然也更强健。最怕的是死死防御着自己的无知,面对要求和挑战在那儿与自己较劲,除了个人痛苦,主管或身边的同事与你交往起来可能也特别困难。身处一个团队,除了发挥个人所长,还得顾及自身所短是否拖了整个团队的后腿,在工作中保持这样的反思是一种自知,也是一种美德。

可以说本书的内容相当庞杂,因为这是我过去 20 多年职业经历和生活感悟的浓缩。浓缩带来的好处是,本书的体系化相当强,不同成长阶段的人都能在书中找到自己当下所感兴趣的内容。不过,浓缩也带来了一个问题,即读者在读与自己的成长阶段不相符的内容时可能没有感觉。

图 17.1 说明了目前我所定义的工程师职业发展的六大阶段。从中可以看出,所有工程师都是从技术阶梯中的技术工程师阶段起步的,随着发展有可能仍沿着技术阶梯向上走,也可能踏上技术管理阶梯。针对技术工程师这一级,我在学习平台上线了一门名为"工程师个人发展指南"的课程,希望能够帮助工程师打好专业发展的基础,具体信息可以从微信公众号"至简李云"的消息菜单中获得。另外,下一门针对基层技术管理的课程也在创作中。

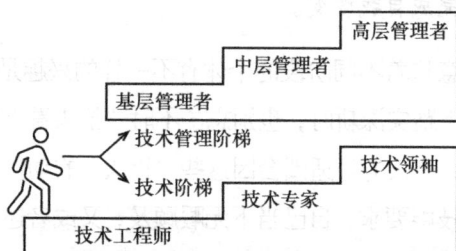

图 17.1 工程师职业发展阶梯

17.2 我的困难时期

回顾我的职业生涯，我有两段特别困难的时期。第一段困难时期是 2009 年 9 月至 2011 年 8 月。这一时期，我需要同时应付工作、读在职 MBA 和撰写《专业嵌入式软件开发：全面走向高质高效编程》三件大事。这一时期在前文也有所提及。

这一时期的困难在于，三件大事都需要我花大量的精力去应对。非寒暑假，每周工作日的一两个晚上和周末一天要到学校去上课，且课后的作业量相当大。其间，我最大的感受是时间不够用，时间跨度大给我的心力、时间管理、精力管理都带来了不小的挑战，我一度出现了健康异常的状况。当然，挑战带来的是成长，我的能力就在这样的压力之下获得了锻炼，这体现于即便手上有多件事没有完成，也不会令我过于焦虑，我仍能依次以一定的节奏去完成，即对多任务并行的忍耐度更高，也能更自如地在不同的任务间进行切换。

这一时期的另一大收获是，我的知识架构能力、写作能力都得到了很好的锻炼。我还发现这些能力提升的过程与编程能力提升的过程是相似的。

第二段困难时期是 2019 年 8 月至 2021 年 3 月。这一时期，我要完成云原生服务网格新技术在阿里巴巴内部的大规模落地，而我是负责这件事的技术一号位。

这一时期的困难在于：其一，在人员投入少（约 14 人）的情形下，要完成新技术的基础设施和运维平台的建设工作且兼容老技术，对于技术发展超过 10 年的阿里巴巴来说，兼容老技术的工作量相当大且存在较高的技术风险；其二，同一部门兄弟团队的配合度低，新技术的出现被认为是内部新老技术团队的生死竞争，以致兼容老技术的工作很难推进；其三，在新技术的业务价值并没有完全体现出来的情形下，业务方不愿意承担采用新技术的风险，使得大规模落地缺乏关键的驱动力；其四，团队从 2018 年 5 月就一起走下来的 5 个人因为缺少打大胜仗的刺激而出现了疲态，团队成员的安全感低、成就感不足，使得团队更难带。

这一时期让我体验了"千疮百孔"的感觉。无论内部竞争还是外部竞争（指与蚂蚁集团的技术方案竞争）都存在，即便知道了最终很可能完成不了目标，也仍得坚定地带领团队向前冲，那种高压环境对团队成员和我自己的心理素质的要求都很高，团队更难带也不意外。这一期间，我也一度出现了明显的健康异常。

虽说这一时期的经历是以"失败"告终的，但我的经历密度却特别高、感悟特别丰富、成长也特别大。

之所以分享我的困难时期，是因为从这些经历中我发现，所克服的困难越大，成长就越扎实，也越有助于提高个体面对不确定性的容忍度。所有这些都能让个体接下来在面对挑战时更有勇气，一旦直面挑战，也就更容易"碰上"让职业发展取得突破的机会。分享我的困难时期也是想告诉读者，也许每个人都会有自己刻骨铭心的困难时期，虽然我们的路径、经历迥异，但我们并不孤单。

17.3 关注心理能量

在本书中，我就自己有限的经验分享了个人的思考、感悟与实践。在希望对读者有所帮助的同时，我也清楚地知道，每个人的现状和过往经历难免存在巨大差异。为此，个体在探索自己的发展道路时一定要量体裁衣，在探索的旅途中注意照顾好自己，尤其要关注自己的心理能量。

"心理能量"这个概念源自心理学，特别是精神分析理论。它最早由卡尔·荣格提出，是其集体无意识理论的一部分。荣格认为，心理能量是推动人类行为和思想的内在力量，类似于物理学中的能量。

心理能量的概念主要用于解释人的动机和行为。荣格认为，人的行为和思想都是由内在的心理能量驱动的。这种能量可以从一种形式转化为另一种形式，就像物理学中的能量转化一样。例如，一个人可能会将他的心理能量从工作转移到家庭，或者从一种情绪转移到另一种情绪。

心理能量可以理解为个体的精神力量或动力，其中包括注意力、专注力、决策力等。个体的心理能量充足时，他就可以更好地处理工作和生活中的问题，更有动力去追求个人的目标。而当个体的心理能量不足时，他就会感到疲惫、无法集中注意力、优柔寡断，不能够进行复杂的思考，那时就会选择没有心理负荷的任务，只能处理简单的信息，比如刷短视频等，进入低活力的状态。当个体经常陷入这样的状态时，不仅会影响个体的工作效率，也会降低个体的生活质量。

工作和生活都会消耗或补充个体的心理能量。图 17.2 说明了心理能量的消耗与补充。

每个人心理能量的来源不尽相同，就我个人而言，认真生活是我补充心理能量最重要的途径。通过心理能量这个指标，个体可以发现自己真实的需求。

在我看来，所有个体都不应也无法逃过生活带来的挑战，诸如学习进修、买房、装修、结婚、生儿育女、赡养父母、衰老

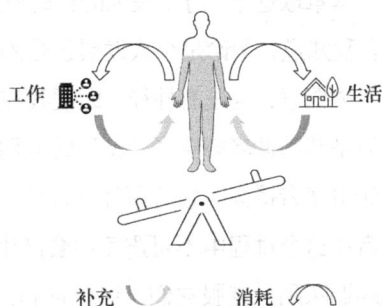

图 17.2　心理能量的消耗与补充

等，这些挑战都需要个体动态地将大量的时间和精力分配于生活。类似地，随着个体在职场中掌握的技能越多、经验越丰富，在工作中所需承担的责任也越来越大，压力自然也更大。这同样需要个体花更多的时间和精力去应对。

也就是说，随着时间的推移，对于个体来说，工作和生活带来的挑战会不断增加。一直关注心理能量补充的人，在面对这些挑战时，通常依然能笃定从容；而忽视心理能量补充的人，则容易陷入回避、压抑及负面认知的心理活动中。但是需要强调，心理能量的补充，并不是想补充就能马上补充的，因为一方面需要个体花时间去发现和找到自己心理能量的来源；另一方面，真正持久有效的心理能量来源需要时间的积累，比如阅读、运动等。

17.4 我们一起在路上

写这一节内容时，我坐在书桌前想了很久，不知如何组织文字来给本书收尾。总觉得有很多话要对读者说，但似乎前面又都讲到了，不应再啰唆。我也找不到合适的心境，让我能一气呵成地写完这一节。最终我想，是不是可以交代一下为何本章要以"穿越迷茫与平凡"为名，同时聊一聊本书创作背后的一些故事。

本章取这个名字，最大的目的就是希望在读者有消极情绪时能给予读者一点力量。我知道，无论是个人发展还是团队进化都是相当有挑战的主题，需要每个人花时间去探索，且没有捷径。即便我在本书中给出了自己探索这两个主题的收获，但也只是帮助读者解决了"知"的问题，而"行"上的落实只能由读者自己完成。这意味着读者得面对自己所处的环境，因地制宜、因时制宜，找到属于自己的路径，读者在这个过程中不可避免地会产生困惑、迷茫、焦虑等情绪。但这些就是精彩人生的调味品，克服它们，穿越它们，是每个人的人生课题，也是人生的精彩之处。

那么，穿越过去后的终点在哪儿？人生的意义又是什么？或者，每个人应有怎样的人生？相信每个人都在探索属于自己的答案，大概率我们终将接受生活的平凡，但从心灵层面，我们每个人又可以是那么的不平凡。

行进在探索之路上时，如果读者理智上觉得悲观，那么请你在意志上保持乐观。我记得 10 多年前我还是摩托罗拉的员工时，和同事一起探讨过如何改善自己的工作环境这一话题，那时有一种观点认为靠个人的力量没有办法改变，并给出了一堆理由。当然，我是反对这一观点的，因为那好像在说好环境都是别人为我们打造好的，我们只是受益者而不应承担任何责任。在我看来，那些不如人意的现象正是每个人可以做出努力去改变的机会，我们不应心甘情愿地接受未来也只能是那样的结果。意志上乐观意味着相信那些不尽如人意的现象是可以改变的，个人也愿意为了变好而付出行动上的努力。

本书的创作始于 2015 年，起初的想法是，将我带领阿里巴巴浏览器技术团队的成功经验分享出来，因此当时取名为"团队效能激发"。2016 年，我转岗到中间件技术部后，本书的写作就搁置了，那时包括前言在内已写了 20 万字左右。

2023 年 4 月底，我从小公司出来时，不仅进一步验证了之前所总结方法论的有效性，还因为在小公司职责范围和职位的不同而有更大的发挥空间，带来了对方法论的一次升级。在这样的背景下，我意识到应尽快完成本书的写作，期待给更多的个体、团队和组织带去帮助。

当然，写作任务暂停的那 7 年里，无论是我的职业发展还是自我发展都取得了显著的进步。当我续写本书时，我发现自己的创作思路与之前的已大不相同。我认为要写的不只是一本帮助管理者的管理书，因为即便要帮助管理者，也要解决团队成员的成长问题，我清楚地知道这非常消耗管理者的精力，于是这本涵盖了个人成长和团队管理两部分内容的书诞生了。

写作思路的变化使我之前写下的 20 万字左右的内容必须基于新的思路进行调整，其中近 7 万字因为不符合新的创作思路而被我直接删除了。

回顾全身心创作本书的那半年，我发现自己在写书的过程中又收获了新的成长，且读完了 23 本书。

衷心希望本书能对你的职业发展和自我发展有帮助。如果有什么需要与我交流的，或者有什么是你乐于分享给我的，欢迎通过前言中留下的联系方式与我取得联系。

最后，我想以史蒂夫·乔布斯在一段视频中所说的话来结束本书。因为他的这段话让我特别有共鸣，给我带来了力量，也让我在这条路上因有同行者而不孤单。让我们一起加油！

我要说的是，当你长大以后，你可能会被告知世界就是这样，你的人生就是要在这个世界里生活，不要试图去打破现状，而要努力拥有一个美好的家庭生活，保持快乐，存一点钱。但这种生活方式是非常受限的。

你的人生将在意识到这个简单事实后变得无限宽广：你所谓的生活，是由那些不一定比你聪明的人构建的。你可以改变它，你可以影响它。你可以创造自己的东西，让他人去使用。

一旦你意识到你可以挑战人生的限制，一旦你开始深入探索，新的可能性就会涌现。你可以改变它，塑造它。最重要的是，要摒弃那种"生活就在那儿，你只是生活在其中"的错误观念，而应该去拥抱生活，改变它，提升它，留下你的印记。

我认为这非常重要，无论你是以何种方式领悟生活的真谛，一旦你明白了，你就会想要去改变生活并让它变得更好，因为生活原本可能一团糟。一旦你学会了这一点，你就永远不会再回到过去的生活方式。